取調べ可視化論の現在

弁護士
小坂井 久 著
KOSAKAI Hisashi

現代人文社

取調べ可視化論の現在＊目次

序　国際人権（自由権）規約委員会の最終見解と取調べの可視化をめぐって …… 1

第Ⅰ部　原理論・必要性論

「取調べ可視化」論の現在　　取調べ「全過程」の録音に向けて …… 7

はじめに　7　／　論争の経緯と状況・その1（従前の議論）──問題の所在　11　／　近時における「取調べ可視化」論（論争の経緯と状況・その2──「取調ベテープ録音化」の積極論）　15　／　「取調ベテープ録音化」の消極論・時期尚早論（論争の経緯と状況・その3）　22　／　消極論批判と時期尚早論に対する批判的検討　35　／　「取調べ録音権」試論　56　／　「取調べのテープ録音」等に関する諸判例をめぐって　82　／　諸外国の例について　110　／　我が弁護活動と今後の展望について　123　／　弁護士会としての取り組みなどをめぐって　137　／　おわりに　141

取調べ「不可視化」論の現在　　取調べ録音・録画制度導入反対論批判 …… 152

はじめに　152　／　「取調べ可視化」制度化に関する現在の情勢　153　／　本江論文の論拠その1──「真相」解明の障害　154　／　刑事裁判における真相解明とは何か　155　／　本江論文の論拠その2──全体構造の変化　158　／　刑事司法全体の構造は変化するか　159　／　おわりに　160

取調べ可視化論の現在・2008　　裁判員裁判まであと1年の攻防 …… 161

はじめに　161　／　「体験供述」という問題について　163　／　可視化必要性論の攻防について①　164　／　可視化必要性論の攻防について②　166　／　一部録画DVDの証拠価値・証拠能力について　168　／　可視化論の理論・立法・実務の「現在」について　172　／　結びに代えて　173

第Ⅱ部　情勢論・制度論

捜査の可視化 …… 179

現状　179　／　中間報告の内容　181　／　中間報告をどう評価するか　182　／　今後の課題──最終報告とそれ以降を踏まえて　184

取調べ可視化実現に向けての動きと基本的考え方 …… 187

はじめに　187　／　可視化実現に向けた日弁連の取組み　188　／　可視化と刑事司法改革　188　／　可視化は「真相解明」を妨げるか　189　／　可視化で「司法の尊厳」の確立を　191　／　可視化で裁判員（市民）にわかりやすい裁判を　192　／　可視化実現のために　194

現実的な立法課題となった「取調べの可視化」(抄) …… 196

可視化立法に関する現在の情況　196　／　可視化は世界同時進行である　196　／　政府見解の克服を　197

刑事司法改革と可視化 …… 202

はじめに　202　／　ある任意性の審理に関する法廷証言から　203　／　「病理」の元凶と歴史　205　／　任意性・信用性審理と裁判員裁判　206　／　可視化論の経緯と立法運動　207　／　弁護実践──権利としての「可視化」・国家の義務としての「可視化」　209　／　世界同時進行の「可視化」と「鎖国」の打破　210

裁判員制度に取調べの可視化は不可欠 …… 213

取調べ可視化論の新展開
吉丸論文が示した録音・録画記録制度論の概要について …… 220

はじめに　220　／　「録音・録画記録を導入する必要性」について　220　／　「録音・録画記録の取り扱い」について　221　／　「録音・録画記録制度の問題点」などについて　221　／　まとめ　222

取調べ可視化（録画・録音）制度導入の必要性と構想について …… 223

はじめに 223 ／ 可視化導入の必要性と展望 223 ／ 取調べの可視化の権利性 227 ／ 可視化の制度構想Ⅰ（捜査段階） 229 ／ 可視化の制度構想Ⅱ（公判段階） 238 ／ 取調べの可視化と真相の解明 241 ／ 結び 251

最高検「取調べの録音・録画の試行についての検証結果」批判 …… 253

はじめに 253 ／ 「検証結果」の概要 253 ／ 「検証結果」と虚偽自白の危険性 254 ／ 自白の任意性の立証との関係など 254 ／ 自白の信用性の立証との関係 255 ／ 「『録音・録画』を実施しなかった事件」について 256 ／ 「被疑者が録音・録画を拒否したため実施しなかった事件」について 257 ／ 「録音・録画を実施した事件における供述内容の変化」について 258 ／ 結語にかえて 258

第Ⅲ部　実務論・弁護実践論

弁護士からみた任意性の基準・その立証について …… 263

はじめに 263 ／ 現実の実務運用をめぐって 264 ／ 法の趣旨 265 ／ 法の趣旨と実務の乖離 267 ／ 法の趣旨の実務への架橋 269

平成刑訴と可視化に関わる弁護実践 …… 275

平成刑訴の始動と弁護実践 275 ／ 新規則198条の4の趣旨と弁護実践 276 ／ 資料の例示と実務の必然について 277 ／ 検察官のプラクティスに対峙する弁護実践 279 ／ 可視化申入れに関する裁判例と展望について 281 ／ まとめに代えて 282

取調べ可視化問題の現状と課題 …… 285

　　　導入　285　／　日弁連の活動　285　／　取調べ可視化の意義と一部録画・録音の問題点　286　／　弁護実践のポイント　286　／　まとめに代えて　287

取調べの一部録画DVDに対峙する弁護活動 …… 289

　　　序論――「現在」の「対峙」点はどこか　289　／　捜査段階　291　／　公判前整理手続段階　296　／　公判段階　300　／　結語に代えて　301

一部録画DVD作成者（＝取調官）に対する尋問：その試論 …… 303

　　　はじめに　303　／　導入あるいは前提　304　／　取調官尋問（総論）　307　／　取調官尋問（その例）　308　／　被告人質問と意見陳述など　311　／　結語に代えて　311

取調べの適正化をめぐる課題 …… 313

　　　はじめに　313　／　警察適正化指針に対する批判　315　／　最高検察庁の一部録画試行に対する批判　319　／　可視化と一部録画DVDをめぐる判例の動向について　327　／　結語に代えて　329

今、可視化弁護実践とは何か …… 332

　　　現時点の情勢と展望について　332　／　現時点の弁護実践の中身について　334

結びに代えて　可視化と裁判員裁判 …… 338

　　　刑事司法過程への市民関与の意義　338　／　裁判員裁判と捜査の可視化　339　／　「可視化」の展望　339　／　まとめ　340

あとがき …… 341

初出一覧 …… 344

註について …… 345

 国際人権（自由権）規約委員会の
最終見解と取調べの可視化をめぐって[*]

　2008年10月28日及び29日に採択された国際人権（自由権）規約委員会の最終見解（以下、「見解」という）は、その19項で、我が国の取調べについて、極めて的確な「懸念」を表明している。これにより、「見解」は、我が国の取調べの実情についての認識の正確さを明らかにした。それとともに、我が国の刑事司法改革における「取調べ問題」について、最も相応しい「勧告」を行なったのである。その着目点を私なりに3つ挙げておきたい。
　1つは、「見解」においては、大きな枠組みとして、我が国の刑事司法に対して、21世紀的パラダイムへの転換を強く求めているということである。「取調べ」についても「見解」は明確に、「刑事捜査における警察の役割は、真実を打ち立てること（establishing the truth）ではなく、裁判のために証拠を収集すること（to collect evidence for the trial）である」とし（この部分は、日弁連第1次仮訳）、警察に、そのことを認識するよう求めている。このとき、「締約国は……被疑者の黙秘が有罪であることを示すものではないことを確認し、警察の取調べにおいてなされた自白よりも現代的な科学的証拠に依拠するよう、裁判所に働きかけるべきである」としているのである（この部分は、法務省仮訳）。
　神の如き観点から「実体的真実」を探求しようとする刑事司法観は前近代的なものであって、まさに18世紀・19世紀的なものにすぎない。人は神にはなれない。神になろうとするときに人は、大きな過ちを犯す。しかし、このことが我が刑事司法においては、未だその関係者の間においてさえ、十分認識されるに至っているとは言い難いのではないか。神の如くに真実を究明すべきだとする発想さえ、ときに見受けられるのではないだろうか。
　刑事司法で行われるべきことは、客観的な証拠・科学的な証拠にもとづく「訴訟的事実」の確定であり、それ以外ではない。そのような事実認定こそが、裁判員裁判の下での21世紀的な刑事司法の在り方である。「見解」は、そのことを明確に示している。
　2つ目として、上記したことの当然の帰結ともいうべきであろうか、「見解」においては、取調べの全面的な検証可能性の確保、すなわち、取調べ全過程の録画が強く要請されている。さらに「見解」は、リアルタイムの取調べ適正さの確保として、

弁護人立会を要請している。

その「勧告」は取調べの適正化確保の志向において、徹底的なものといってよい。取調べの全過程についての録画・録音は「systematic」(日弁連仮訳によれば、「組織的」、法務省仮訳によれば「体系的」)なものでなければならない。また、弁護人の立会いは、当然のこととはいえ、取調べ中に「present」なものを意味する。

日本の捜査機関は、被疑者の精神にとって、膝に石を抱かせるのと変わらない取調べを続けている。時には、身体的にさえ、それに等しい取調べが、未だに行われているのだ。我が国においては、虚偽自白を生み出す必然的システムがなお強固に存在しているのである。

取調べの可視化と弁護人立会によって、これを打破すべきこと(換言すればそれしかないこと)を「見解」は明確に教示している。取調べの可視化こそが我が刑事司法の最優先課題であることが「見解」によって改めて示された(可視化に対し、批判的言説をとなえる論者が一部にいるが、その意義を正解しないもので明らかに失当である)。そして、現実の現在的課題として、取調べへの弁護人立会を視野に入れるべきときが来ていることも示されているのである。

さらに3つめとして、「見解」は、2008年に続けて出された、取調べに関する、警察の適正化指針や規則、あるいは検察の通達といったものが、全く不十分なものであることを明確に示している。「警察の内部規範で定められている被疑者取調べの時間制限が不十分であること」についての「懸念」が表明されたのである(この部分は、法務省仮訳)。検察・警察は、志布志事件・氷見事件の教訓であるとして、指針・規則・通達などを発し、たとえば、取調べの時間を一定制限しているなどとし、これが、取調べの適正化に、あたかも資するかの如き姿勢を顕わにし、その旨喧伝してきた。

しかし、「見解」は、はっきりと「締約国は、虚偽自白を防止し、規約14条に定められている被疑者の権利を確保にするため、取調べの厳格な時間制限や、法律を遵守しない行為への制裁につき規定する立法措置を取る」ことを求めている(この部分は、法務省仮訳)。「見解」は規則レベルや通達レベルでは足りないことを明らかにした。さらに、「見解」は、今回の指針等が、制裁措置に対する言及において不十分なものであったことを踏まえ、それが明確化されるべきことを「勧告」している。

「見解」によって、可視化を拒まんがために提示された警察・検察の一連の取調べ適正化指針等は、その無意義さを露呈せしめられ、その旨、明白に宣告されたものといってよい。けだし、そのような適正化指針等の存在を明確に踏まえたうえで、今回の、かような「見解」が表明されるに至っているのだからである。その意味でも、今回の「見解」は、まさに現在的意味を有しているし、極めて重要な意

義をもつ。

　我が国政府は、さらに取調べの適正化のための方策を強く前進させなければならないことがはっきりしたのである。これを現在の規則・通達のレベルの如く、中途半端で曖昧なレベルにとどめることなど到底許されない。「見解」の姿勢は、このことを明確に示すものに外ならない。

　以上、「取調べ」についての「見解」の内容を概観した。それは我々にとっては、弁護実践に投げ返されるべき課題に外ならない。今、「見解」を実現する弁護実践が求められている。今やそのことが弁護人にとって、依頼者に対する誠実義務の履践と同義であるといわなければならない。「取調べ」に関しても、「見解」は21世紀型の刑事司法を打ち立てるための指針足りうることを示している。

★本稿は月刊大阪弁護士会（OBA Monthly Journal）2008年12月号に掲載したものである。取調べに関して、条約機関などから、日本政府は、代用監獄問題とともに、90年代以降今日まで、繰り返し勧告や提言を受けている（なお、80年代以降の経緯については、庭山英雄ほか編『世界に問われる日本の刑事司法』〔現代人文社、1997年〕参照）。

　周知のとおり、国際人権（自由権）規約委員会は、日本政府に対して、既に1993年11月に、取調べに弁護人の立会いがないことについての懸念を表明し、続いて、1998年11月には、明確に取調べの可視化を勧告する最終見解を出している（日本弁護士連合会編『日本の人権　21世紀への課題──ジュネーブ1998国際人権（自由権）規約・第4回日本政府報告書審査の記録』〔現代人文社、1999年〕参照）。

　他方、2003年12月に、国際法曹協会（IBA）が「日本における犯罪被疑者の取調べ──電子記録導入」という報告を発表し、「警察及び検察による取調べ全過程を録音または録画する電子記録制度を確立すべきである、という日本弁護士連合会の提案を支持する」と提言している（日本弁護士連合会編『裁判員裁判と可視化』〔明石書店、2004年〕。なお、IBAの提言については日本弁護士連合会編『代用監獄の廃止と刑事司法改革への提言』〔明石書店、1995年〕を併せ参照──代用監獄の廃止とともに、1995年段階では、取調べを「逐語的に記録するべき」ことなどが提言されていた）。

　2007年5月には、国連拷問禁止委員会の最終見解も公表され、同委員会は日本政府に対し、次のとおり勧告した。「締約国は、警察拘禁ないし代用監獄における被拘禁者の取調べが、全取調べの電子的記録及びビデオ録画、取調べ中の弁護人へのアクセス及び弁護人の立会いといった方法により体系的に監視され、かつ、記録は刑事裁判において利用可能となることを確実にすべきである」。

　さらに2008年5月、国連人権理事会の「普遍的定期的審査」でも、取調べの可視化を求める勧告があった。しかし、同年6月、日本政府は、その受け容れを拒否したのである（日

本弁護士連合会編『国際社会が共有する人権と日本——国連人権理事会URP日本審査2008』〔明石書店、2008年〕参照)。

　その後、国際人権(自由権)規約委員会は、2008年の勧告で、本稿で述べたとおり、取調べについての「電子的監視方法」が「散発的かつ選択的」であってはならず、システィマティックな「取調べの全過程」の録画でなければならないと改めて明言した。

　取調べの可視化が国際的な人権基準として定立されていることは、本書で繰り返し論及されることになるだろう。日本政府がこれを拒むべきまっとうな根拠などは、実は、何もない。以上の経緯・実情が、この小稿を、本書の「序」とした所以である。

第 I 部
原理論・必要性論

「取調べ可視化」論の現在
取調べ「全過程」の録音に向けて

はじめに
論争の経緯と状況・その1（従前の議論）——問題の所在
近時における「取調べ可視化」論（論争の経緯と状況・その2——「取調べテープ録音化」の積極論）
「取調べテープ録音化」の消極論・時期尚早論（論争の経緯と状況・その3）
消極論批判と時期尚早論に対する批判的検討
「取調べ録音権」試論
「取調べのテープ録音」等に関する諸判例をめぐって
諸外国の例について
我が弁護活動と今後の展望について
弁護士会としての取り組みなどをめぐって
おわりに

はじめに[★1]

　大阪弁護士会刑事弁護委員会制度研究部会は、1993年度の活動を踏まえて次のように報告している。

　　身柄拘束下における取調べが如何に大きな問題をかかえているか……それらの問題のかなりの部分は「取調べの録音」によって解消するのではないか。起訴前の身柄拘束が長すぎること、起訴前保釈がないこと、逮捕・勾留中の取調べ「受忍義務」があることを前提とする取調べがなされること、多くの場合勾留先が代用監獄であること等々の問題があるが、これらの問題の解決は法制度の改革などを必然的に伴う。障壁は高いといえるだろう。だが、取調べの録音は、自白の任意性・信用性の判断に最良の証拠を提供するというばかりでなく、「録音する」というそのこと自体によって違法な取調べを抑止する。他方、録音器や録音テープの低額化によって、従来警察や検察が反対してきた理由の一つはなくなり、これに反対する合理的理由を見出し難い。諸外国の例をみても取調べの録音、ビデオテープ化などが相当行われている。加

えて、外国人刑事事件の増加に伴い、通訳の適否が大問題となりつつある。外国人の場合、供述の任意性と信用性をいう前に、そもそも取調官と被疑者の発問と答えが、双方に正確に理解されていたかが問題となる。全ての事件について語学力が優秀でかつ刑事手続に精通した通訳人を確保することが不可能であることは明白であろう。そうすると、供述の任意性、供述の信用性を判断する必要が生じた場合に、録音テープが不可欠というのは裁判所も受け入れやすい考えではなかろうか。このような状況にあるので、「取調べの録音」は時期的にも、力量的にも、弁護士会として取り組むのに最良のテーマではないか、と思われる[註1]。

　右報告の背後にあるのは、「我が国の刑事裁判はかなり絶望的である」といわれ[註2]、あるいは、「わが国の刑事被告人は裁判官による裁判を本当に受けているのか」といわれる状況[註3]、つまりは、「調書裁判」といわれている現在の我が刑事訴訟実務の状況を一つの「病理」とみる認識であるといってよい[註4]。そして、「取調べの可視化」の問題が、かかる我が刑事訴訟実務を改革する、その要に位置しているという状況認識があることも確かであろう。右報告は、かかる改革のために、「取調べのテープ録音化」が具体的かつ現実的方途として、まず位置づけられるに値するとするのである。
　1994年度の制度研究部会は、右報告を受けるかたちで、この問題についての討議を継続してきた。その過程で、偶々私は、1994年大阪弁護士会刑事弁護委員会夏期合宿において「捜査過程の可視化（主に〈取調べのテープ録音化〉）をめぐって」と題する報告を行うこととなった。
　本稿は、右夏期合宿報告を土台にし、同合宿及び制度研究部会、更に、同様の報告を行うこととなった日本弁護士連合会刑事弁護センター刑事弁護実務研究部会における各討議等をもとにして、私なりにこの問題の再整理を試みるものである。つまり、「取調べ可視化」論、とりわけ「取調べのテープ録音化」についての

　1　浦功ほか『1993年度刑弁委員会制度研究部会報告書』（大阪弁護士会刑事弁護委員会、1994年3月）。
　2　平野龍一「現行刑事訴訟の診断」平場安治ほか編『団藤重光博士古稀祝賀論文集（4）』（有斐閣、1985年）423頁。同書407頁では「現行刑事訴訟法は、欧米の刑事訴訟法、いわばその『文化的水準』に比べると、かなり異状であり、病的でさえあるように思われる」とされている。
　3　石松竹雄『刑事裁判の空洞化』（勁草書房、1993年）1頁以下。

議論の経緯・現状、判例の在り様、諸外国の例を踏まえつつ、この問題の現在的課題と展望、特に実務上の実践課題を探ろうとするものである。もっとも、稿を起こしつつある現在、その内容と水準については、およそ覚束ないというのが本音であり、詰めきれていないところが余りに多いのであるが、この問題についての議論が一層活性化するための一助になれば倖いと思い、中途半端ながらも公表して御批判を乞うこととした。

　論述の順序は、目論見としては、次のとおりになると考えている。

4　「調書裁判」といわれる我が刑事訴訟実務の「病理」に言及する論攷は極めて多い。さしあたり、平野・前掲註2論文、石松・前掲註3書47頁以下、同書97頁以下のほか、下村幸雄『刑事裁判を問う』(勁草書房、1989年) 149頁以下、同書228頁以下、梶田英雄「公判審理の活路」守屋克彦ほか編『刑事裁判の復興』(勁草書房、1990年) 1頁以下、生田暉雄「自白捜査構造と自由心証主義の運用」同書193頁以下、森井暲「供述調書の作成・機能」井戸田侃ほか編『総合研究＝被疑者取調べ』(日本評論社、1991年) 387頁以下、渡辺修ほか「特集・刑事弁護と『調書裁判』」刑法雑誌32巻4号 (1992年) 20頁以下、高内寿夫「『調書裁判主義』の構造」法政理論25巻4号 (1993年) 30頁以下など。なお、かかる状況の淵源を戦時法にみるものとして、佐伯千仞「証拠法における戦時法の残照」同『刑事法と人権感覚』(法律文化社、1994年) 249頁以下参照。これに対して、我が刑事訴訟実務の現状を極めて肯定的に捉える対極的な見解として、例えば、中山善房「日本の刑事司法の特色——裁判の立場から」三井誠ほか編『刑事手続 (上)』(筑摩書房、1988年) 1頁以下がある。そこでは、「……供述調書が多量に採用される現状は、わが刑事証拠法則に基づくところであるが、その供述調書に関する証拠法則は決して不合理なものではないと考えられる……」として、「……そこに (不合理なものでないわが証拠法に——引用者註) 規定された要件を充たす事例が多いということであれば、供述調書が多量に採用される結果となることは当然の成り行きであって、これを正常な状態ではないかのように問題視することは、やはり見当違いである」とされて、「わが刑事司法状況は、……(検挙率・有罪率・審理期間等に言及して——引用者註) 良好であるとみてよいであろう。そして、この点は、急速な変化をし続ける世界の中にあっても高く評価されるべきものであろう」といわれているのである。私自身、現在の我が刑事訴訟実務が100パーセント駄目であるなどというつもりはないが、この見解は、どう控え目に評してみても、自らの「仕事」についての内省、あるいは相対化の視線を著しく欠いているといわざるをえないのではないだろうか。余りに鈍感なように思われるのである。

まず、従来からの論争状況を、従前の論議、積極論、消極論ないし時期尚早論の順にコメントを加えつつ概観し（「論争の経緯と状況・その１」〜「『取調ベテープ録音化』の消極論・時期尚早論」）、次いで、積極論の立場からの消極論ないし時期尚早論に対する批判を試みる（「消極論批判と時期尚早論に対する批判的検討」）。更に、「取調べのテープ録音」を被疑者側の権利として構成する場合の理論構成を検討する（「『取調べ録音権』試論」）。そして、視点を代え、この問題に関する諸判例を概観し、特に仁保事件をめぐっての問題点に論及したうえで（「『取調べのテープ録音』等に関する諸判例をめぐって」）、最後に、諸外国の例、とりわけイギリスの例などを参照しながら、現在における我が国の弁護実務の問題としての捉え直しを試みたい（「諸外国の例について」）。

必ずしも結論が視えているというわけでもないのだが、予めあえて結論めいたことを述べておくとすれば、およそ次のとおりになると思う。

① 「取調べのテープ録音化」は、取調べ「全過程」の録音でなければならない。中途半端な「部分」録音は、（個々の事件においては、利点が見出せるケースのあることももとより否定しないけれども、全体として、つまり制度としては）危険性が余りに高く、排されねばならない。制度化を提唱するとき、「部分」録音でも「前進」とするような姿勢であるのであれば、むしろ制度化などは提唱しないほうがましとさえいうべきである。

② 現状では、「取調べ全過程のテープ録音化」が制度化される現実的な目処はおよそたっていない。そのような基盤・共通認識・了解は存在していないのである。従って、「取調べ全過程のテープ録音化」は、被疑者側の現法規上の権利として構成される以外ない。そして、これにもとづく個別的実践の問題として捉えられることになろう。特に外国人事件では、この実践は必然的なものにならざるをえない。

③ その余の「取調べ可視化」の要求も[★2]、基本的に被疑者側の権利、そして個別的実践の問題として捉え直す必要がある。もっとも、「取調べのテープ録音」以外の「可視化」については、現段階において、制度化を要求し、これを制度として実現させる基盤・共通認識・了解が必ずしも存在しないわけではないと思われる。

なお、以下、様々な論者の論攷を引用することになるが、その際、基本的に論者の敬称は略させていただくことを予めお断りしておきたい。

論争の経緯と状況・その1（従前の議論）――問題の所在

1　従前の日弁連の立場

　1975年3月に刊行された日本弁護士連合会編『捜査と人権』は、「被疑者取調の客観化」という表題のもとに次のとおり述べている[註5]（なお、引用部分の……は特にことわらない場合も略した部分。以下、全て同じ）。

> 　速やかに代用監獄制度は廃止されなければならない。しかし、それをまたずとも、取調過程から秘密の領域をなくし可能なかぎり任意性が確保されるような諸措置を講ずるべきである。
> 　①　勾留先を拘置所とする原則を確立すること。若手裁判官のあいだではその取扱が広がっているが、反対の傾向も強い。
> 　②　取調における弁護人の立会（調書への署名も含む）を制度化すること。現在、犯罪捜査規範には弁護人の立会を予想した規定があるが（同177条2項……）、ほとんど死文化している。一つの理由は、国家公安委員会規則という刑訴法より低位の規範によることと、それが権利としては扱われていないからである。
> 　なお、これと並んで、録音テープの使用が主張されているが、必ずしもその効果は期待しえず、また現実性も乏しいであろう（捜査官側に義務づける場合、編集・改竄のおそれが多分にあり――仁保事件ではこのことが鋭く弁護人側から指摘されている――、被疑者側に録音させる場合には技術・経済上の難点がある）。
> 　③　供述調書の黙秘権告知の記載は、不動文字ではなく直接取調官が記入すること。
> 　④　取調のたびごとに調書を作成し、調書には取調開始と終了の時刻および取調室など具体的な場所を明記し立ち会ったすべての捜査官が署名すること。犯罪捜査規範174条は、取調を行なったときの調書の作成を義務づけているが、現実には否認調書や供述変更の過程を示す調書が存在しない（もっとも隠匿されている場合もあるが）ことが多い。右の方策は、のちに述べる証拠排除と関連して、供述の任意性・信用性を判断する際のきわめて重要な要素となる。現実にも、倉庫その他の不正常な場所での取調、下調などと称して屈強な警察官が入れ代わり立ち代わり現われて自白を強要し、まとまった（屈

5　日本弁護士連合会編『捜査と人権』（日本評論社、1975年）52〜53頁。

服した）段階で上司や主任取調官が調書をとるというシステム、深夜にわたる連日の取調などは、名札の着用と相俟ち、かなりの程度自制されることになるであろう。
　⑤　検察官が取り調べるときは、警察署に出向いたり、どこであっても取調警察官を立ち会わせたりしてはならない。こうしなければ、被疑者が警察での供述から解放されず、検察官独自の取調の意味が失われるからである（傍線引用者）。

　このように1975年の段階で、既に「取調の可視化」に関して論じられていたわけであるが、此処で指摘しておきたいのは次の各点となろう。それが問題の所在をも明らかにしているはずである。
　即ち、右提言のほとんど全ては1995年の現在未だ実現していないということである(註6)。また、それは何故かということである。そして、このときの日弁連の「取調べのテープ録音化」に対する消極論自体は現在見直されるに値するということである。

2　刑訴法改正論議と「取調べテープ録音」権

　同様に1975年段階で「取調べのテープ録音化」をめぐる議論がなされているものとして、熊本典道ほか「研究会／逮捕・取調・勾留・弁護──立法論としての具体的提案を中心に」を挙げることが出来る(註7)。刑事訴訟法の改正案の議論とともに、次のとおり語られている。米田泰邦発言に注目されたい。

　　取調べの具体的規制……
　　①　弁護人の選任権を告知する（法198条2項に追加）。
　　②　弁護人の立会権を認める（法198条の2新設）。
　　②の代案　取調べに先立って、弁護人との接見の機会を与える。

　6　もっとも、取調べごとの調書作成とか、取調べへの第三者の立会等については、既に1939年に清瀬一郎が提唱されていたようである（多田辰也「被疑者取調べとその適正化〔1〕」立教法学27号〔1986年〕107頁以下参照）。従って、20年たっても実現していないのではなく、我が刑事訴訟実務は55年余り実現すべき課題を抱え続け実現させていないと評すべきこととなろう(★3)。
　7　熊本典道ほか「研究会／逮捕・取調・勾留・弁護──立法論としての具体的提案を中心に」法律時報47巻13号（1975年）59頁以下。

③　取調べの時刻および時間を制限する（198条の3新設）。……（略）……
　④　取調べに立会った全員が調書に署名する（法198条6項新設）。
　⑤　調書は、取調べの都度、かならず作成する（法198条3項改正。犯罪捜査規範174条参照）。
　⑥　被疑者が調書の記載の増減変更を申し立てたときは、調書を訂正する（法198条4項改正）。
　⑦　被疑者は、調書に署名押印することを拒むことができる旨を告知する（法198条5項改正）。……（略）……
　⑧　<u>取調べの状況を録音する</u>（法198条の5新設）。
　<u>⑧の代案</u>　<u>被疑者は、取調べにさいして、みずから録音することができる</u>――……

熊本　録音するとした場合、たとえばだれにもわかるようなバックグラウンド・ミュージックをかけながらやるなどしなければ、その正確性は担保できないのではないでしょうか。
田宮　<u>編集し直した痕跡のない全体でなければ意味がないわけですね。</u>
熊本　……だから音楽が切れないようにしながら取調べをやらせて判断する以外にはないのではないですか。かつて放火事件で司法警察員の取調べのテープが提出されたことがありましたが、やはりつぎはぎがありました。
田宮　『切れた』といわれればしょうがないですものね。
米田　日弁連がこの問題について消極的なのは改ざんして逆用されるおそれがあるということが一つのポイントのようですが、<u>私は、被疑者側に録音する権利を認めるというかたちで構成すれば、その問題はなくなるだろうと思うのです。</u>
西嶋　ただ、技術的、経済的にはどうでしょう。
米田　経済的な障害のあることは事実ですが、できる人はそれで救われます。せめて、そのような被疑者たちのためにも、その余地は残していいと思うのです。
西嶋　するとこれは、録音捜査官、補助者、というところまで発展しませんか。
米田　<u>むしろ被疑者本人がテープレコーダーを持って取調室に入る権利ですね。そのテープを自分が保管する権利、それを弁護人に渡すことができる権利、そういうかたちで構成すれば、テープは非常に有効だと思います。</u>
西嶋　<u>弁護人が立会えない時はね。</u>
田宮　⑧の代案については、近い将来、認められる現実的可能性ということになると、どうでしょう。

松尾　難点があるとすれば、どういうところでしょうか。
田宮　だれでもそういう権利があるということであれば、国の側である程度用意しないといけないですね。
米田　テープは個個人に渡すということでもいいのです。いまのテープは捜査官のほうで任意性を立証する資料、実際には仁保事件のように反対の資料になるような場合もありますが、そういうかたちでしか使われてない。少くとも被疑者の防御権を充実すべきだというのであれば、そのくらいのことは当然認めてよいのではないかと思うのですがね。
松尾　警察では心配するのじゃないかな。持ち出したテープに手直しされたら大変だと（笑）。
西嶋　警察でもそれをとらざるをえないでしょうね。こっちでとっている場合（笑）。

取調べに関する犯罪捜査規範の規定中、主要なものを法律で定める（法98条の4新設。犯罪捜査規範163条以下参照）……
⑩　法198条1項但書から、「逮捕又は勾留されている場合を除いては」を削る。
⑪　身柄拘束中の自白は任意性を欠くものと推定する（法319条4項新設）。
……（傍線引用者）。

此処でも、現在の課題として論じられていることの多くが既に論じられている。そして、やはりそれらが未だ実現していないのは何故だろうかと問わざるをえないのではないだろうか。おそらくは、現実の（広範な）実践という契機の不存在であったことが、実現していないことのアルファであり、オメガなのだ。

しかし、「取調べのテープ録音化」についていえば、この20年の間にテープレコーダーの機能は著しく発達している。操作が簡便化し、また、総体としての録音費用が頗る低廉化したことは確かなのである。つまり、実践の契機は到来していることになる。そして、現状を「取調べのテープ録音化」を突破口として打開していこうといわば本気で考え実践しようとするとき、これを被疑者側の権利として構成しようとする立場を、最早「（笑）」ってもいられないと思われるのである。

3　その余の論議

その後、1970年代から80年代はじめころにかけては、「取調べのテープ録音化」に言及している文献は、いくつか散見される程度にとどまるようである[註8]。イギリ

スにおける「取調べのテープ録音化」制度導入という契機が与えられる迄、議論自体が必ずしも活性化しない一時期があったといってよいであろう。

なお、テープ録音という問題全般に関していうならば、証拠としての録音テープという論点については、周知のとおり、かなり古くから論じられているところである[註9]。

近時における「取調べ可視化」論
（論争の経緯と状況・その2――「取調べテープ録音化」の積極論）

1　近時における「取調べの可視化・テープ録音化」論の端緒

（1）近時の「取調べの可視化」論の端緒として、1984年段階の刑法学会における報告のようであるが、三井誠「被疑者の取調べとその規制」を挙げることが出来る[註10]。

8　庭山正一郎「自白と長期裁判」自由と正義32巻5号（1981年）54頁は、日石・土田邸事件の弁護経験から、被疑者取調べの密室性を薄めることが必要とし、録音義務付けの立法化を説いている。また、法学セミナー増刊『日本の冤罪』（日本評論社、1983年）の各座談会における加賀乙彦発言（「対談／冤罪を生む構造」24頁）、大野正男発言（「座談会／冤罪事件をめぐる刑事司法の課題」172頁）も「取調べのテープ録音化」を説くものである。更に同書では、佐藤典子が「こどもの取調べには……録音テープを利用するなどの方法が研究されるべき」としている（「ある強制わいせつ事件」239頁）。

9　供述録音と現場録音に分けて論じられることが多い。永井紀昭「録音テープ」熊谷弘ほか編『証拠法体系（1）』（日本評論社、1970年）116頁以下、山崎茂ほか「証拠としての録音テープ」平野龍一ほか編『刑事訴訟法（実例法学全集）』（青林書院新社、新版、1977年）401頁以下、松尾翼「録音テープの証拠能力」法律時報資料版8号（1961年）24頁以下など。伝聞証拠説と非伝聞証拠説があるが、成立関係ないし関連性の立証（録音者を公判廷で尋問する）という観点から、両説にはほとんど差がないともいわれている（山崎ほか・前掲本註論文406頁参照）。また、録音テープの証拠調べの方法については、テープを再生する方法によることを正当とした控訴審判決を是認した最決昭35・3・24刑集14巻4号462頁が、いわばリーディングケースになっているといえよう（吉川由己夫「35　証拠物たる録音テープの証拠調の方法」『最高裁判所判例解説〔刑事篇・昭和35年度〕』〔法曹会、1961年〕126頁参照）。

現在の被疑者取調べは密室で行われますので、何とかその過程を可視化する必要があります。そのための制度的担保策としては、ビデオや録音テープによる取調べ過程の採取をはじめいくつかの手立てが考えられますが……さしあたり、供述調書の作成問題に限ります。これについては刑事訴訟法では198条3項以下に一応の規定がありますから、それを踏まえた上のこととなります。まず、身柄拘束後、被疑者に対する取調べを行った場合、供述調書に、取調べを行った者及びそれに立ち会った者の氏名（及び官職名）、取調べ年月日、取調べ場所（取調室番号）、取調べ時間（開始、中断、終了の時刻）、夜間に及んだときはその理由などの記載を義務づけることができないかです。これらを記載した「取調べ報告書」の作成を義務づけ、供述調書の取調べ請求を行う場合に、必ずこの報告書を提出させることも考えられます（ときに重大事件などで「捜査日誌」が作成されると聞きますが、同種のものの作成は捜査に支障はないはずですし、十分実現可能でしょう。「留置人出入簿」でつかめる事項は限られています）。黙秘や否認の場合も含めて、調書は取調べのたびごとにその作成が義務づけられる（少なくとも前述の「報告書」に供述調書を作成しなかったときはその理由を書くこと）。取調べの都度、調書に「第何回」供述調書というように通し番号を付す（昭和20～30年代には実施されていた例も少なくないようです）。被疑者が供述した際の調書の録取は（すでに不動文字で「任意に次のように供述した」と書かれた書面を使用していることからもわかるように）いぜん要約した物語式が多いが一問一答式も含めて発問及び供述をできるだけ具体的に記述するように行う。供述調書の契印とか訂正印は、供述した被疑者と供述を録取した者が共同でこれを行う。このようなことも可視化の方策としてはぜひ必要ではないかと思われます。以上は、究極としては立法的な整備が望まれますが、現時点でも解釈運用で十分やれることがらと言えます（この点でも、犯罪捜査規範174条以下は少しく考えさせる部分をもち合わせています。また同13条は、捜査を行うに当たってその経過その他参考となるべき事項の明細な備忘録作成を義務づけています）。また、これらの実施は理論的には問題ないことと考えられますが、もし、事務遂行上の支障があるならばそれが何かを示してほしいものです。制度的・組織的に捜査実務でこれらの方針が確立すれば、取調べ手続の可視化──ひいてはその適正化──のためには一歩も二歩も前進であることは誰しもが認めるところと考えられます（傍線引用者）。

　このように「取調べ可視化」の全般について語られているのであるが、テープ録

10　三井誠「被疑者の取調べとその規制」刑法雑誌27巻1号（1986年）179頁。

音をも含め「現時点でも解釈運用で十分やれる」とされている点に注目すべきである。つまり、此処でも、「取調べのテープ録音化」を含め「取調べの可視化」は現在における実践の問題に外ならないことが示唆されているといってよいのではないだろうか。

(2) そして、80年代半ば以降の「取調べのテープ録音化」提唱に関していえば、渡部保夫「被疑者の尋問とテープレコーディング」が、イギリスにおける取調べの録音制度採用（そして、1984年のPACE〔警察・刑事証拠法〕制定）を契機としての、新たな積極的提唱の最初と思われる[注11]。

更に、渡部保夫「被疑者尋問のテープ録音制度」は、イギリスにおける導入過程の議論等を紹介しつつ、我が国における様々な無罪事件について論じ、採用の必要性を詳しく説いている。被疑者のみならず、目撃者等にも採用すべきとし、消極論に対する反論も展開されている[注12]。

2　積極論における「取調べのテープ録音化」の必要性

冒頭で言及した1985年の平野龍一発言「わが国の刑事裁判はかなり絶望的である」を受けての平野龍一ほか「座談会／刑事裁判の実態」では、次の如く述べられている[注13]。何故「取調べのテープ録音化」なのかについて詳しく語られていると思われるので、長くなるが、テープ録音に関する座談部分を引用する。特に大野正男発言は注目に値しよう。

　　渡部　日本では本当に野蛮そのものという感じの取調べがしばしばあるようです。……やっぱり、イギリスのように、この取調べ過程を終始テープ録音す

11　渡部保夫「被疑者の尋問とテープレコーディング」判例タイムズ36巻28号（1985年）1頁以下。なお、イギリスのPACEの条文の内容については、法務大臣官房司法法制調査部編『イギリス警察・刑事証拠法、イギリス犯罪訴追法』（法曹会、1988年）参照。

12　渡部保夫「被疑者尋問のテープ録音制度」判例タイムズ37巻41号（1986年）5頁以下。この論攷は「取調べのテープ録音化」を議論する際の必読文献だということが出来る。

13　平野龍一ほか「座談会／刑事裁判の実態」自由と正義38巻2号（1987年）14頁以下。

る制度を導入して、あまり酷い調べ方は出来ないようにし、かつ、あとから振り返って自白に至る過程、弁明の経過などがすっかりわかるようにしなければ。

大野 渡部先生が最近、特にテープレコーダーによる捜査の録音を強く提案しておられますが、大変必要なことだと思いますね。弁護人の接見も必要ですけれども、今のような状況が改善されるという見込みは少ないでしょう。そして弁護人が会うのは先ほどお話したように検察官の取調時間に比して僅か2パーセントですよ。その僅か2パーセントだけで1日10時間の取調べの全容を把むことは至難でしょう。いや、把ませないために接見を制限しているとさえいえるのではないですか。克明に取調べの記録を取るということは、非常にフェアであって必要だと思います。取調官の立場にたっても、逆にあらぬ誹謗を受けないギャランティにもなるわけです。……もしそうだとするならば、あらぬことを言われないためにそれを録音して取っておくということは、検察官や警察が自分のその捜査の正しさを証明する方法にも使えるんで、常に被疑者・被告人が言っていることの正しさを証明するためにのみあるわけではありません。刑事司法は関与している人たちの立場はそれぞれ違うかもしれないけれども、その採っている方法はフェアでなければならないという共通のルールがなければ成り立たない仕事だと思うんですね。ところが、99.8パーセントの花は、アンフェアの土壌の上に咲いているのではないかという疑惑がつきまとっている。……残念ながら今の被疑段階における刑事司法というのは弁護人をなるべく排除する形で運用されており、また制度的にも保障されていないものですから、「刑事弁護人よ頑張れ」と言っても、正直に申し上げて平野先生のご期待に添うことは現状ではたぶん出来ないであろうと思うんですね（笑）……（略）……調書というのはあくまで「調書」であって捜査官が作るものですからね。さきほど言われた中で自白調書だけを見てもおかしいというのは稀にしかない。……大体は調書を読むと、「これはやったに違いない」というほどよく出来ていると思います。……自白調書というのは自白そのものではないわけですから、その点ではおっしゃるようなテープとの間には質的な違いがあると思います。しかも論理的に辻褄が合うように書いてありますし、この頃は秘密の暴露ということが大変問題になっていますが、秘密の暴露の問題は今、別の形でとりあげられていますね。つまり捜査官が秘密の暴露を作為したのではないかというのですが、そういう基本的な信頼まで疑われだすと、本当にそうであるのかどうであるのか全くわからなくなってしまいますね。これは刑事司法に対する信頼からいって看過できないことです。捜査の過程の中で本当に秘密

の暴露があったとすれば、テープさえ取ってあればそれはきわめて高度の信用力で本当だったことが分かるはずですね。そうであれば創作なんか出来る余地はなくなるはずです。だから、私はやや実務的には次元が低いのかもしれないと思いますけれども、そして弁護人の接見はもちろんやらなければいけないし、保障しなければなりませんけれども、全取調べのテープの義務づけは是非実現したいと思います。

渡部　私は、やはり弁護人が今よりもっともっと自由に接見できるということが大事と思います。さらに将来的には英米の予備審問のような制度を作って、警察の手元に被疑者を1日あるいは3日ぐらいしか置けない、あとは判事のところへ連れて行って弁護人も立会い、反対尋問も出来れば反証も挙げうる状況で審問するようにすべきと思いますが、当面差し当たりどうしても実現すべき問題は、終始録音をつけるということ、三井誠先生なども言っておられるように「取調べ過程の可視性の向上」が必要と思います。

大野　犯行現場を採録するというのでビデオを撮ってそれを出しているでしょう。つまり、それは自供をしたあとの情況のみ出すと凄く迫力があって有罪心証に傾くと言われているんですが、テープにしましてもね、やはり全経過が出てこないと全く駄目でしょう。自白した時にだけそれをテープに取るということはやられているわけですからね。それはデュープロセスの観点からも真実性の保障の観点からもほとんど意味のないことであろうと思いますね。

渡部　というか、狡いやり方ですね。イギリスでもテープについてそういうやり方があったようで、被疑者の頭をソフトに柔弱に抵抗できないようにさせてしまってからテープに取るのは卑怯だと批判されていました。いわんやビデオに撮って殊更に印象的にするのは感心できないですね。

倉田　あれは実によく出来ているんです。僕もビデオを体験したんですけれども……初め、それを検察官に見せられたときはこっちもがっくりきました。……（後略）……（傍線引用者）。

「取調べのテープ録音化」の必要性について、ほぼ言い尽くされていると思われる。また、同時に一部録音・一部録画の危険性、つまり、「悪しき可視化」についても言及されている[★4]。いずれにせよ、「全取調べのテープの義務づけ」を「是非実現」するための方法論を検討しなければならないのが、現在の課題だということが示されているといわなければならない。

3　裁判官の積極論

　更に、現役の裁判官や裁判官経験者、しかも長年第一線で刑事裁判を担ってこられた（刑事裁判実務のいわば真髄を知悉していると評すべき）法律実務家からも、「取調べのテープ録音化」の積極論が唱えられるようになる。

(1)　守屋克彦「自白調書の真実性の分析」は、次のとおり述べている[註14]。

　　　（日頃から捜査官側に――引用者註）取調の全過程が明らかにされるための準備がなされるような方向に向うことが期待される。そのような点での改善がなく、自白調書の任意性、信用性をめぐって従来のまま不透明な状況の解明に労力を強いられる立証が続く間は、さまざまな人々に辛酸を強いた冤罪事件の貴重な教訓を生かすことができないと思える……従来から、取調の全過程の録音ないし速記録の作成等の物理的な困難が捜査官側から主張されており、本来、供述調書活用のメリットも、その点の経済的かつ合理的な解決という面にあったと思われる。しかし、<u>供述調書の真実性が立証のテーマとされる事態に備えて、取調の全過程を可視的なものにしておくことは、公判廷に争いを持ち越すような否認事件の場合には当然考慮すべき段階に来ているといえよう。なお、供述心理学の立場からいえば、供述の真実性の分析のために、供述の全過程の録音が望ましいことは常識とされている</u>。……（傍線引用者）。

(2)　また、下村幸雄『刑事裁判を問う』（1989年）、同『刑事司法を考える』（1992年）においても、「取調べのテープ録音化」の積極論が唱えられている。もっとも、その論旨は、現状では捜査機関側がこれを制度として受け入れることは考え難いということから、裁判官が任意性の挙証責任に忠実かつ断乎たる態度を採ることによって、テープ録音化が実現されていくとされるものである[註15]。確かに、現状の被告人調書の証拠許容性の判断は、「不透明は被告人に不利益に」の原則が存在しているといわざるをえないのであるから、「可視化」の問題は、同時に公判審理の問題であり、正にこれと表裏・不可分の関係にある問題といえる。この点は、後に検討していくこととなろう。

　　14　守屋克彦「自白調書の真実性の分析」判例時報1208号（1986年）41頁。
　　15　下村幸雄『刑事裁判を問う』（勁草書房、1989年）177頁、同『刑事司法を考える』（勁草書房、1992年）108頁、258頁。

(3) そして、冒頭で言及した石松竹雄の北海道大学での講演「わが国の刑事被告人は裁判官による裁判を本当に受けているのか」（1989年10月27日）は次のとおり語られている。

　……立法上の改革が急に実現する見通しは勿論ありません。だとすれば、現状を改善するために、われわれは何をなすべきでしょうか。これには、2つの方向からのアプローチがあろうかと思われます。1つは、前にも申しました捜査に対する司法的抑制と公判中心主義の徹底の方向であります。……もう1つの方向と申しますのは、捜査過程の可視化ということであります。現在のような捜査裁判の運用を前提とする限り、捜査段階で形成された予断の誤りを発見し、真実を発見するには、捜査過程で行われたことを公判段階で白日のもとに曝すことが必要であると考えられます。そのためには、証拠開示、一定の訴訟段階における検察官手持証拠の全面開示が必須のことであると思われます。また捜査官による取調過程の録音化も当然考慮されるべきことでしょう。私は、まず手始めに裁判官による起訴前の勾留質問の過程を全部録音して裁判所に保管し、将来公判で証拠に供することができるようにしてはどうかと考えております。……[註16]（傍線引用者）。

4　小括に代えて

　このように、学説というかたちではなく、法律実務家のなかから、実務上の必然的要請として「取調べの可視化」「取調べのテープ録音化」を求める声は極めて高くなってきている。これが、80年代後半から現在に至る状況といえる[註17]。イギリスにおける「取調べのテープ録音」制度の導入が、かかる議論の生じる契機・所以になっているとはいえ、我が刑事訴訟実務の現状において、この問題が論じられ、その実現が要請される土壌が必然的に存在していることは最早明らかである。

16　石松・前掲註3書18頁。勾留質問の録音という提言は、大阪における1994年12月の司法事務協議会で弁護士会から裁判所に対する協議事項とされるに至った。これに対する裁判所の回答は否定的なものであったが、この問題については後にも言及することとなろう。

「取調べテープ録音化」の消極論・時期尚早論
(論争の経緯と状況・その3)

　もとより、「取調べのテープ録音化」については、積極論ばかりが唱えられているというわけではない。明らかな消極論（反対論）もあれば、基本的には反対ではないが、時期尚早だとする見解もある。以下、これらの見解を概観していくこととするが、便宜上、その論者の、いわば動機をも推測しつつ論者の類型分けをするとより判り易いようにも思われる。次の3類型を指摘できるのではないかと考えている。

　①　「密室」擁護型。
　いわば捜査思惑型で、基本的に捜査機関側の立場の人が唱えている。「被疑者を徹底的に取り調べることが重要」との立場からの立論なのであるが[註18]、弁護

　17　他に、米田泰邦「被疑者取調可視化論の現状と課題」守屋克彦ほか編『刑事裁判の復興』（勁草書房、1990年）23頁以下がある。同論攷は、消極論に対する反論を次のように述べつつ、「取調べのテープ録音化」のすみやかなる実践を説いている。既に本稿「論争の経緯と状況・その1（従前の議論）──問題の所在」2で言及したとおり、本稿の立場は、被疑者に「取調べのテープ録音」権を認め、かつ、自ら録音出来るとするかかる米田見解に基本的に依拠している。

　「これ（録音──引用者註）については相も変わらぬ実現可能性問題のほかに、被疑者側によるテープ改ざんの危惧がことさら問題とされようとしている。しかし、もともと録音が必要な事件がそれほど多いはずはないし、かりに必要なすべての例にできなくても、弁護人の立会と同じように、可能な事例からして行くという現実的な対応を拒む理由はない。とくに録音については、安価なカセット・テープと組み合わされた簡便な録音機の普及が、長時間録音の経済的・技術的な障害を消去している。多くの捜査の不正が明らかになっている今日、捜査側の工作は全く不問にして、改ざんを被疑者側についてだけ問題とするのは倒錯しているが、その防止には証拠湮滅罪の刑罰威嚇で不十分とは思えないし技術的にもテープ複写や二重録音で対応できる。その程度の論証で録音によって可能になりうる一部分の救済も拒むことができると考えるのは異様な発想というほかはない。それ以外に現実的な障害があるとするなら、取調状況がごまかしの余地なく白日に曝されて、公判廷での水掛け論に持ち込めなくなること以外に考えられないが、それが正当な理由になるはずはない。……（略）……録音に消極的な議論に共通するもう一つの決定的な欠陥として指摘しなければならないのは、供述状況の録音テープによる立

人立会の問題とはまた違って、「取調べのテープ録音化」の場合は、取調べに対して、いちがいに抑制的要素だけとも言い難いところがあるはずというべきであるから、かかる論者の立論にもいささか苦しいところがあるのではないかと思われる。時には自らの側が利用することもあるのであるからなおさらというべきである。もっとも、後にみるとおり、学者のなかでも、かかる立場と思われる見解は存在するのであって、その意味では、被疑者取調べの在り方というものに対しては、捜査官側と被疑者・弁護人側が対立した見方をしているという必ずしも単純な構図ではなく、刑訴法学者のなかでも、様々な捉え方のあることが示されていることにもなろう。まして、この問題については、国民的合意が容易に得られる状況でもないというべきかもしれない[★5]。それだけに、この問題には根深いところがあるといえる。

② （極度の）警戒型。

この型は一面いわば弁護活動職人型であり、幾分悪く言えば、弁護思惑型とい

証を証拠能力の制限なしに承認した仙台高裁昭和27年2月13日判決（高刑集5巻2号226頁）を始めとする先例が、いずれも検察側の立証に関するものであったという事実を無視していることである。処罰に必要と思うなら、警察は録音機が珍しく操作も複雑なころから不便なオープン・リールのテープを使って録音していたし、検察側もそのテープを証拠に利用してきたのである。……（略）……このようにして、現在も説かれている慎重論が、どのような機能を果たすものであるかは明らかである。多くの冤罪事件で取調の苛酷さを訴える被告人主張を真正面から否定する宣誓供述を重ねてきた捜査官に取調状況の主観的な資料を求め、捜査官の気の向いた時だけに都合のいいと思うテープやフィルムによる客観的資料を与えられるというのでは、冤罪処罰の再現を防止できるはずはない。ここの問題解決に必要なのは平凡な常識であって、それ以上の込み入った論議は不必要のはずである」（40〜41頁。傍線引用者）。

なお、阪田健夫「取調べのテープ録音制度の導入を」刑弁情報5号（大阪弁護士会刑事弁護委員会、1992年）19頁参照。

18　米澤慶治「被疑者の取調べ」判例タイムズ35巻28号（1984年）61頁。その他、捜査官側の論稿で、被疑者取調べの重要性・必要不可欠性を説くものは多い。さしあたり、本田正義「取調の技術」熊谷弘ほか編『捜査法大系（1）』（日本評論社、1972年）221頁以下、綱川政雄『被疑者の取調技術』（立花書房、1977年）、堀田力「正しく自白させる方法」判例タイムズ35巻24号（1984年）51頁以下、林茂樹「逮捕・勾留中の被疑者の取調べについての一考察（上・下）」警察学論集37巻11号（1984年）49頁以下・12号（1984年）47頁以下など。

う要素もあることになるのかもしれない。いずれも刑事弁護に精通していると思われる弁護士の見解であり、その動機自体は理解しうるところがある。しかし乍ら、仮にもし録音化消極論・否定論が貫かれるのだとすれば、いささか神経質に過ぎるのではないかとも思われ、産湯のみならず、赤子も流すことになりはしないだろうかという想いももたざるをえない。しかも、この警戒論の場合、それのみでは、現状の捜査機関側の一方的利用という事態を阻止しえないという難があると思われる。

③ 理念型ともいうべき型。

一言でいえば学者型である。刑事訴訟の全体構造のなかで、この問題を位置づけねばならないとするところから唱えられているものであって本質的な問題提起とも思われるのであるが、あえて言えば、実務家がこの問題について抱えている苦渋について、必ずしも十分な理解を届かせてはおられないのではないかという想いがするものである。つまり、現状に対する認識・危機意識の在り様が、先にみた法律実務家らのそれとは喰い違っているということではなかろうか。

右にみた3類型毎に、以下、具体的にその論拠をみていくこととする。

なお、「取調べの可視化」そのものについては[★6]、極一部を除いて、以下のほとんどの論攷が積極的立場であることを予め付言しておきたい。本稿「近時における『取調べ可視化』論」で引用した積極論との対立は、あくまでも「取調べのテープ録音化」をめぐってのものである。

1　「密室」擁護の理論

(1)　米澤慶治（法務大臣官房参事官）「取調べの理論と実務——実務家の立場から」は、三井誠「被疑者の取調とその規制」に対する反論として同じ刑法学会で報告されたものであり、次のとおり述べられている[注19]。

> 密室における取調べを前提にして、そこにおける拷問など好ましからざる取調方法をチェックする一つの方法としてたとえば、調書または取調状況報告書における取調時間、取調に参加した捜査官の人数、官職、氏名の明記、あるいは、取調状況そのものを映写する等のビデオテープまたは録音テープの活用などが提言されておりますので、この点について私なりの感想を申し述べたいと思います。まず、調書等への取調時間などの明記の問題についてであ

19　米澤慶治「取調べの理論と実務——実務家の立場から」刑法雑誌27巻1号（1986年）181頁以下。

りますが、御承知のように、実務にあっては、取調状況報告書を作成することはよく行われておりますものの、調書についてこのような方法を行っている捜査官はほとんどないと思われます。しかしながら、捜査官としては、後日公判廷において、取調状況が争点となり、そのための証人として法廷に召喚されることも考えられますので、取調状況についてはそれぞれの捜査官の創意工夫のもとに捜査メモなどを残す等しており、このようなメモ等と調書への取調時間などの明記とにおいて取調状況を後日のため明らかにしておく方法として何らの差が認められないと思われるのであります。そして、たとえば取調時間に関しては、拘置所などに保管されている出入房簿などの公的記録があり、また、取調べに関与した者の官、氏名についても少なくとも調書作成に関与している限りにおいて、その官職、氏名が調書上から明らかになるようになっておりますので、ことさらに、調書などに取調時間等を明記するまでの必要はないのではないかと思われます。次に<u>ビデオテープ等の活用の問題でありますが、実際の取調べにあっては、シナリオに書かれているように取調べにおける捜査官と取調べを受ける者との間に円滑に、しかも要領よく対話が進行するものではなく、最初は全く要領を得ない部分的な供述からはじまり、その供述をいろいろ吟味しながら尋問してみた結果として、一つのおぼろげながら筋の見えた供述となり、さらにこれと他の証拠関係との突き合わせ、矛盾点の指摘などにより、供述調書の内容となり得る供述になるのが通常であって、その間の経緯をすべてビデオテープなどによって全事件について記録しておくということは、財政的に到底実現困難であるばかりでなく、無駄の多すぎる作業といわざるを得ないのでありまして、その意味において実際的な提案とはいえないのであります</u>。従って、密室における取調べのゆえに第三者に疑惑をいだかれやすいという点につきましては、捜査官一人一人が人権を尊重しつつ、真相を究明すべきであるということについて十二分の自覚をもちこれに従った公正な取調べを行うことによって国民の信頼を確保するよう最善の努力を行うべきものと考えているのであります(傍線引用者)。

三井提言に対する全面否定であって、基本的に捜査官に対する精神論のみで事足るという発想である。先に述べた「取調べの可視化」自体の極一部の否定論とはこれであるが、説得力が余りに乏しいといわなければなるまい。ちなみに、その刑法学会での三井誠と米澤慶治の討論の在り様(討論の要旨)は次のとおりである。

　　三井　最初に、米澤氏に改めて確認したい。(1) 取調べの時間等を「捜査報告書」に記載することが義務付けられないか。(2) 否認・黙秘の場合に

も調書を作成して通し番号をつける等についてもどうか。(3) 被疑者が録音テープを使用したいと希望した場合、それを認めることはできないか。

米澤　各捜査官は、取調べ時間等についてメモを作成しているはずであるが、その義務化については一概には答えられない。<u>録音テープの件については、事後的な編集の危険性があるので問題がある</u>[20]（傍線引用者）。

(2)　山崎裕人（岡山県警察本部警備部長）「『被疑者の取調べ』考」も捜査機関側から同じ頃になされた消極論であるが、一方で「密室性」を守ろうとしつつ、他方で一定の「可視化」の必要性自体は認めている論攷である[21]。

<blockquote>
取調べの「密室性」についての批判に対しては、<u>取調べには捜査官と被疑者とのコミュニケーションが不可欠であるという立場からの反論が可能である</u>。即ち、取調べの成否は、両者の人間関係の確立に大きく左右されるものでありとりわけ<u>犯罪行為の詳細やその行為に至る内心の動き等、いわば自己の恥辱に係ることを告白するために必要な環境は、被疑者の心理状態が整理されて落ち着くまで相当の時間内は、取調べ場所の「密室性」によってのみ担保され得るであろう</u>。……密室内の出来事を如何に客観的に第三者に伝え得るかは、非常に困難な問題である。調書の上に文字、文章として記録すること（勿論、被疑者に閲覧又は読み聞かせることを前提として）には一定の限界があろうし、公判廷における戦略から検察官が全ての調書を証拠として提出する訳ではないという問題も残る。イギリスにおける実験のように、全ての取調べ状況をテープに録音することも、<u>録音テープには編集可能であるという弱点があるばかりでなく、長ければ20日以上にも亙る取調べを録音するためには莫大な予算措置を講ずる必要がある。ビデオによる録画も録音テープ以上に被疑者の心理を無用に圧迫するおそれがあり、また録音テープと同様の問題が存する</u>。犯罪捜査規範第13条では、警察官は、「捜査を行うに当り、当該事件の公判の審理に証人として出頭する場合を考慮し、および将来の捜査に資するため、その経過その他参考となるべき事項を明細に記録しておかなければならない」と規定しており、実際にほとんどの捜査官は備忘録を記すことが
</blockquote>

20　米澤慶治ほか「討論の要旨」刑法雑誌27巻1号（1986年）190頁。
21　山崎裕人「『被疑者の取調べ』考」警察学論集38巻8号（1985年）62頁以下。

習慣となっていると思われるが、備忘録の管理が組織的に行なわれていない場合も少なくなく取調べの状況や被疑者の態度等は、公判廷における証人尋問によって明らかにされるのを待つしかないというのが現状である。<u>取調べの「密室性」に起因する無用の誤解や非難を生ぜしめないためにも、何らかの措置工夫が必要な時期にさしかかっているようにおもわれる</u>（傍線引用者）。

(3) 椎橋隆幸「被疑者取調べ」は、消極論ではなく時期尚早論である。「密室」擁護の類型のなかに入れられることについては、論者は不本意だとされるやもしれない。実際、問題点自体はよく整理された論攷なのであるが、いわば善意による「密室」擁護の志向性が垣間視られることは否定しえないのではないかと思われるのである[註22]。

　テープレコーダーを使用すれば取調の過程を忠実に再現することができる。捜査官と被疑者の会話の内容はもとより声の強弱・抑揚・語調等が如実に再現されるので、供述の意味を正確に理解することが可能で、供述の任意性・信用性の判断に有益であると言えよう。しかし、テープレコーダーの導入に批判がないわけではない。第1は費用が嵩む点であり、第2は偽造、修正の虞がある点であり、第3は証拠調に長時間を要することであり、<u>第4は録音されているとの意識が取調をぎこちなくさせ、十分な取調ができないのではないかとの点</u>である。第1点は全ての事件につき取調の全過程の録音を義務づけると確かに費用は嵩むが、軽微で争いのない事件についてまで録音する必要は高くないので、一定の重要な事件とか否認事件に限って録音を義務づけることにすれば費用の点はさほど大きな問題ではないであろう。第2の偽造、修正、編集の加えられる虞については、イギリスのようにダブル・トラックのテープを用いて録音し、録音したテープを封緘して保存するという方法を採れば解決することができる。第3点は確かに、帰責供述とは関係のないやりとりまで聞くということはおよそ効率的ではない。しかし、宣誓合戦に由来する供述調書の任意性・信用性をめぐって展開される膨大な時間を節約できるとの利点も指摘されている。<u>第4点が供述の任意性の判断とも関連して、最も問題となる点であろう</u>。確かに、捜査官が録音されていることを意識して拷問、強制、脅迫等による違法・不当な取調がほとんど姿を消すことが期待できる。

22　椎橋隆幸「被疑者取調べ」法律時報61巻10号（1989年）17頁。

しかし、違法・不当な取調の防止という目的を超えて、<u>適法な取調をも抑制されることになるのではないかとの虞を捜査機関はもっているため、テープレコーダーの導入に抵抗を示</u>しているのではなかろうか。すなわち、取調は友人や知人同士の会話とは異なり、犯罪を犯したと疑われている者からその者に不利益な供述を引き出そうとしているのであるから、<u>ある程度の緊張した状況における強い説得をすることは許されてよい。問題は、違法・不当な取調との限界を適切に画することができるかである。特に悪質・狡猾な犯罪者がテープ録音を悪用し、緊張した取調状況下において巧妙に捜査官の失策を導いたり、取調に対してその違法・不当であることを故意に誇張するような対応をしたような場合等供述の任意性をめぐって新たな問題が生じることが懸念される</u>。そこで、利点の多いテープレコーダーの導入であるが、法律で義務づけることはしばらく待って、イギリスでの実務を今少し見守った後、あるいはわが国で一部実験的に試してみた後で、そのような懸念がとるに足りないものであることが判断された後に、実現することが望ましいといえよう（傍線引用者）。

2 （極度の）警戒の理論

(1) 五十嵐二葉は、「座談会／刑事裁判とビデオ」において、次のとおり発言している[註23]。

　（ビデオを——引用者註）日本でも、もし撮るんだったら、初めから終わりまで全部撮れば、それはある意味で真実の発見に一番いいかも知れない。それでもさっき言ったアングルの問題だとか、スーパービデオを使った場合にはどうなるか[註24]、どこを写すか、どこを写さないかという、それだけの操作でも随分印象が違うと思いますので、ある一定のアングルから写すとか、だんだん細かい条件がついてくると思うんです。そういう<u>条件をつけながら使っていく訓練をしないと、今のままでは捜査側の利益になる方法でだけ使われていくばかりなので非常に危ない</u>と思います（傍線引用者）。

23　大塚喜一ほか「座談会／刑事裁判とビデオ」自由と正義38巻2号（1987年）92頁。
24　「テレビの技術の人に聞いたんですけれども、スーパービデオというのがある。同じ人を写しながら顔を横に拡げるとか、色を黒くするとか操作でき、全く別人になってしまう」前掲註23座談会87頁の五十嵐発言。

これは、ビデオテープ（しかも犯行再現ビデオ）に関する議論のなかの発言なので、これを消極論ないし時期尚早論のなかに入れることには当然異論があろう[註25]。現に、同座談会終盤の五十嵐発言では、ドイツの例（テープ録音とともに答の部分がタイプされ、その後、被疑者はテープとともにタイプを確認してサインし調書が出来上がると説明されている）を述べつつ、「そういう形でテープなりビデオなりを使えるように日本でも早く弁護士会が運動しないと、逆の方向の使われ方ばかりが定着してから直させるというのは大変」とされているところである（傍線引用者）。ただ、「犯行再現ビデオ」は、既に若干言及した「悪しき可視化」の最たるものであって、それが本来の「可視化」とは似て非なる全く逆の発想から位置づけられているものであるとはいえ、文字通り「可視化」するものには相違ないという謂において、「可視化」論を論じる際に避けて通れない問題を提供していると思われる。

　此処では、当然検討すべき一つの貴重な視点として上記部分を引用した[註26]。

　(2)　大出良知ほか編著『刑事弁護』においては「取調べ可視化の手段」として論じられているところでは、取調べのテープ録音については、いわばニュートラルな論述がなされている。次のとおりである[註27]。

　　……捜査方法としての──内容を選別した──テープ録音等と一線を画するためには、やはり、被疑者取調べのすべてをテープに録音等することが必要となってくる。……我が国の場合、捜査段階ではおよそ弁護士の援助を受けることのないケースが大部分であるために、起訴後の公判廷ではじめて否認に転じたという例は少なくない。このような現状がつづく限りは、すべての事件ですべての被疑者取調べをテープに録音する、という必要がやはりある

　25　直に五十嵐弁護士のお話をお聞きしたところ、「全過程」の録音という大前提のもとで積極論者である旨を述べられた。但し、安易に制度化を唱えることは危険とも言われ、詰めるべき問題はまだまだ多いのではないかとも言われていたところである。

　26　なお、五十嵐二葉「『ビデオ時代』の刑事裁判と自白」法律時報57巻3号（1985年）77頁は、犯行再現ビデオにつき、「日本の刑事裁判の特異な暗さを見る思いがする」とされている。

　27　大出良知ほか編著『刑事弁護』（日本評論社、1993年）48〜49頁（該当箇所の執筆者不詳──執筆者たる22名の弁護士のうちの誰か）。

のではないか。被疑者の取調べをすべて録音するということがルーティーン・ワークとして、実務上大きな負担なしに可能となるためには、……そもそも被疑者取調べの機会、回数、時間などを制限することが必要となってくる（傍線引用者）。

　しかし、「録音テープの証拠調べの請求に対する対応」の次の如き論述は、証拠調べ請求に対する弁護人側の対応を論じているからこそという要素があることを考慮しても、基本的には消極的立場にあるということになるのではなかろうか。これも、これを消極論と決めつけることには異論があるかもしれないが、一つの論点提示になるので、以下引用しておく[註28]。

　　<u>録音テープは、音声を忠実に記録することで機械的正確性が担保されているという「常識」がある。この常識を崩すことが、弁護活動の第一歩である。</u>いかなる音声を録取するかの選択は録音者に委ねられているし、録取した音声を編集することは簡単にできる。録音テープには人為的操作が容易に加えられ、その痕跡がテープ自体には残らない点で、人の供述以上に（意図的）誤りが混入する危険性は高い。しかも、<u>録音テープのデジタル化などにより編集機能は高度化しており、背景音を消したり、音声自体を変化させることが容易になっている。この結果作成された録音テープが偽造（編集・修正）されても、事後にチェックすることは技術的に不可能であるから、その真正さえ証明することができない</u>……（略）……録音テープには、性質上、署名・押印がなく、原供述と録音内容との一致の保障がない。署名・押印に代替する保障がない限り証拠能力は認められないことを主張する。……（略）……デジタル化された録音のように事後にその真正を技術的に確認できない場合、録音テープの証拠能力は否定されなければならない。その理由は、第1に、法律的関連性である。このような録音テープはその真正自体が確認できないのであるから、証拠評価を誤る危険性が類型的に高い場合にあたるからである。第2に、証人対質権の保障（憲法37条2項）である。編集の可能性を事後に技術的に確認できないことは、録音者に対する反対尋問を保障してもその効果に限度があるということだから、実質的にみて証人対質権が保障されたとはいえないからである（傍線引用者）。

28　大出ほか・前掲註27書94～95頁。

3 「理念」による時期尚早論

(1) いわば理念的な意味合いにおいて、現段階においては時期尚早であるとの見解を表明されるものとして、田宮裕「取調べ問題の展望」がある[註29]。

> ……取調べについて一定の手続き的規制をしようというのが現行法のとった方法論である。……このような方法論をさらに前進させもって取調べの効率化と適正化に資する方策……としてさし当たって、①取調べ時間の法定（特別の事情のないかぎり夜間取調べの禁止、1日の取調べ時間のマキシマムの設定など）、②取調べ場所・方法の制限（特定の場合の代用監獄での拘束・取調べを禁止するなど）、③弁護人との事前接見や最小接見時間の保障、④弁護人等の立会いの余地を認める、などが考えられる。
>
> なお、この関係で、取調べ状況の録音テープまたはビデオテープによる採取が提案されているので一言しておく。<u>たしかに、これによって取調べの可視化がいっきょに前進し、手続き的保障の実もあがるであろう。げんにイギリスでは、一部で実施されているようである。しかし、彼の地のように、チャージ（刑事手続きの開始）に対する被疑者の応答（最初のレスポンス）を短時間に聴取するという性質のものであれば有意義であろうが、わが国における取調べは、それとまったくちがって、いわば捜査官の心証を固めるための長丁場の"審理期間"であり、さらには供述をちみつな調書にまとめあげていくカウンセリング的過程とさえいわれるのであるから、実際問題としては財政上の理由でほとんど不可能に近い。また、右のような本質のものであることに照らし、むだの多すぎる作業ともなろう。そればかりか、取調べのテープが全巻揃うことになれば、"捜査は第一審"というわが法の特色が一層きわ立つことになり、その抱える問題性が増幅するおそれもある。したがって、テープについてはイギリスのように、捜査の弾劾化がもうすこし滲透することの方が先決の課題であろう。そして、その目的は供述の信用性の確保（証拠の保全）というよりは、取調べの適正の確保であることを十分自覚したうえで、提案されるべきもののように思われる</u>（傍線引用者）。

いささか難解な論攷のようにも思われる[註30]。「捜査の弾劾化がもうすこし滲透

---

29 田宮裕「取調べ問題の展望」井戸田侃ほか編『総合研究＝被疑者取調べ』（日本評論社、1991年）795頁以下。

することのほうが先決」とされているが、弾劾的捜査観が提唱されてから既に40年近くにもなろうとしているのであって[註31]、それで、こういう「現状」だということのほうをこそよくよく考えてみなければならないのではないのかという想いを禁じえない。40年近くの間に（細かな時期区分をすれば、いろいろ言えるかもしれないけれども、総体として）、「捜査の弾劾化」が「すこし」でも「浸透」したとも思われないからである[★7]。むしろ、現状の問題点の最たるものは、「密室」を保存したまま「捜査は第一審」という「わが法の特色」が「きわ立つ」ていることなのではないだろうか。そうだとすれば、「捜査の一審化」を打破しえないとき、「密室」性を打破するしかないとするのは当然のことだと思われるのである。

(2) 論攷の発表順としては前後すると思われるが、多田辰也「被疑者取調べとその適正化」は、右田宮論攷の趣旨をより明確にしている論攷といえるのではないだろうか[註32]。

……イギリスで取調べのテープ録音制度が採用され、またその試験的運用がうまくいったからといって、それがそのままわが国にも妥当するかは問題で

30　田宮裕『刑事訴訟法』（有斐閣、1992年）131頁は、次のとおり述べている。
　「……日本にはこのような方法（弁護人の立会と取調べの録音・録画——引用者註）にマイナスに作用する現実があることも忘れてはならない。その一つは、取調べが国の側で行う第一次のインフォーマルな"事実認定"であり不可欠だという観念である。事案解明のため、取調べは被疑者と気心を通じ合った長時間のカウンセリング的なものである必要があり、その後の公判もこれによりかかった、書面中心の、ゆったりとした進行となる。こういう刑事訴訟の構造的特質の一環として取調べが存在するので、取調べだけを切り離して改変を要求するのはかなり困難であろう（全体の構造的改革が必要である）。もう一つは、取調べの規制が増えれば、アメリカのように代替手段としておとり捜査、盗聴、訴追免責制度など必ずしもフェアとはいえない捜査手段に依存せざるをえなくなるが、それは日本ではとても受け入れられないだろうという指摘がある。そのような二者択一が必然であるかどうか（それとこれとは別問題ではないか。あまり二者択一を強調すると、盗聴などの捜査手段は現状では採用できないことになってしまう）、あるいはどのあたりが両捜査方法の調和点であるのかの検討が、今後の大きな課題であろう」。
　右のように説かれても、論旨は、やはりなお難解というべきではないだろうか。
31　平野龍一『刑事訴訟法』（有斐閣）の刊行は1958年である。

あろう。確かに、取調べのテープ録音によって、完全といえないまでも、かなりの程度まで、不当・違法な取調べを防圧できることは事実であろうし、その意味では被疑者取調べの適正化に寄与することを否定するつもりはない。しかし、わが国とイギリスとでは、根本的に異なる点がある。それは、わが国における取調べ時間の長さであり、取調べ回数の多さである。そして、わが国では、そのような徹底した取調べに基づいて、検察官の訴追裁量権が行使され、また公判も運営されているのである。したがって、取調べのテープ録音制度の採用を主張するのであれば、その結果、公訴提起や公判にどのような影響を与えるのかについての検討が必要不可欠であろう。また、テープ録音制度の採用によって、わが国における徹底した被疑者取調べの運用をも変えてしまおうというのであれば、それに伴う反動が起こらないのかについても、慎重な検討を必要としよう。さらに、取調べのテープ録音を行なうのであれば、取調べのすべての過程を録音しなければ意味がないことは明らかである。それによって、自白の任意性の判断が容易になるであろうことを否定するつもりはない。しかし、それは、自白の許容性判断に先立ち、裁判官が自白内容を聞い

---

32 多田辰也「被疑者取調べとその適正化（3）」立教法学 30 号（1988 年）112 頁。この論攷は、多田・前掲註 6 論文「同（1）」、更に「同（2）」立教法学 29 号（1987 年）123 頁以下と併せ、明治以降の歴史的考察（例えば、「訊問調書」→「聴取書」→戦後の刑訴法制定論議）及び比較法的考察もなしつつ、「取調べの適正化」をめざす力作であり、学ぶところが多い。但し、米田・前掲註 17 論文 30 ～ 31 頁では「……力作であるが、結論部分では手続的正義を実体的正義に妥協させ（た）」と評されている。なお、多田論攷は「取調べのテープ録音化」の問題に続いて、弁護人立会についても次のように述べている。本稿で提示している問題に関連する一つの論点提示になると思われるので、以下引用しておく。

「……わたくしも、弁護人の立会いそれ自体を否定するつもりはないし、それが実現されることは、ある意味では望ましいことでもあろう。しかし、わたくしは、現段階で弁護人の立会いを取調べの条件とすることまで主張するつもりはない。もし、取調べへの弁護人の立会いを認めるのであれば、それは被疑者の弁護権（あるいは黙秘権）の一内容としてであろう。そして、被疑者の権利であるとすれば、現に弁護人を選任しているか否かで取扱いを異にすることは妥当でないし、また、被疑者が権利を行使した場合には、直ちに弁護人が警察署に出頭できるような体制をととのえることが前提となろう。そうでなければ、取調べが事実上不可能になってしまう。しかし、わが国においては、そのような基盤が確立されているのであろうか。

てしまうことでもある。日本は陪審制度を採っていないのである。また、<u>テープ録音によって自白の信用性も格段に増すことになり、その意味では捜査の比重が現在よりもさらに大きくなるように思われる</u>。被疑者取調べのテープ録音制度の採否については、以上のような観点からの検討が重要なのであり、費用やテープ改竄の危険という問題は、最も現実的な問題ではあろうが、必ずしも本質的な問題であるとは思われない（傍線引用者）。

4　小括に代えて

　このように消極論ないし時期尚早論に触れてみると、積極論に接している限りでは、極めてシンプルな問題とも思われた「取調べのテープ録音化」という問題が、必ずしも一筋縄ではいかない、なかなか複雑な問題だという様相を呈してくる憾はある。

　ところで、冒頭でも言及したとおり、本稿のいわば結論としての立場は積極論に立ち、かつ、それを権利と捉えての個別的実践とその拡がりによって、状況打開の途を探ろうとするというものである。従って、少なくとも現在における権利としての個別的実践を妨げるという論旨が存する限りにおいては、消極論ないし時期尚早論を批判し尽くしておく必要があることになろう。また、その批判作業のなかで、逆に積極論のもつ問題性も一層明瞭になってくるはずである。

　　　　<u>そのような基盤の確立には、弁護人の業務形態の見直しも必要となるように、わたくしには思われる</u>。つまりは、取調べへの弁護人の立会いの問題は、捜査弁護の拡充・強化がある程度実現された後の問題なのではないだろうか。ちなみに、取調べへの弁護人の立会いを被疑者の権利とする限り、その権利を放棄することは可能であるが、その場合には<u>当然放棄の有効性の問題が出てくる</u>。また、身柄拘束中の被疑者の取調べへの弁護人の立会いを認めることによって、かなり問題のある任意同行による取調べが多用されることにならないか、という問題も検討する必要があろう。さらに、弁護人が取調べに立会ったとしても、それはいわば被疑者の保護者として立会うのであって、公平な第三者として立会うわけではない。したがって、自白の任意性等との関係で取調べ方法等が問題となった場合には、捜査機関対被告人・弁護人という図式での供述合戦が起こりうることは認めなければならないであろう。しかも、<u>取調べに弁護人が立会って供述調書が作成されたような場合には、後に自白の信用性を争うことは著しく困難になろう。そして、そのことはまた、捜査の比重が現在よりもさらに大きくなることを意味するように思われる</u>。

既に言及したところにおいて、消極論ないし時期尚早論に対する一定の批判的コメントも加えているが、次項「消極論批判と時期尚早論に対する批判的検討」においては、消極論ないし時期尚早論が論拠とする個別的な論点毎に、その徹底批判を試みたいと思う。

消極論批判と時期尚早論に対する批判的検討

論争の経緯と状況（本稿「論争の経緯と状況・その1（従前の議論）——問題の所在」「近時における『取調べ可視化』論（論争の経緯と状況・その2——『取調べテープ録音化』の積極論）」「『取調べテープ録音化』の消極論・時期尚早論（論争の経緯と状況・その3）」）を概観するとき、本稿の立場、即ち、制度化される以前に（つまり、現在において）、被疑者に「取調べ録音権」を認め、被疑者側が自ら個別的に権利を行使して録音を実現しうるとする立場からは、積極論に対しては、ことさらには批判を差し挟むべきものはない。ただ強いて1点指摘しておくとすれば、次の点が挙げられよう。

即ち、この問題を制度として考察していくときは、参考人からの事情聴取にもテープ録音を導入すべきとの見解には[註33]、「被疑者取調べ」のそれとは別個に検討すべき問題が存在しているということである。もっとも、そのことは同時に「被

以上みてきたように、取調べのテープ録音あるいは取調べへの弁護人の立会いという提案については、まだまだ検討すべき課題が残されており、現段階において現実的提案となりうるかについては、疑問がないわけではない」（113〜114頁。傍線引用者）。

　もっとも、その論攷の註において「わたくしは、取調べのテープ録音あるいは取調べへの弁護人の立会いという提案が、それ自体間違いだとか妥当でないと主張しているのでは決してない」とされている（117頁）。

33　渡部・前掲註12論文及び佐藤・前掲註8論文「ある強制わいせつ事件」参照。更に、高野嘉雄「年少者証人」丹治初彦ほか編『実務刑事弁護』（三省堂、1991年）322頁以下も、「年少者の取調べについてはその全過程について録音またはビデオ録画し、そのテープの取調べを証拠採用の条件」とすべき旨を説いている。

　これ自体は異論を見出すことの困難な正論であろう。但し、後にも言及するとおり（本稿「消極論批判と時期尚早論に対する批判的検討」5（3）参照）、参考人について、どの範囲で「録音」を行うかは、「録音制度」化を決する際の難問の一つでありえよう。

疑者取調べのテープ録音化」の制度化を実現させる際にも連動する問題点になってくると思われる。いずれにせよ、消極論及び時期尚早論を批判し検討していくなかで、積極論がもっている問題点もおのずと明らかになってこよう。要するに、まず積極論の立場から消極論及び時期尚早論を徹底的に批判してみることが、問題点を明瞭にするうえでも必要不可欠な作業であると思われるのである。

其処で、本稿「『取調べテープ録音化』の消極論・時期尚早論（論争の経緯と状況・その3）」で概観したところにおいて提示されていた個別的な論点、即ち、消極論及び時期尚早論の根拠をピックアップしてみる。以下の5点程に集約することが出来よう（カッコ内は「『取調べテープ録音化』の消極論・時期尚早論」で概観した論者名。なお「取調べの可視化」自体を全く不必要とする極論は問題外であるから、除外している）。

① 財政的困難性（米澤、山崎、田宮）。
② 無駄の多すぎる作業（米澤、田宮）。
③ 「密室」のコミュニケーションが不可欠（テープ等は被疑者の心理を圧迫する＝十分な取調べが出来ない——山崎、椎橋。「カウンセリング的過程」を必ずしも否定しないという点では、田宮もこの主張を含んでいるともいえようか）。
④ 編集・改竄の危険性（米澤、山崎、大出ほか編著『刑事弁護』）。

此処では主に爾後的な編集・改竄の危険性が念頭に置かれているわけである。ただ更に、④のヴァリエーションとして、ビデオについてではあるが、「アングル等で印象が違う」という指摘を挙げることが出来よう（五十嵐）。そうすると、これを強引に換言すれば、「印象」の固定化、あるいは、特権化とも評すべき事前もしくは同時的な「編集」の危険性が指摘されていることになる。また、意図的でない「編集」というところに注眼を向けるならば、それは「印象」というもののインパクトという問題点が指摘されていることにもなろう。それは左の⑤の論点にも繋がる論点提示といえよう。

⑤ 「捜査の一審化」の拡大・決定化並びに「反動」についての危惧（田宮、多田）。

もっとも、各論者の表現・言い回しを必ずしも正確に理解・要約しえているわけではないかもしれず、微妙なニュアンスまでは捕捉出来ていない惧れはある。従って、これはあくまでも一応の整理にすぎないことをお断りしておかねばならないが、その論旨を大雑把に掴めば、上記5点においておおよその論点はカヴァーしていることになるはずである。

以下、これらについて本稿の立場、そして積極論の立場から、思いつくままに順次批判し、検討を加えていくこととする。

1 財政的困難性について

(1) 本稿の立場は、被疑者には「取調べ録音権」があるというものであり、国家の側がそれを用意しないのであれば、被疑者自らがテープレコーダーを取調室に持ちこんで録音出来るというものである。従って、そもそも財政的困難性ということ自体は、さしあたり余り問題にならない。現段階（第一次的段階）においては、自ら録音するという被疑者自身がテープ代を負担せざるをえないことになるが、それ自体は後にもみるとおり、さしたる額ではない。負担しうる者が負担するということを否定すべきいわれはないのである[註34]。それに対応する以上は国家の側が録音設備を用意しなければならない（即ち、結局は制度化せざるをえない）と発想するとしても、それは、いわば二次的段階での話であって、その場合の国家の側の財政的負担などは、現在自らが自前で録音するという権利を否定しうる根拠には到底なりえまい。従って、本稿の立場からは、①の点は全く問題にならないと断じることが出来る。

(2) そのうえで、制度として考えた場合のこの論点の意味を検討してみよう。結論を言えば、その場合であっても、①については、これが決定的障壁になるとは到底思われないというべきである。また、こういう議論を制度化の是非を決する際の出発点に持ってくるべきではなかろう。

まず、テープ代について考えてみる。

身体を拘束された被疑者の取調べを念頭に置くとき、成程、23日間の拘束でおよそ200時間以上の取調べということにもなるが、実際には23日間の拘束で100時間前後の取調べ時間であることが多いといえよう。その場合のテープ代は60分テープ1本140円として[註35]、およそ1万4,000円という額にすぎない。2本同時録音、あるいは、3本同時録音ということだと3万～4万円位にはなるが、その場合でも、その限度なのである。1本はそのままツメを折って封緘し保管するとしても、他は再録音可能ということであれば、総体としてはより低額化することにもなろう。要するに、テープ代に関して言えば、問題にはなり難いレベルといえよう[註36]。

次に、録音機器については、（2本ないし3本の）ダブルあるいはトリプル同時録音の装置を全代用監獄・全拘置所・全検察庁等に相当台数備えることになれば、

---

34 米田・前掲註17論文参照。
35 この額は、私が偶々目にした60分テープの小売価格のうち、一番低額だったものに拠る。実際、現状においては、テープの質を問わなければ、また大量購入するということであれば、60分テープ1本は100円以下で取得出来よう。

確かにかなりの額にはなるだろう。しかし、これも、国家がその気になってやれないというようなものではなかろう。実際、単価の点において、例えばオービスⅢを購入することの比ではないはずである。国家の側の機器設置自体、とりあえずは現実になされる個別的実践に対して国家が対応していくという関係でしか始まらないのかもしれないが、いずれにしても、最初から機械代が嵩むといった理由で、テープ録音化は出来ないと決めつけるとすれば本末転倒の議論でしかないことは明らかである。

更に費用の点については、反訳に要する費用の問題がある。これが多額になるという問題も、その費用を誰が負担するかという問題とともに大きな検討課題であることは確かである。しかし、さしあたっては（つまり、制度化される段階の当初においては）、テープには、調書を補充する（あくまでも主体は調書であり、テープはその正確性を確認する資料である）という位置付け（のみ）を与えればよい。実際、当初においては、そういう位置付け以外は考えにくいのではなかろうか。そうすると、調書化が正確になされているという前提であるならば、反訳を要するものがそれほど多く存在するとは思えないということにもなろう。実際、後述するとおり、イギリスでは、反訳を要するケースは極めて限られるという結果になっているとのことであり、結局、問題にされることはなくなっているようである[註37]。いずれにせよ、反訳費用の故に否定論が必然的に導かれるという関係があるなどとは到底いえない。

以上具体的に生じる費用というものを考えていっても、否定論がおよそ必然的に肯認されるというような関係は見出せない。

(3) そもそも財政的困難性を前面に押し出して「取調べのテープ録音化」の否定を導くという論法は、既に積極論者が指摘している如く、捜査機関側が自ら必要

---

36 最高裁判所事務総局編『司法統計年報（2・刑事編・平成5年）』（法曹会、1994年）によると、勾留状が発付された件数は、全裁判所で91,146件とのことである。逮捕段階を除外してよいという意味ではもちろんないし、また、これらの勾留による取調時間の総計が如何程かを知る由もないが、仮にこの総数に1万4,000円という額を乗じた総額は12億7,600万円程度ということになる。こういったレベルの金額が国家予算にとって、過大な額であるなどとは到底思われまい。

37 マイケル・ザンダー教授の講演（「第2回国際人権法シンポジウム──英国司法制度の改革」自由と正義43巻2号〔1992年〕146頁参照。イギリスの実践が齎（もたら）した状況については、本稿後掲「諸外国の例について」において言及することとなろう。

と判断したものについてはテープ録音等を現に行っているという事態を無視するものである[註38]。そして、これからも捜査機関側は自らの判断（のみ）によって録音等を行っていくのである。そうすると、費用の問題を理由に消極論を正当化するということは、結局、捜査機関の御都合主義と恣意を許容することにしか繋がらず、そういう現状を隠蔽する機能を果たす立論でしかない。

制度として考えていくとき、費用との兼ね合いから、テープ録音の対象を全事件にするか、事件を選択するかという議論は（あるいは、過程全部かそのうちの定められた一部分を録音するのかという議論も）ありうるかもしれないけれども、いずれにしても、費用それ自体の問題が本質的なものであるとは到底考えられないし、そういう発想を当初にもってくるべきでもない。

要するに、この論点は制度化が決定される際に議論され、決定・断行されるべき問題である。これが消極論の論拠たりうるものではないことは最早明らかである。

2　「無駄」な作業かどうかについて

(1)　②についても、本稿の立場においては問題にならない。被疑者自らが録音する（したい）というとき、その行為を「無駄が多すぎる」などといって拒みうるとする理屈は何処からも出てこないというべきだからである。

この点は、捜査の効率と被疑者側の防禦との対抗関係として捉えるのであれば、捜査の利益・都合との兼ね合いにおける、例えば、接見交通権の制限の問題などとパラレル・共通に考え得る問題のようにも視えよう。つまり、捜査の都合（大上段から言えば、国家刑罰権）と被疑者の防禦（防禦権）のいずれが優位するかという議論の枠組みに位置する問題として捉えうるとの考えである[註39]。しかし、そもそも国家刑罰権が何処迄「効率」を第一義として追求しているのかの議論自体が尽くされねばならないし、仮にその点をさて措いても、この問題はおそらくはそういう理論的枠組み（だけ）の問題ではないというべきである（少なくとも、それのみではないことが明らかである）。なぜなら、まず、テープ録音化・可視化の問題は、一方では、被疑者の

38　米田・前掲註17論文参照。

39　もちろん、接見交通権についていえば、それは憲法上の要請なのであるから、捜査の都合はこれより明らかに劣位するはずである。しかし、判例がそういう見解をとっているとはいえないことは周知のとおりである（接見交通権をめぐる弁護士にとっての現在的課題については、柳沼八郎ほか編著『接見交通権の現代的課題』〔日本評論社、1992年〕参照）。

防禦ということだけではなく、「取調官の立場に立っても……ギャランティになる」のだからである[註40]。結局は、可視化・テープ録音化は実体的真実主義にも奉仕しうる側面があるといわなければならない。あえて積極的実体的真実主義と呼ばれているそれにも資するというとすれば、首を傾げるむきもあるやもしれないが、捜査段階においてなされた供述が供述として確定されるという限度において（つまり、供述の中身が「真実」かどうかではなく、その供述がなされたこと自体についての不確実性を排除するという意味においては）、そういう言い方もあながち的はずれではないはずである。従って、可視化・テープ録音というものは、国家刑罰権と被疑者の防禦権という対抗関係の枠組みを越えた問題だということは疑いを容れない。そのことがこの問題の大きな特徴だということが出来る[註41]。要するに、「無駄を排する」という御題目のみによって、「ギャランティ」を捨てようというのは頗る偏頗な考えというべきであるし、不透明のほうが（実体的真実を探求する）捜査に都合がいいというとすれば、明らかに逆立ちした発想、むしろ全く根拠のない考えといわなければならないわけである。

　更にいえば事実の問題としても、被疑者側が「録音」することが、どうして捜査の効率を妨げたりするのであろうか。録音それ自体は何の邪魔にもならないはずなのではなかろうか。つまり、被疑者による録音が捜査の効率を悪くせしめるという関係自体が本来認め難いのではないか[註42]。この点、従来、「取調べのテープ録音化」が捜査遂行に対して阻害的であることをあたかも自明の前提の如くにして

40　前掲註13座談会における大野正男発言（本稿「近時における『取調べ可視化』論」2に収録）。

41　後にも言及するが、ミランダ判決を批判したレーガン政権下のアメリカ合衆国司法省がその報告書において代替案として強力に主張していたのが「取調べのテープ録音化」であることは、極めて示唆的である（小早川義則『ミランダと被疑者取調べ』〔成文堂、1995年〕171頁参照。もっとも、黙秘権行使に拠る不利益推認をも告知するというのが、代替案として含まれており、それが右報告書のいちばんの問題点であったようである——同173頁参照）。可視化という問題自体については、彼我ところを変えれば、これほど違うのかといわなければならないが、要するに、「取調べのテープ録音化」は、本質的にはそれほど被疑者にとって「防禦」的な措置であるわけでもないともいえるわけである。誤解を恐れずに換言すれば、「取調べのテープ録音化」は国家刑罰権（その適正な発動・行使）に奉仕する面さえあるといわねばならない。それ故、ほんとうは国家の側にこれを拒むに足る「理由」は何もないというべきである。

議論されてきた憾があるのは、不思議といえば全く不思議というべきである。結局、被疑者の右録音権より捜査の都合が優先されるべき事態の存在自体がおよそ考えられないといわなければならない。

(2) 制度として考える場合も、②の点は左程大きな障壁だとは考え難い。まず、録音するという作業自体についていえば、これを制度化しても作業自体としては、それほどの「無駄」を強いるものとも思われないということである。もっとも、仮に編集防止や署名押印に代わる保障の観点から再生・確認のうえ署名等して封緘するという方法をとるのだとすれば、作業（というより時間）は、確かに「倍」にはなろう。また、そういうやり方が何らかの理由から採用されないとしても、多くのテープが存在することになり、繰り返し再生する時間・これを詳細に検討する時間、そして反訳する場合に要する労力等まで考えれば、費やす時間・エネルギー量はかなりのものになるだろう。あるいは、警察段階のテープを訴追機関たる検察官が訴追如何を決めるときにいちいち聞かねばならないとすると、そんな時間はとても無いという声も聞こえてきそうである。これは、弁護人の立場でも、同様といわれるやもしれない。

しかし、調書が正確に作成されているという前提のもとでは、検察官が起訴如何を決める際に、全テープを聞かねばならぬというわけではないはずである。実際、現に「取調べのテープ録音化」がなされれば、調書化は能う限り忠実・正確に被疑者の供述を録取するという姿勢のもとにおいてなされることが必然化する。現状の如き「作文」（その程度・多寡が、現在どのようであるかを論じることはとりあえず措くとしても）は到底許容されえない。むろん、個別的ケースによっては（結局、調書化の正確性が疑わしいものということになろうか）、検察官・弁護人に相当の負担を強いるものもありえよう。とりわけ弁護人のチェック機能に期待されるところは大きいから（弁護人がどの段階でテープ開示を受けるかという問題は別論するとして）、弁護人の負担は必然的にかなり増すことになろう。しかし、既述した如く、調書の正確化をいわば担保するという機能一つとっても、その利点はそういう負担には代え難いものがあるというべきである。

42　もっとも、テープ録音されることを忌う気持ちが取調官に生じること自体全く理解出来ないというわけのものではない。しかし、取調官の「忌う気持」を捜査の都合・効率として尊重しなければならないという理屈は何処からも出てこない。要は、これは、そういう実践が普遍化すれば、取調官も慣れてしまう（慣れざるをえない）という意識の問題にすぎないと思われる。

総体的な時間やエネルギー量が「無駄」ではないかという点も、積極論の立場からは、次のようにいえるのではないか。
　即ち、それとて、実際に被告人調書の証拠の許容性・証拠能力・任意性が争われた事件で、その「密室」性の故になされる、取調官の尋問、被告人質問等に費される法廷での時間・エネルギーの支出、しかも、にもかかわらず水掛け論にしかならず、痒いところにも手が届かず服の上から背中を掻いているような現在の状況を上廻る「無駄」が存在するとも到底思われないのではないかということである。そして、その現状における「無駄」は「(取調べ状況の) 真実」に間違いなく迫っているとの何らの客観的保障をも見出しえない作業といってさえ言い過ぎではないのではないか。裁判官側の悩みも正にかかる審理状況にあるのであるから[注43]、これを打開しうることが明らかな方法を、検証もなしに「（より）無駄」と決めつけることで放擲するとすれば、それはナンセンスといわなければならない[注44]。
　なお、反訳に費やされる手間暇等が多大であるという問題について言えば、イギリスにおいて、これを要するケースが極めて限られているという報告のあることは既に言及したとおりである。

　(3) そもそも、仮に「無駄」があるとしよう。そうだとしても、それを「無駄」として排斥しようとする発想そのものが、効率を第一義とする発想に陥ってしまっているのではないか。既に言及したとおり、それこそ国家刑罰権なるものが、如何なる場面において如何なる限度で「効率」を追求すべきものなのか、その議論が尽くされて然るべきはずである。
　要はむしろ、デュー・プロセスを基本に据えた刑事手続には「無駄」もありうるということを率直に認めるところからしかはじまらないというべきではなかろうか。けだし、米澤のいう「……要領を得ない部分的な供述からはじまり……」という部分[注45]、即ち、「供述調書の内容となり得る供述」以前の供述こそが重要であること、少なくとも、

43　この点は、「現代裁判の課題解決をめざして——全国裁判官懇話会報告(1)」判例時報1310号（1989年）5頁以下、「20年目を迎えた全国裁判官懇話会——全国裁判官懇話会報告(2)」判例時報1423号（1992年）4頁以下の議論においても、裁判官の悩みとして率直に表明されていたところである。
44　むろん、当然のことながら、私はテープ録音された「供述内容」それ自体が「真実」に迫る「客観的保障」のあるものといっているわけではない。しかし、その「取調べの場」それ自体の状況が、現状よりはるかに直接的かつ客観的に検証出来ることは疑いがないのである。なお、渡部・前掲註12論文15～16頁参照。

それが重要な意味をもつ場合のあること自体は誰も否定しえないと思われるからである。「無駄」であることを理由とする消極論は、その「無駄」（なはずのもの）が齎す利点に故意に眼をつぶろうとするものといわなければならない。

しかも、実際には、既述の如く、捜査機関側が「無駄」と判断しなければ、その作業は現になされているわけである。従って、このような捜査御都合主義が説得的な否定論足り得ないことは明らかである。

右にみたとおりであって、「無駄」を理由に否定論を合理化することの出来ないことは最早明白と思われる。

3 「密室」は必要なのかについて

(1) ③の点は、刑事訴訟の訴訟観・捜査観そのものの問題とも思われるところがあって、本稿の立場を、一面真正面から否定する要素をももっていよう。つまり、「密室」が必要である故に「取調べ録音権」自体が認められないとの発想になりえようからである。

しかし、「密室」＝不透明を良しとする発想が誤っていること、こういう捜査の都合を優先させるべき関係自体が生じるとはいえないことについては既に言及したとおりである。実際、「国家刑罰権は『密室』を要請する」という論を法律論として立てうるとは思われない。捜査密行性の原則といったことはいわれているが、そのような原則の存在を仮に認めうるとしても[註46]、それも主に対被疑者との関係で（しかも基本的に時期を限定して）いわれているものというべきであって、当の被疑者の取調べを一体誰に対して「密行」させねばならないのかと問わねばならないであろう。

要するに、「密室」必要説は、根本的に間違っているというべきである。憲法31条、憲法34条、憲法37条3項、とりわけ憲法38条1項、そして、刑訴法1条、刑訴法198条2項からは少なくとも「密室」が必要だとか、望ましいというような発想は出て来ようがないはずである[註47]。

(2) また、録音という事態が、それほど取調官と被疑者とのコミュニケーションを疎外するものになるのかどうか、あるいは、被疑者がそれほどに実情を語りえな

---

45 本稿「『取調べテープ録音化』の消極論・時期尚早論（論争の経緯と状況・その3）」1(1)参照。

46 現行法は法196条の規定をもつのみで、旧法の如き「捜査密行の原則」を直接規定した条文はない。

くなるのかどうか自体が疑問である。そうは思えないのではないか。この点、弁護人立会の場合は、従来の「取調べ」における「対」の関係性を仮に前提にすれば、弁護人が新たな在席者となるという意味において、従来の関係性にとっては、「第三者」の出現ということにも一応なりうるのやもしれないから、従来のコミュニケーションの在り様が変容させられるとみる余地はあるのかもしれない。しかし、テープ録音の場合は、弁護人が在席する場合とはいささか質を異にするように思われるのである。けだし、「取調べ」における「対」の関係自体には何の変化もないのだからである。要は、テープがそのような「対」のコミュニケーションを変質させるかどうかという問題は、自分の話していることが白日のもとに曝されることになるか（どうか）という意識の問題にすぎないというべきではないか。これは考えようによっては、現状の調書作成でも同じことではないかと思われる。現状でも、意識する者は意識するし、しない者はしないというレベルの問題にすぎないのではないだろうか。更に、このような理由付けでは、例えば、当の本人である被疑者が録音を要求する場合（本稿の立場の場合）、これを拒み得る論拠には到底なりえまい。また、この論理でいけば、捜査機関側の都合によっては（つまり、捜査機関が録音するときは）、そのいうところの「密室性」による「コミュニケーション」を疎外している（してよい）ことになるが、これまた、いささか妙な理屈、余りの御都合主義という外はなかろう。

(3) 椎橋論攷の指摘している悪質・狡猾な犯罪者の悪用がありうるかもしれないという問題も[註48]、（そういう人物が仮にいたとしても）録音化を葬り去らねばならないような決定的要素になるとはおよそ考え難い。

実際、それほどに悪質・狡猾な人物なら、もともとまっとうな自白などえられない筋合いで、このような人物に対しては、取調べを続行しなければよいだけだと思われる。そのような無理をしてまで、自白を得ようとして取調べをしなければならない

---

47 この点は、「警察が非公開で被疑者を尋問する機会をもつこと自体は犯罪捜査上欠くことが出来ない」とのフレッド・E・インバー教授の言がある如く（松尾浩也ほか『刑事訴訟法の基礎知識』〔有斐閣、1966年〕60頁参照）、今なお解決されていない困難な問題――国民的合意が必ずしも得られてはおらず、価値観の対立がなお先鋭な問題――であるのやもしれない。しかし、テープ録音化それ自体は直ちに「非公開」性を「公開」性へと転換させるものともいえないというべきであろう（本稿「消極論批判と時期尚早論に対する批判的検討」3(2)参照）。

48 本稿「『取調べテープ録音化』の消極論・時期尚早論（論争の経緯と状況・その3）」1(3)参照。

と決めつける発想そのものが転換されなければならない。翻って言えば、そのような人物から録取されたとされる調書のほうが余程真実を歪める要素をもっているといわなければならない筋合いである。テープ録音は、そのような被疑者の作為をも含めて、その状況を明らかにするという要素をもっているといわなければならない。

ともあれ、現状の「調書」化（のみの場合）に比べて、「録音」化（を導入すること）が、被疑者の悪用化なるものを多発させるようなより悪い状況を招くとは到底思われないのである。

右にみたとおりであって、ここで転換されねばならないのは「密室」を必要とする発想そのものといわなければならない。

4 「編集・改竄」の危険性について

(1) ④は、捜査機関側と被疑者・弁護側の双方から、お互いに対する不信の念を前提にして提出されている論点であって、双方が奇妙な一致をみせているというべきかもしれない。かかる不信の構図に対して、最低限の信頼関係を回復すればよいではないかという言い方をすることが夢物語であるとしても、要は、それを防止する手当てをお互い工夫すれば足るという論点のようにも思われるのである。

以下、具体的にみてみよう。

(2) 被疑者側が録音するという本稿の立場の場合、④の点は格別には問題にならない。むろん、それは被疑者・弁護側であるからこそ、そういえることであって、捜査機関側からも既にみたとおり強く「編集・改竄」の危惧が表明されているわけであるから、捜査機関側にとっては、被疑者が独自に録音することこそが最も困ることであるのやもしれない。しかし、「困る」からといって、被疑者のかかる権利を否定する根拠には到底なり難いであろう（この点は、捜査の都合が優先しえない所以について既に述べたとおりである）。もし、被疑者側で「編集・改竄」がなされれば、それは証拠湮滅罪を構成するわけであるし[註49]、そのような意図のもとになされる録音は、「取調べ録音権」の甚だしい濫用ということにもなるであろうが、そういう（あるかないか判らない）レアケースの故に、かかる権利自体が消滅するという理屈には到底ならない。要は、捜査機関側も「録音」すれば足るといえるのである。

(3) 制度として考えるときは、④の問題は、当然、十分吟味しなければいけない

---

49 米田・前掲註17論文参照。

ことであるし、とりわけ改竄・編集防止が制度的に完全に確立される迄の間は弁護活動において最も神経を使う論点になるであろう。実際、弁護人において、この点の警戒を怠ることなどは出来ない。

しかし、これも現実に防止可能なことは明らかというべきである。直ちにツメを折り(★8)、封緘することによってこれらは防止しうるのであり(註50)、更に、録音セット時の機器確認や封緘の際には弁護人立会のうえで行うということも考えられよう。また、繰り返し述べているとおり、被疑者側は被疑者側で独自に録音してもよいのである。これも繰り返し述べているとおり、結局は編集防止の制度をどう確立していくかこそが問題なのであって、これを消極論の大きな理由にすべきではない。

なお、この点も、後述するとおり、イギリスでは最早問題になっていないと報告されているところである(註51)。

デジタル録音や、特にビデオのアングルの問題迄考え出せば、なお問題は残ることになるかもしれないが、これも、現状の（捜査官が作成・加工する）供述調書より、

50　大阪弁護士会刑事弁護委員会制度研究部会で発表された藤田正隆弁護士作成の「録音準則（案）」は次のとおりである。

●「全過程録音」型準則

1　被疑者取調について、検察官および司法警察員は、取調開始より終了までの全過程を録音しなければならない。

2　録音の方法は次のとおりとする。

（1）3本のテープを同時録音する。

（2）取調開始時刻を被疑者に時計を示し確認するところから録音を開始する。

（3）取調を中断する場合は、中断の理由及び再開予定時間を被疑者に告知し、中断の時刻を録音して中断する。

（4）終了時刻を被疑者に時計を示し確認させ録音を終了する。

（5）録音終了後3本のテープの内1本をマスターテープとし、マスターテープについては、その場で封筒に入れ、取調官と被疑者が連署して封印する。

3　前項の封印と同時に、録音テープ目録を被疑者に交付する。起訴後、弁護人より要求があればテープ1本を弁護人に交付する。

4　弁護人は、被告人の捜査段階における供述調書の任意性及び信用性立証のため、テープをいつにても証拠請求できる。

5　録音を経ずに作成された供述調書は、検察官が録音出来なかったこと及び供述が任意になされたことを別途証明しない限り証拠能力を有しない。

録音されたテープの方がより「悪い」といいうるとは思われない。これも本稿の立場では、この点は、「取調べ録音権」＝被疑者側による録音をなすことによって、デジタル録音については、その改竄をまず全面的に防止出来、ビデオのアングルなどが孕む問題点についても相当程度はカヴァー出来ることになるはずである。

(4) そして、この「編集・改竄」の危険性という論点も、前述の現に捜査機関が自らの都合によって録音等を行っている現状のもとでは、この状況を打開する展望を切り開く論拠にはおよそなり得ないのではないか。このことを理由にして、全面的な禁止論（取調官による録音自体を禁じ、その証拠許容性をいわば原理的に否定する考え）を展開していくというのも、ひとつの立場ではありえよう。しかし、そのような立場を採り、実現させること自体、後に「『取調べのテープ録音』等に関する諸判例をめぐって」においてみるとおり、現状の判例理論上は著しく困難、というより実際には全く不可能といわざるをえない。むろん、「一部」録音は証拠として不相当であり、場合によっては証拠として許容されないといった立論は当然可能であろう[★9]。また、この論点から生じる弁護人として主張すべき論点を看過すべきでは

● 「要求権」型準則
1 被疑者取調について、被疑者及び弁護人より要求があった場合、検察官及び司法警察員は、取調開始より終了まで取調全過程を録音しなければならない。
2 検察官及び司法警察員は、被疑者取調にあたり、その冒頭で弁護人選任権及び黙秘権告知とともに取調の全過程につき録音を要求することが出来る旨被疑者に告げなければならない。この告知及び被疑者の応答については全件につき録音しなければならない（被疑者の要求がない場合は以後録音の必要はないが選任された弁護人より要求があればそれ以降の取調は全て録音しなければならない）。
3 録音の方法等は「全過程録音」型2と同じ。
4 前項の封印後、テープ1本を被疑者に交付し、弁護人より要求があれば宅下げ手続により弁護人はそのテープの交付を受けることが出来る。
5 弁護人は被告人の捜査段階における供述調書の任意性及び信用性立証のため、テープについても証拠請求出来る。
6 被疑者・弁護人の要求があったのに録音をしなかった場合（前2項の冒頭の録音をしなかった場合も）、供述調書は証拠能力を有しない。

51 ザンダー・前掲註37講演参照。

ない。だが、それは「取調べ録音」それ自体の否定論にストレートに繋るものではないと思われる(註52)。

(5)　もっとも、なお残される問題はあろう。「編集・改竄」というレベルではなく、テープそのものの生々しさが孕む問題、即ち、「印象」の固定化・特権化、いわば肥大化という問題である。これは「取調べのテープ録音化」にとって、あるいは最も本質的問題点であるやもしれない。従って、この点については更に検討すべきところがあるように思われる。ただ、さしあたりの結論を述べておくならば、「印象」というものが孕む問題点を最大限稀釈するためには、「全過程」の録音が不可欠の要請になるということである。

以上のとおり、最後に言及した「印象」という問題を除いては、「編集・改竄」等のおそれ故にテープ録音化は出来ないとの考えもおよそ理論的ではなく、採るを得ないと思われるのである。

5　「捜査の一審化」その他の「反動」について

(1)　⑤の問題も、本稿の立場、即ち、個々の被疑者の個別的権利の問題として「取調べ録音」を捉えるときは、格別問題になってこないという言い方が可能である。

実際、その権利性が肯認されるとき、それを個々に行使すること自体を「それは総体的にみれば『捜査の一審化』を齎すから具合いが悪い」などといって止めさせるわけにはいかない。誤解を恐れずにより率直に言うなら、むしろ録音化を求める立場にある被疑者というのは、「捜査の一審化」どころか、迅速な「捜査の最終審化」をこそ望んでいる場合があるといってよいであろう(註53)。弁護人の仕事が、

52　いわゆる犯行再現ビデオについて、日本弁護士連合会司法制度調査会は、その証拠能力を否定すべき旨の意見書をとりまとめている（司法制度調査会「犯行再現ビデオの証拠能力及びその取り扱いについて〔答申〕」自由と正義46巻7号〔1995年〕72頁以下）。それ自体は全くの正論である。但し、私はそのことは本稿の立場を損わしめるものではおよそないものと考えている。むしろ、同意見書は「全過程」録音の必要性を裏付けていよう。

53　この意味では、弁護人という立場においてはいわゆる訴訟的捜査観（正確には「訴訟的捜査の構造論」と呼ぶべきもののようである――井戸田侃『刑事訴訟法要説』〔有斐閣、1993年〕24頁参照）を肯んざるをえないものと思われる。

何よりも個々の被疑者・被疑事件の個別性を対象とするものである以上、当然のことながら個別の弁護が第一義であり、行きつく先の「制度」上の問題点に対する配慮あるいは予見の点において仮に全うしえないところが存していたとしても、それは弁護人の執務姿勢として問題があるとされるべきとは思われない[註54]。

結局、此処での問題は「取調べ録音権」が権利として存在しうるかどうかという問題に帰着する筋合いである（この点は『「取調べ録音権」試論』で詳論する）。そして、その権利性如何を判断する際において、「取調べのテープ録音」は「捜査の一審化」を齎す故に被疑者の権利としては認められないという論法は、どうも成立するようにも思われない。けだし、「捜査の一審化」排除の要請、即ち、公判中心主義がそれほどに捜査段階における被疑者の主体的要求を抑制させうるとするなら全くの背理というべきだからである。つまり、この論点は、権利性の存否判断には関ってこない問題点といわざるをえないのではなかろうか。

(2) さてしかし、⑤の問題は、制度として考えていくときにはかなり本質的な問題として検討されるべきことを否定しえまい。この論拠は、軽々に批判出来ない問題を含んでいよう。

確かに本稿の立場にあっても、個別的実践が広範化していった際の、いわば行きつく先についての、つまり制度として確立されたときの展望、その刑事訴訟の全体像が明確に視えていないということであるならば、無責任のそしりを免れないのやもしれない。しかし率直に言えば、私にはその行きつく先が必ずしも明瞭に視えているとは言い難い。

実際、もし、テープ録音化が捜査の全過程・全領域にまで及んでいくとすれば、これに反対する究極的立場からは、公判中心主義の建前が根底からつき崩されていくことになるという立論がなされるのではないかとも思われる。例えば、法廷における供述・証言というものの意味・在り方も必然的に変化していくことにならざるをえないのではないか（これは一定認めざるをえないというべきか）。被疑者のみならず、参考人からの事情聴取も録音化されていくのだとすればなおさらということにもなろう。そのとき、公判は、録音されたテープをただ確認する場になってしまわないのかと反対論は説くであろう。例えば、反対尋問によるテストということ（その方法・力点の置き方等）自体が現状の在り様とは幾分異なったものにならざるをえないのかもしれない（これも一定認めうるのではないかと思われる）。

---

54 これは、個別事件の弁護を行うについて、制度的な観点における何らの見通しをももつ必要がないという意味ではない。

(3) この考えを、更に平たく言えば、結局は、「調書裁判」が「テープ裁判」になる危惧があると主張されているということになる。先述した「印象」という問題が再び浮上しているともいえよう。

それでも「調書（のみ）」よりは、はるかにましとの発想はありえよう。率直に言えば、私自身はそのように思っている。現状の「調書」（「調書のみの裁判」）より「まし」なことは自明ではないだろうか。けだし、少なくとも、その「取調べ」過程の不透明さ故に、言ってもいない言葉を言ったとの前提で裁かれるような酷い事態は当然に排除されるという情況が保障されるのだからである。これにより、調書を十分批判的に検討しようとする裁判官にとっても、現状より、はるかに好ましい事態になることも疑いない。けだし、さしあたり明らかに言えることとして、現状の調書では捜査段階において、調書上の言葉が発せられたかどうか自体から検討の対象としなければならないところが、録音化によって、そのような言葉が発せられたこと自体は所与の前提として審理は進めうるのだからである。

要するに、発せられた言葉の内容の真偽自体は別であることが十分自覚されるならば、捜査段階で全てが決まってしまうといった類の危惧はおよそあたらないはずなのである。発せられたこと自体は疑いのないその言葉（供述）の真偽自体は公判で正しく審理されるのであって、少なくとも本来排除可能な不確定要素を排除し審理の前提として確定させうるものを確定させること自体には何の問題もないはずである。「印象」というものも、前述したとおり、「全過程」を通じて、自ずとより正確なところに定位されるとみるべきではなかろうか。

ただ、そのように言っても、捜査段階で述べられた言葉自体が真であるとみられる傾向は抜き難いといわれるのやもしれない。捜査過程における供述は、現状においても決定的な扱いを受けているとはいえ、更に一層決定的なものとして位置づけられることになるとみなければならないとするのがより素直な見方であると主張されるむきがあるかもしれない。かかる傾向をもし否定し難いのだとすれば、適正かつ十分な捜査弁護活動によるチェックを経るという前提を置かなければ、かなりの危険性は存在するというべきことにもなる。とすれば要は、捜査弁護活動の質的変化が不可欠ということになろう。そして、もしそのような惧れを否定しえないと考えるとするならば、原則としては、被疑者以外の参考人については録音化は不可という立論にならざるをえないのかもしれない。つまり、参考人には弁護人によるサポート・チェックが通常考えられないから、そのような段階でのテープ録音化は基本的には不適切であると考えてみるとの立場である[★10]。「取調べのテープ録音」は、（弁護活動のサポート、チェックのある）被疑者においてのみなされ、公判において被告

人供述をめぐる場面に限定して攻防の対象とされることによって、公判中心主義とのバランスが保ちうるとの考えもありえよう[註55]。しかし、そうとすれば（そうとしても）、弁護人のいない被疑者はどうなるのかという問題に、結局、問題は循環する構造になろう。

　(4)　しかし、右のような必ずしも容易には解決（あるいは予見）困難な問題を孕んでいるとはいえ、この論点も「取調べのテープ録音」化が「かなり絶望的」な刑事裁判の現状を変革する契機なのだとすれば、あるいは、現状を「絶望的」と認識・評価する・しないにかかわらず、現状をより良く改めるに足る措置なのだとすれば（そして、そのこと自体は明らかだといってよい）、それを封じ込めるに足る論拠とまではいえないというべきである。多田論攷は、陪審制が採られていない現状のもとで、証拠能力の判断の名目の下に自白内容がそのまま裁判官に聞かれてしまうことを問題にしているようであるが[註56]、これも居直った言い方に聞こえるかもしれないが、このような「捜査の一審化」は既に行きつくところまで行きついているというべきである。あるいは、それを「捜査の一審化」と呼ぶかどうかを別にしても、証拠能力の存否判断のために自白調書そのものが閲読されるという状況が現に存するわけである。結局、裁判官はおおむね公判のかなり早い段階で「自白内容」（捜査官の作成・加工したそれ）を認識してしまうというのが現状ではないか。また、そうではなく、公判の最終段階まで仮にもちこされたにせよ、現実には自白調書の証拠能力を排除する

55　公判中心主義を根拠に（身体を拘束された）被疑者の取調べは禁じられているとの説もある位であるから（上口裕「身柄拘束中の被疑者取調について」南山法学5巻1・2号〔1981年〕119頁以下）、このような立場からすれば、被疑者取調べについて、あたかも一層の捜査中心主義を招来させかねぬような措置を採ることはとんでもない話ということになるのやもしれない。しかし、本稿の課題は現実に可能な改革であり、究極的な訴訟観・捜査観にもとづく制度論ではない。従ってさしあたりは、このようなバランス論も一考されてよいと思われる。但し、(参考人である)年少者の供述についての「テープ録音化」の必要性はきわめて高いであろう。高野・前掲註33論文はこの重要性を説いているが（なお、同弁護士の1994〔平成6〕年東北弁護士会連合会夏期研修講演録「否認事件における弁護活動」の最後の質疑の部分参照）、このバランスをどうとるかはやはり大きな問題であり、なお検討しなければならない。

56　本稿「『取調べテープ録音化』の消極論・時期尚早論（論争の経緯と状況・その3）」3(2)（多田・前掲註32論文）参照。

基準としての任意性等のハードルは著しく高い（異様に高いといってもよい）ので、いずれにせよ、自白調書はその調書のまま裁判官が認識するのである。

　もっともこの点は、テープによってリアルに認識するのと調書とでは自ずと違うという意味であるのかもしれないが、果たしてそうであろうか。現状において裁判官がそれほどに調書に対して厳格な姿勢をもっているのかどうかと問えば、おおむね否定的な答にしかならないのではないかと思われる。従って、より正確でリアルな情報が裁判官に伝わったほうが現状よりいいことは明らかというべきなのである。

　(5)　そして、この点も、捜査機関側が自らの都合で、時に「取調べのテープ録音化」を実践している現状のもとでは、その指摘されるような問題点が存在するのだともししても、それは捜査機関側がその都合で利用するという事態を許容するという論理にしかならない。つまり、その限りでは、指摘されている問題点は既に現実化していることになる筋合いなのだが、現状ではそれを阻止することができていないのである。

　視点を幾分変えて言えば、捜査機関の側は、既にみたとおり、これを取調べの全過程や多くの事件に広く利用することについては明らかに消極的・否定的なわけであるが、それはこのような理念的・本質的な論拠によって、そういう姿勢であるのでは全くない。そういう問題以前の不都合があるからだといわなければならない。

　これを端的に言えば、要は密室を公判においてもそのまま擁護したいということに尽きるであろう。密室で証拠化されたものがそのまま公判で通用するという事態・現状を維持したいということに外ならない。つまり、それが「現状」であることを率直に認識すべきである。とすれば、現状の「公判中心主義」は、おおむね密室を擁護しかしていない（仮に控え目に表現してみても、そういう側面が強い）といわざるをえないわけであって、結局は、右の如き捜査機関側の姿勢は、公判中心主義自体が、機能しえていない現実があること（そういう状態が容認されていること）と表裏の関係にあるというべきである。

　公判中心主義とは、直接主義・口頭主義・公開主義、そして当事者主義から導かれるとされている[註57]。密室を保存・擁護したままの「公判中心主義」などは背理である。より端的にいえば、公判廷におけるテープ録音の再生は、現状より「直接」的であり、より「口頭」的・「公開」的であるというべきである。より「当事者主義」的でもあるのであって、結局、公判中心主義をむしろ活性化させるといわ

57　田宮・前掲註30書229頁以下参照。

ねばならないと思われる[註58]。

　(6)　なお、多田論攷にある「反動」の意味は必ずしも定かではないが、田宮論攷と併せて推察するならば、それはおそらくは、取調べだけを切り離して改変することは出来ず、刑事訴訟全体の構造的改革と不可分であるという意味と取調べの規制が増すことによって、捜査機関の側がおとり捜査、盗聴等のアンフェアな手段に依存する度合いが総体的に高まらざるをえないのではないかという意味と思われる[註59]。

　しかし、実務家の立場から言えば、構造的改革の途につくのに、いずれが鶏でいずれがタマゴかを論じていてもはじまらないのではないかという気がする。つまり、やれるところからやっていく（やってみる）しかない。

　そして、「取調べのテープ録音」が現実化していけば、おのずと取調べ時間は短縮化していく（いかざるをえない）はずである。けだし、例えば100時間のやりとりというとき、自白獲得をめぐるシビアな攻防がなされている事件であればあるほどに、その「取調べ」は「録音」におそらくは耐ええない内容であるとも考えられるのであって、取調官は「取調べ」強行の途を失うことは必然的と断じてよいからである。逆に自白獲得の容易な事件については、「取調べ」時間の内実をそれこそ「無駄」なやりとりの類で埋めていくことの無意味さを「録音」は示さずにおかない場合もあるわけであって、この場合も「取調べ」時間は短縮化する外はないであろう。要するに、論者のいわれる「捜査の弾劾化」は、これを契機として否応なく進展すると思われる。

　また、取調べの規制が増すことによって捜査機関側が他のアンフェアな手段を用いる度合いが増えるという論は、全く別個の論点というべきであろう。例えば、アメリカ合衆国などを見れば現実にそういう傾向があるということが論拠であるかもしれないが、他のアンフェアな手段を抑止する効果を現状の取調べ実態に視てとろうというのは、いささか筋違いの論法である。

58　むろん、公判廷において取調べの全過程の録音を再生することは時間的に無理であろう。しかし、現状の「調書（のみの）裁判」より、「録音テープが導入されたうえでの調書を用いての裁判」（それは、最早「調書裁判」ではありえまい）が公判廷をより活性化させることは確かだと思われる。

59　本稿『「取調べテープ録音化』の消極論・時期尚早論（論争の経緯と状況・その3）3（1）及び（2）参照。

(7) ともあれ、この論点は、制度として考えていく場合は、かなり本質的な問題提起ではあろう。従来の起訴前と起訴後を峻別する発想の転換をも強いるところがある論点ともいえよう(註60)。既に言及したとおり、捜査段階で弁護人のつかない大多数の被疑者はどうなるのかという問題とも連動する論点であり、被疑者国公選問題はかかる角度からも要請されることにならざるをえないと思われる(★11)。

このように、「被疑者取調べの録音化」が捜査と公判との関係をどう変えていくか(変えていかないか)は更なる検討・討議を要するテーマであるに違いない。しかし乍ら、あえて結論を繰り返すならば、この論点も、結局は本稿の立場自体は、これをおよそ否定しえないものである。録音化を求める被疑者の意思を封じるに足る理由にはおよそならない。このことは明らかである。

6　小括に代えて

以上のように、消極論及び時期尚早論を批判的に検討していくなかで、「取調べテープ録音化」には、積極論が必ずしも明確にしてこなかった問題点の存することが明らかになってきたという言い方は出来よう。つまり、「取調べのテープ録音化」というものは、一面では相応の問題点やリスクを孕んではいるのである。実際、「調書裁判」変革のために、結局、「テープ裁判」が生まれる(かもしれない)と表現してみれば、誰しも一度は考え込むに違いない。

しかし、私自身は前述した如く、それは、ほんとうの意味で緻密で正確な審理・事実認定を行うために、本来排除可能な不確実性が排除され確定されるに至るにすぎないと考えるべきだと思っている。もっとも、既に言及したとおり、テープというものの生々しい「印象」が公判そのものの審理に与える影響は必ずしも良い方向のものとは限らないとか、捜査と公判の関係を必ずしも好転させる方向ばかりではな

60　被疑者と被告人との区別論を問い直す論攷としては、例えば、五十嵐二葉「日本刑訴の被疑者・被告人を読み直す」法政理論25巻4号(1993年)125頁以下参照。この視点は、現行刑事訴訟法全体を見直す際の不可欠の視点のように思われる。一例を挙げれば、被告人取調べに関する判例(それ自体はきわめて良識的な判例)のなかに、被告人となった途端「検察官と対等の地位に浮かび上る」と判示するものがあるが(大阪高判昭43・12・9判時574号84頁。大阪高判昭49・7・18判時755号120頁なども同趣旨というべきかと思われる)、それまで専ら「客体」扱いしかされていない者が、どうして突然「主体」性を回復出来るのであろうかと問うべきである。

いのではないかとの危惧が存在するということ自体を理解出来ないというわけではない。その危惧に全く根拠がないと断ずるだけの自信はまだないというべきかもしれない。さしあたり言えることは、この問題点は、結局、捜査弁護活動の充実によって克服される以外にないということである。捜査弁護活動が相当充実しないと、事態をより悪くする危険さえ孕まれているかもしれないということは十分に自覚されなければならないであろう。

しかし、以上を踏まえつつなお、「取調べのテープ録音化」は、刑事裁判の現状を打破する一つの途たる価値を明白に有していると思う。現状において、被疑者の「取調べ録音権」は捜査弁護活動における現状改革の一つの突破口でありうる[註61]。そして、それが制度化されたいきつく先も、「現状」よりははるかに「まし」と予見しうる

61　捜査・取調べの現状を打破しようとする試みとして、最近の例としては、「ミランダの会」が投げかけた問題がある。その取調べへの弁護人立会要求の姿勢、そして、現実の実務にとって、その改革のためのより端的な方法論としての調書への署名押印拒否権の発動は、捜査弁護に携わる全ての弁護人が十分認識し、吟味・検討するに値する問題提起である。従来必ずしも明瞭に意識されてこなかったのかもしれないけれども、署名押印拒否は、現行法上何の問題も見出せないうえに（刑訴法198条5項。団藤重光『新刑事訴訟法綱要』〔創文社、7訂版、1967年〕326頁参照──条文も一義的に明確であり、学説上も「定説」であろう）、これによって、被疑者・被告人供述については、正しく公判中心主義が具現されざるをえないのであるから、これは現状改革の途としても断然正しい方法論ということにもなろう。これに比すれば、「取調べのテープ録音化」の要求は、微温的であり、むしろ妥協的でさえあり、改革論・解決案として、迂回的であるとの憾さえ存しないわけではない程というべきやもしれない。もっとも、要は、事件の個別性は様々であり、また、被疑者のニーズも様々でありうる。そのとき、「取調べのテープ録音化」は改革のための一つの途としての、また、弁護活動の有意義な選択肢としての価値を失うことはないと考えられる（「ミランダの会」側と捜査実務を擁護する論者との間のさしあたっての一致点が「取調べのテープ録音」であったということは示唆的であると思われる──藤永幸治・髙野隆ほか「緊急対談／捜査妨害か正当な弁護活動か──ミランダの会の弁護活動と捜査」季刊刑事弁護3号（1995年）27頁参照。なお、大阪弁護士会刑事弁護委員会1995年夏期合宿において、「ミランダの会」の事務局を担当している萩原猛弁護士の報告をお聞きしたが、その質疑応答のなかで、同弁護士自身の個人的見解として、取調べのテープ録音化といった、いわばイギリス型の解決を一つの目標と考えている旨の発言があった）。

というべきである。そのとき、必然的に取調べ自体が改革されざるをえないからであり、捜査弁護活動自体も質的変化を来さずにはいないだろうからでもある[★12]。

さて、以上の如く論じてきて、此処迄論ぜずにすませてきた問題に言及しなければならなくなっているものと思われる。即ち、現在的課題として、本稿の立場の理論的根拠を明確にしなければならなくなっているようである。私自身の思いつきとその思いつきからの考察という域を出ないけれども、その各条文上の根拠等を挙げてみると、次のようなものになるのではないかと考えている。

①デュー・プロセスと「実体的真実」の発見（憲法31条、刑訴法1条）
②黙秘権＝自己負罪拒否特権（憲法38条1項、刑訴法198条2項）
③取調べ受忍義務との関係（刑訴法198条1項、3項、4項、5項）
④弁護人立会権の一環・代替（憲法34条、37条3項参照）
⑤任意性を担保する状況を自ら設定する権利・任意性に関する状況を（予め）的確に証拠保全しておく権利（憲法38条2項、刑訴法319条1項、322条1項、そして、179条参照）
⑥人格権・プライバシー権・自らの表現を自ら保持する権利（憲法13条、21条）
⑦いわゆる包括的防禦権の一環

次項においては、これについて論じていきたいと思う。

「取調べ録音権」試論

前項において、「取調べのテープ録音化」に対する消極論・時期尚早論をおおむね批判しえたと思う。其処で、いよいよ本稿の立場の理論的根拠を明確にしなければならなくなっているように思われる。というのも、「論争の経緯と状況・その1（従前の議論）」ないし「『取調べテープ録音化』の消極論・時期尚早論」で引用・言及した各論攷を通じて少しく意外に思われたところであるが、「取調べのテープ録音化」の問題を被疑者・弁護側が要求する権利の問題として考えたうえで、その根拠について具体的に論じているものは見当たらず、その他の論攷においても、権利論を具体的に展開しているものはほとんどないといってよいのが現状のようだからである[註62]。明確に立法論の問題として論じているものは別にして、現状においてこれを要求する（出来る）という立場を採る場合、どのような理論構成をするのかは、積極論者において必ずしも明確にされているわけではないと思われるのである。

あるいは、この点は、いわば言わずもがなで、そのようなことは自明であって当然要求できるという発想であるのかもしれない。しかし、弁護人立会権については、その理論的根拠について既に相応の論攷があることと比べてみると（これも、「取調べ

録音権」は弁護人立会権と全くといってよいほど理論的根拠は重なってくるという理解であるかもしれないが)、その理論に関する議論の乏しさは、やはり意外な気がしたといってよい。あるいは、積極論者が、おおむね裁判官・弁護士といった実務家であることをも併せて考えてみると、大野正男発言にあった如く「取調べのテープ録音化」という問題は「やや実務的には次元が低いのかもしれない」という問題として捉えられており[註63]、これを換言すれば、要は実務家が実務の過程で必然的に想起しはじめたテーマという要素が余りに強く、理論的な検討の対象としてなじまないと(学者の方々には)考えられてきたということであるのかもしれない。だが、次元が高かろうが低かろうが、理論的根拠を考えずにすむ問題などというものはない。

既に前項の末尾で言及したところであり、私自身の思いつきとその思いつきからの考察という域を出ないが、その各条文上の根拠等を再掲してみる。次のようなものが考えられる。

①デュー・プロセスと「実体的真実」の発見 (憲法 31 条、刑訴法 1 条)
②黙秘権＝自己負罪拒否特権 (憲法 38 条 1 項、刑訴法 198 条 2 項)
③取調べ受忍義務との関係 (刑訴法 198 条 1 項、3 項、4 項、5 項参照)

62　本稿「論争の経緯と状況・その 1 (従前の議論)――問題の所在」「近時における『取調べ可視化』論 (論争の経緯と状況・その 2 ――『取調べテープ録音化』の積極論)」『『取調べテープ録音化』の消極論・時期尚早論 (論争の経緯と状況・その 3)」で掲げたもの以外の文献においても、私が偶々眼にした限りではあるが、渡辺修「取調べ」川端博ほか編『刑事訴訟法 (基本問題セミナー)』(一粒社、1994 年) 97 頁が黙秘権による取調べの制約を論じるなかで、「……自白調書のコピーについて。被疑者が黙秘権を放棄して供述する場合、内容を記録する手段を与えられるべきである。かねてから取調のテープ録音、一問一答の調書、否認調書を含む取調毎の調書作成等の運用改善が提案されているが、これは捜査機関の裁量に委ねていいことではなく、被疑者が請求すれば取調官は調書作成 (取調べ毎の――引用者註)・テープ録音・コピーの交付を義務づけられると解すべきではないか」とし、「取調べ録音権」及びその他の「取調べ可視化請求権」に言及しておられ、同じく渡辺修『司法の裁量による『適正手続』から被疑者の『包括的防禦権』へ」刑事弁護センター通信 8 号 (神戸弁護士会刑事弁護センター、1994 年) 14 頁で同旨の主張をしておられるのを見出したのが、その理論的根拠に言及されている唯一の例である。

63　本稿「近時における『取調べ可視化』論 (論争の経緯と状況・その 2 ――『取調べテープ録音化』の積極論)」2 (平野ほか・前掲註 13 座談会) 参照。

④弁護人立会権の一環・代替（憲法34条、37条3項参照）
⑤任意性を担保する状況を自ら設定する権利・任意性に関する状況を（予め）的確に証拠保全しておく権利（憲法38条2項、刑訴法319条1項、322条1項、そして、179条参照）
⑥人格権・プライバシー権・自らの表現を自ら保持する権利（憲法13条、21条）
⑦いわゆる包括的防禦権の一環

　以下、基礎的な理解が圧倒的に不足していることを顧みずに、あえて詳説してみることとする。なお、以下においては多くの場面において「取調べ録音権」という用語を用いており、これによって被疑者の「取調べ可視化」を求める権利を代表させて論じているが、それ以外の可視化についても全く同様であることを付言しておきたい（註64）。即ち、「取調べ録音権」は「取調べ可視化請求権」（その一環）に外ならないのである。

1　デュー・プロセスと「実体的真実」の発見

　(1)　フェアでリーズナブルな取調べ過程というものが本質的に要求されていると考えるとき、その過程をそのまま証拠として保存しておくという要請は当然の要請ではないだろうか。被疑者はこれを求める権利を有していると考えることに何の問題があるだろうか。しかも、「取調べのテープ録音化」の要請は、既に言及したとおり

64　その他の可視化として考えられるのは、およそ次の如き諸点であろう[★13]。
①取調べの都度調書を作成すること（作成されなかったときはその理由を記載した書面を作成すること）。
②調書には「第何回」供述調書というように通し番号を付すとともに各頁に頁数を記すこと。
③取調べの始期と終期を明示し、休憩等の中断時間、中断事由を調書に記載すること。
④取調べに立会った者の氏名・官職名を明記すること。
⑤供述調書の契印、訂正印は、供述者と供述録取者が共同して行うこと。
⑥発問と応答は基本的に一問一答式にもとづき能う限り具体的に記載すること。
⑦調書作成毎にその調書の写を直ちに被疑者・弁護人に交付すること。
　これらの要求を適宜「テープ録音」と組み合わせることによって、ほぼ完全な「可視化」をなし遂げることが出来ると考えられよう。

「事案の真相を明らか」にすることにも極めて適合的というべきであって[註65]、これは正に法に適った要求ということになるはずである。

憲法31条及び刑訴法1条を根拠とする「取調べ録音権」の主張として、言いたいことは、おおむね上述のところに尽きていよう。しかし、かかる立論は余りに大雑把であり飛躍が過ぎると批判されるやもしれない。其処で、以下、今少し詳しく論じてみることとする。

(2) 確かに、憲法31条をめぐっては様々な見解があるが、同条文が手続的デュー・プロセスを定めている（これを含んでいる）との点に限っていえば、そう解するのが圧倒的多数説であるといってよい[註66]。また、判例も、この点を肯認していることは明らかといえる[註67]。もっとも、手続的デュー・プロセスの要求の具体的内容については、必ずしも定かではなく、一般的にその内容としては、告知・聴聞の機会の保障が指摘されている程度にとどまっている[註68]。だが、告知・聴聞の機会保障ということ自体の意味も、これをつき詰めていけば、その状況が的確に保存されて、後に客観的視点から検証可能であるというところ迄が保障されてはじめて実質的に完全な保障として機能すると捉えることが出来るはずである。告知・聴聞の機会の保障とは、その機会の存否のみならず、その過程の保障でなければならない。

そうとすれば、いわゆる「訴訟的捜査の構造論」の立場からは「取調べ」とは、まさしくその（告知・聴聞の）機会に外ならないわけであって[註69]、この機会が客観的に検証可能な状況に置かれることは当然の要請になるのではないか。また、「訴訟的捜査の構造論」的立場に必ずしも立たない場合であっても、「取調べ」が、告知・聴聞の機会としての要素を仮に一部にせよもっている（それを含んでいる）ということ自体は当然のことであろうから[註70]、結局は、これと同様に解していけない理

65　本稿「消極論批判と時期尚早論に対する批判的検討」3（1）参照。

66　学説の状況については、杉原泰雄『基本的人権と刑事手続』（学陽書房、1980年）69頁以下、松井茂樹『裁判を受ける権利』（日本評論社、1993年）44頁以下参照。

67　最高裁の立場を端的に明確にしているのが、第三者所有物没収についての最大判昭37・11・28刑集16巻11号1593頁とされている。

68　杉原・前掲註66書74頁参照。

69　井戸田侃「取調の法的規制」熊谷弘ほか編『捜査法大系（1）』（日本評論社、1972年）245頁、井戸田・前掲註53書23〜30頁参照。

由は何もない。要するに、如何なる立場においても、「取調べ」とは憲法31条がダイレクトに適用されるべき場面であることを疑えないというべきであって、その過程は明確にされねばならないのである。

実際にも、外国人被疑者・被告人の通訳への権利などをデュー・プロセスの問題と考える見解もあるわけであって[註71]、とすれば、その取調べについてはテープ録音も当然射程に入ってこなければならないであろう。このように考えていくと、憲法31条からダイレクトに「取調べ録音権」を導こうとする考えは、あながち飛躍の過ぎる立論とも思えないといわなければならない[註72]。少なくとも、「取調べのテープ録音」を要求することが、憲法31条の要請する方向性のうちにあることは誰も否定しえないのではないかと思われる。

（3）そして更に、デュー・プロセスの要請と（積極的）実体的真実主義の要請との矛盾という刑事訴訟における大問題について、「取調べのテープ録音」が、その矛盾のいわば均衡点に位置しうるということは既に言及したとおりである[註73]。即ち、「取調べテープの録音」は、取調べ過程そのものの在り様・内容を、直ちに検証できる客観的確定的事実とし、これを公判廷に顕出させるものといえるわけであった。それ自体は手続的過程であって、犯罪成否等そのものの「実体」の問題では勿論ないとはいえ、その限度で「取調べのテープ録音」が実体的真実主義にも資することは疑えないのである。その限りでは、「取調べのテープ録音」は刑事訴訟における大原則の間の矛盾とされるものにおよそ抵触しないと考えることが可能であり、要は、刑訴法1条の要請にも頗る適合的なのである。結局、「取調べ録音権」は、これを法理念に正に適った権利と呼んで何の差し支えもないはずである。

むろん、「テープ録音」を万能であるかの如く考えるとするなら、既に言及した「テープ裁判」への転化という危険性があるわけで、そのことには自覚的でなけれ

70　松尾浩也『刑事訴訟法（上）』（弘文堂、補正版、1984年）60頁参照。

71　松井・前掲註66書49頁参照。

72　但し、憲法31条に余りに多くの要素・内容を読み取ろうとする姿勢を批判する見解もないではない（日弁連接見交通権確立実行委員会調査研究部会の有志によって作成されている『憲法的刑事手続（仮）〔1996年刊行予定〕のうち、髙野隆「憲法31条について（仮）」参照）[★14]。

73　本稿「消極論批判と時期尚早論に対する批判的検討」2（1）、5（3）及び6参照。

ばならない。しかし、このような法の根本理念ともいえる原則に資することの明らかな方法を被疑者の権利として認めてはならないとする理由はおよそ見出しえない。そもそも、デュー・プロセス条項自体、被疑者のデュー・プロセスを求める権利を内包させているというべきであって、個々の被疑者が欲するとき、これを要求しえないとする根本的な理念・原則の対置というものは何も考えられないというべきである。

　以上述べたとおりであって、憲法31条そして刑訴法1条という刑事訴訟上の大原則から、「被疑者の取調べ録音権」をダイレクトに導くことは可能であると考えられる。

2　黙秘権＝自己負罪拒否特権

(1)　黙秘権は、これをポジティブな権利として捉えることが出来るはずである[註74]。自ら供述するに際して、即ち、黙秘権を放棄する条件として、デュー・プロセスに則った条件を要請することは当然許されなければならない。録音されない限り供述しないという権利が黙秘権に含まれるものとして存在していることは自明であり、そうだとすると、供述する以上録音されなければならないとする権利は、被疑者の黙秘権からダイレクトに導かれる。

　黙秘権＝自己負罪拒否特権を根拠として「取調べ録音権」を構成する場合の理由附もおおむね上述したところで尽きているが、これを詳述するとすれば、次のとおりとなろう。

(2)　アメリカ合衆国憲法の修正5条の自己負罪拒否特権（日本国憲法38条1項と全く同旨の規定といってよい）に関してミランダ判決が明らかにしたのは、黙秘権＝自己負罪拒否特権を手続的に保護するための措置として、何が不可欠かということであった[註75]。即ち、ミランダ判決はいわゆるミランダルールを明示したのであるが、そのとき言及された黙秘権行使による取調べ中止効や弁護人立会権は、何もそれ

74　高田昭正「被疑者取調べの変革を目指して（1994年度近畿弁護士会連合会夏期研修講義）」日本弁護士連合会編『現代法律実務の諸問題（平成6年版）』（第一法規出版、1995年）597頁以下参照。

75　ミランダ判決に言及した論攷は多いが、さしあたり、ミランダ判決とそれ以降一連のミランダ関連判決（エドワーズ判決、ミニック判決等々）によるミランダルール集積の過程を論じたものとして、小早川・前掲註41書参照。

らのみが身体を拘束された被疑者の黙秘権の手続的な保護措置として十分であるとか、それらのみを保護措置として限定するという趣旨で論じられていたわけではない。むしろ同判決自身が、「他の代替措置」のありうることを明言しているのであり、現にアメリカ合衆国においても「テープ録音化」がその代替案として強く主張されているという実情なのである[註76]。この代替案の提案自体はミランダルールを葬るためのもののようであるから、その意味では全く不当なものであるが、自己負罪拒否特権を手続的に保護する措置の一つとして、「取調べのテープ録音」が存在するという視点自体が間違っているというわけではない。それ故、「取調べ録音権」を黙秘権の内容として捉えることは全く奇異なことではない[註77]。むしろ今まで声高にこれを唱える人のいなかったことが不思議な位の至極当然のことといわねばならないのである。

　(3)　ところで、翻って黙秘権＝自己負罪拒否特権というものを考えてみたとき、この権利は一般的にはそれほど判り易い権利ではないのかもしれないとも思われる。否、法曹や法学者の間にあってさえ、黙秘権というものが何処迄真に重要な権利として理解されているのかは、ほんとうは疑わしいというべきやもしれない。けだし、黙秘することは後めたさの反映だという「素朴な合理的な経験論」を唱える説、即ち、その不利益推認（有罪推認）を肯認する見解が確かに存在していたのだからである[註78]。あるいは、近時においても、イギリスにおいて、黙秘についての不利益推認のコメントを許容する旨の法案が成立しているけれども[註79]、このように、黙秘権というものの中身については、今日なお議論の尽きない状況にあるとは言えるわけである。
　成程、犯罪を憎む人々の想いは、犯罪を犯した者として問われている人間が沈黙することを許さないという「倫理」にまず結びつき易いのであろう。また、沈黙は

76　前掲註41でも引用したところであるが、小早川・前掲註41書168頁以下参照。
77　渡辺・前掲註62論文「取調べ」も、「取調べのテープ録音」要求を、基本的には黙秘権上の問題として捉えていることは、註62において引用したとおりである。
78　田宮裕「被告人・被疑者の黙秘権」日本刑法学会編『刑事訴訟法講座（1）』（有斐閣、1963年）83頁以下。但し、田宮・前掲註30書337頁は、不利益推認（有罪推認）は禁止されているとしているので、改説されたものと思われる。但し、量刑上不利益な資料として考慮することが許されるとの見解はそのままである。

卑怯だという感情こそが自然だといわれれば、そういう感情をもつ人が相当数いるだろうことを否定できるというものでもあるまい。そして、おそらくは以上述べた諸点の故に、我が実務の今日の状況においても、黙秘権というものは、おおむねその建前とは裏腹に、弁護人（その相当数）の側においてもできることなら触れないですませておきたいテーマのようにしか扱われてこなかったようにも思われるのである。

　しかし、おそらくは、検察官・裁判官はもとより、弁護人の側も、この権利をネガティヴないしはパッシヴな権利であると思いこみ過ぎてきたのではないか。

　(4)　まず、不利益推認の問題について言及するならば、不利益推認を許容すれば、黙秘権が全くの画餅に帰することは明らかである。「お前には黙っている権利がある。しかし、黙っていれば（供述した場合よりも）不利益に推認される（ことがある）」というとすれば、それは供述を事実上強いていることになる。このことは余りに明白であると思われる[註80]。黙秘に伴う不利益推認を断つことこそが、黙秘権の真髄ともいうべきであり、不利益推認を認める黙秘権などというものは、概念矛盾ともいうべきであって、最早黙秘権ではない。事実の問題としても、国家が個人に刑事責任を問う場面というものは、圧倒的な力関係の落差が存すること自体否定の余地がないのであって、それは、黙秘が後ろめたさの故であるなどという「素朴な合理的な経験論」が妥当する領域ではありえない。実務「経験」上も到底そう思われないということは、（とりわけ、密室での取調べを具体的にイメージすれば、少なくとも弁護士の実務感覚としては）大方の賛同を得ることが出来るであろうと思われる[註81]。

　黙秘権は、国家から刑事責任を問われる立場に立った者の、国家と対峙する際の防禦権として存在している。このことは疑いようがないが、その重要性が認識されたからこそ、我が国において、黙秘権は憲法上の権利として定位されたのであ

79　1994年に成立したイギリスの「刑事司法及び公共の秩序法」における黙秘権制限（不利益推認コメントの許容）については、井上正仁「イギリスの黙秘権制限法案（1）」ジュリスト1053号（1994年）39頁以下、同「同（2）」ジュリスト1054号（1994年）88頁以下、鯰越溢弘「黙秘権と刑事弁護」季刊刑事弁護2号（1995年）162頁以下、東京三弁護士会合同代用監獄調査委員会「イギリス刑事司法・監獄調査報告書」（1995年11月）20頁以下参照。この法案については、ヨーロッパ人権規約違反であるとの議論がある（井上・本註論文（2）92頁、鯰越・本註論文167頁参照）。

80　佐伯千仭『刑事訴訟の理論と現実』（有斐閣、1979年）のうち、「量刑理由としての自白と否認」同書213頁以下、「黙秘・余罪と量刑」同書292頁以下参照。

る^(註82)。黙秘権は、見方によってはあるいは人間の自然な感情に反するようにさえ視え、人為的なものに視える権利であるやもしれないが、人類の多年の歴史と経験を通じて、国家と対峙する立場に立った一人の人間に付与すべきものとして見出された権利であること自体は間違いがないのである。換言すれば、国家と対峙したときの個人のいわば唯一の防禦権は、それしかないと考えられたのである。それは、事実そのとおりであるとしかいいようのないことである。少なくともその謂においては、これは個人の尊厳そのものから導かれた基本的人権といえる^(註83)。それ故、本来、これは行使することに消極的であることを予定されているようなものではなく、ポジティヴな機能をもちうる権利であることを当然の前提としているはずのものである。今日の捜査弁護実務の最重要の課題が黙秘権を如何に実効化せしめるかという問題であることは疑いを容れないと思われる^(註84)。

ともあれ、このような弁護実践の一環・中核として、「取調べ録音権」「取調べ可視化請求権」は憲法38条1項上の権利として、これを認めなければならない。これを排斥すべき理由はおよそ見出しえないというべきである。

81　田宮・前掲註78論文91頁も捜査段階における黙秘の不利益推認は「非常に弱いとみなければならない」としている。しかし、端的に不利益推認は一切禁じられていると考えなければならない。確かに不利益推認の問題は、現実問題としては、きれいに割り切って考えることの難しいところのある問題ではあろう。合理的な弁明をなす場合と黙秘の場合との差異という問題があるからである。けれども、理念としては明確なのであって、合理的弁明がプラスなら黙秘はプラスマイナスゼロである（マイナスではありえない）。なお、公判廷における黙秘については、これを捜査段階のそれと必ずしも同様に考えねばならないものかどうかは検討に値すると思われる。その関連で一言言及しておくならば、私は被告人にも証人適格を認めるべきではないかと考えている（田宮・前掲註78論文75頁以下参照）。それによって自己負罪拒否特権を放棄する事項・範囲を明確にして、その点については反対尋問を受けるというかたちのほうが、現在の実務でみられるような、なし崩し的「被告人質問」（＝実態は「被告人尋問」以外の何ものでもない）より余程ましではないかと思われるからである。

82　イギリスでは、黙秘権は憲法上の存在ではないとの意見がある（井上・前掲註79論文「イギリスの黙秘権制限法案」参照）。

3　取調べ受忍義務との関係

〔1〕　右「2」で述べたことと関連するが、取調べ受忍義務との関係において「取調べ録音権」がどう位置づけられるのかをみておく必要があろう。

取調べ受忍義務がないとするならば——今日における圧倒的多数説である——[註85]、取調べを受忍していくに際して、右「1」及び「2」で明らかにした憲法上の（憲法の要請する趣旨に則った）権利に基づきテープ録音化（取調べ可視化）を要求し、これを実現させるのは当然の権利といわなければならない。それは何処までいっても全くの任意捜査なのであるから、任意に取調べに応じるについて

83　黙秘権そのものが、普遍的な基本的人権かどうか、それは証拠法則のために導かれたものではないのかといった議論はありうるであろう。これは黙秘権の対象事項の範囲とこれと裏腹になった自己負罪の「負罪」の内容をどの範囲で考えるかという問題とも関連する問題のように思われる。しかしいずれにせよ、「負罪」を刑事責任と考えたとき、黙秘権がその者の「権利」として存すること自体は異論がないわけであって、我が国においてそれは憲法上の権利なのである。なお、自己負罪拒否特権を、より普遍的な意味を込めて「自己負罪拒否権」と呼び、これを「歴史的にも内容的にも、自己の内心の自由を保障して個人の尊厳と人格の自由な発展を守る、最も基本的かつ普遍的な人権の一つである」と結論づけるものとして、澤登文治「自己負罪拒否権の歴史的展開（1）」法政理論24巻2号（1991年）153頁以下、同「同（2）」同25巻1号（1992年）124頁以下参照。

84　このような意味での弁護実践・黙秘権の意義に言及するものとして、髙野隆「被疑者の取調べにどのように対処するか」竹澤哲夫ほか編『刑事弁護の技術（上）』（第一法規出版、1994年）95頁以下、前掲註55でも引用した高野嘉雄「刑事弁護のあり方（1994年度東北弁護士会連合会夏期研修講義）」『現代法律実務の諸問題（平成6年版）』（第一法規出版、1995年）535頁以下がある。前者は、真正面からの黙秘権による実践を説き、後者は、いわばからめ手からの黙秘権実践を説いている（前者を関東版黙秘権実践論というとすれば、後者は関西版黙秘権実践論とでも呼ぶべきであろうか）。なお、黙秘権に関連する弁護活動についての大阪弁護士会刑事弁護委員会の見解としては、「取調拒否をめぐる弁護活動について東京地方検察庁が批判を表明されたと報道されていることに対する刑事弁護委員会の見解」（大阪弁護士会月報1995年12月号29頁以下）参照。また、大阪弁護士会刑事弁護委員会編『捜査弁護の実務（改訂版）』（1996年刊行予定）の第3章「取調」をも参照[★15]。

は、それが法の趣旨に背くようなものでない限り、条件を附することが出来なければならない。まっとうな条件設定を捜査機関側が肯わないのであれば、取調べはなし得ない。それを無視して無条件に取調べが強行されれば、明らかに重大な違法というべきであり、もし調書作成にまで至ったとしても、その調書には証拠としての許容性はないものとしなければならない。換言すれば、条件を拒むのは捜査機関側の自由であり、そのときは取調べをしなければよいだけのことである(註86)。

85　いわばオーソドックスな否定説は、平野・前掲註31書106頁を嚆矢として、井上正治「捜査の構造と人権の保障」日本刑法学会編『刑事訴訟法講座（1）』（有斐閣、1963年）119頁がこれに続いたが、以降、鴨良弼『刑事訴訟法の新展開』（日本評論社、1973年）210頁、218頁、石川才顯『刑事訴訟法講義』（日本評論社、1974年）116頁、庭山英雄『刑事訴訟法』（日本評論社、1977年）75頁、松岡正章『刑事訴訟法講義（1）』（成文堂、1981年）49頁、渥美東洋『刑事訴訟法』（有斐閣、1982年）33頁、光藤景皎『口述刑事訴訟法（上）』（成文堂、1987年）97頁、本稿「『取調べテープ録音化』の消極論・時期尚早論（論争の経緯と状況・その3）」でも引用した多田・前掲註32論文140頁、鈴木茂嗣『刑事訴訟法の基本問題』（成文堂、1988年）70頁、高田昭正「2　取調べと被疑者の権利」村井敏邦編著『現代刑事訴訟法』（三省堂、1990年）120頁、後藤昭「取調受忍義務否定論の展開」内藤謙ほか編『平野龍一古稀祝賀論文集（下）』（有斐閣、1991年）291頁以下、繰り返し引用している田宮・前掲註30書126頁以下、井戸田・前掲註53書87頁以下、そして、福井厚『刑事訴訟法講義』（法律文化社、1994年）149頁以下という学説状況で、今や明らかに通説である。最新の文献としては、平賀睦夫「被疑者の取調べ受忍義務」西原春夫ほか編『刑事法学の新動向──下村康正先生古稀祝賀（下）』（成文堂、1995年）177頁以下がある。また、オーソドックスな否定説の幾分過激な理論の徹底形態、即ち、身体拘束中の被疑者取調べ自体が許されないとするものとして、沢登佳人「逮捕または勾留中の被疑者の取り調べは許されない」法政理論12巻2号（1979年）1頁以下、本稿「消極論批判と時期尚早論に対する批判的検討」で引用した上口・前掲註55論文「身体拘束中の被疑者取調について」119頁以下、そして、横山晃一郎「被疑者の取調」法政研究49巻4号（1983年）13頁がある。更に、捜査官が被疑者を取調べたい場合には一般面会の手続に従って行うべきであるとするものとして、梅田豊「取調べ受忍義務否定論の再構成」島大法学38巻3号（1994年）1頁以下、高内寿夫「逮捕・勾留中の被疑者取調に関する一試論」白鴎法学3号（1995年刊）73頁以下がある。

また、仮に受忍義務を課し得るとしても（出頭・滞留義務があるとしても）、それは手続的保障をしたうえではじめて認められるものというべきである[註87]。取調べを忍受せしめるには、そもそもそのような内在的制約が存しているといわなければならないのであって、被疑者・弁護側から取調べについてテープ録音化要求がなされたとき、これを実現することが、むしろかかる義務を肯認するための前提になる。要するに、義務を課して取調べを受忍せしめようとする限り、前述の如き憲法上の要請と言える要求については、これを実現させ、その手続的保障を全うさせなければならない。従って、この場合（いわば条件附受忍義務肯定説）においても、捜査機関側がかかる手続的保障の措置を採らないときは、前述したところと同様に解される。

取調べ受忍義務との関係で述べておくべきことも、上述したところでほぼ尽きていると思われる。

⑵　取調べ受忍義務をめぐる議論については、右にみたとおりであって、否定説、少なくとも供述拒否権を実質的に保障することを条件としたうえではじめてこ

86　後藤・前掲註85論文「取調受忍義務否定論の展開」298頁以下は、取調べ受忍義務否定説から「論理必然的に」弁護人立会権が保障される結果になる旨（更に取調べが接見指定要件たる「捜査のため（の）必要」になりえない旨）を述べている。従って、取調べ可視化についても全く同様に解されよう。但し、これに対しては「この説では、立会・接見請求は供述の自由の反射的な効果として被疑者が求めることのできる事実上の条件にしかならない（例えば、妻との面会を認めたら取調べに応ずるというのと同じ次元の条件）」とする批判がある（渡辺修『被疑者取調べの法的規制』〔三省堂、1992年〕227頁）。この点をめぐってはなお検討を要すると思われるが、いずれにせよ「取調べ録音権」「取調べ可視化請求権」は権利であって、単なる事実上の条件ではない。

87　渡辺・前掲註86書211頁は、出頭・滞留義務を肯定しているが（但し、取調べ受忍義務それ自体は否定）、弁護人立会をその前提としている。即ち、憲法上の権利としての弁護人立会権の優位性を説いている。本稿「近時における『取調べ可視化』論（論争の経緯と状況・その2——『取調べテープ録音化』の積極論）」1で引用した三井誠「被疑者の取調とその規制」刑法雑誌27巻1号（1986年）178頁にも同様の発想が窺える。また、横川敏雄『刑事訴訟』（成文堂、1984年）109頁、野間禮二『刑事訴訟における現代的課題』（判例タイムズ社、1994年）22頁は、取調べ受忍義務肯定説ではあるが、供述拒否権が実質的に保障されることを前提にしている。

れを肯定的にとらえうるとする見解が、今日の学説においては、ほぼ異論をみないとさえいってよい状況になっている。無条件的な取調べ受忍義務肯定説などは、今日の学説上最早存在していないと断じてよい程であり[註88]、取調べ受忍義務を無条件に肯定していたのは、全くの初期学説であるにすぎない[註89]。

取調室への出頭・滞留を強いて取調べを忍受せしめることが黙秘権を侵害することになることは明らかといわねばならず、法解釈としても取調べは逮捕・勾留の目的に含まれてはいないことが明らかであって、更に捜査の構造をどう考えるかという見地からも被疑者を糾問の客体とすべきとの捜査構造は採られていないと考えられるのであるから、今後、理論として、無条件的な取調べ受忍義務肯定説が存命していくとは到底思われないというべきである[註90]。

88 捜査機関側の実務家の見解があるのみである。青柳文雄ほか編『註釈刑事訴訟法（2）』(立花書房、1976年) 82頁[吉田淳一執筆]、同121頁[藤永幸治執筆]など参照。なお、泉幸伸「余罪取調べと取調受忍義務」河上和雄ほか編『警察実務判例解説（別冊判例タイムズ12号）』(判例タイムズ社、1992年) 10頁は受忍義務肯定説を「通説」と述べているが、誤りであろう。

89 団藤重光『條解刑事訴訟法（上）』(弘文堂、1950年) 365頁に始まって、同『新刑事訴訟法綱要』(創文社、7訂版、1967年) 326頁、瀧川幸辰ほか『刑事訴訟法（法律学体系第1部第10・コンメンタール篇）』(日本評論社、1950年) 262頁[中武靖夫執筆]、青柳文雄『刑事訴訟法通論（下）』(立花書房、全訂版、1954年) 412頁、伊達秋雄『刑事訴訟法講話（法律学体系第3部第5・法律講話篇）』(日本評論新社、1959年) 41頁がある。その後は、柏木千秋『刑事訴訟法』(有斐閣、1970年) 56頁、平場安治ほか『注解刑事訴訟法（中）』(青林書院新社、1974年) 48頁[高田卓爾執筆]、松本一郎「2講　適正な取調を保障する手段」渥美東洋ほか『刑事訴訟法』(青林書院新社、増補版、1977年) 33頁位しか見当たらないのではないか。

90 既に見てきたとおり、1980年代半ば以降は、いわゆる基本書や論文においても、否定説が多数説である旨が述べられるようになっており、90年代以降も否定説が他を圧倒するという傾向が一層強まっているとみることが出来るわけである。ただ否定説にとって、残された問題は、やはり刑訴法198条1項但書の解釈ということになるのであろう。様々な解釈が提示されているが、必ずしも説得的ではないともいわれており、そうだとすると（文理上肯定説を採るほうが自然なのだとすると）、刑訴法198条1項但書は違憲の規定とむしろ断ずるほうが明瞭であるとの考えも生じよう（高田・前掲註85論文「2　取調べと被疑者の権利」120頁、ある

もっとも、いうまでもなく捜査実務は未だにこれに則って取調べを行っているし、下級審判例も、かかる初期学説に対する批判的視点のないままに判決を下しているという実情にあって(註91)、これは弁護実践によって切り拓いていく外ない大きな課題として横たわっていることは事実である。
　しかし乍ら、そうだとしても（というより、そうであればこそより一層）、「取調べ録音権」「取調べ可視化請求権」によって、かかる状況も打開し得るものとみるべきである。

いは、柳沼ほか・前掲註39書のうち、髙野隆「刑事訴訟法39条3項の違憲性」同31頁参照）。この点、なお検討を要するが、GHQのプロブレムシートの「……検察官又は警察官は犯罪捜査中被告人、被疑者又は事件の知識を有すると信ぜられる者に対し、訊問に答えるよう要求することができる。すべての被訊問者は答を拒絶する権利を有し、若し逮捕されていない場合には何時でも退去することができる……」との部分が刑訴法198条1項但書を導いていると考えられ、このときGHQ側に取調べ受忍義務などという発想があったとは思われないのであるから（繰り返し引用している多田・前掲註6論文131頁～136頁。なお、大出良知「被疑者取調の歴史的考察（戦後）」井戸田侃ほか編『総合研究＝被疑者取調べ』〔日本評論社、1991年〕129～131頁参照）、平たく言えば、同但書を取調べを拒否することが逮捕・勾留されている場からの解放までは導かない（外へは出られない、あるいは、家へは帰れない）という謂であると解することは、それほど不自然な解釈ではないように思われる。

91　被疑者の取調べ受任義務の存在を自明視したり、その存在を明言する判例として、大阪高判昭43・12・9判時574号83頁、大阪高判昭49・7・18判時755号118頁、東京地決昭49・12・9刑裁月報6巻12号1270頁（いわゆる都立富士高校放火事件の証拠決定）、東京地決昭50・1・29刑裁月報7巻1号63頁、青森地判昭51・1・27判時813号72頁、東京地判昭51・2・20判時817号129頁、津地四日市支決昭53・3・10判時895号62頁、東京高判昭53・3・29刑裁月報10巻3号233頁、仙台高判昭55・8・29判時980号69頁、東京地判昭62・12・24判時1270号62頁。なお、逮捕勾留中の被疑者の指紋採取等拒否に対する直接強制を許されるとした東京地決昭59・6・22判時1131号160頁は、「取調べ」の場面でないにもかかわらず、198条1項但書を引用して（かなりの）有形力を用いての出頭（強制）を自明視・断定しており、受忍義務の存在を直接明言したものである。但し、最判昭36・12・20刑集15巻11号1940頁・判時282号6頁における藤田八郎・髙橋潔の意見参照（いわゆるポツダム政令・団体等規正令の不出頭罪につき――多数意見は、刑の廃止として免訴）。

けだし、被疑者を取調室に出頭・滞留せしめ、取調べを受忍させる状況下に置くためにどういう手当てをすべきかという限度であれば、その可視性を高めなければならないということについては、圧倒的なコンセンサスが存在していることが明らかなのだからである。この点については、既に本稿の「論争の経緯と状況・その1（従前の議論）」ないし「消極的批判と時期尚早論に対する批判的検討」においてみてきたとおりである。全くの密室の取調べで何の問題もないのだというような考えは理論として最早生き延びる余地がなく、この理論的現実は実務の現状を必ず変革するはずであるといわなければならない。

　以上述べたとおりであって、取調べ受忍義務をめぐる議論の現在が、「取調べ録音権」「取調べ可視化請求権」の存在を肯定する方向のうちにあることは最早明らかである（★16）。

4　弁護人立会権の一環・代替

　(1)　上述の1ないし3は、いずれも、弁護人立会権の論拠にもなっているといえる（註92）。また、弁護人立会権の場合は、更に、憲法34条、同37条3項がその根拠として論じられていることも周知のとおりである（註93）。

　もっとも、弁護人立会権について言えば、肯定説が立法論をも加えれば既に学説上の多数を占めているとする見解もあるが（註94）、現行法の解釈論として肯定説が多数説の地位を築いているとまでは未だ言えないのが現状であろう。むしろつい最近まで学説は、弁護人の取調べへの立会についての言及においても、(取調べの録音等の可視化の問題ほどではないとしても)、かなり冷淡であったと評してもよい程ではないかとも思われる。しかし、現在の刑事訴訟実務の問題点が自覚されるようになって、そういう状況が変化しつつあることも、また事実と思われる。此処数年のうちには、解釈論としても弁護人立会権を肯認する説が多数説になると予見してよいのではないか。それが理論的に正しい以上、これはどうしようもない流れになるは

92　弁護人立会権の学説の状況については、内藤秀文「取調における弁護人立会権に関する学説の概観」大阪弁護士会少年問題対策特別委員会『密室への挑戦』（1993年）46頁以下にコンパクトにまとめられている。また、1990年代以降の学説の状況については、渡辺修『捜査と防御』（三省堂、1995年）239頁以下参照。最も精緻な否定説は石井一正「自白の証拠能力」大阪刑事実務研究会編著『刑事公判の諸問題』（判例タイムズ社、1989年）407頁以下であるが、渡辺・前掲註86書213頁以下においてそれへの具体的な反論がなされている。

ずである[★18]。

　要するに、憲法の保障する弁護人依頼権というものは、被疑者に取調べの場が設定されたそのときに、弁護人に在席してもらうことを当然に含んでいると解されるのである。

　(2)　さて、そのようないささか楽観的な理論上の学説状況を予想してみたうえで、そのとき、残される現実上の問題は何かと問うてみるならば、捜査機関側が頑なな姿勢を採り続けるであろうとの問題を除外したうえでのそれは、やはり、弁護士の側の現実の受け入れ態勢の問題ということになるであろう。時間的あるいは経済的問題（総じて環境的ともいうべき問題）を容易に無視することは出来ないわけで、これは現実問題としては、取調べへの弁護人立会実現の弁護士側におけるいちばんの難関であるといってよいものと思われる。もっとも時間的な問題については、一般的に立会可能なまでに、取調べ時間のほうが縮減されるべきであるとするのが筋論ではあるだろう。ただ、そこに至るまでの道のりとしては、やはり問題とせざるをえない事柄なのである[註95]。

　此処ではそのような意味での制度論を論じる暇はない。ただ此処で指摘しておきたいのは、現実問題として取調べへの立会が困難であるとき、その代替として「取調べ録音権」が当然に存在しうるということである。弁護人立会権が肯認されるならば、その一環・代替として「取調べ録音権」が認められなければならない。けだし、弁護人立会権とは、取調べ状況というものの弁護人への全面開示（即ち、まさしく可視化）の側面をもつのであって、立会権は当然に「取調べ録音権」を含ん

　93　憲法34条を基本に据えるものとして、繰り返し引用している渡辺・前掲註86書216頁以下、憲法37条3項にも重点を置くものとして、大出良知「刑事弁護の憲法的基礎づけのための一試論」自由と正義40巻7号（1989年）123頁以下参照。また、接見拒否についてのいわゆる川下国賠訴訟（大阪地判平4・11・9判時1470号106頁）の法廷における陳述（弁論）で明らかにされた佐伯千仭意見も憲法37条3項の英文（私なりに平たく意訳すれば、「被疑者・被告人は、何時もちゃんとした弁護人につき添ってもらえるものとする」となろうか）を根拠とする弁護人立会権肯定説であった。なお、憲法34条及び憲法37条の英文憲法の意味については、前掲註72で言及した『憲法の刑事手続（仮）』のうち村岡啓一「憲法34条について（仮）」、同じく竹之内明「憲法37条について（仮）」参照[★17]。
　94　村井敏邦「密室の中での取調と被疑者弁護の意義」法学セミナー488号（1995年）9頁参照。

でいると考えうるからである(★19)。

　もっとも、弁護人において総体的に費やす労力が、立会の場合に比べて軽減されるとは必ずしも思われないが、より自由に時間を使い得ること自体は確かであるから、その代替には意味があると思われる。被疑者・弁護人は、立会か、「取調べ録音」か、その双方かのいずれをも選択し得ると考えるべきであろう。なお、その余の「取調べ可視化請求権」は更に立会権に包含されたその縮小形態ともいいうるから、これをも選択しうることは当然というべきである。

5　任意性を担保する状況を自ら設定する権利・任意性に関する状況を(予め)的確に証拠保全しておく権利

　(1)　上記2の一環とも言えるし、3あるいは4にも含まれることにもなろうが、「取調べ録音権」を証拠法則との関係で構成することも可能であると思われる。即ち、

95　例えば経済的な問題をあえて問題にするならば、今日において、刑事弁護というものは、多くの弁護士（特に自ら事務所を運営している弁護士）にとって、（国選はもちろんのこと、私選であってもおおむねは）多かれ少なかれボランティアの意識を抱くことなしにはやれない「仕事」になっているといってよいのではないか。つまり、あえて平たく言ってしまえば、刑事事件というものは、事務所運営上のいわば損益分岐点を基本的にはクリアし難く、ビジネスとして成り立ちにくい事件類型になっていよう。そういう状況にある限り、取調べに立会ってその「仕事」の多くの時間を費消することになる弁護士の生活は、まず保障されないことになる筋合いだということになる。刑事事件というものに余程の情熱を持っている弁護士しかそのような状況に対応出来ないとするならば、折角の理論・権利も決して生きてはこないということになりかねないという現実が存在しているわけである。今日迄余りこういう議論が大っぴらになされているのを寡聞にして知らないのであえて言及してみたが、これは、刑事弁護活動の総体的な活性化のためには避けて通れない論点であると思われる。現行の国選制度はほとんど弁護士の犠牲のうえに刑事裁判制度をうちたてている状態にあるといっても過言ではないし、実際には刑事裁判制度全体にそういう傾向があることを否めないのではないか。これは、国の司法の在り様としては由々しき状況であると思われる。当番弁護士制度によって、刑事事件におけるボランティア精神に富む弁護士の数は相当増加している傾向にあるとはいえ、何時迄もそのような弁護士個々の在り様に制度自体が依存しているわけにはいかないはずである。

憲法38条2項が、もともと「自白は、それが被告人（ジ・アキューズド）の弁護人の面前でなされたものでない限り、効力がない」という規定として想定されていたことは周知のとおりであるが^(註96)、其処には取調べに対する法的規制というものについて、事後的規制のレベルのみにとどめるということではなく、それをそのまま事前の規制に転化せしめようという発想がみてとれるというべきである。つまり、証拠法的側面における規制は、本来、事前的・現在進行形的なリアルタイムの規制という意味を持っている。これは、現行の規定においても変わりはないはずである。

そうだとすると、憲法38条2項から導かれ、刑訴法319条1項に定められたとされる「任意性の原則」というとき、任意の供述のみを確保すべきとの要請が当然存在しているのであり、それを確保する措置が供述時にリアルタイムで講じられるべきことも予定されているとみなければならない。

また、証拠法の規定は本来、それに関する事実が客観的に明確に検証されることを自明の前提としているといわねばならないのではないか。そのような領域は能う限りクリアーであって然るべきというのが法の立場であると思われる。それこそがデュー・プロセスがデュー・プロセスたる所以というべきでもあろう。

（2） もとより、憲法38条1項と同2項を表裏の関係とみるならば（そして、本来そう考えることが正しいように思われるのであるが）^(註97)、右に述べたことは既に述べた黙秘権＝自己負罪拒否特権から「取調べ録音権」が導かれるとしたところを換言しているだけで、結局、同じことをいっていることになるものと考えられる。けだし、それは、自己負罪拒否特権を手続的に保護する措置（この場合は、取調べ「全過程」の録音措置）を採らない限り、「任意」ではない（「任意性」の立証は果たされない）という理論なのだからである。あるいは、取調べ受忍義務に関して述べた任意捜査であることの「任意」と此処でいう「任意」が同義だといっていることにもなろう。

しかし乍ら、現在の実務はそのようには動いていない。一つは「任意性」の基準設定においてであり、今一つは「任意性」の立証（責任）においてである。

この2つが表裏一体となって、現在の「任意性」をめぐる問題を形成しているわけであるが、前者について言及するなら、黙秘権侵害ということのみで自白の証拠許容性を否定した判例は見当たらないわけであるし^(註98)、「任意」という言葉の意味自体、辞書的な意味からはかけ離れて用いられていると思われる^(註99)。そもそも取調べ受忍義務があるとの前提で「任意性」を判断するという枠組みにおいては、

---

96 高柳賢三ほか編著『日本国憲法制定の過程（1）』（有斐閣、1972年）212～213頁参照。

「任意」という言葉の意味は相当変容する外ないのではないか。

即ち、一般的には「任意性の原則」というとき、自白法則における虚偽排除説や人権擁護説等の各説から「任意性」の定義づけがなされている。例えば、虚偽排除説からは「不任意の自白とは、虚偽の自白を誘発するような相手方の態度・処置に基づいてなされた自白ということになるであろう」とされ、人権擁護説からは「不

---

97 平野龍一「黙秘権」刑法雑誌 2 巻 4 号（1952 年）481 頁以下や田宮・前掲註 78 論文 77 頁以下が憲法 38 条 1 項と同 2 項の原理峻別論を説いたために、1 項と 2 項を異った原理のものとみる見解が刑訴学説の上では有力なのではないだろうか。しかし、憲法学説上は、1 項と 2 項を表裏のものと捉えるのが多数説であろう（清宮四郎編『憲法〔法律学演習講座（3）〕』〔青林書院、1954 年〕200 頁、小林直樹『憲法講義〔上〕』〔東京大学出版会、新版、1980 年〕496 頁、和田英夫『憲法体系』〔勁草書房、新版、1982 年〕199 頁、樋口陽一ほか『注釈日本国憲法〔上〕』〔青林書院新社、1984 年〕793 頁、浦田賢治ほか編『新・判例コンメンタール日本国憲法〔2〕』〔三省堂、1994 年〕361 頁参照）。但し、そう解すると「供述」と「自白」とで広狭が生じうると考えうるとしても、憲法 38 条 1 項以外にわざわざ同 2 項を規定した意味が問われることになるかもしれない。この点、なお検討を要するが、同 2 項はマクナブルール（の精神）等を採用し、証拠法の側面から自己負罪拒否特権を侵害するおそれのある状況（捜査機関側の態様ないし被疑者の状態）をあらかじめ呈示することによって、同 1 項を補強し、自己負罪拒否特権を側面から保障し（これを制度的保障と呼ぶとすれば、余りに誤解を招くので不適切ではあろうが）、黙秘権を全うさせるべく存在しているとみてよいのではないか。

98 最高裁判決が黙秘権告知を憲法上の要請ではないとし、その不告知によって直ちに自白の証拠能力は失われないとしていることは周知のとおりである（最判昭 25・11・21 刑集 4 巻 11 号 2359 頁）。しかし、甚だ疑問である。なお、黙秘権侵害ということを自白の証拠許容性を否定するファクターの一つにはしているものとして、六甲山事件第一次一審判決（大阪地判昭 46・5・15 刑裁月報 3 巻 5 号 661 頁）、浦和嬰児殺人事件判決（浦和地判平元・3・23 判タ 689 号 83 頁）、埼玉パキスタン人放火事件判決（浦和地判平 2・10・判タ 743 号 69 頁）、浦和地判平 3・3・25 判タ 760 号 261 頁参照。

99 「任意」とは、「心のままにすること。その人の自由意思にまかせること」（広辞苑第 4 版）、「そのものの思いにまかせること」（大辞林第 2 版）、「規則などによらず心のままにまかせること・さま」（日本語大辞典第 2 版）、「思いのままにすること」（角川国語辞典）である。

任意の自白とは、人権とくに黙秘権を侵害するような違法な手続（取調べ）によって誘発され虚偽を含む危険性を伴った自白ということになるであろう」とされ、このように各々定義づけたうえで、「自白とそれに先行する一定の手続との間に因果関係のある場合でなければ、（刑訴法 319 条 1 項は――引用者注）適用されない」と述べられたりしているのである(註100)。こういう定義づけの仕方があるいは伝統的考えであるのかもしれないが、これは「任意」という言葉自体の本来の意味からは、ずいぶん隔たった解釈なのではないだろうか(註101)。法律用語とはいえ、本来辞書的意味において一義的に用いられるべきはずのものではないのだろうか。場面場面においてかなり特殊な意味合いで用いられることになってしまっているという状況は、かなり妙というべきなのではあるまいか(註102)。

そのことの問題性について此処でこれ以上論じる用意はない。此処では、かかる

---

100 柏木千秋「自白の任意性」日本刑法学会編『刑事訴訟法講座（2）』（有斐閣、1964 年）150 頁以下。

101 例えば、繰り返し引用している渡辺・前掲註 86 書 311 頁以下では、きわめて精緻な自白排除法則についての学説の整理・分析がなされているが、同書においても、結局、その説かれるところは、事情の総合説に「回帰」するかたちになっているのではないだろうか。総合説的アプローチも「任意」ということの意味を非常に判りにくくさせるきらいがあるのではないかと思われ、また、このような「総合」は必ずといってよいほど任意性（証拠許容）の基準を緩やかにする方向にしか機能しないものと思われる。刑訴法 319 条 1 項「その他任意になされたものでない疑のある自白」という文言は、GHQ プロブレムシートの「裁判所は、いささかでも自白が自由意思によりなされたのではない疑があるときその自白を証拠とすることを拒否しなければならない」（傍線引用者）から導かれたと考えられるのであって（1948 年 4 月 12 日～5 月 5 日「刑事訴訟法改正協議会」――繰り返し引用している多田・前掲註 32 論文「被疑者取調べとその適正化〔2〕」130～136 頁の外、大出良知「被疑者取調の歴史的考察〔戦後〕」井戸田侃ほか編『総合研究＝被疑者取調べ』〔日本評論社、1991 年〕131 頁参照）、これが憲法 38 条 2 項の趣旨でもあろう。要するに「任意」とは前掲註 99 でみた文字通りの意味であって、「任意性の原則」とはいささかの疑いの余地もない「自由意思」であることが認められない限り証拠にしえないという原則であると解すべきであり、また、そう解せば足るのではないだろうか。このように考えても、基準として必ずしも明確になるわけでもないとされるむきがあるやもしれないが、このように解するとき、取調べ「全過程」の録音なくして、右の如き立証はおよそ果たしえないといわなければなるまい。

実務の現状を前提にしたとき、証拠法的側面をリアルタイムの規制と捉え直すことには実益があることになることを指摘しておきたい。けだし、現状における「任意性の原則」の限りにおいても、というよりも更には、事実上「任意性」の挙証責任が転換されている実務の現状を踏まえればなおさらのこと、そのような意味における「任意性」を確保する手だてが被疑者側に与えられなければならないからであり[★20]、かつ、そのことを客観的にストレートに検証する方法が認められて然るべきなのだからである。

(3) 現在の捜査機関側の見解は、「任意性」を維持し確保すべき手当てについては、専ら捜査機関側で判断・措置すべきことで捜査機関側の裁量に全てが委ねられているとするもののようである。そのような「裁量」があるとも思われないが、その点をさて措き、この意味が「任意性」を確保する責務が全面的に捜査機関側にあり、それ故、その厳密な立証責任を負わねばならないと理解されているということなのであれば、そのこと自体は正しいことにもなろう（そして、そう理解されているならばその立証のため、必然的に「可視性」を高める以外の方途はないはずなのである）。しかし、現在の捜査機関側の見解は、そのような観点からのものではなく、平たく言ってしまえば、捜査機関側が「任意性がある」と言えば「任意性がある」ことになるというレベルの「見解」であるにすぎない。このような考えが相当でないことは、余りに明らかであろう。

まず、そのチェックが事後に裁判所においてしかなされえないと決めつけるべき

102　例えば、「任意」という言葉の意味をますます判らなくしているものとして、最決昭51・3・16刑集3巻2号187頁がある。「……強制手段とは、有形力の行使を伴う手段を意味するものではなく、個人の意思を制圧し、身体、住居、財産等に制約を加えて強制的に捜査目的を実現する行為など、特別の根拠規定がなければ許容することが相当でない手段を意味するものであって、右の程度に至らない有形力の行使は、任意捜査においても許容される場合があるといわなければならない」というのであるが、有形力の行使を伴えば通常「個人の意思を制圧し、身体……等に制約を加え」ることになるのは明らかというべきである（自由意思のままにする状態が妨げられていることは自明である）から、これはほとんど趣旨不明の判示ではないかと思われる。このように、「任意」という言葉は多義的というよりむしろ意味不明の使い方をされているといわねばならない。法律用語であっても、用語は言葉自体の本来もつ意味に解されて用いられるよう統一されて然るべきではないのか。

根拠は何もない。やはり、もう一方の当事者自身がこれをチェックすることが出来ると解すべきである。しかも、捜査機関側が取調べを「不可視化」することによって、その立証責任を実際上免れているに等しい現状にあっては、当事者によるチェック（のみ）が法を正しく運用する唯一の方途であるということになる。

　実際、被疑者・弁護人は証拠保全を請求することが出来るが（刑訴法179条）、肝腎の被疑者自身の供述過程（その状況）については、何ら証拠保全の途がないというのであれば、それは如何にも妙というべきではあるまいか。要するに、被疑者・弁護側に「任意性」を担保する権利（それを自ら設定する権利）あるいは「任意性」を客観的に検証することの出来る権利（あらかじめそれを証拠保全する権利）というものを認めなければならないのである。

　かくて、「取調べ録音権」は証拠法則そのものからも導かれる権利といわなければならない。

6　人格権・プライバシー権・自らの表現を自ら保持する権利

(1)　上述の如く考えていくとき、最も根本的な問題ともいえることとして次のように問わざるをえないように思われる。

　即ち、現在の実務において、被告人供述調書は被告人にまさしく最も負罪を課す資料・それを強いるものとして立ち現れている。彼ないし彼女（以下、彼とのみ表記する）の言葉（とされているもの）が彼に罪を負わせる。彼の言葉（とされているもの）は、彼の側のベストエヴィデンスではなく、彼に対立する側のベストエヴィデンスなのである。比喩的に言えば、彼は彼の言葉・表現を（まず、刑事責任を問われ出す最初の段階で）「奪われている」ということになる。「奪われている」という表現が過激であるとしても、彼にとってのベストエヴィデンスであることを拒まれている状態にあることは事実といわなければならない。落ち着いて考えれば、これは頗る妙なことなのではないのか。かかる状態から彼の言葉・表現は奪還されるべきなのではないのか。

　むろん、供述、そして自白を拒む自由がある以上、供述して自白することを選択する自由がある。彼の自己決定においては、その主観・主体的な謂はともかくも、純客観的にはそれは等価なはずである（それを等価とするのが黙秘権の意味であることは既に言及したとおりである）。しかし、自白もまた、現在のような「自白調書」でなければならないという必然性を何も持ってはいないのだ。

　そのように考えていくとき、これはその者の人格の根本的な自己決定権に関わる問題であると思われてくる。既に述べたとおり、黙秘権＝自己負罪拒否特権自体がそのような個人の尊厳（＝人格権といってもよいであろう）から導かれたものといえるわけであるが、自己負罪に関わる供述（＝言語表現）を自らの側で確保するということ

は人格権そのものの内容であるともいえるはずである。そのとき憲法13条が「取調べ録音権」の根拠法条として浮かび上がってくることは少しも奇異なことではあるまい。

(2) 実際、憲法13条をデュー・プロセスの根拠条文とする有力説があるが[註103]、このことは、この問題の奥深い連関性を示しているようにも思われる。憲法13条から導かれるプライバシーの権利も、これを「自己の存在にかかわる情報を開示する範囲を選択出来る権利」「自己に関する情報をコントロールする権利」と捉えたうえで[註104]、情報開示過程を正確に確保する権利をも含んでいるとみることができるはずである。要は、これは、「自己情報支配権」であって然るべきはずのものなのである[註105]。現に、他人の保有する自らに関する不実情報について、(相応の要件を附したうえではあるが)これの訂正ないし抹消を求めることが出来る旨を判示する判例も存在しているところであって[註106]、「自己情報支配権」は、実務において、実定法上の具体的権利性を明らかに獲得しつつあるというべきである。

そうだとすると、「取調べ録音権」は、かかるプライバシーの権利、憲法13条からストレートに導かれるといわねばならない。情報開示過程を正確に確保する(残す)ことによって情報のコントロールが果たされるのであり、そのコントロールの方法として録音がある(録音しかないといってもよい)。

また更にあえて言えば、これは表現の自由(憲法21条)にも関わる問題だというべきではあるまいか。取調べにおける供述は情報提供に外ならず、取調べはそのような場であって、情報を提供しない自由という問題に係るという点をも含め、それは

---

103 憲法13条をデュー・プロセスの根拠条文とした最初の説は、杉村敏正「行政行為と適正手続」同『法の支配と行政法』(有斐閣、1970年。初出は1956年)144頁のようである(但し、憲法13条は行政手続についての適正化要請の条項とされ、刑事裁判については憲法37条が適正手続の保障を規定していると解されている。なお、杉村敏正「行政処分における適正手続の保障」同『続・法の支配と行政法』〔有斐閣、1991年〕194頁以下を併せ参照)。そして、周知のとおり、佐藤幸治『憲法(現代法律学講座〔5〕)』(青林書院新社、1981年)318〜319頁がこの見解を採る。更に、松井・前掲註66書『裁判を受ける権利』93頁以下も憲法13条説である。

104 佐藤・前掲註103書『憲法』316〜317頁。

105 小林直樹『現代基本権の展開』(岩波書店、1976年)184頁参照。

106 東京高判昭63・3・24判時1268号15頁以下。

伝達する情報が公表されることをも予定した場面に外ならない。つまり、公表の強制の（その契機としての）場面といえないことはあるまい。そのような意味で、これはその情報提供権が国家との関係において最も先鋭に立ち現れるべき場面と考えることが可能なのではなかろうか。そうとすれば、その情報提供・表現を公権力側によってむやみに取捨選択したり、変容・加工させたうえで公表の場に持ち込んでよいということには到底ならない。少なくとも、そのようなおそれがある以上は、情報提供から公表への過程は、正確に保存されるべきである。その情報提供権はその情報提供過程を正確に確保すべき権利を当然に包含していると考えることが出来るのではないだろうか[註107]。

(3) このように「取調べ録音権」「取調べ可視化請求権」は、憲法の人権のカタログのなかでも、根底的なところに位置していると思われる人権に当然包含されるものとして、これを構成することが可能な権利であると考えられる。我田引水と評されるやもしれないが、そう考えることは正しいように思われる。けだし、取調べは国家というものが一人の人間の前にダイレクトに立ち現れる場面に外ならないからである[註108]。それは人権規定が直接機能すべき情況的保障が設定されなければならない場に外ならない。このような意味において、ミランダ判決が引用した「一国の文明の質はその刑罰法の執行手続を見ることによって大部分判断することができる」との言葉[註109]、そのいわば憲法学的な意味も明らかになってくるというべきではないだろうか。

以上要するに、「取調べ録音権」「取調べ可視化請求権」は憲法上の人権規定の根底部分から導かれる権利であると考えなければならない。

---

107 佐藤・前掲註103書『憲法』350〜352頁参照。もとより佐藤説のなかに、取調べが表現の自由の問題だなどという言及が存しているわけはなく、これは私独自の全くの異説にすぎない。ただ、比喩的に言うことがもし許されるなら、現況の取調べによる供述調書作成過程というものは、一種の「検閲」としての要素をもっているのではないかと思われないではないのである。

108 もとよりこれは個々の取調官が、どのような人柄・人格で、どのような人間性の持ち主であるかといったこととは関係がない。

109 ミランダ判決の訳は髙野隆抄訳に拠る。

7　いわゆる包括的防禦権の一環

(1)　以上のように考えていくとき、「取調べ録音権」は、これをいわゆる包括的防禦権の一環として捉えるべきものであることは明らかだと思われる。包括的防禦権という考え方について、私が十分理解しているかどうかは全く束ねないわけであるが、論者の意図・モチーフ自体は比較的明瞭であると考えている。それは、従来のデュー・プロセス論における捜査規制論（就中「取調べ」規制論）が柔軟な利益衡量論であったために（言い換えれば、まず解釈論として被疑者の権利を定めていくという手法が採られていなかったために）、結局は、司法、更には捜査機関側の裁量に期待するという理論枠組みしか提示できなかったことの反省のうえにたって、何よりも一方当事者である被疑者、そしてそれをサポートする弁護側の防禦権の問題として、その捉え直しを試みるというものであると思われる(註110)。

この考えに拠れば、そもそも被疑者（もとより被告人も同じ）は、一方当事者として、その法的地位に内在する包括的権利を有しているのであって、法もそのような防禦権の存在を前提としていると考えられている。例えば、刑訴法39条3項但書の「防禦の準備をする権利」という言葉や刑訴法295条の「訴訟関係人の本質的権利」という文言などは、このような包括的防禦権を自明の前提とした規定と解されるのである。換言すれば、法において条文の規定がないからといって、規定のない領域について、法が、司法、まして捜査機関の裁量に全て委ねているということでは全くない。一方当事者として当然有していると考えられる権利（包括的防禦権）は、法自体が明文で定めていなくても、権利として存在していることを認められねばならない。この考えにおいては、おそらく法自体に規定がないときの権利性如何を判断する基準は、憲法そのものの規定・趣旨であると考えられていよう(註111)。

(2)　これは、このように指摘されてみれば眼から鱗が落ちるともいうべきで、それ自体は余りに自明のことなのではないだろうか。「取調べ録音権」に則して言うなら、ほんとうに被疑者に一方当事者としての地位を認めるのであれば、彼の言葉・その言語表現は、彼の要求によって、文字通りそのままが保存されなければならな

110　渡辺・前掲註62論文「司法の裁量による『適正手続』から被疑者の『包括的防禦権』へ」1頁以下、渡辺・前掲註86書『被疑者取調べの法的規制』216頁、渡辺・前掲註92書『捜査と防御』303頁以下参照。

111　以上は私なりのかなり強引な要約であるため、誤謬が含まれているかもしれない。直接、註110に掲記した文献を是非参照していただきたい。

いはずである。何故、それが密室の中で加工されることが許されるのか。あるいは、加工があったかなかったかわからない状態のままにされていなければならないのか。彼が罪を犯しておらずあらぬ嫌疑をかけられているとき、誰しもこの理を肯うはずである。また、彼が罪を犯していたとして、だからといって、彼の言葉・言語表現は加工が許されるのだろうか。加工があったかなかったか判らない状態であることが相当なのだろうか。これまた、誰もがそれでいいなどとは到底言えない事柄であるはずである。要するに、被疑者の立場に身を置く者にとって、その者の側から見れば「取調べ録音権」は余りに当然の権利なのだ。

　いずれにせよ、被疑者には防禦主体として自らの供述過程を的確に保存しておく権利があるはずである。「取調べ録音権」は包括的防禦権から当然に導かれる。のみならず、これは包括的防禦権そのものの存立を確保するそれと表裏になった権利、あるいは、その存立にとって不可欠の権利でもあるといわなければならない。

8　まとめに代えて

　以上の論述については、私自身、かなり、あるいは比較的、確かであると思える部分もあるが、他方、全くの思いつきでとんでもない誤りを犯しているのではないかという惧れを感じている部分もある。それ故、厳しい批判を「覚悟」しなければならないと思っているが、いずれにしても、「取調べ録音権」の理論構成については、今後更なる検討を要する。このこと自体はいうまでもないことである。

　実際のところ、此処では、被疑者の権利として捉えて考えてきたが、その場合の構成と被疑者の意に必ずしも係らない国家的な要請と考える場合の構成とでは、おのずと違った構成になるであろうし([★21])、更に弁護人独自の権利として考え得るかといった論点も生じ得るようには思われる。しかし今、被疑者の権利という構成にこだわることが必要なのではないか。その場合、以上の如き論じ方は、あるいは余りに総花的であると思われるやもしれない。成程、条文上の根拠を能う限り列挙しさえすれば、その権利性が高まるかのように考えるとすれば余りに安易であろう。しかし、これらの論拠は、もとより、並列的で各々が単独の論拠というわけではない。既に繰り返し言及しているとおり、重畳的で構造的といってもよいものである。

　私自身としては、やはり憲法38条1項の黙秘権上の権利として捉えるのが一番シンプルなのではないかという想いがあるが、しかし、ミランダ判決における黙秘権＝自己負罪拒否特権を手続的に保護する措置というものは、現在のアメリカ合衆国の判例理論においては、あくまでも予防措置とされており、それ自体が憲法から直ちに導かれるものではないとされていることを考慮せざるをえないかもしれず、とすれば、「取調べ録音権」が憲法上の権利であることを論証するためには、憲法

13条、同31条による補強が必要だということになろう。そうだとすると、あるいは、より端的に憲法13条にもとづく権利と断ずるのが最も簡明というべきなのかもしれない[★22]。

いずれにしても、以上論じてきたところの感想めいたことを述べることが許されるならば、考えれば考えるほどに「取調べ録音権」というものが被疑者に存するということは、余りに当然のことであると思われてくるのである。どうして彼は自らの表現を制約されなければならないのか。何故、彼自身の言葉であるかどうかが検証不能な情況を設定されなければならないのか。

要するに、「取調べ録音権」は個人がその人格において求め得るそれ自体でデュー・プロセスそのものを正確に確保する権利である。被疑者のまさしく権利として、「取調べ録音権」「取調べ可視化請求権」が存在していることは最早疑えないといわなければならない。

さて、その理論的根拠を相応に明確にした今、現実の現在迄の実務が「取調べのテープ録音」をどのように扱い、捉え、かつ、判断してきているのかを見ておく必要があるであろう。此処で述べた権利論を空想的な観念論に終らせないためにも、もう一度現実にたち返って、今日迄の「取調べのテープ録音」等の判例における、あるいは、判例で示されている、その取扱いをみていくこととしたい。次項において論じるのは、そのような現実である。

「取調べのテープ録音」等に関する諸判例をめぐって

1　判例一覧

今日までの判例において、被疑者の取調べがテープ録音されたケース（あるいはビデオ録画されたケース）はどのようなケースであったか。また、それが、審理においてどのように用いられ、判決において、どのように判断されてきたか。これを概観してみることとする。

私が調べた限りでの判例の一覧は、別表（本書148頁）のとおりである[註112]。別表自体に各判例の傾向・特徴等を記してはいるが、以下、さらに類型化を施しつつ論じてみたい。すなわち、基本的に、自白の任意性・信用性につきA類型（任意性・信用性ともに肯定）、B類型（任意性否定）、C類型（任意性肯定・信用性否定）の3類型に分けることとし、これとは別の観点ではあるが、弁護側利用ケースをD類型としたうえで、その判決文を引用しつつ、まず、若干のコメントを付すこととする。但し、録音テープ等それ自体を自白調書と同じに扱っているかどうかについては必ずしも判然としない判例もあるので、この点は留意されるべきかとも思われる。なお、

別表９の仁保事件については、項を改めて論じることにする。

(1) A　自白の任意性を肯定し、かつ、信用性も肯定した（有罪が導かれている）ケース

　a　1は、強姦致死等の事案（有罪事案）であるが、公刊物に登載されているもののなかで、取調べの際に録音されたテープについて言及されている最も古い判例ではないかと思われる。

「(原審で録音テープを証拠とすることに同意しない旨述べたのに対し――引用者注)裁判長は合議の上、決定留保中の録音テープ中先づ検察官の被告人に対する質問及びそれに対する供述録音につき被告人の供述調書の任意性を確かめることも兼ねて証拠調を為す旨の決定を為した上右録音を再生聴取した」点が控訴理由（証拠能力のないものを取調べた訴訟手続の法令違反）とされたが、この点について次のとおり判示している(なお、以下引用する各判決文の傍線は、いずれも引用者)。

　　……被告人の検察官に対する供述調書の任意性を確かめることも兼ね検察官の被告人に対する質問及び、これに対する供述を録音した録音テープを録音機にかけて、これを再現聴取したことは所論のとおりであるが、録音テープを証拠書類と認めるか証拠物と解するかを決するの要は録音された供述の内容を証拠とする場合に、その取調方法をいかにするかに、かかるものと思惟される。そこで刑事訴訟法は通常予想される証拠方法について単に典型的な取調方式として証拠書類については朗読、証拠物については之を示すことを規定したに過ぎないので、録音された供述内容を明らかにするには朗読や展示では不可能で、その<u>録音テープを録音機にかけて、それを再現する以外に方法はないのであって刑事訴訟法はこの方法による取調べを禁ずる趣旨でないと解するを相当とすべきである</u>。次に検察官の面前における被告人の供述を録音した録音テープを証拠とすることにつき被告人並びに弁護人の同意を

112　以下にみる各判例は、守屋克彦「取調べに関する事実認定と自白の任意性(2)」判例時報1248号（1987年）14頁以下に挙げられている判例を基本ベースにし、その他、従前本稿で指摘してきた各文献において挙げられているものをピックアップしたものであるが（なかには、偶々眼にしたものもあるが）、この問題に関する公判物登載の判例の相当数は拾えているのではないかと考えている（別表についてはおおむね、年代順に示すこととする）。なお、各判例の整理については、龍谷大学法学部4回生（1996年当時）高尾悦子さん（福島至ゼミ）の協力を得た。

必要とするか否かの点について案ずるに、その内容が被告人に不利益な事実の承認を内容とするものである限り刑事訴訟法第322条の規定の趣旨に鑑み之に準じて同意がない場合でも取調べができるものと解するのが相当である。また被告人の供述が任意にされたものであるか否かを調査するには、全く事実承審官において適宜の方法により之を為し得べきものであるところ、その調査方法の一として被告人の検察官の面前でなした供述を録音した録音テープを再現して聴取するは洵に当を得たものというの外はない。何となれば録音テープに表現された部分については其の供述者によりそのとおりの供述がなされたことは一点の疑を挟む余地がないからである。なお右録音テープについて供述者たる被告人が任意にされた真の供述であるか否かの点については被告人は原審第2回公判において検察官の取調に当って強制拷問等が行われなかった旨陳述して居り記録を調査するも任意性を疑うべき事由は毫も存しない、されば原審が右録音テープそのものを罪証に引用したわけではなく、前示のごとく主として被告人の自白の任意性の調査方法として証拠調をしたものであることが窺われる本件の場合においては弁護人所論のような違法があるとは認められない。論旨は理由がない。

このように、「主として任意性の調査」として、録音テープを公判廷で再生したことは問題がないという判示部分からすれば、その点では自由な証明で足る旨を判示したとも捉えうるが、同時にこの判例は、刑訴法322条に言及しており、同条を準用して証拠能力を付与（厳格な証明の要件を充たすと）する判示をも含んでいるわけである[★23]。この判例が、取調べ録音テープの公判での証拠調べについての、いわばリーディングケースになっているといわれている[註113]。

b　2は、窃盗・放火の事案であるが、一審（福井地裁）が自白の任意性を否定したのに対し、その判断の不合理性について様々に論じた後、「取調べのテープ録音」に言及し、これを任意性を裏付ける一事情としている。次のとおりである。

　　……かねて当審に対し検察官より取調を請求せられていた昭和26年11月2日午後8時50分より同9時50分までの間に行われた間○○○○○の取調に対する被告人の自白の供述状況を採取した録音テープを放送したところ、犯行事実を詳細に供述して行く被告人の音声は頗る穏かに落着いて聴取

113　米田・前掲註17論文41頁参照。

されたのであって、右録音は被告人の最初の自白があった同日の夜、改めて被告人を尋問するに当り、被告人に感知せしめないで施した録音装置によって採取されたものであるから、その自白の任意性に関する証拠価値は頗る高いものと考えられるのである。そしてこの放送の間の被告人の様子を窺うに椅子に座したまゝ時折面貌を両手に抑え身悶えする風を示したのである。以上諸般の状況に照らし当裁判所は被告人の自白調書の任意性を認容すべきものと判断する。

　テープ録音再生中の「身悶えする風を示す」被告人の様子を任意性肯定の一事情として判示している点には着目せざるをえないであろう^(★24)。

　c　6の東京高判昭42・1・30は、非現住建造物放火事件であるが、自白調書とともに録音テープにも言及し、任意性に疑いはないとしており、このA類型に該る。

　d　13②の千葉大チフス菌事件の控訴審判決も、この類型ということになろう。すなわち、同事件は一審（千葉地判）・無罪、控訴審（東京高判）・破棄自判（有罪）、上告審・上告棄却（有罪確定）となった傷害被告事件（チフス菌等を用いたとされ、公訴事実は13に及んでいる）であるが、テープ2巻と8ミリフィルムが一つの問題になっている。但し、全体構造のなかで、これらテープ等の占める比重は必ずしも高いとはいえない。
　一審判決は、自白調書は勝手に作成されたとの被告人主張に対する判断において、次のとおり述べている。

　　　被告人の実声を録音したテープ2巻、被告人の挙動を実写した8ミリフィルムの存在は、本件各供述調書が決して被告人のいうような形で録取されたものでないことを余すところなく表現している。この録音等にあらわれた供述・挙動が、従来の供述の復習ないし集大成であったとしても、それは被告人の自白調書が被告人みずから語ったことをほぼ忠実に再現したことを証する有力な資料であることは疑いない。

　このように、任意性は肯定されている（そのうえで、一審は自白の信用性を否定し、無罪としたわけである——その意味で一審判決は、後述のC類型に該ることになろう）。
　そして、控訴審判決は、次のように述べ、任意性を裏付けるに足る資料とし、かつ、信用性も肯認している。

　　　　録音テープ反訳書（謄本）によって検討してみれば、千葉大カステラ事件などの犯行前後の状況や被告人が自白するに至った心の動きなどを淡々と供述していることが窺えるし、また押収にかかる8ミリフィルム……は、昭和41年5月22日に被告人がバナナなどにチフス菌を穿刺する場面などの犯行状況を再現させてこれを撮影したものである（ただしそのフィルムの約8割は感光しているためその部分の映像は出ない）が、その（残りの約2割の）映像からみられる動作や被告人の表情などからして、任意性を裏付けるに足るものであることが窺われる。

　既述のとおりこの点が、全体構造のなかでそれほど重い位置を占めていた事件とは思われないが、いずれにせよ、有罪判決が導かれたのである。なお、上告審には、テープ等についての言及はない。

　e　17①は、少年の殺人事件（の再抗告事件）である東京高決昭59・1・30、17②は、その特別抗告についての最決昭60・4・23である。
　高裁決定は次のとおり述べている。

　　　　司法警察員による少年の取調状況を録音したテープによれば、少年は、取調に対し、当初本件当日△小の校庭に行ったことを認めながら、犯行時刻ころ校庭で友人と会ったことは否定していたところ、Qらと会った事実を問い詰められ、遂に犯行を認めるに至ったもので、その間威圧的な取調が行なわれた形跡は全くなく、その後も沈黙しがちではあるが、A子を刺したことを前提とする質問に素直に答え、A子の所持品、着衣等を誘導によらずに供述しているうえに、A子が声を出さなかった、果物ナイフは腕だけに刺さったように思った、A子が倒れるのは見ていない、手の包帯には血がつかなかった、など犯人でなければ述べ得ないと思われる旨の供述をしているのであって、その供述態度等に虚偽の自白を窺わせるものは存在しない……。

　最決の判示は次のとおりである。

　　　　なお、所論にかんがみ職権をもって調査するに、本件非行事実につき少年が初めて警察官の事情聴取を受けた際の状況を逐一録音したテープの内容を検討してみると、少年は警察官に迎合したり臆したりするところもなく、極めて自然に本件非行事実を自白しているのみならず、その内容は概ね客観的事

実に符合している上、体験者でなければ供述し得ない事実を含んでいる。少年は、事情聴取開始後いくばくもなく右自白を始めているのであり、その間、本件取消事件の手続において少年が主張しているような、「いくら弁明しても信用してもらえず、警察官の誘導によって、知らない事実を知っているかのように自白させられた」などという状況は全く認められない。少年は、その後本件逮捕に至る数日間の在宅期間中に、実母及び担任の教諭に対しても、本件非行を認めており、その後の捜査及び家庭裁判所の調査・審判の段階においても一貫してその自白を維持し、本件非行の状況を具体的詳細に供述しているのであって、これらの事実に照らすと、少年の自白には、任意性があることはもちろん、高度の信用性があると認められる……。

　ｆ　18は、いわゆる「無盡蔵」店主殺人事件であって、遺体未発見のまま有罪となった殺人事件であるが、いわゆる「犯行再現ビデオ」のケースである。一審（東京地判昭60・3・13）、二審（東京高判昭62・5・19）ともに、これが自白の任意性・信用性判断のうえでかなりの比重を占めるものとして用いられた事案である。
　自白調書類を同意を得て取調べた一審は次のとおり述べている。

　　被告人が、捜査官の取調べに対し、自発的かつ真摯に供述していることは、12月21日における被告人の取調及び自白状況を録音した録音テープ2巻……や、被告人が、昭和58年2月20日、犯行を再現している状況を撮影したビデオテープ1巻……によっても認められる。……録音テープは、12月21日の被告人の自白状況を、1時間以上にわたって、捜査官の極簡単な質問をはさみながら、被告人が詳細に犯行状況等を語るに任せ録音しているものであるが、その供述状況には何ら強制、誘導は窺われず、供述内容も具体的且つ詳細であって、その供述態度も自発的、真摯であり、その信用性を高めるものと言える。被告人は、その録音状況につき、「警察から、"録音テープをとるから今まで話してきたことを話しなさい"と言われたので、それまで自白してきたところを話したものである」旨供述するが……一方では、それまでの調べは、誘導されるまま、その場その場の思いつきで答えてきた旨供述しているのであり……かかる詳細な事項をよどみなく、それ以前の自白とほとんど矛盾なく供述することは、自ら体験したものでなければ、容易なわざではないと考えられ、思いつくままに虚偽の自供をし、これをまとめて再現したという被告人の弁解は到底措信し難いものと言わざるを得ない。……ビデオテープは、47分間（うち5分間休憩）にわたり、捜査官から全くと言ってよいほど示唆を与えられることなく、被告人が、実に手際よく、よどみなく、犯行を再現する状況を録画

したものであって、その間被告人は、ほとんどとまどったり、思いあぐねたりすることなく、時に仮装被害者の倒れた位置について自発的に訂正したり、自問自答するなどしながら犯行時の自己の行動を再現して見せているものである。しかも、被告人がそれまで供述してきたところ、特にその特異な死体梱包の手順とそれによる死体の状況とが、被告人の手により、誠に自然に、その自白通りに素速く、手際よく再現されていったという点は、被告人の自白が単なる想像によるものではなく、具体的経験に裏打ちされたものであることを窺わせるものである。……その手つきは誠に鮮やかで、その程度の経験から、複雑な右梱包の全過程にわたってここまで詳細、かつ確実にしかも、手際よく、迅速に再現できるものとは考えにくい。従って、これらの供述、犯行再現状況は、被告人の自白の信用性を高める一要素と考えられるものである。

また、控訴審は、録音テープ及びビデオテープを有罪認定の証拠としたことが訴訟手続の法令違反になるとの控訴理由に対して、次のとおり判示している。

　　……録音テープ2巻……によれば、同録音テープは……約90分間、被告人の自白状況を録音したものであるが、被告人は、捜査官の短い質問をはさみながら、2月24日朝から犯行に至るまでの経緯、犯行の状況、その動機、死体の始末、翌25日以降の行動、死体の遺棄、現在の心境等について、終始、自ら進んで自分の言葉で、具体的かつ詳細に供述していることが明らかであり、その供述の任意性に疑問があることを感じさせるような事情は少しもうかがわれない。……録音が行われたのは捜査の初期であって、それ以前に作成された被告人の供述調書のうちで殺人に触れているのは、……3通にとどまり、しかも、実質のあるものは12月9日付分だけであること、被告人が話し直しをさせられた形跡は認められないこと、録音テープからうかがわれる被告人の供述状況等からすると、（覚え込まされたという——引用者注）被告人の当審公判における右供述は到底信じ難い。また、……ビデオテープ1巻……は、……犯行、死体の梱包、現場の犯跡隠蔽等の状況を再現してみせたのを録画したものであるが、被告人は、多数の捜査官らの見守る中で、自ら積極的に、てきぱきと手際よく行動し、しかも記憶の不確かな点についてはその旨を述べたり、従前の供述を訂正するなどしており、この被告人の犯行等の再現が捜査官の強制や圧迫のもとで行われたと疑う余地のないのはもとより、それが実際の経験に基づく記憶を体現したものであることをうかがわせるに十分である。……以上のとおりであって、録音テープ及びビデオテープはいずれも任意性、信用性に欠けるところがなく、犯行事実認定の用に供することができ

るものというべきである。

　g　なお、19 の杉並看護学生殺害事件（東京地判昭 60・7・9）は、有罪判決であるが、被告人の自白調書等（犯行再現ビデオ 2 巻を含む）には任意性が認められるとしつつ、これらを事実認定の証拠としては使用しなかったケースで、必ずしも A の類型ともいえない。特異な判決といわれている[註114]。

(2)　B　自白の任意性を否定したケース
　a　3 は、大津地判昭 35・3・19 で、放火につき、無罪とした事案である。
　提出されたテープは 3 巻（警察段階 2 巻、検察段階 1 巻）のようであるが、検察官の「特に○○警部の面前で録取した録音テープは極めて穏やかな雰囲気の中に進められ途中被告人の笑い声さえ聞かれ得たのである。何人もかかる情景に接しては聊かも被告人の供述の信憑性に疑いを抱く者はなかろう」との主張を次のように述べて排斥している。

　　……被告人は右録音を作成されるまでに既に何回も取調べを受けその供述調書も作成せられて単に録音はその再製的復習的意味を持つものと思考する。そうすると被告人の自供調書の効力に対する当裁判所の判断はすべて本録音にも該当するものとしなければならない。いずれにしても本録音（3 巻共）の……各公判期日における再生に当っては雑音が入り被告人の供述を明確に聴取することが困難であってその点からしても本録音の証拠価値は僅少なりと思料する。

　録音が「再製的・復唱的意味」しかもたないことが大きなポイントとされていることに着目しなければならない。

　b　5 の広島地福山支判昭 40・8・13 は、精神薄弱者である被告人の警察段階での自白は任意性に疑いがあり、少なくとも信憑性に乏しいとして、殺人等につき無罪（一部無罪）とした事案である。
　判決中録音テープについては、3 カ所ほどで言及されているが、「録音テープによれば『早く帰してもらって仕事に行きたい』と供述していることが認められ、当時

114　五十嵐二葉「裁判所は事実認定の名の下に何をしたか」自由と正義 38 巻 2 号（1987 年）55 頁参照。

被告人が腰痛を訴えかつ帰宅を希求していたことが認められる」という言及が注目される。また、まとめの部分では「被告人の供述を録音したテープは……○○刑事の取調べを受け、その間の被告人の供述をまとめて供述させ、これを録音したいわば複唱的な供述に過ぎないものと認められ、その内容も……調書の内容と大同小異であって、その価値も右供述調書と同様である」としている。

c 8②の青梅事件差戻審もBの類型といえるのではなかろうか。列車妨害（電汽車往来危険等）の事案（被告人は8名）で、一審・有罪、二審・控訴棄却後の上告審の破棄差戻し判決（最判昭41・3・24）のあとの差戻審（東京高判昭43・3・20）で、被告人らのうち2名の者の警察段階の録音テープが取調べられている。これに関する判示は以下のとおりである。

> なお、当審で検察官から提出された宇津木、西村両名の9月17日事件、2月19日事件についての警察における供述を録音したテープが取調べられ、検察官は、右は宇津木らの自白の信用性を証明する重要資料であるというが、そのテープは昭和28年5月1日に収録されたもので、当時すでに捜査は終末に近く、被告人らの供述はいわゆる固った段階にあり、録音中に所論の顛末の新供述が見られるからといって、供述全体として何ら新味のあるものではなく宇津木、西村の自白の信用性、任意性を証明する資料として、特別に意義のあるものとは解されない。

こうして、捜査段階の自白は信用性のみならず、任意性に疑いがあるとされた（公判廷における自白については信用性を否定した）。

d 10の金沢地七尾支判昭44・6・3（蛸島事件）は、殺人等被告事件であり、無罪となった事案である。自白を録音したテープ（警察段階のもの1巻）について、複製された疑いがあると弁護人は主張したが、この弁護人主張については、次のように述べて、排斥している。

> 一般に録音テープが再生供述として証拠能力を有するためには、原供述を正確に録音しそのまま保存されていたものであることが不可欠であるところ……高井みつ（母親──引用者注）が立会し、録音機の操作に数年の経験を有する太田栄一朗が新品の著名メーカー製録音機を操作して録音され、録音終了後、西田茂夫が録音日時・場所等を記録したうえ、寺西英雄において管理・保存にあたったことが認められるが、その録音の過程における高井みつ

の退席の状況等について、……午後2時前頃に一旦録音を中断した後、午後2時45分過頃から録音を再開した際に、「ちょっと、そこでお母さんに席をはずしてもらえんですか。……」の部分を挿入し、高井みつの退席後に引き続いて録音を行ったものの如く作為したものと認められるが、右作為部分は録音過程において母親が退席した時点を示すためのものにすぎず、録音過程におけるいわば付随的・背景的部分の範囲にとどまり、なんら被告人の供述部分にまで及んで作為したものとは認められないので、右作為が原供述の任意性あるいは再生供述の信用性に影響を及ぼし得ることは格別、未だ録音テープ成立の真正それ自体を否定するにいたるべき筋合のものではないと言うべきである。……複製あるいは編集の疑いを抱かせるに足る事実は見当らず、弁護人の主張は理由がない。

以上の判示からすると典型的なBケースとはいえないというべきであろう。しかし、そのうえで（違法な）別件逮捕・勾留中の自白であるとして、自白調書とともに証拠能力を否定したのである。

e　11の福井地判昭44・8・7は、傷害致死事件で無罪とした事案で、「自白調書及び刑事訴訟法322条として提出された録音テープの証拠能力について」との項目で検討し、任意性に疑ありとした判決である。もっとも、机上に正座させたといった無理な取調べの実態が認定されていて、テープの内容それ自体に亘る判示はない。

f　12の大森勧銀事件は、一審（東京地判昭48・3・22）・有罪、二審（東京高判昭53・10・30）・無罪、上告審（最決昭57・3・16）・上告棄却（無罪確定）の事件であるが、被告人が犯行現場で指示説明した犯行状況を録音したテープ1巻が提出されているようである。事件全体の（立証構造の）なかでのこの録音テープが占める比重はおよそ高くないが（実際、最高裁決定はこれに言及していない）、二審判決の次の如き判示は参考になろう。

　原判決は、12月18日に被告人が犯行現場で警察官らに指示説明した犯行状況について、これを録音した録音テープ1巻……を援用して、自白が取調官の誘導による供述であるとの弁解に同調できないと判示する。しかし、……被告人は、12月18日当時、すでに犯行を自供し、服罪しようとしていたことが認められるのであって、このような時期に収録された録音テープの内容が任意性立証に役立つ度合いは低いものといわざるを得ない。のみならず右

テープの内容を検討してみると、犯行実演の言動をもっぱら音声のみで収録するという技術上の難点があったとはいえ、録音された内容は、捜査官及び被告人の言動を連続的に音声化したものではなく、たびたび録音が中断されているのである。これによれば、録音中断時に、あらかじめ供述内容を準備させておくことも十分に可能であったと認められ、現にその準備がなされたふしを感じさせる箇所も認められるのである。また、録音された音声は、警察官の質問部分に比較して、被告人の供述部分が短い箇所もすくなくないのであって、必ずしも原判決が説示するように「被告人が自ら積極的に指示説明している状況がはっきり認められる」とはいえないのである。

「全過程」録音でなければ意味をもちえない旨を示す判示といってよいであろう。

(3) C 自白の任意性は肯定したが、信用性を否定したケース

a 4の大阪地堺支判昭36・12・17は、殺人等につき無罪を言渡した判決であるが、自白の任意性については、録音テープにも言及しつつ次のように述べられ、肯認されている。

　　……被告人の2回に亘る自供の録音テープを再生して聴くと、供述は何らの強制、誘導もなく極めて円滑、自然になされており、殊に2月8日の分では、その最終のところで取調官である○○班長に対し嗚咽しながら手数を煩わせたことを詫びていると思われる箇所もある……もとより本件事案の内容、捜査の過程などからして、その自供を得るまでに捜査官より或る程度の追求がなされたであろうことは推測するに難くないけれども、……（各取調官らの――引用者注）各証言によると、被告人主張のような暴行を加えていないというのであり、いずれにしても未だ被告人主張の事実を裏付ける資料はないのである。このようにみてくると、被告人の自供は一応任意性を有するものと解せられるので、以下自白の真実性について検討する。

この判示の後、自白の信用性を否定している。

b 7の東十条郵便局事件は、一審（東京地判昭42・4・12）・無罪、控訴審（東京高判昭45・8・17）・控訴棄却となった強盗強姦・強盗殺人の事案である。一審は任意性に疑いがあるとして、その自白調書のほとんどとテープの取調べ請求を却下した。他方、控訴審では検察段階のテープ3巻が調べられている（警察段階のテープ2巻は任意性に疑いがあるとして却下されている。テープの内容が取調べられた形跡はない）。

テープについては自白の信用性のなかで一括して判断され、信用性が否定されているので、控訴審判決は一応、検察段階の取調べテープについては、このC類型といえようか。

　C　14の六甲山事件は、強盗殺人等につき、第１次一審（大阪地判昭46・5・15）・無罪、第１次控訴審（大阪高判昭47・7・17）破棄差戻、第２次一審（大阪地判昭53・6・23）・有罪、第２次控訴審（大阪高判昭57・7・30）破棄自判（無罪——確定）という経緯を辿った事案であるが、自白について、（イ）別件逮捕勾留、（ロ）弁護人依頼権の侵害といった問題の外、（ハ）（いわば補充的に）取調べにつき正座の強制その他の不当な取調べがあったか否かも論点になっており、これに関して、取調べの録音テープ（2巻あるようである）が問題にされている。

　第１次一審は、（イ）及び（ロ）から自白の証拠能力を否定しているので、（ハ）についてはことさらには言及していないが、第１次控訴審は次のとおり述べ、取調べの録音テープを任意性肯定の資料としている。

　　　録音テープ……を検討しても、……<u>被告人は極く自然にかつ自由に、允子殺害の事実を供述していることが認められ、……特に允子殺害後その所持していたハンドバッグの処置につき、帰山刑事等から相当強い調子の質問を受けているが、被告人はこれに対しても結局最後まで自己の主張をまげずに応答していることが窺われ、この点からも右勾留期間中の捜査官の取調方法が違法であって、そのため被告人が供述を強制され虚偽の自白をするに至ったとの疑を容れる余地は見出せない。</u>

　そして、信用性判断に重点が移った第２次控訴審も、録音テープの自白状況自体は、「……自白の繰り返しであることを考慮する要がある」としつつ、信用性肯認の一資料としている。
　即ち、次のとおりである。

　　　（録音テープの——引用者注）その供述内容は、被告人の同日付供述調書と同一であって、債務の支払いを免れるため氏名不詳の男の運転する車で堀川允子を六甲山中に連れ出して殺害したうえその死体を捨てたことを自白している。そして、<u>それはおだやかな雰囲気の中で、平静な口調で素直にすらすらと述べられており、質問に対してはまことにこと細かであり、中には会話体でそのときの対話をそのまま再現している態の個所もあるほか、供述が殺害の点に及んだときには声をつまらせる等真に迫った状況も存するうえ、自白するに</u>

至った心境や反省悔悟の言葉も含まれており、一見真実を思わせるものがある。

このように述べつつ、結局は、他の諸要素から、自白の信用性を否定したわけである。その意味では録音テープそれ自体が信用性否定に資するものであったとはいえないケースである。

　d　15の日石・土田邸事件はCの類型といえるであろう。すなわち、爆発物取締・殺人等の事件（無罪）であるが、統一公判組判決（東京地判昭58・5・19）において、1人の被告人が爆弾の模型の製造を実演したビデオテープ（4巻）が、同被告人につき、刑訴法322条1項により、他の被告人の関係では刑訴法328条により取調べられている。

　その判示は次のとおりである。

　　……ビデオテープによれば、中村（隆）が坂本警部補に供述したところと一致する方法で模型製造の実演をしていることが認められ、その際の同人の表情、動作、言葉等からすれば、一見同人は実際そのような方法で土田邸爆弾を製造したのではないかとの印象を受けることは否定し難い。しかし、その画面によると、スーパーセメダインによるマイクロスイッチの接着は、ビデオ撮りの時間の関係もあって、急いだためとも思われるが、接着力が不十分ではずれて落下した場面も撮影され、そのような方法による接着が安全でないことを示すことにもなっている。また、画面によると、作業が手際良く進められているが、中村（隆）は、自白後約1か月の間における供述調書や供述書の作成の過程を通じて、自白の内容を自ら十分思い返し、記憶を確実ならしめていたことが考えられ、さらに、後述のとおり起訴後もほとんど連日坂本警部補が中村（隆）に面接して自白当時の心理状態が変わらないように訓詁等をしていたという事情もある。……結局、このビデオテープは、中村（隆）の爆弾製造に関する前記自白以上に出るものではなく、自白の信用性に関する前記疑問点を解消するには足りるものではない。

　e　16の松山事件も同様といえよう。すなわち、再審無罪判決（仙台地判昭59・7・11）は、自白の任意性は肯定したうえで、信用性を否定したものであるが、自白の信用性判断の過程のなかで、録音テープにも次のように言及している。

　　（被告人が質問の都度答を教えられて録音されたと主張するのに対し、――引用者注）

……鑑定書によると、右録音テープには継目はなく、録音が停止されているのは、冒頭の説明文を入れたことによると思われるもの、上半分から下半分に移るときのものを含めて8か所にとどまり、このうち被告人が供述した直後に停止されているのは2か所にすぎないことが認められるから、この2か所においては質問を受ける前に答を教えられた可能性は否定できないにしても、右録音は約39分間にわたり、110余りの問答があることを考慮すると、<u>被告人の述べるように質問の都度教えられたということはありえない。しかし、右録音テープは、現に被告人を取り調べている状況を録音したものではなく、すでに自供した内容の全体をそつなく盛り込み、供述調書の形をとるかわりに録音という形をとって表わしたものにすぎない</u>。……（以下、反訳内容を相当長く引用して——引用者注……）……<u>全く抑揚のない棒読み口調で語られ、真に悔悟している気持ちが表われているものとはとうてい思われない</u>。右録音テープは、被告人が自白をしたことの裏付けにはなるとしても、供述調書に比し新味のある供述が含まれている訳でもなく自白の信用性を高めるものとはいえない。

「全く抑揚のない棒読み口調」に言及している点が注目されよう。

(4) D 弁護側利用ケース

以上は、いずれもテープ等が検察官側の立証に用いられたケースであるが、20の東京家審昭57・2・20は、少年事件で、被疑者の一人とされた少年が隠し録音したテープが別の少年の家裁審判（保護処分取消の結論である）で証拠調べされたケースである[註115]。

そして、21の和歌山地決平5・2・25は、現住建造物放火等の事案であるが、この事件では、検察官が当初から録音テープを証拠申請していたのではなく、テープの存在を知った弁護人からの要請によって、テープが提出されたケースであるので、その意味では、弁護側利用ケースといってよいであろう。そして、自白調書の大半（36通のうち24通）を任意性なしとして却下している（それゆえに、同時に、Bの類型でもあるといえるわけである）。

---

115 吉峯康博ほか「集団暴走行為冤罪事件」法学セミナー増刊『日本の冤罪』（日本評論社、1983年）252頁。同書264頁以下には、その反訳書全文が掲載されているが、実に酷い取調べの状況が明らかとなっている。ちなみにこの少年の取調べについての捜査報告書には「……3回情理を尽くした取調を実施するも……完全に否認であった」と記載されていたとのことである。

取調べ録音テープに関して判示されたところを、そのまま全部引用していくと、かなり長くなるので割愛せざるをえないが（是非直接、判決文を参照されたい）、きわめて精緻な判断がなされている。例えば、

　　　　検察官において、警察官に対しその取調状況をテープ録音するように指示した結果、同月17日の午後の取調以降、警察官により取調状況がテープ録音されているが、右録音は、検察官の指示により、警察官の取調における被告人の供述の任意性を担保することを目的として行われるものであるから、録音は取調の全般について行なうとともに、その録音状況等に細心の注意を払い、取調の一部について録音をしなかったり、録音不良といったことのないよう配慮されてしかるべきであるのに、現実のテープ録音は、一件記録によれば、取調時間と録音テープの時間が一致せず、取調の一部について録音していない疑いが強いばかりか、録音された内容が聞き取れなかったり、取調の途中でテープが終了してしまい、次に録音を開始するまでの間に相当程度時間が経過していることが多数回に及ぶなどしていることが認められ、その録音状況はずさん極まりないものといわざるを得ず、したがって、テープに録音された取調の状況が被告人に対する取調状況の全てであるとは到底認められず、むしろ、被告人が供述するような捜査官による暴行脅迫が、テープに録音されていない間になされた可能性をあながち否定できない。

として、「全過程」録音でないこと等について的確な評価を加え、

　　　　現実には右テープ録音が任意性を担保するには全く不十分であったことは前記のとおりであるが、一件記録によれば、テープ録音を行なうようになって２日目の昭和63年９月18日において、早くもテープ録音をしていない取調が行なわれていることが認められることからすれば、既にこの時点で被告人においてテープ録音が取調の全般について行われるものではなく、取調警察官に都合の悪い部分は録音されないなどの危惧を抱くなど、テープ録音が自己の防御には不十分なものであるとの認識を持ち、依然として取調警察官に対する畏怖の念を持ち続けていた疑いが強いから、テープ録音の開始が、それまでの取調の影響を遮断し、失っていた警察官の取調における供述の自由を回復したと認めることはできず、したがって、テープ録音開始後の警察官の取調における供述を録取した別表１、番号14及び16の各供述調書も、それまでの警察官の取調による供述強要の影響が残存し、そのため任意でない供述をした疑いがあり、証拠能力を欠くものといわざるを得ない。

として、テープ録音開始と供述の自由の回復との関係にも言及している点が着目される。

また、テープ録音の内容自体から、

> 前記録音テープ15本中のNo.11のテープ……によれば、この日の夜間の取調において、取調警察官は、前日被告人が検察官調書に署名しなかった点を追及する過程で、被告人に対し、突然警察官の方から「お前、あれか、保釈で出たいんか」などと保釈の話を持ち出し、「出たないです。そんなもん、もしか出れるとしても、中途半端に出てまた入らなあかんやったら出られんほうがましです」と保釈で出ることに消極的な被告人に対し、地蔵院の取調が終わらなければ、保釈は意味がない趣旨のことを言った後、「どうですかと聞かれて、いや、全部間違いありませんよと言うたら、それで審理しますと言うたら、次の保釈のときにひょっとしたら出られるかも分からん」「保釈ちゅうのは終らなんだら出られへん」などと、さらには、それまでに弁護人が申立てた準抗告が棄却されたことなどを挙げて暗に弁護人の無力をほのめかした後に「後は保釈で出たいんやったら……。出たないんやったらそれでもええよ。お前が弁護士さんと話することやからな」と地蔵院の放火を認めれば保釈で出られるかもしれないことを告げ、「それも何も検事さんの腹なんや。これは警察が保釈してくれと言うて出すものと違う」「検事さんに"出してやってよ"と言いに行くわけでしょう。"あかん"と言うたら終わりや」などと保釈が認められるか否かは検察官の腹しだいであるという話をしており、必ず保釈が認められるという保証まではしていないものの、検察官に全て自供しなければ保釈の可能性はないといった趣旨のことを巧妙に告げ、保釈という利益をもって被告人を誘導し、検察官に対しても地蔵院の放火を自白するよう仕向けていることが明らかに認められる。

としている点も注目されよう⁽註116⁾。

116　本事件及び本判決については、後藤貞人「自白調書と公判弁護——取調べのテープ録音と自白の任意性」渡辺修編著『刑事手続の最前線』(三省堂、1996年) 22頁以下が、同事件の弁護人の立場から詳細な分析を行なっている、その弁護活動の在り方は大変教訓に富むものであるので、是非一読されたい。

2　仁保事件をめぐって

① 　一審判決・山口地判昭 37・6・15（有罪）
② 　二審判決・広島高判昭 43・2・14（有罪）
③ 　上告審判決・最二小判昭 45・7・31（破棄差戻）
④ 　差戻控訴審判決・広島高判昭 47・12・14（無罪）

強盗殺人等の事案で、上記訴訟経緯とともに「取調べのテープ録音」の点でも著名な事件である。被告人・岡部保の警察官による取調べ録音テープ 30 巻および検察官による取調べ録音テープ 3 巻が、検察官からの自白調書の任意性立証の証拠として提出されている(註117)。

以下、引用が長くなるが、「取調べのテープ録音」が抱える問題点の全てを看取できるところがあるので、各判示をみていくこととする。

(1)　①は、検察官調書の任意性等について次のとおり述べている。

　　検察官に対する被告人の供述調書につき検討するに、検察官は、警察に於ける調書を参考にしたことは勿論と考えられるけれども事件関係全般に亙って、更めて詳細な尋問をなし、被告人又逐一之に対し極めて詳細に、或は之と異った供述もなして居ること、……（取調べ担当者らの証言と考えられる──引用者注）……の各証拠によれば、検察官の取調べに際しては、被告人主張のような心理的乃至間接的強制は加えられていないことその他取調べの方法、時間等に於ても決して無理のなかったこと……（検察官録取の──引用者注）、録音テープの録音の方法、内容及び之等から認められる取調べの状況等を綜合するときは右検察官調書記載の供述は、いづれも十分任意性のあるものなること洵に明瞭である。

117　テープ録音の実態・中身については、青木英五郎『自白過程の研究──仁保事件の録音による』（一粒社、1969 年）（青木英五郎著作集刊行委員会編『青木英五郎著作集〔2〕』〔田畑書店、1986 年〕181 〜 313 頁所収）に詳しいが、警察での録音テープの反訳文を引用しつつ、被告人に対する取調べと自白の過程を描いた、この論攷には、圧倒的な迫真性があり、取調官が被告人に対していかにひどく誘導し長期にわたり執拗に自白を強要したか、その結果なされた自白の内容がいかに変転極まりないかが明らかにされている。

そして、検察官調書の信憑性について、十分の信憑性のあることを認めることができるとし、

> ……検察官調書、……録音テープの内容はいずれも、その任意性及信憑性に於て、夫夫欠ぐるところなきものであって、之と前掲各補強証拠とを綜合すれば、判示第三の強盗殺人の事実を認めるに十分である。

と結論づけたのである。
　この限りでは、明らかにＡ類型であることになる。
　次いで、カッコ書きのなかで、次のとおり判示し、警察段階の自白は証拠としなかった。

> 尚警察に於ける自供について、被告人自身の当公判での供述は勿論、弁護人申請の証人……の各証言は被告人主張の様な取調べ状況を推知させるかのようであるけれども、取調べに当った各警察官の証言と対比するときは、被告人主張のような所謂拷問と目すべき取調べ方法の行われた事実は之を認めることが出来ない。然し乍ら検察官提出の警察官録取の録音テープ30巻を静かに傾聴するとき、部分によって変化はあるが、概して自供の初期段階に於ける供述の状況雰囲気（言葉に現われていることで疑問を残すものの一例——第6巻中被告人の「糞ッ（或は畜生ッ?）」なる小独語、第29巻中、取調官の「膝を組んでもよい」旨の言葉——之等の言葉の持つ意味は色々に解釈出来、必ずしも明らかではないが）、取調べに当った警察官山口信の「調べは夜12時以後になることはなかった」旨の供述……からは反面、夜も12時迄は取調べを行ったであろうことが推知されること、等を綜合すれば、右取調べに際し、本件最後の容疑者としての被告人に対する追求が急であった為多少の無理があったのではなかろうかとの一抹の疑念を存せざるを得ない。而して供述の内容が真実であるか否かは固より別個の問題であって、その内容の如何を問わず任意性について多少でも疑問の存する以上之を証拠とすることが出来ないことは法の明定するところである。尚本件に於ては、録音に表われた丈けでも、右と反対に、極めて冷静、積極的、合理的に述べて居ると思われる部分も多々あり（形に表われた一例——第6巻中、被害者中子供をも殺したことに関し述べる所、心なしか被告人の声一寸つまり、うるむ感じ）従っていずれの部分が然るかを劃一的、截然と区別することは困難であると共に、証人木下京一の供述……によれば警察に於ける自供調書の録取作成と、右警察に於ける録音の採取とは別個の取調べの機会に為されたものであることが明らかであるから、右任意性についての疑問が警察官調

書のどの分のどの部分につき存するものと言えるか確定することが出来ないので、結局警察官調書全部につき任意性に疑あるものとせざるを得ない。因って本件に於ては、被告人の自供を録取した警察官作成の供述調書は一旦証拠として取調べがなされただけでも、その後全審理の結果、その内容の信憑性の有無はさて措き、いづれもその供述の任意性に疑があるとの結論に達したので、之を証拠としないこととする。

この限りでは、B類型の判示ということになるが、その判示自体に大変問題のあることは、その内容を一読してもらうだけで、明らかというべきであろう。

⑵　②は、警察段階の自白にも任意性ありとした。すなわち、全てがA類型になるわけである。テープに関する判示は、いくつかの部分で散見されるが、総論部分は次のとおり述べている。

　　所論は右認定の誤りであることを主張する理由として、特に原判決引用の被告人の検察官に対する各供述調書に記載の供述及び検察官採取の録音テープ中の被告人の供述は、警察での拷問または誘導による自白を基礎に、被告人が検察官から「警察での自白を覆せばまた警察に返して調べ直させる」と威されてした任意性も信用性ないものである旨主張する。しかし、被告人の司法警察員及び検察官に対する各供述調書に記載の供述内容を具さに検討し、且つ各捜査段階で採取した録音……に耳を傾けて仔細にこれらを吟味し、さらに原審証人……の各供述、当審証人……の供述……押収の捜査日誌……を合わせ考察すれば、被告人の司法警察員及び検察官に対する各供述調書に記載の供述並びに前記各録音中の被告人の供述が主張のような任意性を欠くものとは認められない。もっとも、警察の録音中には聊か執ようにわたる質問や被告人において供述を渋っている点などが聴取されるけれども、被告人の警察での自白は昭和30年11月11日午後2時過頃被告人自ら進んで真実を述べたいから取調をしてもらいたい旨を申出たことに始まったものであること（同日採取の警察録音第3巻で本件を全面的に自白するまでの前後の状況）、被告人が供述を渋っているのは、特に初期においては親や子の身辺を案じ且つは過去の非行に対する押えがたい煩悶悔悟の情の然らしめるところであって聞く者をしてさえ涙をそそらせるまで真に迫るもののあることのほか、録音全般を通じて傾聴すれば、右のような質問や供述態度から、警察での取調に際し被告人の供述の任意性を失わせるような拷問脅迫等による不当な圧迫または誘導が行われたものとは認められない（殊に被告人は元警察官で、しかもその自白は

極めて重大な犯罪に関するものである）。また、以上の各供述を原判決挙示の他の関係各証拠に照らして検討すれば、それら各供述の信用性を否定すべきいわれがないばかりでなく、後述のように当審での事実取調の結果をも斟酌して考えると、右各供述は一層信用すべきものであることがわかる。以上の認定に反する被告人の原審以来の供述（その供述は、……真実に反することが明らかであったり、供述に一貫性がないこと、……被告人の捜査官の取調の不当性に関する供述は公判が進むにつれてその不当内容が次第に増大して行く傾向にあることからしても理解できない）並びに原審証人……の各供述記載中被告人の供述に副う拷問の事実を推認させるかのような部分は前掲各証拠に照らし採用しがたく、被告人が供述するような拷問と目すべき取調方法がおこなわれたことを認むべき資料とはなし得ない……したがって<u>被告人の捜査官に対する自白は拷問または誘導による任意性を欠くものであるとの主張はすべて採用できない</u>……。

⑶　③は、自白調書とともに録音テープについても一括して判示している（録音テープ固有の問題として言及しているところはない）。いずれにしても、最判は、犯人であると疑わしい点はあるとしつつも、自白の信用性は認め難いとして、有罪の控訴審判決を破棄し、差戻した。

⑷　そして、④は、録音テープに関しては、次のとおり判示した。テープの内容につき、具体的に言及されているので、長くなるが、基本的にそのまま引用することとする。

　　一審公判において検察官から自白の任意性立証のためとの趣旨で提出された警察官採取の録音テープ1巻ないし30巻について検討する。……<u>右録音テープは警察官が隠しマイクにより被告人不知の間に録取したもので、昭和30年11月11日から同年12月25日までの被告人取調の状況が録音されているのであるが、遺憾なことに捜査官の判断により取捨選択が行われその全部が録音されておらず、むしろ全取調時間に比すれば極く一部であり</u>（たとえば、捜査日誌記載の取調時間と対比しても、11月19日は同日誌で8時間、録音時間45分位、11月20日は同日誌で3時間50分、録音時間24分位、11月21日は同日誌で5時間、録音時間2時間半位である）、<u>その上新しくなされた重要な被告人の供述或いは重要な供述の変更の際の経緯についての録音がほとんどなく……明らかに復唱と思われる録音がある</u>……ので、現存する録音テープにあらわれた以外の<u>具体的取調状況は右あらわれている部分とかなり異なるのではないかとの疑をいれる余地があり、任意性の判断にあたってもこの点を看過できない</u>。

（イ）「一服煙草をよばれてもよろしいですか」……（等々の言葉を数多く引用して──引用者註）……以上のような発言内容によると、被告人の取調中の姿勢は自由で煙草、茶、水、パンも支給され、火鉢にもあたっており、その他食事、便も普通に行なわれていることがうかがわれ、「このたびあんまり情けようしていただいて、はしからはしから自分がまあ身のおき所がないようになるから」……とか「まあ皆さんから期待かけられて情けようしてもろうたので」……との被告人の発言にてらしても、被告人の供述するがごとき激しい肉体的拷問のあったことを想像することは困難である。

　（ロ）「君もようがまんしたよ」……「またつらい思いをせんでもいいで」……「つらい思いはしません、もう」……（等々の言葉を数多く引用して──引用者註）……以上の各発言の意味は必ずしも明白でないけれども「かわいいからこそやった」とか「修養さしたんよ」等の言葉は、通常の説得を続けた程度で出るものとは考えにくく、程度はともかく何らかの強制もしくは威迫的取調べがあったことをうかがわせるものがある。

　（ハ）「主任さんにおすがりするよりほかにもう今はどうにもならんのじゃからのう」……「自分がやった、犯したことについてはどうでも自分が話さんにゃこれは解決がつかんなあ」……「いずれ話をせにゃけりゃいけないんだから。おそかれ、はやかれ」……「結局その話をせにゃすまんじゃからのう」……（等の取調官の言を引用し──引用者註）以上の発言は、被告人が自白しなければいつまでも勾留が続くことをほのめかし、頼れるのは取調官のみであることを示し、被告人にどうしても自白しなければすまないような窮迫ないし絶望感、あきらめを与えるものであり、被告人も「はよう言うて送ってもらわんにゃいけんですわ」……「もうあきらめましたいよいよ」……など発言している。

　（ニ）「中でなんとなあ、よいよつい体がもてんことがあることがある」……「えろう、ああえろう、しまつがとれん」……「弱ったのう」……「はあ休まにゃやれん、どうも統一をとれんようになった、はあ弱っちゃうなあ」……（等の被告人の言を引用し──引用者註）。

　以上被告人の発言は被告人の心身が実際に衰弱していることを示すようにもみえるが、単に追及をまぬかれるため口先だけで弱ったと言っているにすぎないともみられなくはなく、いずれにしても警察官の被告人に対する追及がかなりきびしかったことをうかがわせるものである。

　（ホ）「ゆんべでも出とうなかったんです、本当のことをいうとまだ考えたかったんです」……「主任さんあかん」……「言っちゃあだめなんだ、そのあとというたらあんた」……「主任さんこらえてくれんねえ、こらえてくれんねえて、主任さん、かんにんして主任さん、たのむ、たのむ、たのむて、と、と、統一、統

一をとらして」……（等の被告人の言を引用して——引用者注）。

　以上は被告人が警察官の取調を明らかに拒否し、その中止方を必死に嘆願している発言であり、このほか被告人はすすり泣き、沈黙、ため息をくり返しているところも数多くありこれに対し、警察官は、「あかんけどそこを力入れて話さにゃ」「なんぼ泣いても同じこと、のう話したら楽になる」……「話しなさい、顔を上げて一気に話しなさい」……「どこから入ったか山根へ、それだけでいいんだ」……「あしたじゃいけん」……等かわるがわる話せ、話せとつめよっているのであって、これらは警察官において説得の限度をこえ、供述の自由を実質的に侵害していることをうかがわせる。もっとも被告人には右のような発言のほか、「話をしようと思って出たんです」……「何か一口でも言うたら気が楽になるじゃろなちゅう気がしたんです」……「それで頼んだのです」……「話そうと思うて主任さん来たんやて」……との11月11日の取調が被告人の申し出により始まったことを示す発言、「いおうと思うとってもええくそもうどうにでもなれいと思うてもやっぱりそのこの一本にこうなりかけて、いやあ、こうあねえ、あねえ、あねえと迷うときがあります」……「どねいでも統一とったら話す気がでて来た」……「牧川が目の前に写ってはあ自分では話せん、お母さんの顔が浮かんで、子供の顔がちらつきゃがるんで」……「（侵入口を言ったら）命を早める」……との言おう言おうと思いながらも親や子を思い或いは牧川を思いどうしても言い出せない、また命も惜しいという趣旨にうかがえる発言も多々あり、警察官をしてもう一息押せば、また元気づければ自白するに違いないと思わせる状況もあったとうかがえるのであるが、この点を考慮しても前記発言の内容、その執拗の程度、長時間であることに照らし、やはり説得の限度をこえているものといわざるを得ない。

　（ヘ）以上録音テープ検討の結果によると、右（ロ）ないし（ホ）のような主として心理的強制、威迫をうかがわせる発言内容があるかと思えば、一方では（イ）のような種々配慮した親切な言動もあり、これらが同一巻中に混在しているのであるが、これらの全録音中に占める割合からみるとやはり（ロ）ないし（ホ）が取調べ初期に於て圧倒的に多く、（イ）のような配慮をもってしても全体として自白強制を疑わしめる無理な取調べという印象を免れ得ないのである。そして右結果は厖大な全取調状況のうちの一部しか採取されていない録音テープによるもので、重要な新供述、供述の変更の経緯が採取されていないことを考慮するとき、右採取されなかった取調状況について録音テープにあらわれた取調状況とは異質な穏健な取調が行なわれたものとは保証し難く、ほぼ全部を採取したと思われる11月11日の分に（ロ）ないし（ホ）がことさら多く目につくのはそれがほぼ全部の録音だからで、その余の日は一部録

音が多いため（ロ）ないし（ホ）のごとき部分が採取されていない疑もないことはない。

　そこで以上検討の結果を総合し、さらに前記……取調場所、期間、回数、時間、取調官の数、取調方法をもあわせ考慮するときは、被告人の供述するようなはげしい拷問があったとまでは認めることができないけれども、物証の乏しい重大事件の解決を焦る警察官において、数名掛りで被告人に対し十数日にわたり昼夜の別なく執拗な説得追及を反覆した結果、被告人も精神的にも肉体的にも窮迫の末ついに自白するに至り、爾後警察においては右自白を維持する外なかったのではないかとの疑もあり、すくなくとも警察官調書については強制による自白を録取したものとして一審判決の認定のごとくその任意性に疑があるといわざるを得ない。

このように、警察段階については、B類型であることが再び明確に判示された。

　そこで次に検察官の取調について検討するのに、……右取調を通じて強制、強要が加えられた形跡はなく、被告人において自白をひるがえしたこともなく、山口刑務所へ移監後は接見交通が自由に認められる状況下にあり、ことに検察官採取の録音テープにあらわれている質問応答の状況からは被告人が任意に発言していることが明らかであるし、被告人の経歴、前科歴にてらし警察官と検察官との違いは熟知していたはずであること、警察官の取調にはげしい拷問のあったことは認め難いこと及び被告人の年令、健康、生活歴等をも考慮すると、検察官取調に警察官取調の際の強制による心理的影響が残存していたものとは認められない。もっとも、被告人が山口刑務所に移監されるまでの検察官の取調、検察官の取調と並行して警察官の取調がされており、検察官の取調以前に行なわれた警察官の取調が2ケ月半に及ぶ長期なものであって、少くとも移監までの検察官取調には警察官取調の際の強制による心理的影響が残っているのではないかと考えられなくもないのであるが、取調場所の同一については身柄を検察庁に運ぶ場合の危険性、検察庁取調室の状況が報道機関にのぞかれるおそれがあったこと（移監後も検察官は検察庁で調べず刑務所内で行なっている）に照らしやむを得ない措置であったといえなくはなく、警察官の立会、警察の並行捜査についても右立会が身柄監視のためのみであったこと、並行捜査の内容はむしろ検察官取調にあらわれた新供述……或いは変更供述……の確認、補充的捜査にとどまっていることに照らし、さして重視するにはあたらず、警察官の長期取調については一面被告人の虚言を交えての供述の度重なる変更によることがうかがわれるし、昭和31年1

月に入ってからの警察官の取調はそれまでの取調とは異なり回数も時間も追及の程度もゆるやかになっていたと認められるので、昭和30年12月末までの影響をさほど重視することはできず、結局検察官の取調に際しては移監前のそれをも含めて警察官取調の際の強制による心理的影響は残存していなかったものと認める……。

　かくて、検察官のもとの自白の任意性自体は肯認し、別件逮捕の勾留が長期であることから証拠能力を否定したのであった。

3　諸判例の概観から見出せることについて

(1)　全体的概観から見出しうること

　以上の判例の概観から明らかなように、今日までの裁判において「取調べの録音テープ」等が問題になっているケースは、そのほとんどが、「取調べの録音テープ」のうち訴追側にとって不都合な個所が除かれて作成・提出されているものに外ならない。そのため、当然のことともいうべきか、これら諸判例における「取調べのテープ録音」等は、基本的に、被告人の防禦に資するという効果ないし結果を招いているとはいえない。さらに言えば、きわめて部分的「可視化」でしかありえないことから、実体的真実主義に資する結果になっているかどうかも甚だ疑わしいというべきであろう。が、にもかかわらず、これら諸判例にあっては、テープ等につき自白の「任意性」肯定（ないし自白の信用性肯定）の一資料としての意義を見出されているケースのほうは、相当数存在しているわけである[註118]。

　他方、上記諸判例のなかで、「任意性の疑い」を認めたケース自体、左程多くないわけであるが[註119]、そのようなケースでも、少なくとも判決文を見る限りでは、「取調べのテープ録音」等自体の効果として、「任意性の疑い」が導かれていると

118　本稿「『取調べのテープ録音』等に関する諸判例をめぐって」1および2、とりわけ「〈取調べのテープ録音〉等に関する判例一覧表」参照。

119　もっとも、「任意にされたものでない疑い」を肯定する判例の絶対数自体、圧倒的に少ないといえるわけであるから、その意味では、上記諸判例にあって、「任意にされたものでない疑い」を肯定する判例が相応に存在しているということは、特筆すべきことになろう。要は、検察官において「取調べの録音テープ」等を証拠提出する（言い換えれば、提出しなければならないことになる）事件というのは、それだけ、その自白に微妙な問題が孕まれている事件であることを示していよう。

いうわけではない。つまり、テープ等が、「任意性の疑い」を導くにあたって、積極的意義を認められたといえるケースは、僅かな例外にすぎない。「任意性の疑い」を認めたケースにあっても、テープ等は、基本的には、「再製的復唱的意味」「復唱的な供述」であるとか、「その価値も供述調書と同様」とか「特別に意義のあるものとは解されない」とされているのであって、ただ「任意性」を導くことについての積極的意義をもたない存在として（いわば、「任意性の疑い」を導くものとしては、ニュートラルな存在として）、判断されているにとどまるのである。

このように見てみると、従来の諸判例から見出される限りでは、「取調べのテープ録音」というものに、さして重要な意味を見出すことは出来ないとの結論にさえなりそうである。しかし、そう考えるとすれば、余りの短絡というべきであろう。右の如き状況自体は、そのテープの作成過程や検察官が任意性・信用性を裏付けうると考えているからこそ証拠申請しているという提出の在り様に鑑みれば、繰り返しにもなるが、むしろ当然というべきだろうからである。本稿で既に述べているとおり、「部分的可視化」「不完全な可視化」には、意味を見出しえないのであり(★25)、むしろ、意味を見出すべきでない（それは百害あって一利もないということになりかねない）ことをこそ再確認すれば足りよう。

(2) 仁保事件「テープ」の積極的意義

ところで、そのような不完全な「可視化」の状況であってさえ、仁保事件について端的にみられるように、むしろ「任意にされたものでない疑」いを明らかにしているといえるケースが存在しているわけである。このことから、「わたくしが取調録音の必要性肯定にふみきったのは、捜査側の改ざん・編集が疑われていた仁保事件の録音テープが果たした効果も根拠としている。公判段階での任意性の争いに備えて取捨選択しながら録音したというもので33巻ものテープ録音が残され、任意性の立証手段として提出されたが、任意の自白とは思えない供述状況が具体的に再現されることとなって、むしろ逆効果であった。この経験的事実は、取調官の任意性に関する感覚との大きな断層を教える有益な資料でもある」とする見解も存在しているところである(註120)。

確かに、仁保事件の場合、提出されたテープの量は、他の事件に比べて圧倒的に多く、それだけ取調べ状況の「可視化」の度合いが進んだ結果になっているといえ、これが前記見解を導く要因になっているといえるであろう(註121)。要するに、本論稿でくりかえし説いている取調べ「全過程」の録音の必要性というものは、諸判

120　米田・前掲註17論文「被疑者取調可視化論の現状と課題」41頁参照。

例の概観からも見出されるところといえることとなろう。

(3) 仁保事件「テープ」の示した問題点

もっとも、この仁保事件の裁判経緯というものを今一度辿ってみるならば、「可視化」という問題を手放しで称揚して良いかどうかについては、考えさせられる点があることも否定出来ない。すなわち、このようなテープを聞きながら、なお全部任意性ありとした判決（差戻前控訴審判決──2の②）、検察官のもとでの調書には任意性ありとした判決（差戻後地裁判決──2の①。無罪判決たる差戻後控訴審判決──2の④さえも同じ）が存在するということである。つまり、仁保事件のケースは、同じテープを聞きながら、任意性・信用性肯定（A類型）、任意性否定（B類型）、任意性肯定・信用性否定（C類型）のいずれにも該当するという区々の判断がなされているわけである(註122)。

任意性を否定するという判断と任意性も信用性も肯定するという判断とは、全く正反対なわけであり、個々の「印象」による判断のぶれというものを考えざるをえないこととなる。すなわち、裁判官の個人差、主観的な「印象」というものの幅の大きさ、いわば質的な感性の「相違」というものの甚だしさを感じざるをえないわけであ

121　テープの量でこれに匹敵するのは、本稿「『取調べのテープ録音』等に関する諸判例をめぐって」1のDで示した和歌山地決平5・2・25（同判例一覧表番号21）のケースであるが、この事案も「任意にされたものではない疑」を導いているということは極めて示唆的というべきである。単純化していうならば、可視化の度合いが進めば進むほどに、取調べ状況の問題点は焙り出されるという関係性が見出せるといっても過言ではないだろうからである。

122　但し、仁保事件の場合、検察段階での「取調べの録音テープ」については、終始一貫任意性は肯定されている。これは、警察段階の自白について何とか任意性に疑いがあるとして却下を獲ち取っても、検察官段階の自白は証拠として採用されてしまうという、弁護人のよく経験するところに通底する問題とも思われる。が、警察段階の違法が検察段階で遮断されるかどうかの問題について、守屋克彦は、仁保事件における④（差戻後控訴審）の判断は「留置場所、取調場所が同一で警察官の取調べも並行してなされており、警察官の立会いもあるという条件のもとで、警察官の不当な取調べの影響の下にあるとはいえないとしたほとんど唯一の判例」であるとしており、判例の大勢の傾向はそうではないとしている（守屋克彦「取調べに関する事実認定と自白の任意性（5）」判例時報1252号〔1988年〕11頁参照）。

る。前記見解が述べている「任意性に関する感覚」の「大きな断層」は、弁護士と取調官の間のみならず、弁護士と裁判官との間にも存しうる。否、個々の弁護士の間にあってさえ、個人差は相当にありうるとさえいえるのかもしれない。この事件の各判決の経緯をみれば、その「断層」は必ずしもまれなこととも思われないといわねばならないこととももなる。

「印象」というものは、強烈であると同時に、人によって捉え方が区々でありうる。例えば、嗚咽しつつなされる自白について、これを、取調べの過程でいわば自壊しつつある心理状況から発せられた苦悩の末の虚偽供述と「印象」づけられる者もいれば、これこそ悔悟の発露から真相を供述するものであると「印象」づけられる者もいよう。現に仁保事件の裁判経緯は、これを示しているといえるわけであって、そういう正反対の「印象」が生じうること自体は、否定しえないのだろう。「印象」というものには、成程、客観的基準を見出す手当がないようにさえ思われるのである。したがって、「印象」ということがいちばんの問題だという感想は、やはり、もたざるをえないことになろう[註123]。

123　もっとも、仁保事件の②（差戻前控訴審）判決の裁判長は、最高裁破棄判決後に「合議の秘密にふれることなのであまりいいたくないが、アリバイ自白にもあいまいな点が多いし、八海以上に物証がなく、二審判決を言渡したとき、あぶないかもしれないという気持だった」「録音テープを聞いても何も答えなかったり、返事に窮したり、苦しそうな場面が多い。さらに自白がへんぺんとしているので任意性は疑わしい」という談話（毎日新聞〔大阪版〕昭和45年7月31日夕刊）を残しているとのことである（米田・前掲註17論文「被疑者取調可視化論の現状と課題」42頁参照）。こういう談話の是非や右談話と判決で示された判示内容との甚だしい齟齬という問題はさて措くとして、この言からみても、ほんとうは、「印象」というものも、本来は一定の心証形成に定位すべきであるとの想いを断ち切れないところがある。実際、仁保事件の場合も、テープの解読について、④（差戻後控訴審）の判示がより精緻で説得力のあること、逆に言えば、①（差戻前第一審）や②（差戻前控訴審）の判示が余りに浅薄という外ないことは否定の余地がないと思う。私自身、仁保事件のテープを、数年以上前、NHKのTVドキュメンタリー放送で耳にしたことがあるが、その息も絶え絶えの断片的な供述に「任意にされたものでない疑い」を感じとらない人間がいるというのは——それこそが「印象」だといわれるとしても——全く信じ難いとの憾を否めないところがある。

(4) 「印象」という問題をめぐって

しかし、この問題は次のように考えるべきであるように思われる。

すなわち、居直った言い方に聞こえるかもしれないが、要するに、自由心証とは、本来、そういうものなのだ。公判中心主義を導く直接主義もそういう自由心証の形成をこそむしろ前提にしている。要は、裁判官の心証形成というものは、本来は、自らの面前での生々しい供述を直に聞き、その供述者の表情・立ち振る舞い等の全てをも含めた全体に対する知覚をとおした感得によって、なされるべきもののはずである。そう考えるとすれば、逆に、調書化された供述については判断が区々にならないと、もしいうとすれば、そのことのほうが、ほんとうは問題を孕んでいるというべきではないか。調書化された供述（「取調官による供述記載」）のほうが、実体的真実に迫っているという保証などは何もないのであるから、この発想は、きわめてまっとうなものといえるはずである。

このように、「印象」というものは、ほんとうは、裁判という制度自体のなかで、本来は既に折り込み済みであるはずのものである。テープが生々しい「印象」を与えるからといって、これを回避しようと考えるとすれば、むしろ、それは倒錯した考えといわなければならないのではないか。

本稿でも既に論及したとおり[註124]、「印象」の固定化・特権化・肥大化という問題は、部分的な「可視化」をもって、そのような「印象」づけをすることに、いちばんの問題があることは明らかである。「全過程」の「可視化」にあっては、「印象」という問題は、自由心証主義が本来もつ問題のなかに、いわば原理的には、吸収されることになるのではないだろうか[註125]。

(5) まとめ

結局、諸判例の概観から見出されることは、「全過程」の「可視化」の必要性ということに尽きるものと思われる。逆に言えば、中途半端な「テープ録音」等は、「可視化」のようにみえて、似て非なるものにすぎないということである。それは、その実、かなりのフィルターがかかってしまっているのであって、「印象」を独り歩きさせる危険がきわめて高いといわねばならない。

「全過程」ということを繰り返し説く所以である。

---

124 本稿「消極論批判と時期尚早論に対する批判的検討」4（5）、同5（3）参照。

諸外国の例について

　ここまで、我が刑事司法の現状とその法制のもとで、「取調べの可視化」について考察・論及してきたが、此処で視点を変えて、「取調べのテープ録音」等を、現に実践している諸外国の例を概観してみることとする。「取調べの可視化」の「現在」の状況を見極めるには、その必要のあることはいうまでもないからである。但し、私には、諸外国の実例の「現在」を捉える情報収集能力もなければ、もとより解析能力も全くないし、その暇もない。したがって、この部分は、文字どおりの「概観」にすぎない。というよりは、むしろ寄せ集めの「断片」にすぎないことをあらかじめお断りしておかねばならない[★27]。

1　イギリス[★28]

　我が国における近時の「取調べのテープ録音」化に関する議論が、イギリスに

125　さしあたり、このように考えてはいるが、これで、「印象」という問題が解決されたといえるかどうかは、なお検討を要するであろう（後述の本稿「諸外国の例について」1、とりわけ（3）をも参照）。あるいは、「テープ録音」の場合、それは、いわば「声」の「特権」化だとの考えさえありうるやもしれない。「声」（聴覚）からしか「印象」付けられないということは、文字どおりの意味での「可視」化（とりわけ「視覚」）については、その封殺であるとの見解さえ存在しうるだろう。そうとすれば、「ビデオ録画」のほうが文字どおりの「可視化」であって、「可視化」の程度は、より高いとの議論もあり得ることになる。が、「ビデオ録画」は「ビデオ録画」で、アングルをどうするのかといった問題、つまり、被写体をどの範囲で、どの角度から、どのように撮るのかといったことが、「印象」ということとの関係では、たえず問題として生じえよう。このように考えていくと、結局例えば、ビデオは何処までいってもビデオで、いわば「現存」ではないという、いわば原理的な事柄に問題が循環することにさえもなろう。そうすると、原理的には、ほとんど解決不能の問題に立ち至っているということにもなりかねない。が、ともあれ今は、そのような議論をすべき前提となる現実的な手がかりがないことのほうが、余程、「問題である」と総括すべきであると思う[★26]。

126　本稿「論争の経緯と状況・その1（従前の議論）――問題の所在」3、「近時における『取調べ可視化』論（論争の経緯と状況・その2――「取調べテープ録音化」の積極論）」1(2)、渡部・前掲註12論文参照。

おける、この制度の導入を契機としていることは、本稿でも既に指摘したとおりである[註126]。したがって、イギリスについては、比較的詳しくみていくこととしたい。

(1) 警察・刑事証拠法と実務規範（実験から制度化へ）
　1984年に制定された警察・刑事証拠法 (The police and Criminal Evidence Act——イギリスにおける初めての刑事手続法——以下、PACEという) 60条は次のとおり定めている[註127]。

　　① 所管大臣は、次に掲げる責務を負う。
　　　(A) 警察署に留置されている被疑者の取調べの録音に関し運用規定を定めること。
　　　(B) 警察署に留置されている被疑者（特定の被疑事実の者に限ることができる）の取調べを現に施行されている規定に従って録音すべき旨の命令を発すること。
　　② 前項の命令は、制定法的命令（これは国会の両院のいずれかの決議により失効することがある）の形式でこれを発するものとする。

　右の「命令」については、「身柄拘束、警察による被拘束者の取扱いと取調べについての実務規範」12条12項や12条15項に「……取調べをテープ録音するときは、手続便覧に定められた方式とテープ録音実務規範によるものとする」と規定されているようである[註128]。そして、1983年から2年計画で内務省は6か所において「取調べのテープ録音」の実験調査を行ったが、これは成功を治めたといわれている[註129]。実験調査の成功の所以としては、その遂行を通して、警察官の態度が変わったことが挙げられているようである。すなわち、「警察官らは初めは懐疑的であったが、今ではテープ録音の効用を理解し」たとされている。「彼らはテープレコーダーの使用を、被疑者らのでたらめの苦情の申立てから自分らを守るための手段と考えるようになった」とか、「尋問を時々中断して被疑者の答をメモする必

127　法務大臣官房司法法制調査部・前掲註11書『イギリス警察・刑事証拠法、イギリス犯罪訴追法』68頁。
128　渥美東洋訳・解説「イギリスの警察および刑事証拠法の『実務規範』(1)」判例タイムズ37巻28号 (1986年) 26頁。
129　庭山英雄「イギリスにおける被疑者取調べ」井戸田侃ほか編『総合研究＝被疑者取調べ』（日本評論社、1991年) 231頁。

要がなく」なったとかいわれていて、かつてこれに反対した警察官の態度は「『前近代的 (atavistic)』で『神経質なほど防禦的』で『破壊的』である」と警察部内からも批評されたという[註130]。

　こうして、この実験を経て、1991年の年末までに全警察署にテープレコーダーを備えることになったとのことである[註131]。

(2)　マイケル・ザンダー教授の講演

　このようにイギリス全国で施行されることになった「取調べのテープ録音」の状況をも含めて、1991年9月、日本弁護士連合会・法律扶助協会共催の第2回国際人権法シンポジウムにおいて、マイケル・ザンダー教授(ロンドン大学・刑事司法王立審議会のメンバー)が、「英国司法制度の改革」について講演されている。そのうち、「取調べのテープ録音」に関して述べられているところは、次のとおりであって、右実験調査に関して述べられていることとほぼ同旨といえようが、「取調べの録音テープ」を弁護人や検察官が「聞くことさえしない」という驚くべき事実にも言及されている。

　　容疑者面接をテープ録音することは、……今日では一般的になっている。……これに対する警察の反応は当初、非常に敵意に満ちたものであった。実際、警察はこういう考え方に真向から反対した。しかし、これが実験的に行われてみてからは、警察は非常に熱心になり、今日では完全にこの長所を認めている。そもそもの発想は、テープ録音は、容疑者にとって貴重な人権擁護装置——即ち、容疑者から自白をとるために行使される不当な圧力から保護するものとなるだろうというものであった。しかし、警察は、極めて迅速にテープ録音は警察にとっても数々の相当な利点のあることを理解するに至った。即ち、
　①　不当な圧力をかけるという誤った非難から警察官を守ってくれる。
　②　被疑者が言ったと主張される容認または自白について後にそんなことは言ったことはないと言い換えることを非常に困難にする。もしそういうことが、警察官のノートに書かれているだけだったとしたら、警察官がそういう陳述を

　　130　ジョン・ボールドウィン（渡部保夫ほか訳）「警察官による被疑者の取調べとテープ録音」判例時報1195号（1986年）8頁。
　　131　村岡啓一「捜査段階の概要と弁護人の役割」日弁連刑事弁護センターニュース3号（1991年）7頁。

でっち上げたのだとして異議申立をされ得る。それらがテープにとられていれば、異議申立ははるかに困難になる(因みに、テープについては、改竄を理由とする異議申立の問題は起こらなかった。今日では、そんなことはもう問題にならなくなったのである)。
　③　被疑者のより多くの者が公判で有罪答弁をするようになった。
　④　公判で、検察側証拠に異議申立がされる場合が少なくなった。
　一つの懸念は、テープ録音は非常に費用がかかり、かつ、多大の遅延をもたらすであろうということであった。——即ち、テープから筆記録を起こすには長い時間を要するからである。しかし、これは大して問題ではなくなった。というのは、筆記録を作らせるのは極めて稀な場合にすぎないからである。通常、誰でもテープ録音された面接の重要部分について警察官が作成した要約書面で作業を済ませるからである。この要約書面にテープを添えて検察側と弁護側に送付される。一般に彼らは筆記録を要求してこない。——実際、彼らはしばしばテープを聞くことさえしないのである。
　王立審議会によって重要な問題の一つとなるのは、テープ録音されていなかった自白証拠はやはり証拠として認められるべきかどうかということであろう。審議会がこの問題について急進的な見解を採用することはあるまいと考える。ただ、筆者が思うには、テープ録音が今後ますます一般的なものになるにつれ、多分、裁判所は、録音が可能であり、かつ、録音すべきだったとの感触を裁判所が持つような場合には、テープにとられていない容認や自白を採用することを一層ためらうようになるのではないかと考える。……(略)。
　……警察は、目下ビデオによる録画撮りの実験を進めているが、このような実験は、オーストラリアでもカナダでも行われている。……警察は、ビデオによる録画撮りを、次の展開段階と考えている。筆者は、これについてはテープ録音ほど重要なものとの確信を抱くに至っていない。技術的な問題があるのと経費がはるかに高そうだからである。但し、この問題はまだほんの初期の段階でしかない(傍線引用者)[註132]。

なお、当番弁護士制度下のソリシターについて、次のように言及されていることも、本稿のテーマのうえからは、付記しておくに値しよう。

　132　「第2回国際人権法シンポジウム——英国司法制度の改革」自由と正義43巻2号(1992年)146頁。

> ……ソリシターは警察署へ赴くことにつき、そうあるべき（または自ら主張する）ほどには良心的ではない。……容疑者は、しばしば面談よりもむしろ電話を通して助言を受けている。法的助言を求める者の約半数がそうなっている。さらに、ソリシターは警察署においても必ずしも、捜査官の被疑者面接・立会のためにそこに留まっているというわけではない……[註133]。

(3) ディヴッド・ディクソンほかの報告

右でも言及されている弁護人の役割・活動というものが「取調べのテープ録音」によってどうなったかをめぐっては、ソリシターの立会権が運用規定上認められている（事務員の立会迄が認められている）ことに関連して、ディヴッド・ディクソンほか「イギリスにおける警察留置中の被疑者の権利の保護」（法学者らが面接調査等によって実態調査したとされる文献）が、次のとおり報告している。

> ……より一般的に使われる「ソリシター」に代えて、ここでは「法律助言者」という語が意図的に用いられている。……実際には、この職務は、多くは事務員が行っている。このことから、これに携わる者と与えられる法律助言の質について、問題が持ち上がる。……かなりの刑事実務を行っているソリシターの法律事務所では、たいていは元警察官を事務員として雇っていた。……
> だが法律助言の質の低いものが、元警察官の事務員によるものに限られているというのは、全くの誤りであろう。それどころか、元警察官の事務員は、ソリシターや刑事実務の経験を持たない他の事務員よりも、被疑者にとって役立つかもしれない。準備や訓練を欠いていることが、ここでの問題の根源なのである。……より根本的には、イングランドの法律家の間で刑事事件の評価が相対的に低いこと、そして市民的権利に関与する伝統が弱いということに、問題を遡ることができる。
> その結果、しばしば法律助言者は、警察の取調に対して、かなり受身的な不干渉の姿勢を採ることになる。多くのソリシターが自分で理解している役割は、単に（しばしば並行して記録を取る）刑事手続の立会人として行為すること、したがって、どのように取調が行われるかをチェックする働きとして行動することである。だが、その効果は限られたものである。面接した警察官のうちの72％は、法律助言者が立会っても、取調方法には全く影響しないか、または、わずかしか影響しないと報告した。……ソリシターが取調に影響を及ぼすとし

---

133 前掲註132報告144頁。

ても、その影響は、おそらく捜査に不利なものではなくて、むしろ捜査に有利なものであろう。……法律助言者の立会いによる取調方法への影響について尋ねたところ、我々の調査対象のある警察官がこう答えた。「大きな影響はありませんよ。被疑者には、彼はオブザーバーとしてここに居るんだと言いますからね。」だが、少数ではあるが、法律助言者がかなり影響を及ぼすと考える者の意見を記しておく価値はあろう。「……ソリシターがいなかったら、そのつもりになれば、記録せずにものを言う機会があるんだ。裁判所は不当圧力だと考えるような、保釈や被疑者の家族の逮捕について話せるんだ。ソリシターがいると、かなり制限されているように感じるよ。」

　ソリシターの役割の限界について、ソリシター自身がどう理解しているかは……取調のテープ録音に対する彼らの態度によって、例示することができる。ソリシターの中には、取調の際に立ち会う責務がなくなったと喜ぶ者もいた。テープ・レコーダーがソリシターの持つ立会人としての機能を果たすだろうというのである。多くの法律助言者が、今後は留置中の被疑者との接触は、その多くを電話で行いたいと望んでいることも明らかだ（法律扶助〔the Legal Aid〕と法律協会のガイドラインでは、直接立会うのが望ましく、電話による助言は限定的でなければならないとしているにもかかわらず）。

　ソリシターのこうした態度は、被疑者が、しばしば必要となる積極的な助言や支援を受けないことを、意味するものである。……面接した警察官の大多数が、法律助言者による取調への介入に対する対抗策が必要だとは感じていないと、報告した。我々の調査対象の地域では、ほんの少数のソリシターしか、警察に積極的に対抗して依頼人の利益を守るという評判を得ていなかった。グレーター・マンチェスター警察の調査が報告するように、「PACEや当番ソリシター制度が警察に不利に働いているという、広く受け入れられている前提は、その正しさを疑わねばならない」のである。

　ソリシターは、この分野での主たる問題は、法律扶助が資金不足なことであると論じるであろう。刑事上の法的扶助業務は儲からないことが広く知られているために、事務員やランナー、それに余り経験を積んでいないソリシターを使わざるをえないのである。……ここでも根本的な問題は、国家が、権利を現実のものとする資源を提供するか否かという問題なのである（傍線引用者）[註134]。

　この報告は、テープ録音以前に取調官が被疑者と接触する機会のあること（そういう例が現によくあること）を指摘し、更に、記録を取る前に交渉・取引のなされる例を挙げたうえで、次のように述べている。

テープ録音の導入は、これ（取調の際の伝統的な警察実務──引用者注）を強化するように思われる。取調と並行して記録を行うことは、たしかにある程度は、取調スタイルに制約を加えた……。テープ録音は、取調と並行して記録するという苦役の代わりとして、つまり、「本当の取調」への回帰として、一度はこれを嫌がった警察官にかなりの程度受け入れられている。このことは、テープ録音器や被疑者の権利ではなく、取調の際に心理的テクニックを適用する機会を強調する訓練において、強調されている[註135]。

(4) ジョン・ボールドウィン教授の講演

PACE施行後のイギリスの刑事司法の状況、とりわけ、「取調べの可視化」をめぐる状況についての、直近の報告といえるのは、1997年4月に、日弁連主催の第5回国際人権法シンポジウムでなされた、ジョン・ボールドウィン教授（バーミンガム大学）の講演といえるだろう。同教授は、「イングランドとウエールズにおける警察の取調録音と警察署における弁護人の役割」というテーマで報告されたが、その内容は既に「自由と正義」や「季刊刑事弁護」において紹介されている[註136]。私も、

134　宮沢節生ほか編『国際人権法・英米刑事手続法』（晃洋書房、1991年）130〜134頁（当該論文は、上石圭一訳）。続いて右報告は、「警察官は被疑者に法律助言を受けさせることには利点があると考えている」とし、「法律助言者が取調に立会い、同時に記録されることで『供述』を巡る、それ以降の非難や裁判所での紛争が減少する」と述べる。が、「こうした利点があるにもかかわらず、警察官は法律家一般に対して、とくに留置中の被疑者への助言の際の法律家の役割に対して、きわめて批判的である」とされており、「警察に協力的だと判っている法律助言者は、警察を支援することと引き換えに何等の尊敬も受けない。大方の警察官は、法律家を、単なる傭い兵だと考えている」といわれている。また、「少数だが、積極的に自己の役割に挑む法律助言者は、当然ながら、警察から嫌われる」とされている（同135頁）。

135　宮沢ほか・前掲註134書155〜159頁。

136　「警察取調べの録音と警察における弁護人の役割」自由と正義48巻10号（1997年）14頁以下、「イングランドとウエールズにおける警察の録音と警察署における弁護人の役割」季刊刑事弁護12号（1997年）421頁以下。なお、この講演以前になされた同教授の研究（上石圭一訳）「警察署における法的代理人の役割」判例時報1475号（1994年）5頁以下も、その論調の基本は、この講演とほぼ同一といってよい。

右シンポジウムには参加したので、此処では、私自身のメモに基づいて、その概要を述べておきたい[註137]。

同教授の講演概要を私なりに大雑把に要約し、かつ、アトランダムに列挙すれば、およそ左のとおりとなろう。

①　1984年のPACEおよび1985年の実務規範によって、この10年間で警察の取調べは大きく変わった。それは、Charge前の拘禁が原則として24時間以内とされたことと取調べのテープ録音による（但し、PACEの多くはテロリストの被疑者には適用されていない。が、テロリスト被疑者に対しても、テープ録音自体はされているようである）。

②　イングランドとウェールズにおいても（日本と同様）取調べは重要とされているが、イングランドにおける警察の取調べはおおむね平均20分以内である。

③　取調べのテープ録音への移行は、スンナリできたし、一般に大成功と考えられている。かつて警察関係者は、これに反対していたが、今はかつての反対が信じられないほど、熱心になっている。なぜなら、テープ録音された自白を法廷において撤回することがきわめて困難なことが明らかになってきたからだ。警察は、テープ録音の受益者は被疑者ではなく、自分たちであることに気づきはじめた。現在では、ビデオカメラ使用の実験が始められている。これも警察が進んではじめたものだ。

④　取調べの録音の問題のなかで、例えば、録音前に「インフォーマル」な取調べがなされる可能性という問題は、常につきまとう。これは、いわば原理的に解決不能の問題だ。が、教授自身は取調べ録音の利益は計り知れないと考えている。

⑤　教授は膨大な録音・録画を分析したが、警察の取調べは「厳しい尋問の連続」ではなかった（それは神話であった――と同教授はいう）。また、警察が尋問技術というものにおよそ訓練されていないことも明らかになったし、準備不足で尋問に臨むことが多いこともはっきりした。

⑥　大部分の被疑者が自白するが、被疑者が自白するのは、警察の圧力によるのではなく「まだ未解明の、根深い社会的あるいは心理的動機によるもの」ではないか。これは未だ解明されていないと同教授はいう。

⑦　取調べによって、どの程度の質問が許されるか、立ち会った弁護人がどういうことができるかについては、イングランドとウェールズでははっきりした基準がない（判例でも明らかになっていない）。

⑧　法廷でテープが再生されるケースは、まれである（テープ導入時以前より、自白

137　不正確な要約の惧れを否定できないので、是非、前掲註136の文献も参照されたい。

を争うケースは減っているようだ)。裁判官は反訳を使いたがり、弁護人も検索官も要約書に頼る (しかし、ほぼ半数の要約書は、不十分な要約である)。

⑨　PACEは、被疑者の弁護人 (法的助言者) へのアクセスを保障したが、これが生かされているかどうかは疑問である。警察官からやめるように言われて、それに従っている者もいるし、弁護人自身も行きたがらないという批判もある。弁護人資格のない者がやっていることも多い。

⑩　教授が182件のビデオを見たところ、取調べに立会っている弁護人は全くpassiveであった。確かに、取調べの適正を害するような弁護人の介入は立会を排除されるという実務規範はある。が、排除されるわずかな可能性すら示したケースは1件もなかった。その理由としてイングランドでは、捜査初期の協力が被疑者に大きな利益を与える (警察限りで処理される) 法制があることと刑事弁護実務の「文化」が「当事者として戦う」ではなく「公平なゲームができるよう警察と被疑者を調整する」というものであることが挙げられる。しかし、教授はこの「文化」には不満とのことである。

⑪　その他、1994年の刑事司法及び公共の秩序法 (The Criminal Justice and Public order Act) の黙秘権制限がやはり非常に問題になっていることについて講演される予定であったが、時間の関係で、この点はほとんどカットされた[註138]。

右シンポジウムでは、右③と④の話の間に、5ケースの「取調べのビデオテープ」の上映があった。私自身、いささか驚いたのは、そのうち弁護人立会のケースが何件かあったのだが、教授が、右⑩でも述べているとおり、弁護人がほとんど全く何も言わないで、ただ黙って座っているだけだったことである[註139]。

それと、私自身、ビデオテープの「印象」というのは、やはり強烈であるとの憾を否定しえなかったことは事実である。ビデオテープを眼にしている自分が、「この被

138　黙秘について不利益推認のコメントを許容するイギリス1994年法については、前掲註79参照。

139　イギリスとアメリカとでは、捜査弁護というものの考え方・在り方が、どうも根本的に異なっているようなのであるが、この点は、本稿で論ずるべき問題でもないし、それを論ずるのは、明らかに私の手に余る。ただ、私は、アメリカの刑事弁護が、イギリスのそれより、より良いと断ずるような根拠など何ももってはいないが、少なくとも、取調べの弁護人立会の問題については、ジョン・ボールドウィン教授の「不満」は正当だと思う。また、我が国の現法制が、つまりは、その法制下で想定されている弁護人の役割・姿勢というものが、本来、アメリカ法の精神に依拠するものであること自体は確かだと考えている。

疑者は黒ではないか」とか、あるいは逆に、「これは白ではないか」とかいった結論を、直ちに求めたがっていることに気づいたからでもある[註140]。この点、その後の質疑応答のなかで、「テープの『印象』の力というものが消極論の理由として挙げられる点をどう考えているか」という質問をしてみたが、教授の話によると、「確かにかつてのテープ録音推進派の人権派弁護士が、今や、これは、それほど被疑者にとって防禦的じゃない（印象が強すぎる）ということで腰が引けはじめたという事実はある」が、教授自身は、「やはり正確に記録することは重要で、イングランドで問題になった70年代のひどい誤判のようなものは、これで防げるようになったと考えている」とのことであった[註141]。

2　その他

以下の紹介は、基本的に文献の引用にとどまる。しかも、近時のものとは全くいえないことをあらかじめお断りしておかねばならない。

(1)　ドイツ（西ドイツ）
左は、西ドイツ時代の報告である。

　　裁判官による被疑者取調べについては、必ず調書……が作成されねばな

140　もっとも、この点は、あるいは、はじめての経験であったからで、職業的訓練の問題で解決可能との見解もありうるかもしれない。が、そうすると、陪審員にはビデオテープを見せるべきでないという議論に繋がることになる。この点、なお検討を要する問題と思われる。
141　質疑応答のなかでは、いくつかの興味深い話があった。例えば、被疑者はテープ録音・録画を拒否することはできるが、そういうケースは教授の知るかぎり1件もないこと、あるいは、テープは弁護人にはいつでも開示されるが、法廷で利用する弁護人が少ないことには落胆しているということ、そして、被疑者の手に亘ったテープ（のコピー）が、ロンドンのパブで上映されているといういささかショッキングな話（但し、弁護人による目的外使用は厳しく制限されているとのこと）など、さらに、ビデオのアングルをめぐっての話もあった。なお、イギリスの取調べ状況については、大出良知教授が、実際に取調べに立会ったことについて報告しておられる（大出良知「取調べへの立会いを実現」季刊刑事弁護10号〔1997年〕31頁以下）。

らない……。検察官による被疑者取調べについては、捜査を著しく遅滞させない限り、裁判官面前調書に倣ってやはり調書が作成されねばならない……。1979年刑事手続改正法律……により、被疑者の供述をテープ・レコーダーや速記などにより仮に録取しておき、取調べ終了後に遅滞なく正式の調書を作成することが許されることとなった（刑訴168条a2項1文）。刑事手続準則5条は、この仮録取の方法として出来る限りテープ・レコーダーを使用すべきことを規定する。被疑者の供述を直接そのまま録音するか、あるいは、裁判官または検察官が被疑者の供述内容を順序だてて口述したものを録音することもできる。調書化の補助手段とする限りでテープ・レコーダーの使用を勧めるものであり、取調べ内容を書面にせず録音テープ自体を調書とすることまでは、刑事訴訟法上は考えられていない。仮録取した書面や録音テープは、訴訟記録に添付するか、または訴訟記録とともに保管する（同項3文）。録音テープについては刑事手続が確定的に終結した後またはその他のかたちで手続が終了した後、録音内容を消去できる（同項4文）。仮録取した録音テープや書面については、弁護人も閲覧できる（刑訴147条）……（略）……警察の被疑者取調べを調書にすることは、刑事訴訟法上必要とはされない。しかし……実務上は調書化が必要とされる。ただし、捜査実務上、取調べ警察官は被疑者の供述をそのまま逐語的に録取するのではなく、警察官自身の言葉で録取することが行われているという。このとき、警察官が被疑者の供述の一部を省略して録取したり、被疑者の供述を自らの解釈を加え変容させて録取するという弊害が起こりうる、と指摘された。……<u>取調べは長時間に及ぶ場合、不当な取調べだという批判を避けるため、取調べの開始、終了の時刻、中断の時刻・時間を書き留めておくべきものとされる</u>。警察の被疑者取調べについても、取調べの内容を速記やテープ・レコーダーなどにより仮に録取しておくことができる……。<u>警察の被疑者取調べを正確に記録化するため、被疑者の供述を直接録音したテープ自体も正式な調書として認められるべきだ、という提案もある</u>（傍線引用者）[142]。

142　高田昭正「西ドイツにおける被疑者取調べ」井戸田侃ほか編『総合研究＝被疑者取調べ』（日本評論社、1991年）242頁以下。また、ドイツについては、本稿「『取調べテープ録音化』の消極論・時期尚早論（論争の経緯と状況・その3）」2（1）における五十嵐発言がある（前掲註23参照）。もっとも、ドイツでは、テープは生々しく心証決定してしまいかえって逆効果ということで、テープの証拠能力を認めない方向との報告もあるとのことらしいのだが、現況は確認出来ていない。

(2) アメリカ[★29]

アメリカの場合、「取調べテープ録音」等の扱いについては、州によって違うようである。以下は、隅々眼に触れたものの挙示にとどまる。

ロスアンゼルスの判事は次のとおり述べている。

> ミランダルールによる告知を、警察官が自発的にテープにとることはあるが、テープにとることは義務付けられていない。しかし、弁護士は、なぜテープにとらなかったか疑問を持たせる尋問をすることはある。シリアスなケースについては約75％は何らかの方法でレコードがとられる。そして、そのうち約10％はビデオテープがとられる[註143]。

また、ニューヨークのケースであるが、現にビデオテープが録取されている事例についての報告もなされている[註144]。

(3) 台湾[★30]

1990年4月、法務部は取調過程の録音化について、自主的に、録音すべき事件の範囲をすべての刑事事件に拡大し、実効性を担保するために、テープ録音の方法等を明確化するとともに、職権によるビデオ撮影にも踏みきることとし「検察機関の使用にかかる捜査の記録化を補助する録音の実施要項」を発した[註145]。

(4) カナダ[★31]

カナダについては、「カナダで被疑者取調べのビデオ録音の試験的運用がうまくいった」と報告されているようである[註146]。

現在、カナダでは、最高裁判例の示したところによって、殺人事件については、

143　東京三弁護士会合同代用監獄調査委員会編『アメリカ・カナダ刑事手続調査報告書』(1994年2月) 46頁。

144　渡辺・前掲註86書『被疑者取調の法的規制』148頁以下参照。

145　吉川法生「台湾における取調立会権について」（大阪弁護士会少年問題対策特別委員会『密室への挑戦』〔1993年〕70頁）からの引用である（三井誠・陳運財「被疑者取調べにおける弁護人立会い権――中華民国〔台湾〕の新しい制度」捜査研究39巻11号〔1990年〕～40巻8号〔1991年〕）。

146　多田・前掲註32論文「被疑者取調べとその適正化（2）」116頁。

その取調べ状況が全てビデオ録画されているとのことである[註147]。

3　まとめに代えて

諸外国の例を概観して、さしあたりいいうることは、およそ次の2点である。

すなわち、ひとつは、いわば全世界的にみて、最早「取調べの可視化」の趨勢自体は動かしがたいように思われるということである。おそらく、右にみた諸外国の外にも、既に制度として「取調べの可視化」が実践されている国は相当数存在しているであろう[★32]。それが被疑者の防禦のためか、捜査機関側の都合のゆえか、はたまた、別個の要請によるものかといったことはとりあえず措き、我が国の刑事司法が、右動向からは無縁というのだとすれば、それは、一体、何なのだろうかとの憾をもたざるをえないわけである。それは、精神の、あるいは、文化の「鎖国」だと言うとすれば、言い過ぎだろうか[註148]。

今ひとつは、イギリスにおける実践過程で、はっきりと示されることになっている問題である。つまり、「取調べの可視化」は、同時に捜査弁護活動が、いわば、抜き差しならない局面に直面することを意味しているということである。この問題については、本稿でも既に言及してはいるが[註149]、イギリスの現実は、次のことを明確に示していると思われる。

すなわち、「取調べの可視化」は捜査弁護活動の質的向上とセットになってこそ、被疑者の防禦権の充実を導くということである。逆に言えば、「取調べの可視化」それ自体で、被疑者の防禦権が全て充実されるというような幻想を持つべきではない。とはいえ、多くのケースでは「可視化」それ自体が、被疑者の防禦に資することは明らかであろう。が、個別ケースによっては、弁護活動の適正なフォローがないと、「取調べの可視化」というものは、より決定的に誤った状況に被疑者を追い込むことになりかねないのである。その惧れは否定しえない。捜査弁護に携わる弁護人の責務は、重大といわなければならない。

147　指宿信助教授（1997年当時）から、カナダの弁護士から聞いた話として御教示いただいた。

148　国際的視野を踏まえての刑事司法改革という観点において、日本政府の姿勢がどのようなものであり、どのような対応を示しているかについては、例えば、座談会「国際人権法における起訴前弁護」自由と正義43巻2号（1992年）83〜85頁参照[★33]。

149　本稿「消極論批判と時期尚早論に対する批判的検討」5および6参照。

我が弁護活動と今後の展望について

　以上、「取調べの可視化」についての論争の経緯と状況を見（「論争の経緯と状況　その1（従前の議論）――問題の所在」、「近時における『取調べ可視化』論（論争の経緯と状況　その2――『取調べテープ録音化』の積極論）」、「『取調べテープ録音化』の消極論・時期尚早論（論争の経緯と状況　その3）」）、消極論ないし時期尚早論を批判したうえで（「消極論批判と時期尚早論に対する『取調べ録音権』試論」）、さらに、判例の在り様を概観して（「『取調べのテープ録音』等に関する諸判例をめぐって」）、諸外国の実例にも触れてきた（『諸外国の例について』）。この道程から言いうることは、およそ次のような事柄と思われる。

　すなわち、弁護人の立場においては、被疑者の防禦という観点を重視する以上、さらには、仮に実体的真実をあくまでも追求すべきとの視点にたったとしても、「可視化」であれば何でも良いから実現せよと無条件に双手を挙げて主張するということにはならない。弁護人としては、あくまでも「全過程」という絶対条件付きで「取調べのテープ録音化」を志向すべきである。そして、その志向のもと、その実現を積極的に目指して活動しなければならない。本稿で論じてきたところから、このことは既に明らかになっていると思う。

　あえて言うならば、諸外国の例について述べる際に言及した如く、時代は相当以前から既に「取調べのテープ録音化」の時代に入っているといえる。そして、これが今後、縮小化・消滅の方向に向かうということは考えられないといってよい。長い眼で見れば、AV機器の驚異的発達という状況からも、「取調べの可視化」は拡大化・恒常化・普遍化していくという方向しかあり得ないと思われるわけである。そうとすれば、それを、数年先のことと考えるか数十年先のことと考えるかはさて措き、いずれにせよ、余程の思わぬ致命的欠陥・障壁でも発見されない限りは、我が国においても、取調べの全過程（に近い過程）は「録音」され、さらには、「ビデオ録画」されていくことになる筋合だと思われる。それをきわめて自然な過程だと言っても、決して言い過ぎだとは思われない。それゆえ、私自身は、かなり長期のスパンをも許容するのだとすれば、我が国における「取調べの可視化」の実現について楽観的見通しをもっているとさえいってよい。自然過程の必然を、何時迄も人為的に押しとどめうるものとも思われないからである。

　しかし、短期的な展望という観点からいうならば、私は、その実現については、かなり悲観的である。ほとんど絶望的といってよい。なぜなら、右実現のためには、おそらく、我が刑事司法の根幹部分の変革が必要だろうからである。言い換えれば、それだけの根強い抵抗があるということであって、それは、我が刑事司法の「現

在」の枠組を変更する（させる）こととほとんど同じだと思われる。要は、右実現は、右変革とほぼ同義とさえ思われるところがある。

　この楽観と悲観とのいわば時間的落差を踏まえたうえで、我々は、どのような実践を試み、どのような展望を持ちうるのか。

　既にみたとおり、現在迄のところは、弁護側は、「犯行再現ビデオ」のケースに端的にみられるように、基本的には、捜査機関側のAV機器の一方的利用に対する防衛戦というラインでの戦いを強いられている。右実現迄の過程においては、「取調べのテープ録音化」が本来的に孕んでいる危険性の故に、捜査機関側主導によるより巧妙な利用が一層危惧されるといわなければならない。おそらく、現状においても、捜査機関側は（捜査機関側の）必要を感じる都度録音を行っているだろう。その数は、それほど少ないわけでもないのではないかとも思われる。が、これらについてかなり限定してしか証拠請求されていないというのが実情のようにも思われるのである(註150)。

　捜査・訴追側の一方的利用という事態に対抗するという意味からも、弁護人に求められるのは、むしろ時代を積極的に先取りし、「取調べの全過程のテープ録音化」・その「適正な」実現に向けて積極的に取り組むということだと思う。そして、その要の一つとなるのが、本稿で繰り返し提示してきた点である。すなわち、被疑者は「取調べの全過程」について、「取調べ可視化請求権」「取調べ録音請求権」を有しているという認識であり(註151)、これにもとづく実践を展開するということである。

　おおよそ右の如き視点のもと、以下、弁護活動と今後の展望について、さらに論じてみたい。

1　「可視化」と事件類型について

　事件を類型的にみて、「可視化」の必要性の高いものがあるという言い方は可能だろう。まず、この観点から考えてみる。

150　もっとも、本稿の別表判例一覧（148頁）から明らかになっているように、一時期さかんに証拠申請されていた犯行再現ビデオの類は、近年は用いられることがなくなっているようである。これが、弁護士ないし弁護士会の取り組みが効を奏したゆえかどうかは判然としないが（五十嵐二葉『刑事訴訟法を実践する』〔日本評論社、1996年〕144頁参照）、いずれにしても、この問題は決着がついているわけではない。今後も、警戒を怠ってはならないことはいうまでもない。

(1) 外国人事件について

外国人事件においては、「取調べのテープ録音化」の、いわば必然性・必要性が顕著に見出される。これには異論の生じる余地もないと思われる。外国人事件を契機として、この論議は一層高まらざるをえないし、また、高めなければならない。

周知のとおり、浦和地判平2・10・12は次のとおり判示した[註152]。

> 外国人被疑者に対する取調べにおいては、近時その必要性が強調されている「捜査の可視化」の要請が特に強く、最小限度、供述調書の読み聞けと署名・指印に関する応答及び取調べの冒頭における権利告知の各状況については、これを確実に録音テープに収め、後日の紛争に備えることが不可欠である……。

これは画期的判決である。しかし、率直にいえば、既に検討したところから明らかなとおり、「取調べの録音テープ」化は、「最小限度」といった限定がなされ、部分で足ることを可とすべきではない。そういう状況を、とりあえず良しとすべきではないといわねばならない。そういう部分録音を是認することによって、捜査機関側の巧妙な利用がなされていく可能性は、むしろ高まってしまう可能性が高いというべきである。

なお、外国人事件における録音の必然性・必要性は、公判段階ではあるが、大阪高判平3・11・19でも確認されたところであって[註153]、録音化に向けての流れ自体は、やはり必然的と思われる[註154]。

(2) 少年事件について

被疑者の防禦能力という観点から考えたとき、少年事件については、録音の必要性が高いといえるであろう。少年警察活動要綱9条3号が、少年の身体拘束如

151　例えば、検察官から極めて不完全な「可視化」の証拠が申請されたときは、本稿で論じてきたところが、少なくとも、その歯止め（証拠能力がないことの理由附など）の材料を提供する要素はあるものと考える（なお、「犯行再現ビデオ」については、前掲註52も参照）。

152　判時1376号54頁。

153　判時1436号153頁。

何を問わず、取調べには「保護者等」の「立会」を原則とする旨定めているところの趣旨も、この観点から理解されよう。

少年事件については、現在、少年法改正の論議が様々のかたちでなされているが、大阪弁護士会少年問題対策特別委員会の少年法改正部会ワーキンググループは、いわゆる手続二分論の採用とともに、取調べのテープ録音の法制化を提言した[註155]。私は、これを画期的な提言であると考えている。要するに、少年事件においても、「取調べ可視化」の要求は、必然的・不可避的というべきである。

(3) 一般事件について

ところで、私自身は、右(1)の外国人事件にせよ、右(2)の少年事件にせよ、これと一般事件との差異は、必ずしも質的なものではないと考えている。

すなわち、まず前者(外国人事件)に端的にみられる翻訳の問題というのは、実は、日本人であっても、ほんとうは質的にも同一の問題ではなかろうか。調書作成は、多かれ少なかれ、取調官のいわば「解釈」にもとづいて作成されているのであり、これは、「翻訳」という作業と、その本質を必ずしも異にするものとはいえないと思われる[註156]。多くの裁判官がどの程度理解・認識されているかどうかはともかく、調書が取調官の「(多かれ少なかれ)作文」であるということは、多くの弁護人にとっては、ほとんど常識になっているだろう。外国人事件では、調書として出来上がる迄の過程の不透明さが一層甚しく、誤謬・誤解、そして、変容の含まれる可能性も格段に高いとは言えるとしても、日本人の事件でも、その可能性の存すること自体

---

154 捜査段階での通訳の適否の問題を左程には重視しない東京高判平4・4・8 (公刊物未登載)、同平4・7・20判時1434号140頁といった判例もあるが、これらは、理論的にみて論外という外ないであろう。

155 大阪弁護士会少年問題対策特別委員会少年法改正部会ワーキンググループ「少年法改正に関する一試案」(1997年11月)参照。

156 もっとも、厳密に言えば、外国人の場合、日本語(だけ)の供述調書というものは、再々伝聞でもあり、「署名押印」で録取の正確なことが確認肯認されたとの推定自体を、本来、働かすことが出来ない場面といわなければならない。いわば原理的・定型的にみて、そもそも当該被疑者ないし参考人の「供述」といえるかどうかという根本的問題があろう(五十嵐・前掲註150書110頁以下参照)。その意味では、本文で述べている「本質を……異にするものとはいえない」との見解には異論があるかもしれない。が、要は、もともと再伝聞でしかない供述録取書に重きを措くこと自体が、根本的な間違いということだと思う。

は否定の余地がない。そうである以上、これを翻訳の問題と同様に捉えることは正当なはずである。

また、後者（少年事件）の防禦能力という問題も、ほんとうは、一般事件でも同様にいえることは疑いないものと考えている。もとより防御能力というものは、個別的なものであるという側面はある。が、これも被疑者の置かれる状況によって、一般的・定型的にいえる側面のあることは間違いない。すなわち、とりわけ身体拘束下にあっては、被疑者は、その生活の基本を拘束され、情報をコントロールされ、つまりは、人格そのものを拘束されるのであるから、防禦能力の減退は、如何なる成人にあっても必然的に生起する[註157]。あえていえば、かかる認識を、検察官はもとより、裁判官も、さらには弁護人においても、つまりは法曹三者において、余りに欠落させたまま実務を運用してきたというのが今日までの実情なのではないだろうか[★34]。

2　個別的実践について

(1)　実践の勧め

以上を踏まえると、外国人事件や少年事件においては、捜査弁護活動を遂行するに際して、原則として、被疑者自身の権利行使として、「取調べの全過程の録音化」「取調べ可視化」要求を実践していくべきということになる。また、一般事件であっても、個別的事案のいわば「筋」を勘案しつつ、少なくとも、冤罪的要素のある事件、主観的要素をどのように聴取されるかによって事件の質が全く異なってくるような事件などについては同様の要求をすべきということになる。

この場合、弁護人自身が文書によって申し入れすべきであり、可能な限り、当該文書は、被疑者との連署にすべきであろう。むろん、かかる申し入れは、被疑者の意に反しない限り行うものであり、被疑者との信頼関係・被疑者の姿勢等を勘案しながら行うものである。が、黙秘を貫かない（貫けない）被疑者と判断されるとき（ほとんどのケースはそうである）、あるいは、黙秘になじまない事案と判断されるときなどは、被疑者と十分協議し同意を得られる以上は、かかる要求に及ぶことを躊躇すべきではない。

以下、(2)においては、私自身の拙い申し入れの例を幾つか報告することとする

157　浜田寿美男『自白の研究』（三一書房、1992年）は、この旨繰り返して説いている。この書物は、いささか大著に過ざる憾は否めないが、弁護士のみならず、法曹三者の必読文献足る価値を有すると思う。

が、要は、これらの実践は案ずるよりは産むが易しということだと思う。理論として正しい以上、状況の許す限りは実践すべきもののはずである。実際、左で示すような申し入れ書の提出についての各検察官の反応は様々ではあるが、検察官が申し入れ書の受領自体を拒むなどということはない(註158)。

　もっとも、かような申し入れに対して、今のところ、取調官からは単に「聞き置く」という以上の対応は何もないのが実情ではある。要は、「可視化」それ自体は、「実現」しない。その意味では、このような申し入れに、何の意味があるのかと問われる向きもあるやもしれない。しかし、私自身の経験に則していえば、これらの申し入れには、相応の効果はあると考えている。むろん、個別的な実践は、あくまでもケースバイケースであることはいうまでもないだろう。現状においては、こういう実践をしても、「可視化」が実現される目処は、全く乏しい(とりわけ、身体拘束下の取調べにあっては、全くないといってよい)わけであるから、そのことを踏まえての得喪をたえず考慮すべきことも確かではあろう。弁護人としては、当該被疑事件にとっての効果も意味もあると考えるからこそ実践するのだし、もとよりそうであるべきことは、いうまでもない。が、同時に実践を通して制度の変革を志向すべきことも当然のことというべきなのである。

　いささか我田引水と評されるやもしれないが、このような申し入れ行為は、より多くの弁護人によって取り組まれ、広範に実践されるに値するのではないだろうか(註159)。制度化という観点から考えても、このような実践について一定の量が確保されていかないと、「全過程の録音」化・「適正」化に向けての力足りえないと思われる。

　なお、かかる要求が無視されたとき(そのうえで、署名押印のある調書が作成されたとき)は、任意性に疑いが生じる等自白ないし不利益承認の証拠能力が当然問題となる筋合である。が、この点については、私自身、報告に値する実践にまでは未だ至っていない。後日の課題にしたいと思う(★36)。

(2)　幾つかの実践例について
　「取調べ可視化」申し入れの、いわば、一つの基本形として、殺人・死体遺棄

158　私は、このような申し入れ書は、基本的に検察官には直接手渡すようにしている(検察官と「可視化」をめぐって議論するのも悪くない。おそらく、個々の検察官においては、「可視化位したっていいじゃないか〔オカシナことは何もしていないんだから!〕」と思っている人が相当数いるようにも思われる)。他方、警察官は、申し入れ書の受領をまず拒否する。したがって、警察に対しては、郵送の方が良いと思われる(私の経験では、郵送したケースでは、返送まではされなかった)(★35)。

被疑事件において、次のような申し入れ書を検察官に提出したケースを報告する。

申し入れ書

被疑罪名　殺人・死体遺棄
被疑者　　○○○○

　右被疑者の取調べ（および被疑者立会の実況見分を含む）について、次のとおり要求します。
1　弁護人の立会。
2　全過程のテープ録音。
3　調書作成に関しての以下の事項の履践。
　①　取調べの都度に調書を作成すること（作成されなかったときはその理由を記載した書面を作成すること）。
　②　調書には「第何回」供述調書というように通し番号を付すとともに各頁に頁数を記すこと。
　③　取調べの始期と終期を明示し、休憩等の中断時間、中断事由を調書に記載すること。

159　このような実践は、「ミランダの会」の実践の、いわばバリエーションの一つといえることになるのだろう（「ミランダの会」の弁護実践の現況については、ミランダの会編著『ミランダの会と弁護活動』〔現代人文社、1997年〕参照）。実際、「ミランダの会」代表・髙野隆弁護士は、在宅被疑者がテープレコーダーを「取調べ」に持参したケースについても報告されている（「対論・ミランダ判決を語ろう」季刊刑事弁護13号〔1998年〕121頁参照）。ただ、「ミランダの会」の場合、原則は全件立会要求（＋署名押印拒否）の運動と理解されるが、それよりは、より個別的であり、申し入れ内容もより柔軟という違いはあるかもしれない。なお、静岡の小川秀世弁護士にお聞きしたところによると、同弁護士は、可視化の申し入れとともに、録音機を用意し、テープ代を被疑者側で負担する旨申し入れられているとのことである（「取調べ時のテープ録音を要求」季刊刑事弁護14号〔1998年〕111頁参照）。様々な工夫が、なお可能であろう。また、このような申し入れをすることにおいて弁護士にとって副次的効果が生じるといってよい。つまり、被疑者のことが気になって、接見の頻度は明らかに増すという効果である。

④ 取調べに立会った者の氏名・官職名を明記すること。
⑤ 発問と応答は基本的に一問一答式にもとづき能う限り具体的に記載すること。
⑥ 仮に 1 が適わないときは、調書作成毎に、被疑者の署名押印の前の段階で、その調書の写を直ちに被疑者・弁護人に交付し、そのうえで完成させること。
⑦ 供述調書の契印・訂正印は、供述者と供述録取者が共同して行うこと。
⑧ 完成後の調書の写を被疑者・弁護人に交付すること。

かかる要求は、
(1) 憲法 34 条、37 条 3 項の弁護人依頼権から当然導かれる権利として、
(2) 憲法 38 条 1 項の自己負罪拒否特権を手続的に担保するための必要最少限の措置として、
(3) 憲法 31 条、刑訴法 1 条の適正手続と実体的真実主義の趣旨において、
(4) 憲法 38 条 2 項、刑訴法 319 条 1 項、322 条 1 項から導かれるというべき「任意性」をあらかじめ担保・設定することが出来る被疑者の権利の最少限度の担保措置として、
(5) 憲法 13 条にもとづく自己情報支配権によって、自らの情報開示過程を適正に保持する権利として、

　以上の各条文上の根拠にもとづき要求するものです。犯罪捜査規範 180 条 2 項も、この趣旨において、取調べに弁護人が立会えることを明記しているものと考えます。
　なお、上記申し入れに至った理由・経緯は次のとおりですので付言します。被疑者は 26 歳の青年ですが、私が当番弁護士として、○月○日に接見し、かつ、○月○日に再度接見した状況に照らして申しますと、その防禦力には相当の問題が孕まれているように見受けられ、その認識力・表現力にも問題があるように思われます。それゆえ、本件被疑者には、弁護人の援助を常時受けることが相応しいことが明らかで、かつ、その他被疑者の防禦権を全うさせるべき措置を採る必要性が認められると考えます。また、このことを通して、実体的真実主義が全うされることになるものと判断されます。本件事件並びに本件被疑者のいわば特質に鑑み、かかる要求に及んだ次第ですので、この点御了解下さい。
　以上申し入れますので、よろしくお取り計らい下さい。

1997 年○月○日

弁護人　小坂井久

司法警察職員　殿
検察官　殿

このケースにおいては、被疑者には、申し入れの理由を説明し、弁護士名で申し入れ書を提出することの了解は得たものの、さらに被疑者自身が主体的にこれに関わるところまでの意思疎通に至ったとは判断できなかったので、申し入れ書に連署まではしてもらっていない。

他方、逮捕・監禁・強盗致傷の罪名で逮捕された20歳の青年が被疑者であった集団暴行事件については、被疑者の主体的取り組みについての了解も得られたので、左のとおりの申し入れ書を検察官に提出したことがある。

(左の部分に至る部分は、右の申し入れ書とほぼ同じであり、以下は、右申し入れ書のうちの「なお、上記申し入れに至った理由・経緯は次のとおりですので付言します」以降の部分)

　被疑者は成人とはいえ未だ20歳になったばかりの青年であって、弁護人の援助を常時受けることが相応しいことが明らかです。また、弁護人依頼権のみならず、その他被疑者の防禦権を全うさせるべき措置を採る必要性がそもそも認められます。が、他方、今日迄の取調べにおいては、被疑者の防禦権に対して配慮されている形跡が全くありません。かえって、被疑者の認識していないところにつき(被疑者は、一貫して財物取得の点については、認識していない旨を述べている)、「眠たいこと言うな」「アホなことぬかすな」といった恫喝的言辞が加えられ、「他の者の供述に合わせてもらう」といった趣旨も告げられて、強引な取調べが行われているというのが実情です。これは、被疑者の防禦権を侵すということのみならず、実体的真実主義にも背くものといわねばならず、かかる取調べの在り方は、すみやかに是正されるべきであると考えます。

　以上のとおりですので、前記各要求(あるいは、そのいずれか)を無視されたままで、取調べを強行される場合は、調書の署名・押印には応じないことがありますので(刑訴法198条5項)、この旨も申し添えます。

　以上、被疑者との連署をもって、申し入れる次第です。

1997年○月○日

　　　　　　　　　　　　　　　　　　　　弁護人　小坂井久
　　　　　　　　　　　　　　　　　　　　被疑者　○○○○

司法警察職員　殿
検察官　殿

このケースにあっても、結局、被疑者の供述調書は作成された。が、共犯者5名のうちで、当該被疑者については、作成された調書の量は最も（圧倒的に）少なく、その内容も、基本的にポイントが絞られ、被疑者の納得いく調書作成となった。右申し入れが直截に効を奏したと速断することはできないとしても、結局、右ケースは、監禁・傷害のみで起訴され、執行猶予判決を受け確定した。

また、外国人事件で、勾留決定に対して準抗告し、準抗告認容で身体拘束が解かれた後の取調べについて、次のとおりの申し入れをしたケースがある。これも連署しての提出である。

申し入れ書

被疑罪名　風俗営業等の規制及び業務の適正化等に関する法律違反被疑事件
被疑者　　○○○○

右被疑者に対する任意出頭による任意の取調べについて、次のとおり要求します。

（1については、「任意の出頭による任意の取調べであることを踏まえ」て、「取調べ時間」の設定につき「被疑者の要望に添われ」たい旨および諸事情から「取調べに応じられないことのある」旨の申し入れである）

2　被疑者は、この間の取調べを通じて、現通訳人の通訳の正確性・厳密性について、かなりの不安を感じています。それゆえ、今後の取調べについては、その全過程をテープ録音されるよう申し入れます。また、弁護人においても、可能な限り取調べに立ち会いたいと存じますので、取調べ日時は弁護人にも御連絡下さり、弁護人を取調べに立ち会わせることを要求致します。
　なお、かかる申し入れの根拠は、次のとおりです。
(1)　テープ録音につき、憲法13条の人格権・自己情報支配権にもとづいて、自らの情報を正確に保持する権利として、
(2)　弁護人立会いにつき、憲法34条、37条3項の弁護人依頼権から当然導かれる権利として（テープ録音は、その代替措置として）、
(3)　両措置につき、憲法38条1項の自己負罪拒否特権を手続的に担保するための必要最小限の措置として、
(4)　両措置につき、憲法31条、刑訴法1条の適正手続と実体的真実主義を全うするという趣旨において、

(5) 両措置につき、憲法38条2項、刑訴法319条1項、322条1項から導かれるというべき「任意性」をあらかじめ担保・設定することが出来る被疑者の権利の最少限度の担保措置として、
(6) 弁護人立会いにつき、犯罪捜査規範180条2項。

右のとおり、被疑者との連署をもって、申し入れます。

1997年○月○日

弁護人　小坂井久
被疑者　○○○○

司法警察職員　殿
検察官　殿

このケースは、この申し入れ書を一つの契機として、取調べを一定程度規制することは出来たものと考えている。起訴猶予処分で終わった事件である(註160)。

3　再び弁護人の姿勢について

近時において、この問題が話題になりはじめてから、既に20年以上、あるいは、積極的提言がなされてからも10数年を経ている(★37)。「現在」の状況を、弁護人の立場において、どのようにみるべきであろうか。

確かに、「ミランダの会」の運動に端的にみられるように、「取調べの可視化」の問題は、いわば論議の時代から実践の時代に入ったといってよいところがある。が、その実践は、現在、なお全体としてみれば、散発的あるいは極一部の実践との憾

160　本ケースについては、『大阪における当番弁護士活動（6）』（大阪弁護士会刑事弁護委員会、1998年）108頁以下参照。なお、この他の実践例については割愛するが、基本的に在宅取調べについては、かかる申し入れをためらう理由は、余り見出せないと思われる。また、余罪取調べの申し入れ書の例としては、大阪弁護士会『捜査弁護の実務』（大阪弁護士協同組合、新版、1996年）66～68頁参照。

を否めず、「取調べの可視化」をめぐっては弁護活動が活性化・広範化しているようにも思われない現実がある。その所以として、弁護士の側でも、必ずしも積極的でない考えがある故ではないかとも思われるので、これについて今一度考えておきたい[註161]。

(1) 理論的問題をめぐって

本稿で検討してきたところから明らかなとおり、「取調べのテープ録音」については、確かに問題がないというわけではない。私としては、「印象」というものの主観性・危険性がいちばんの問題として残されるように考えていることも前述したとおりである。そして、「印象」という問題にせよ、公判中心主義との関係にせよ(あるいは、改竄の問題をも含めて)、弁護士の側に理論的観点からの消極論があるとすれば、要は、これが、被疑者の防禦に必ずしも資するとは限らないというところに集約出来ると思われる。私は、これを全くの的はずれと断ずる気はない。しかし、的を射ているとは思わない[註162]。その所以は、要は、そのような消極論を唱えたからといって、何も変わらないということに尽きよう。我が刑事司法の「取調べ」の現状を肯定してすましてしまうことなど出来ようはずもない。

確かに、本稿でもしばしば言及したとおり、考えようによっては、「取調べのテープ録音化」(あるいは、これより低位の「可視化」)は、弁護人立会権の実現ほどには「防禦的」ではない[註163]。接見・適切なアドバイスを執拗な程に繰り返さない限り、被疑者は、捜査機関の圧倒的なコントロールの下に、より「完璧」な「自白」をなすことさえもありえよう。それが真実なら、それでも良いといえようが、「取調べの全過程の可視化」の「実現」を想定してさえ、そうでない場合にそうなるという危惧がないとはいいきれない(こういうことは、誰も大丈夫と断定できる話ではない)。また、真実か否かという問題をさて措いても、取調官の圧倒的コントロールの下にある被疑者の言をそのまま保存されること自体、「調書」に比して決して有利ではないと判断される場合さえもありえないわけではないとも思われる[註164]。

161　以下の論述は、既に、消極論・時期尚早論に対する批判を述べたところと、論旨として重複するところがある(本稿「消極論批判と時期尚早論に対する批判的検討」4ないし6参照)。が、弁護人の実践の観点から再度論じる必要があると考え論じておくこととした。

162　本稿「諸外国の例について」1参照。イギリスの状況は、一面、このような消極論を裏付けてはいよう。しかし、少なくとも我々は、イギリスの取調べ時間が「平均20分」だということを想起しなければならない。

しかし、現状の「調書」と対比する限り、右の問題が全くの例外現象であることは明らかだ。原則と例外を逆転させることはできない。個々の被疑者の利益という観点のみにおいても、供述する以上は、その過程が正確に保存されること、「適正な取調べ」が担保されることのほうが格段に望ましいと思われるケースのほうが、やはり圧倒的に多いことは疑いようもない。ほんとうに、現状の「調書」より、被疑者にとってマイナスなどと判断される場合は、仮にありえたとしても、全くまれというべきであろう。消極論は、原則と例外を取り違えていると思う。

成程、弁護人は、次の点の自覚をもたねばならない。すなわち、繰り返し述べてきたとおり、弁護側の「関与」を離れたところでは、被疑者が、「印象」のみを強烈に与える「テープ録取」(あるいは、より記録性の高い調書化) に陥る危険はたえずあるということである。「取調べの可視化」は捜査弁護活動の充実とセットになってこそ、実現されるに値することを繰り返し確認する必要はある。が、それで消極論が導かれるわけでは決してないのである。

この消極論の致命的欠陥は、ポジィティヴな展望が何もないということだと思う。

⑵ 現実上の問題をめぐって

弁護士の側の消極論の所以は、むしろ右の如き理論上の問題というよりは、結

---

163 もっとも、個々のケースにおいて、弁護人立会がほんとうに「防禦的」であるかどうかは、全く別問題である。先のイギリスの例でも示されていたとおり、結局、弁護人立会も、その「防禦」の「力」は、当該弁護人自身の姿勢に全面的に依拠することは明らかである。

164 個別的な被疑者においては、録音などされないほうがいいと（そのほうがこの被疑者のためだと）判断される場合がないとは限らない。被疑者の余りに愚かしい弁明を（それが、ほんとうに「愚かしい」かどうかは十分な検討が必要なことはいうまでもないが）、出来ることなら、裁判官に聞かせたくないと思った経験、あるいは、たえず変転する弁明を、出来れば整理されてから裁判官に聞かせたいと思った経験は、弁護人であれば誰しもあるといえるやもしれない。が、この問題は、取調べ可視化を被疑者の権利として求めるべきとの立場にあっては、抵触しない問題と一応いうることではある。そして、制度の問題として考えるときは右の点は弁護人として甘受する外はないと断ずるべきだろう。ちなみに「全過程」の録音により、出来の悪い調書作成によって、いわば敵の失点によって漁夫の利を得るといった類の、弁護活動は最早想定し難くなるわけであり、この点も弁護人は甘受すべきという結論になると思われる。

局は、個別的実践ということ自体、言うは易く行い難いという実感においてではないだろうか。が、既にみたとおり、これは案ずるより産むが易しというべきなのである。

　おそらくは、従来の捜査段階の弁護活動、その内容・在り方というものを、もう一度根本的に考え直してみる必要が、やはり、あるのだと思う。

　従来は、厳しく捜査機関側と対峙する事件においても、「取調べ」に関しては、被疑者が黙秘すること（あるいは、正確な供述をすること）を「励ましていく」のが、弁護人の主たる役目と考えられていたと思われる。弁護人の姿勢は、基本的にそのレベルにとどまっていて、弁護人自身が黙秘権行使を文書で通知するといったこと自体、「ミランダの会」の活動開始まで、まずされてこなかったのではなかろうか。逆に言えば、弁護人は、「取調べ」の場からは相当距離を置いていたということにもなる。あえて露骨に言えば、「外野」にいたといってもよい。要するに、「取調べ」の場そのものに主体的に関わっていこうという姿勢ではなかったし、そういう認識さえもなかった（少なくとも、乏しかった）といってよいのではないか。しかし、もしかすると、そのことこそが、露骨な糾問主義の現状、「密室」を保存してきた面さえないとはいえないのではないか。

　しかし、これについては次のような立場があり得るだろう。捜査段階において主体的な関わりを深くもとうとするとき、それだけの責任が及び、その際の一挙一動が決定的意味をもつという事態となりうるが、現状の弁護士の活動のなかでは、そこまで深い関与をするだけの準備をする時間も、（経済的な意味をも含めて）その余裕もないという考えである。これは、多くの弁護士のかなりの本音であるはずである。そんな責任は負えないし、むしろ負うべきでないとの主張さえありえよう。弁護人に対する要求水準ばかりが高まる状況に、「否」というべきだとの考えもありうるだろうと思う(註165)。さらには、わずかな接見をしたことだけで自白の任意性や信用性の補強要素とされるような判例のあるなかでは、より深くコミットすればするほど、逆に、捜査機関側（あるいは、糾問的な裁判所）の意図の中に組み込まれていくことにしかならないという考えも当然あり得るだろう。これらは必ずしも安易に否定し得る見解ではないと私も思う。

　しかし、この考えもまた、何処までいっても、後ろ向きでしかありえないという致命的欠陥をもっていると思われる。あえて言えば、だからといって、退路が何処か

　165　この点については、前掲註95で述べたので、ここでは繰り返さない。ただ、刑事事件と弁護人の経済的基盤との関係についての問題は、やはり、本来は、制度として解決されるべき問題である。このことを、もう一度、指摘しておきたい。

にあるというわけではないのである。結論を言ってしまえば、被疑者国選制が展望されている今、刑事（捜査）弁護活動の質的変化こそが必要である。そうならざるを得ないという言い方をしてもよい。防禦権を充実させようとするとき、これに対抗する力も強くなることは必然的であり、そういう現実が「現在」していることを個々の弁護人は自覚する外はない。「取調べの可視化」に焦点を絞って言えば、捜査弁護というもの自体が広範化するなかで、これを実現しようという個別実践について一定以上の「量」を確保しえないのであれば、「テープ録音化」等の「可視化」も、現状の「密室」の取調べを変革しない中途半端な（考えようによっては、より危険な）ところで定位しかねないという現実こそが存在するというべきである[★38]。

　右の意味での消極論は、要は退路の無いことを確認すべきということになろう。これもポジィティヴな展望の無い点で失当といわねばならない。

4　小括に代えて

　本稿で繰り返し論じたとおり、「取調べ全過程のテープ録音化」要求・「取調べ全過程の可視化」要求は、現状における捜査弁護活動のなかに、ひとつの有力な方針として選択されるに値する。そして、それがほんとうは我が刑事司法の根幹に係る問題であることも前述したとおりである。そのような姿勢を、被疑者・弁護側がはっきりと表明することには意味がある。現在、既に当番弁護士活動を通して、多くの弁護士の充実した捜査弁護活動が展開されていることは確かな事実である[註166]。我々は、そのことを信頼して、其処から将来を展望すべきではないだろうか。

弁護士会としての取り組みなどをめぐって

　「取調べの可視化」問題は、弁護士会として「全過程の録音」の実現に向けて取り組んでいるという姿勢を公にすべき課題である。この点、大阪弁護士会は、毎年1回、開催されている司法事務協議会（大阪高等・地方・簡易・家庭裁判所、大阪高等・地方検察庁、大阪法務局、大阪拘置所、大阪弁護士会の協議会で、各地の一審協議会と同じ性格をもつ協議会）において、「取調べの可視化」に関わる提案を、何度か行ってきた。以下のとおりである。

166　例えば、『大阪における当番弁護士活動（1～6）』（大阪弁護士会刑事弁護委員会、1993～1998年）参照。様々の積極的な取り組みが多くの弁護士（とりわけ、若手の弁護士）によって展開されている「現在」をみることができる。

① 1992（平成4）年12月7日の協議会
（検察庁に対し）
　通訳人を要する外国人被疑者に対する取調べの際には、最小限度、供述調書の読み聞けと署名・指印に関する応答部分及び取調べの冒頭における権利告知の各状況を録音テープに収め、保管されたい。
（理由）
　日本語を理解しない被疑者に対する取調べの際に、読み聞けの際に通訳が正確になされていなければ、被疑者が供述調書に記載された内容を理解して署名したとは言えない。そして、正確な通訳がなされていたかどうかを後日検証できる方法を残さない限り、「被疑者の供述を録取した」書面と言えるかどうか問題が残る。したがって、録音テープを保管しておくことが、日本語を理解できない外国人被疑者の供述録取書の証拠能力を判断する際の大前提である……既に裁判所においては、通訳の正確性を検証するために、録音テープを保管する扱いになっている[註167]。
（地検の回答）
　要望には応じかねる。
　ケースバイケースで、当該事件について必要があると判断した場合には録音テープを使用することもあり得る。[註168]

② 1994（平成6）年12月5日の協議会
（裁判所に対し）
　勾留質問の状況を録音し、将来弁護人からの請求があれば開示されたい。
（理由）
　既に外国人事件については、通訳の適正さを担保する意味において、公判廷での録音がなされているところ、勾留質問を殊更に除外すべき理由がない。一般的にも、捜査過程の可視化が自白の任意性などを判断する上で極めて重要であることは、今や法曹三者の一致した見解になりつつあると思われるが、勾留質問は、捜査過程において唯一裁判所が直に被疑者に接する機会といってもよく、その状況を可視化しておくことも重要であると思われる。また、勾留質問自体は短時間であり、録音に要する費用も安価であるから、録音に支障があるとは思われない。

167　前掲註152の浦和地判を引用して理由づけがなされた。但し、私自身は、かかる部分的「可視化」に賛同し得ない。このことは前述したとおりである。
168　大阪弁護士会会報号外（1993年3月）9頁。

（裁判所の回答）
　勾留質問の録音は、その手続の性質上、必要性に乏しく、また現行法上、検察官による勾留質問の調書の開示とは別個に、裁判所が録音テープを独自に開示できる余地はないので、要望には応じかねる。[註169]

（検察庁に対し）
　弁護人あるいは被疑者から、録音要求があった被疑事件については、要求がなされて以降の取調べの全過程を録音されたい。
（理由）
　捜査過程の可視化が自白の任意性などを判断する上で極めて重要であることは、今や法曹三者の一致した見解になりつつあると思われる。イギリスにおいて、取調べのテープ録音制度が実践されているが、警察において極めて好意的に受け入れられたという事実も参考になる。これに関連して、平成4年度の司法事務協議会の際、外国人事件について、取調べ過程を録音されたい旨の申入れをしたところ、検察庁は外国人事件全部については、要望に沿いかねる旨を述べられ、かつ、ケースバイケースで検察官が録音の必要性を判断するという趣旨の回答をされたところであるが、弁護人・被疑者側において録音の必要性を痛感する事案もあるのではないかと思われる。そのような事案について、録音を行うことに格別の支障はないものと思われる。
（検察庁の回答）
　要望には沿いかねる。[註170]

③　1995（平成7）年12月11日の協議会
（裁判所に対し）
　外国人被疑者については、勾留質問の状況を録音し、将来弁護人からの請求があれば、開示されたい。
（理由）
　昨年度の協議会において、外国人被疑者に限定せず勾留質問の状況を録音されるよう要望したところ、「その必要性はなく、要望には応じかねる」との回答であった。しかし、外国人被疑者については、特にその必要性が高いと思われるので、今回再度要望する。

169　大阪弁護士会会報号外（1995年3月）7頁。
170　前掲註169会報9頁。

(地方裁判所の回答)

要望には沿いかねる。

(大阪地方検察庁に対し)

検察官の作成される供述調書について、「第何回」供述調書というように通し番号を付するとともに、各頁に頁数を記されたい。

(理由)

証拠特定の際、例えば、同一日付けのものをいちいち「何丁のもの」という特定の仕方をするのは余りに煩瑣である。該当箇所を引用するときも、「何丁表・裏」という特定の仕方を現在はしていると思われるが、これでは誤りも生じ易い。頁数によって特定することが簡便であり、正確な引用にも資することが明らかである。

(検察庁の回答)

要望には沿いかねる。[註171]

④　1997(平成9)年12月11日の協議会

(検察庁に対し)

検察官調書にページ数を記入するよう徹底されたい。

(理由)

引用(特に一部同意などの場合)に便利である。なお丁数記入は謄写の関係で表・裏が紛らわしくなることがある。

(検察庁の回答)

要望には沿いかねる。[註172]

このやりとりを読まれた方が、どのように「評価」されるか、私が格別コメントを加える必要もないように思われる。ただ、右④については少し言及しておいてもよいだろう。これなどは、全く「取調べの可視化」の問題と関わらないともいえるテーマなのであるが、それでさえ、いわば公式見解としては、上述のとおりの回答しか示されないのが現状なのである。このことを、今は、確認する外はないだろう。かかる態様は、イギリスにおいて、そう評されたように、疑いもなく、『『前近代的(atavistic)』で『神経質なほど防禦的』で『破壊的』である』。しかし、同時に短期的展望のなかにあっては、「取調べの可視化」が、ほとんど絶望的であることの何よりの根拠を

171　大阪弁護士会会報号外 (1996年3月) 6頁。

172　大阪弁護士会会報号外 (1998年3月) 8頁。

提供していよう。

　弁護士会は、すみやかに「取調べ全過程」の録音を積極的に提言していくべきだと思う。「取調べ全過程のテープ録音化」は、個々の実践のみによって実現に至る途を拓くことは、困難な状況と思われるからでもある。そういう会としての運動が展開されなければ、はるかに遠い将来はいざ知らず、近い将来においては、「全過程」の「適正な」録音化には、行きつきようがないというべきだろう。要するに、個別の実践と会としての運動の両論が必要だと思う。

　弁護士会は会として、「取調べの全過程の可視化」に取り組まねばならない。その着手は最早遅すぎることはあっても、早すぎるなどということはないと思われる(註173)。

おわりに

　「はじめに」で言及したとおり、本稿は、大阪弁護士会刑事弁護委員会の1994年度の夏期合宿における報告をもとにして構成したものである。その夏期合宿報告から、既に4年近くの年月がたっているが、この間、「取調べの可視化」について、弁護士の側からのいくつかのアクションはともかくとして、現実には、何らかの進展があったとは評しえないのが実情だろう。

　私自身、この4年近くの間の私なりの経験からも、本稿の「はじめに」で「『取調べのテープ録音』以外の『可視化』については、現段階において、制度化を要求し、これを制度として実現させる基盤・共通認識・了解が必ずしも存在しないわけではないと思われる」と述べたところは、今や撤回する外ないとの想いを抱いている(★39)。要するに、それほど、我が刑事司法においては、戦前に存在した「聴取書」から引き継がれた「調書」についての伝統が根強いということだろう。あるいは、その来歴は、さらに古くまで辿れるものであるのかもしれない。いずれにしても、「密室での取調べ」

　　173　現在、弁護士会は、刑事司法の分野では、被疑者国選制の実現に向けて、そのエネルギーを傾注している。もとより、それは断然正しい、が、「取調べ全過程の可視化」はそれと同時に取り組まれるに値するテーマというべきである。たとえば、あの（明々白々の無罪事件である）甲山事件が20年にも亘る長期裁判になっている所以として、取調べ過程の可視性の余りの低さが根本原因を形成していることは、既に多くの論者が指摘されているところである。少なくとも、刑事司法の分野において、弁護士会において、「被疑者国選制」の次に取り組まれるべきテーマが、「取調べ全過程の可視化」であることは疑いを容れないと思う。

で「取調官の手」によって「物語」を「調書」化しなければならないという伝統こそは、我が刑事司法の、今なお要に位置づけられている。それは、我が刑事司法の文字通りの根幹を形成しており、一つの「信仰」にさえなっていると思われる。弁護人にとっては、これは高く厚く固い壁にみえる。しかし、我々は、これを良しとする考えは根本的に間違った思想であると、はっきり言うべきである(★40)。

本稿で示した「『取調べ可視化』論の現在」は、すみやかに「過去」と化さなければならない。が、今なお、「現在」は「現在」のままに停滞しているといわねばならないし、この停滞は、なおしばらくは続くと見込まなければならないだろう。これが、「現在」における我が刑事司法の現況である。

しかし、崩れない壁などはないはずである。この論攷が、全くの「過去」とみなされ、とても古くさく、その意味でおよそ読むに耐えない日が来ることの遠くないことを願って、結びとしたい。

★1　本稿は、1995年から1998年にかけて、大阪弁護士会刑事弁護委員会発行の「刑弁情報」に連載したものである。本書における論攷の全てについて同様であるが、形式的な誤記の補正などを除いて、基本的には、初出時のリアルタイムの論攷のままであり、これを加除・訂正していない(たとえば論攷中の犯罪捜査規範の条文なども、基本的に初出時そのままで、訂正していない)。内容が仮に古臭くなっていたとしても、論述そのものの「現在」性に重きを措きたいと考えたからである。それゆえ、必要と考えた言及は「後註＝★」のかたちで行わせていただくこととする。

★2　本稿では、「取調べ可視化」という用語を、いわば最広義の意味で用いている。つまり、書面によって取調べ過程が記録化されていくことをもこれに含めている(刑訴法316条の15第1項8号のいわゆる「取調べ状況記録書面」も制度化されておらず、存在していなかった時代の論述であることをお含みいただきたい)。

★3　70年たっても実現していない。しかし、そのような「現在」が「過去」と化す機が到来しつつあるというべきである。

★4　その「狡い」「卑怯」な「やり方」で裁判員裁判の実施を迎え、とにもかくにも、一部録画で乗り切りたい旨を最高検は表明している(たとえば、最高検察庁『取調べの録音・録画の試行についての検証結果』〔2009年2月〕参照)。これについては、本書第Ⅱ部所収「最高検『取調べの録音・録画の試行についての検証結果』批判」を併せ参照されたい。

★5　2009年1月末、日本弁護士連合会が運動として取り組んだ取調べ「全過程」の録画を求める国民署名は110万人を突破した。市民の理解・合意形成は、現在、大きく広がっている。

★6　★2参照。ここでも「可視化」の語を最広義の意味で使っている。この文章は、「取調

★7　ここも、「50年」と読み替えることになる。
★8　1990年代半ばは未だ基本的にアナログ時代であった。このような論述については、その点を御留意いただければ幸甚である。
★9　ここでは、幾分控えめに、こういう書き方をしている。現在は、一部録音・録画記録媒体については、これを検察官が「任意性立証」に用いようとする限り、証拠の適格性は全て認められないことにすべきだと考えている（このことは、本書で繰り返し言及しているとおりである）。
★10　現在は、全ての参考人取調べの「全過程」を録画・録音すべきだと考えている。かなり誤解を招く言い方に聞こえるかもしれないが、要するに、公判中心主義のみを至上のものと考えるべき必然性まではないということである。
★11　周知のとおり、被疑者国選は、2004年に制度化され、2005年に施行され、2009年5月からは対象事件範囲が拡大された。
★12　本稿当時、きわめて控え目な表現をしていたと思う。「可視化」は、この国の根本的な在り方そのものにも届きうる根源的な改革の契機になると考えている。
★13　★2のとおり、ここでの「可視化」の謂も、最広義のそれである。
★14　憲法的刑事手続研究会編『憲法的刑事手続』は、1997年に日本評論社から刊行された。
★15　同書は、1996年に刊行された（大阪弁護士協同組合）。2009年に、ようやくその第3版が発刊されている。
★16　最大判平11・3・24民集53巻3号514頁は、黙秘権に抵触することを論拠とする「出頭滞留義務否定説」を否定した。これを素直に読む限り、「出頭滞留義務」を肯定しているように読めるというべきであろう（そのような読み方を「行き過ぎ」とするものとして、村岡啓一「接見国賠訴訟大法廷判決の評価と今後の課題」自由と正義50巻7号〔1999年〕46頁参照）。この点については、小坂井久「黙秘権をめぐって」柳沼八郎ほか編著『新接見交通権の現代的課題』（日本評論社、2001年）69頁以下参照。なお、本稿では「取調受忍義務」という用語を使っているが、この言葉よりは、条文の文言に忠実に「出頭滞留義務」というタームを用いるべきであろう。
★17　★14参照。
★18　こう述べたのは、1996年のことである。この予見自体は全く的中しなかった。
★19　ただし、取調べ可視化請求権と弁護人立会い（請求）権との関係は、その理論的根拠にせよ機能にせよ、もとより、重なりつつも、異なる面がある。
★20　この論述自体は、あたかも挙証責任の転換を前提としているようにも読まれかねず、実務運用の実態と理論的根拠とを混同するものと自己批判せざるをえないと思う。ただし、公判前整理手続において、刑訴法316条の17に「任意性」に関する予定主張の明示が想定さ

れ、かつ、「反証」を請求する義務(同条2項、316条の32)が規定されたことをも考慮すると、いちがいに「混同」の一言で片付けるのではなく、この論点は、いわば「反証」義務の観点から、再構成することも可能ではないかと考えている。

★21　たとえば、憲法37条1項から、国家の責務としての「可視化」が導かれるのではないかと考えている。

★22　2003年10月松山で開催された日弁連第46回人権擁護大会で決議された提案理由においては「取調べ可視化請求権」について次のように述べられている。
「被疑者は、憲法38条1項によって黙秘権を保障されている。身体拘束下の被疑者取調べにおいて黙秘権保障のための手続的保護措置が不可欠であることは、憲法38条1項と同旨の憲法修正5条をもつアメリカにおいて、ミランダ判決（1966年）によって確認され、ディカソン判決（2000年）で憲法上の要請であることが明示されている。手続的保護措置が不可欠との法理は、我が国においても、何ら異なるべき理由がない。むしろ、憲法38条2項は同条1項を受けて、被疑者に供述の自由を確保するための手続的保護措置を求める趣旨と解することができる。刑事訴訟法319条及び322条が任意性に疑いがないことの立証責任を検察官に負わせているのも同様の趣旨と解することができ、その証明の程度は、合理的な疑いを超えるものでなければならない。客観的な資料、言い換えれば、可視性を十二分にもつ資料による立証がなされない限り、任意性を肯定できないというルールが確立されるべきである。被疑者がこのような供述の任意性を確保する手続的保障措置として取調べの可視化を求めることは、本来、被疑者の権利として構成されるべきものであり、憲法13条による自己情報支配権、憲法31条及び刑事訴訟法1条による適正手続の保障、さらに防御の主体としての防御権そのものからも、そうした権利を導きうるものというべきである。自らの供述の自由を確保するため、また、自ら情報を提供するにあたり、情報提供の経過及び内容を完全に保全する措置を求めることは、国家から告発された者にとって、その人格上の当然の権利として構成されなければならない」。

★23　一部録画記録媒体について考えてみると、被告人供述の限りでは、刑訴法322条1項の適用場面と解することは誤りではない。しかし、その場面を選択して録画・録音する以上、取調官の「報告」部分が存在しているというべきである。したがって、刑訴法321条3項が適用され、最低限、成立の真正立証が必要になるはずである（なお、最決平17・9・27刑集59巻7号753頁参照）。あくまでも自由な証明で足りるとした判決例もあるが（平成20年（う）第646号大阪高判平21・2・26公刊物未登載）、一部録画記録媒体を任意性肯定の資料として用いる以上は厳格な証明でなければなるまい。

★24　刑事事件の事実認定と弁論の全趣旨の関係については、石井一正『刑事事実認定入門』（判例タイムズ社、2005年）39頁以下参照。

★25　今日、日本弁護士連合会は、「可視化」を「全過程の録画」と定義している。「部分的可視化」の語は、そもそも概念矛盾だということになろう。

★26　「現在」は徹底的に批判されるべき対象として「一部録画記録媒体」が現実の「手がかり」として存在するようになっている（★4参照）。これらの関係では、指宿信教授が、2008年に発表された4部作が参考になる（「テレビ的パフォーマンスあるいは取調べの監視？──ニュージーランドにおける被疑者取調べ録画制度について」季刊刑事弁護54号146頁、「豪州における取調べ録音録画の実態──『ディクソン・レポート』の概要とその示唆」判例時報1994号3頁、「取調べ録画制度における映像インパクトと手続法的抑制策の検討」判例時報1995号3頁、「取調べ録画制度と自白の証拠能力──オーストラリアにおける立法ならびに判例からの示唆」判例時報1997号3頁）。「取調べ録画制度における映像インパクトと手続法的抑制策の検討」のなかでは、私が「適切な弁護活動」や「自由心証主義」などを持ち出したことに一定の批判も加えられている（同8頁〜9頁）。私はEF（equal-focus）が望ましいという考えを否定する気は全くない。現段階の心理学的知見がEFを相応しいとしているのには十分な根拠があるだろうとも考えている。そうである以上、立法措置（あるいは、これに伴う規則制定や実務運用）において、EFとすべきという提案を積極的にしていくべきだと思っている。ただ、判断者が見る角度によって心証形成が異なるというところまで、この問題を波及させるならば、本来は、公判での証言席の位置についても考察しなければならないことになりかねないように思われる。しかし、おそらく、公判の証言台の場合は、尋問者の表情をも含めた質問の在り方をも同時に観察可能ということで、問題点が顕在化していないと考えうるのだろう。録画記録がSF（suspect-focus）でなされる場合、その機会自体が奪われていることが大きな問題ということになろう。

★27　この「諸外国の例について」の部分は、本来、全面的に書き直すべきパートであろう。「情報」自体があまりに古く陳腐化しているし、「情報」量も乏し過ぎるうえ、不正確と評されるやもしれない。そういう考え方は当然ありうると思われる。しかし、ここでも、初出時の文章をそのまま残したうえで、★のかたちで参考文献を挙示する方法を採るにとどめることとした。すなわち、本文においては、1990年代の半ばに、一人の実務家が得ることのできた乏しい「情報」が並べられているにすぎない。ただ、そうであるがゆえにこそ、それらの「情報」の中に、今後の制度構想、さらには弁護実践の在り方などに十分な示唆を与える質の「情報」が既に存在しているようにも思われるのである。その意味で、初出時のままに掲載していることを御理解いただければと思う。

★28　可視化先進国のイギリスの状況については、渡辺修ほか監修『取調べの可視化──密室への挑戦──イギリスの取調べ録音・録画に学ぶ』（成文堂、2004年）が、まず参照されるべきであろう。なお、山上圭子「英国における取調べの録音制度について」法律のひろば56巻6号（2003年）71頁、白川靖浩「イギリスにおける被疑者取調べについて（上・中・下）」警察学論集60巻4・5・6号（2007年）、イギリスの取調べの実情については、和田進士「イギリス1984年警察・刑事証拠法則における告発前の取調べの終了時点について」立命館法学310号（2006年）492頁。

★29　ミランダの国アメリカは、可視化については、イギリスより相当遅れてスタートしたというべきだろう。アメリカの可視化の現状については、伊藤和子『誤判を生まない裁判員制度への課題――アメリカ刑事司法改革からの提言』（現代人文社、2006年）が、まず参照されるべきであろう。なお、髙念新彦「イリノイ州の取調べの可視化への動き」季刊刑事弁護42号（2005年）126頁、トーマス・P・サリバン「イリノイ州死刑諮問委員会と米国の取調べの可視化について」季刊刑事弁護46号（2006年）15頁、金山泰介「米国における取調べの録画録音について（上・下）」警察学論集60巻1・2号（2007年）、田中優企「身柄拘束下の被疑者取調べの電子的記録について――アメリカ合衆国の導入状況も参考に」比較法雑誌41巻1号（2007年）111頁など。

★30　台湾については、千線俊一郎「台湾における取調べ可視化の最新事情――全過程の可視化へ向けて前進」日本弁護士連合会『非拘禁化と取調べ可視化進むアジア諸国――'08韓国・台湾の調査報告』（2008年）126頁以下を、まず参照すべきであろう。なお、財前昌和「台湾における可視化の実情」季刊刑事弁護39号（2004年）87頁、渡辺修「台湾刑事司法見聞録――被疑者取調べの可視化」季刊刑事弁護34号（2003年）146頁、陳運財「日本と台湾における被疑者取調べの規制」比較法38号（2001年）51頁。

★31　指宿信「カナダにおける取調べ可視化と目撃証言問題」季刊刑事弁護38号（2004年）144頁参照。

★32　本稿の本文で紹介されていない「可視化」国を列挙すれば、以下のとおりとなろう。
＜豪州について＞　まず、渡辺修ほか編『被疑者取調べ可視化のために――オーストラリアの録音・録画システムに学ぶ』（現代人文社、2005年）が参照されるべきであろう。とともに、指宿・前掲★26論文のうち判例時報1994年号及び1997年号が必読文献である、なお、秋田真志「オーストラリアの徹底した可視化事情」季刊刑事弁護41号（2005年）146頁。
＜イタリアについて＞　最高裁判所事務総局『陪審・参審制度（イタリア編）』（2004年）、古田茂「録画・録音は最低条件のイタリアから学ぶ」季刊刑事弁護41号（2005年）149頁。
＜韓国について＞　韓国の新たな法制度の全体像については、申東雲（李東憙訳）「韓国における刑事司法の改革」刑法雑誌48巻2号（2009年）181頁参照。なお、今井輝喜「韓国における国民参与裁判の現状」刑事法ジャーナル15号（2008年）65頁、遠山大輔ほか「韓国における取調べ可視化の最新事情」日本弁護士連合会『非拘禁化と取調べ可視化進むアジアの試み――'08韓国・台湾の調査報告』（2008年）18頁以下、甲木真哉「韓国における取調べ可視化への改革の動き」季刊刑事弁護48号（2006年）124頁、李東憙「韓国における被疑者取調べの可視化」自由と正義56巻10号（2005年）120頁、山下幸夫「韓国視察から学ぶこと」季刊刑事弁護39号（2004年）93頁、朴燦運「弁護士が見た韓国における捜査の可視化」季刊刑事弁護39号（2004年）98頁。
＜香港について＞　森直也「可視化の最新システムを導入した香港」季刊刑事弁護41号（2005年）141頁、Sunny Cheung Man Kwan「香港刑事司法制度における取調べ実務の

変遷」季刊刑事弁護44号（2005年）182頁。

＜ニュージーランドについて＞　指宿・前掲★26論文「テレビ的パフォーマンスあるいは取調べの監視？」。

＜モンゴルについて＞　赤松範夫「モンゴルにおける可視化の実状」季刊刑事弁護44号（2005年）142頁。

＜中国本土について＞　山田直子ほか「中国における警察段階での取調べ可視化実験」季刊刑事弁護54号（2008年）154頁、樊崇義ほか訳「（翻訳）被疑者取調べにおける弁護人立会、テープ録音及びビデオ録画システムの創設」法と政治59巻2号（2008年）27頁参照。もっとも、中国の捜査段階の被疑者の権利保障の実情については、馬涛「中国における捜査段階の被疑者の権利保障について」修道法学28巻1号（2008年）408頁参照。

★33　この点は本書の「序」でも言及したとおりである。可視化をグローバルスタンダードだというとき、それは西欧型文明の押しつけでもなければ、ましてや超大国アメリカの人権外交戦略に位置づけられるものなどでは全くありえない。「文明」「文化」を異にしても、定立されうる刑事司法上の基準として、可視化があるといって差し支えない。

★34　この点、スティーヴン・ドリズィンほか（伊藤和子訳）『なぜ無実の人が自白するのか』（日本評論社、2008年）参照。

★35　警察からは、その後、返送されるようになった。苦情申し出制度のある現在は、返送されることはない。

★36　可視化申入れは、任意性の疑いを導くキィであり、少なくとも重要な伏線足りうる。可視化申入れの成果は大きい。この点については、本書の第Ⅲ部及び日本弁護士連合会『取調べ可視化申入れマニュアル（裁判員裁判対応）』（2009年3月）を参照されたい。

★37　「三十数年」「二十数年」と読み替えるべきことになろう。

★38　ここで改めて、2009年の「現在」に思い致さざるをえない。

★39　その後、ほぼ10年を経て、本稿で論じた「最広義の可視化」は、「全過程の録画」を除いて、おおむねは制度化されてきたといえる。しかし、と同時に、それでは、中途半端であり、それどころか、かえって危険な面があることを示されているのが「現在」である。「全過程」録画、すなわち、本義の可視化なくして、ほんとうの刑事司法改革は始まらないというべきである。

★40　「外部」を拒む「閉じた」思想は誤りである。

別表・〈取調べのテープ録音〉等に関する判例一覧表

＊「類型」について
A：任意性・信用性ともに肯定　B：任意性否定　C：任意性肯定・信用性否定

番号／事件名(通称) 判例	出典	類型	任意性の判断	信用性の判断	自白調書と同様に扱うか等
1 仙台高判 昭27・2・13	高刑集5巻2号229頁	A	任意性肯定	(信用性肯定)	(自由な証明)法322条を準用して証拠能力を付与できる
2 名古屋高金沢支判 昭29・3・18	高刑特33号172頁	A	任意性肯定(テープ再生中の被告人の様子から)	(信用性肯定)	(テープは任意性判断の資料のみの扱いか)
3／延暦寺放火事件 大津地判 昭35・3・19	判時226号19頁	B	任意性疑わしい(再製的復唱的意味)		被告人の自白調書の効力に対する当裁判所の判断は全て本録音にも該当するものとしなければならない→再生にあたり雑音など明確に聞こえない点からしても証拠価値は僅少
4 大阪地堺支判 昭36・12・17	下刑集3巻11号1152頁	C	一応任意性を有する	信用性否定	(テープは任意性判断の資料のみの扱いか)
5 広島地福山支判 昭40・8・13	下刑集7巻8号1668頁	B	任意性に疑いがある(復唱的供述。それまでの被告人の供述のまとめ)		自白調書は任意にされたものでない疑いがある、信憑性は極めて薄い→録音テープの内容も調書の内容と大同小異
6 東京高判 昭42・1・30	東高刑時報18巻1号19頁	A	任意性肯定	信用性肯定	
7／東十条郵便局事件 ①一審 東京地判 昭42・4・12	判時486号14頁	(B)	①取調べ請求却下(警察・検察両方)		①録音テープの取調べ請求却下(一審判決文自体からは必ずしも明瞭でないが、二審判決の判示からこれが窺える)
②二審 東京高判昭45・8・17	判時603号27頁	C B	②任意性否定(警察段階のテープにつき)	②(供述調書と検察段階のテープを一括して)信用性に疑問がある	②検察段階のテープ3巻を事実認定の為に用い得る直接証拠として採用したがその価値も供述調書と同様

148　第Ⅰ部　原理論・必要性論

8／青梅事件					
①上告審 最判 昭41・3・24	判時 439号19頁				
②差戻審 東京高判 昭43・3・30	判時 515号51頁	B	②（任意性否定）		②録音テープは自白の任意性、信用性を証明する資料として、特別に意義のあるものとは解されない
9／仁保事件					
①一審 山口地判 昭37・6・15	下刑集 4巻5-6号 532頁	A B	①任意性肯定 検察官録取のテープ 　→十分任意性がある 警察官の録取のテープ（証拠の任意性立証のため） 　→取調べに多少無理があったのでは （警察段階の調書全部、疑いあり）		①検察段階－調書、テープ、各補強証拠で事実を認めるに十分 　警察段階－任意性について多少でも疑問の存する以上、これを証拠とすることができない（但し、信用性があるかの如き口吻あり）
②二審 広島高判 昭43・2・14	判時 528号4頁	A			
③上告審 最判二小判 昭45・7・31	判時 598号37頁	(C)	②③任意性肯定（警察段階も）	③（自白調書、録音テープを一括して）自白の信用性は認め難い	
④差戻審 広島高判 昭47・12・14	判時 694号26頁	B (B)	④警察官録取テープ（任意性立証のため） 　→任意性に疑いがあると言わざるを得ない 検察官録取テープ 　→（任意性肯定）		④検察段階－別件逮捕の勾留が長期であることから証拠能力を否定
10／蛸島事件					
金沢地 七尾支判 昭44・6・3	判時 563号19頁	(B)	（任意性肯定）		成立の真正を肯定したが、証拠能力否定（違法な別件逮捕・勾留中の自白の為）
11					
福井地判 昭44・8・7	刑裁月報1巻 8号823頁	B	任意性に疑いがある		自白調書及び法322条として提出された録音テープの証拠能力→任意性に疑いあるものとして却下
12／大森勧銀事件					
①一審 東京地判 昭48・3・22					

②二審 東京高判昭53・10・30	判時1038号217頁	B	②録音テープは任意性立証の役に立たない		
③上告審 最決昭57・3・16					
13／千葉大チフス菌事件					
①一審 千葉地判昭48・4・20	判時711号33頁	C	①任意性肯定	①自白の信用性否定	
②二審 東京高判昭51・4・30	判時851号63頁	A	②任意性肯定（任意性裏付けるに足りるもの）	②信用性肯定（テープ・8ミリビデオより被告人の心身の状況は特に甚だしく消耗した色は認められない）	（任意性判断の資料のみの扱いか）
③上告審 最判昭57・5・25	判時1046号15頁				
14／六甲山事件					
①第一次一審 大阪地判昭46・5・15	月報3巻5号661頁				①自白の証拠能力を否定（別件逮捕等から）
②第一次二審 大阪高判昭47・7・17	高刑集25巻3号303頁	C	②任意性肯定		②（任意性判断の資料のみの扱いか）
③第二次一審 大阪地判昭53・6・23					
④第二次二審 大阪高判昭57・7・30	判タ481号163頁	(C)	④任意性肯定	④録音テープの自白状況自体は信用性肯認の一資料。他の諸要点から信用性を否定	④テープは"一見真実を思わせるもの"、結局、左のとおり自白の信用性否定
15／日石・土田邸事件					
東京地判昭58・5・19	判時1098号388頁	C	（任意性肯定）	信用性否定（自白以上に出るものではない）	犯行再現ビデオ。ビデオテープを被告人については法322条1項、他の被告人については法328条で取調べた
16／松山事件（再審）					
仙台地判昭59・7・11	判時1127号77頁	C	自白の任意性肯定	信用性否定（自白したことの裏付けにはなるが、自白の信用性を高めるものとは言えない）	

17					
①抗告審 東京高決 昭59・1・30	家月37巻 12号70頁	A	①②任意性肯定	①②信用性肯定（高度の信用性）	録音テープと調書を特に分けておらず、「自白」と一括して判断しているように思われる
②特別抗告審 最決 昭60・4・23	家月37巻 12号61頁				
18／「無盡蔵」店主殺人事件					
①一審 東京地判 昭60・3・13	判時 1154号 20頁	A	①②任意性肯定（テープ及びビデオの任意性に問題とすべきところがあると思われない）	①テープ：信用性を高めるもの ビデオ：信用性を高める一要素	犯行再現ビデオ。犯行事実認定の用に供する
②二審 東京高判 昭62・5・19	判時 1239号 36頁			②テープ・ビデオ：信用性あるもの	
19／杉並看護学生殺人事件					
東京地判 昭60・7・3	判時 1167号 3頁	(A)	任意性肯定		犯行再現ビデオ。証拠として取調べたが、自白調書等は事実認定の証拠として使用しなかった
20					
東京家審 昭57・2・20		D			
21					
和歌山地決平 5・2・25 （判決・平6・3・15）	判タ 870号 298頁	B D	任意性を担保するには全く不十分		自白調書の大半（36通のうち24通）を任意性なしとして却下

取調べ「不可視化」論の現在
取調べ録音・録画制度導入反対論批判

はじめに

　司法改革は、閉ざされがちであった「司法」というものを「外部」に向かって「開かせる」ものであるはずである。市民に対して「開いて」いくことを通して、本当の改革が遂行される。刑事司法改革も、かような観点に立ち、刑事手続過程の透明性が確保され、公正なルールが設定されてこそ、改革の意義を全うしうるであろう。

　それゆえ、刑事裁判官は、自らの判断が市民感覚との間に齟齬を来たしていないかどうか、その判断過程が「開かれ」、チェックされることを恐れてはならない。仮に批判があれば、自らの見識を盾として、「外部」と対峙すべきである。また、弁護人は自らの弁護活動の水準を問われ、弁護士会は、一定水準以上の弁護を確保し、劣悪な「弁護」を排除しなければならない。換言すれば、個々の弁護人は、自ら誠実義務を尽くす弁護を履践しておれば、その弁護活動が「外部」に晒され、仮に批判されることがあったとしても、それを恐れてはならない。そこに、一定の軋轢も生じえようが、弁護人は、自らの姿勢・見識をもって「外部」と対峙し、刑事弁護の意義を認知せしめなければならない。これを、そのような機会の到来と捉えるべきである。

　このとき、ひとり捜査機関・訴追機関のみが、例外であるなどということはない。捜査機関・訴追機関のみ、まったく不透明な密室での取調べという聖域を残し、これを秘匿し続けうる道理はなかろう。

　「取調べ可視化」という問題は、このような文脈の中でも位置づけうる課題である。日本の刑事司法実務が、密室取調べの中から立ち現れる一人称「物語」形式の「調書」によって、今なお事実を認定し、これに基づいて人が人を裁くシステムであるとき[註1]、その取調べ過程が透明化され、これを客観的な検証に耐えうるも

　1　第8回国選弁護シンポジウム基調報告書『国費による弁護制度を担う』（2003年）200頁以下、とくに同報告書231頁の後藤貞人発言参照。

のとすることは、むしろ上述した改革の中核をなすというべきである。

「取調べ可視化」制度化に関する現在の情勢

　日本弁護士連合会・第8回国選弁護シンポジウム実行委員会は、本（2003）年3月28日、プレシンポジウム「取調べの可視化と捜査弁護の深化」を開催し、また、5月8日に開催された本シンポジウムでは、同実行委員会・質的向上部会が「可視化時代の弁護に向けて」と題する報告を行った。これらの議論を通じて、日弁連は、「取調べ可視化」が刑事司法改革の最優先課題であることを確認したといってよい[註2]。

　これに先立ち、吉丸眞「裁判員制度の下における公判手続の在り方に関する若干の問題」（判例時報1807号〔2003年〕3頁）、佐藤文哉「裁判員裁判にふさわしい証拠調べと合議について」（判例タイムズ54巻6号〔2003年〕4頁）が発表され、取調べ全過程の録音・録画記録制度が裁判員制度の立ち上がりに伴って導入されるべきである旨提言されるに至った[註3]。これらは、裁判所の姿勢を窺わせるものと捉えられ、現在、「取調べ可視化」問題は、刑事司法改革論議のなかで、最もホットなテーマとして浮上することになっている。「はじめに」で述べたところからも、これが最重要テーマとされる必然性があることは、容易に理解されよう。

　しかし、かような事態に焦慮の想いを抱く立場から、「取調べ可視化」反対論が、相次いで発表されている。その代表が、本江威憙「取調べの録音・録画記録制度について」（判例タイムズ54巻12号〔2003年〕4頁）である[註4]。本江論文は、司法制度改革審議会の議論の過程で示された法務省見解をベースにして、これを敷

　2　取調べの可視化と証拠開示が、刑事司法改革の最優先課題である。要するに、捜査過程の透明化が、事後的であれ、まずもって実現されなければならない。

　3　吉丸論文は、「取調べの可視化」を私たちのように権利論として捉えているわけではない。しかし、裁判員制度の下での適正で充実した集中審理のために、被疑者取調べの「全過程」を録音・録画して正確な記録を残し、このベスト・エビデンスによって、取調べ状況・過程を明らかにするという審理方法を採ることが、「最も有力かつ相当」とする見解自体は、断然正しい。

　4　ほかに、飯田英男「裁判員制度および今後の刑事司法のあり方」ジュリスト1245号（2003年）130頁。（ただし、同論文は、犯行再現ビデオについては積極的である）、山上圭介「英国における取調べの録音制度について」法律のひろば56巻6号（2003年）71頁がある。

衍したものと捉えることができる。同論文は、「取調べ可視化」制度導入の反対論に純化した論攷であるが、ほとんど18世紀的ともいうべき取調べ観を端なくも示している。私たちは、このような反対論を放置できないと考える。

　以下、本江論文に対する批判を試みることとするが、従来、私たちが主張してきたところや^(註5)、上記各シンポジウムにおける報告・討議によって、すでに、このような見解に対する批判は十分論じられているともいえる。それゆえ、以下の論述は、すでに語られてきたことの再確認の域を出ていない。また、紙幅の関係で、概括的批判になっていることも、あらかじめお断りしておかねばならない。

本江論文の論拠その１──「真相」解明の障害

　本江論文が録音・録画制度を導入すべきでないとする論拠は、おおまかにいえば、次の２点に絞られる。
　①　録音・録画制度は、取調べによる真相解明を著しく困難にする^(註6)。
　②　録音・録画制度は、刑事司法全体の構造に重大な影響を与える。
　①について本江論文は、「犯罪に関する真相を解明する上で、被疑者及び関係者から真実についての供述を得ることは、極めて重要である」としたうえで、「捜査における取調べの実情を十分把握し、理解すること」の必要性を説き、次のように述べている。

　　　現実の取調べにおいて、罪を犯している被疑者が真実を語るに至るまでには、プライドや羞恥心、……不安・恐れ、……打算、……反省・悔悟などといった考えが心の中で渦巻く心理状態の中で、真実をすべて供述しようという気持ちと、なお否認を続けようという気持ちとの間で揺れ動きながら、取調

　　5　私たちの主張に関しては、小坂井久「『取調べ可視化』論の現在」刑弁情報11～14号・16号・17号（大阪弁護士会刑事弁護委員会、1995～1998年。本書第Ⅰ部所収）、大阪弁護士会刑事弁護委員会『シンポジウム・取調べ可視化の実現に向けて』（2000年）、秋田真志ほか「座談会／取調べ可視化に向けて」大阪弁護士会会報212号（2000年）19頁、近畿弁護士会連合会『第７回国選弁護プレシンポジウム・弁護実践によって取調べの可視化を』（2001年）など参照。
　　6　本江論文は、テープの証拠開示や参考人取調べについて生じる問題についても言及しているが、それらは、それぞれに固有のルール化を論じるべきもので、さしあたり、ここでの議論にとっては本質的な問題ではない。

官と様々なやり取りをするものである。……このような被疑者から真実を吐露する供述を得るには、取調官が被疑者との間で信頼関係を構築し、被疑者の良心、真情に訴えかけ、真実を語るように説得することが不可欠である。……取調官が、自らの生い立ち、生き様をさらけ出し、一人の人間として被疑者に訴えかける必要があることもある。……取調官は、様々な角度から、被疑者に発問をし、その供述に、矛盾点等があれば、それを追及し、虚偽の弁解が通用しないことを感得させるのである。その間の両者のやりとりは、まさに、生の人間同士のぶつかり合いである。その過程で、被疑者が取調官に対し、親しみを感じ、共感し、信頼感を覚え、少しでも尊敬の念を生じた時に、真実を吐露する供述がなされるのである(註7)。

このように論じたうえで、突然、次のように断言される。

　今述べたような真実に迫る取調べは、仮に、そのやりとりがすべて録音され、将来の公判で明らかにされるとしたら、被疑者も取調官も、取調べにおける一言一句が将来公判で再生されることを意識せざるを得ないことになる。そのような状況においては、被疑者が真実を述べることを期待することはもはやできないであろう。……犯人から真実の供述が得られなければ、その真相解明ができない事件は、現実に少なからず存在する。取調べの困難化は、このような事件の検挙・摘発を激減させるであろう。

刑事裁判における真相解明とは何か

　いったい何が語られているのだろうか。本江論文は、その出発点において根本的に誤った場所に立っているというほかはない。本江論文の述べるがごとき取調べの状況・過程が、事後的・客観的な検証を受けないでよいという理屈は、どこからも出てこないからである。裁判は、人が人を裁くのであって、まさに「生の人間同

7　本江論文が、そのような例の典型として、本庄保険金殺人事件で「自白」した武まゆみの本を挙示していることは象徴的でもあれば、本質的ともいうべきだ。髙野隆「本庄保険金殺人事件・武まゆみの証言と『記憶』」(法と心理学会第3回大会ワークショップ報告書、2002年10月19日) は、これを「強制――自己同化型虚偽自白」(ギスリー・グッドジョンソン〔庭山英雄ほか訳〕『取調べ・自白・証言の心理学』〔酒井書店、1994年〕305頁以下参照) の典型例として報告している。

士のぶつかり合い」が検証されるべきことはいうまでもない。そのいうところの「親しみ・共感・信頼感・尊敬の念」などの生成過程が客観的に検証されることは、とてもよいことだ。それは、取調官の高潔性を満足させるだろう[註8]。

　ところが、本江論文は、「取調官と被疑者の間の信頼関係を構築し、また、取調官が被疑者に対し様々な形で説得を行う過程では、両者の極めて私的な事柄に触れることもあるし、時には、第三者の秘密に関わる内容に及ぶこともある。……公になるという前提ではなし得ない、極めて私的な話をすることもあるのである。このような会話は、その性質上、およそ録音には馴染まない性格のもの、記録が残ることが分かっていればなされ得ない性格のものである」などとして、事後的な検証さえも不能にする密室取調べを先験的に措定したうえ、「捜査以外の場面であっても、誰しも、友人等から内密の話を聞くときや、自らの悩み事等を誰かに打ち明けるときには、他の者に聞かれずに話ができるような時と場所を求めるであろう。ましてや、打ち明ける内容が犯行の自白であるとすれば、いきなり多数の者の前でこれを打ち明けるという心理状態になることは極めて稀であり、ほとんどあり得ないのではないか。これは、素朴ではあるが、経験に裏打ちされた、多くの捜査官の実感であろう」などと述べるに至っている。

　語るに落ちたというべきだろうか。「ほとんど18世紀的」といわざるをえない「思想」が語られているように思われる。近代の「刑事裁判」というものに対する認識を根本的に誤っていることがはっきりと示されているからである。刑事裁判は、直接主義・伝聞法則の下、公開・口頭の公判中心主義によって、事実を認定するシステムである。本江論文は、これらの原則をまったく蔑ろにして立論し恥じるところがない。そのいわんとするところは、要するに、法廷では、そのいうところの「真実」は供述されえないということだ。しかし、そんな実証はどこにもないし、端的にいって、この発想は、近代における裁判制度を否定しているものでしかないだろう。

　第一、取調べは、本江論文のいうような友人同士の内密の話や悩みごとを打ち明けあうというプライベートな場ではない。国家権力が一人の個人を告発しようという権力作用そのものが働いている場にほかならない。もともと公の場なのだ。取調官が自らの生い立ちや生き様をさらけ出し、一人の人間として被疑者に訴えかけたとして、それが、公のこととしてなされている以上、事後的・客観的に検証されるべきは当然である。取調べという場面で、「人間関係」が表出されたからといっ

8　第8回国選シンポジウム・前掲註1書217頁のクライブ・デントン講演参照。つまり取調べ「全過程」の録音・録画は、なによりも、まず捜査官のギャランティになる。実際には、任意性の争いはほとんど消滅するであろう。

て、その途端、隠蔽が正当化される道理はない。むしろ、「公正・適正・正確」であるかぎり、取調官は何も恐れてはならないはずだ。本江論文には、これこそが客観化され公正なルールを定立すべき場面であるとの発想が皆無である。「ほとんど18世紀的」と評さざるをえない所以である。

さらに本江論文は、自らの経験に基づいて、「組織による報復を恐れて供述が調書に録取されることを拒む被疑者は、しばしば見られるところである。また、共犯者の中で最初に自白した者であっても、自分が最初に自白した事実が分からないようにして欲しいとして、供述調書の作成時期だけは他の共犯者よりも遅くするようにして欲しいと希望する者もいる。さらに、……衆人環視の公判廷では立場上否認せざるを得ない被告人も現実にいる。……録音記録制度の下では、このような立場の被疑者が取調官に対して真実の供述をすることは、およそあり得ないことであろう」とか、「自分として知られたくない動機・行為を自ら語っている状況をいきなり公にし、それを最も知られたくない人にも知られることを覚悟しなければ供述してはならないということになる」などとして（註9）、「これは、真実の供述に至る被疑者の心理状態を全く無視した制度といわざるを得ない」と結論づけている。

なるほど、それぞれの取調官がその情理を尽くした取調べの結果、ようやく「真相」が語られたと確信されるという体験自体は、貴重であろう。しかし、その情理を尽くした取調べによる供述の出方は、事後的にさえ客観的に検証不能なままである。あるのは取調官の確信のみで、誰も検証できない。これは、検証できないようにしなければ、真実が語られないという論法でしかない。その「真実」がどのように「真実」のものとして語られたかを検証してはならないというのであって、どこまでいっても不可知論にすぎない。私たちは、この論法を「悪質なパラドクス」と呼んでいる。

取調官が、このような「確信」を披瀝するのであれば、私たちは私たちの確信を宣明することが当然許される。すなわち、刑事弁護に真剣に取り組んだことのある弁護人なら、たとえ新人弁護士でも、「調書」というものが取調官の「作文」でしかない（少なくとも「作文」を必然的に含んでいる）ことは自明だということだ。それこそが冤罪を不断に生む元凶なのである。この確信は実証的にいえることだ。本江論文は、虚偽が混入する蓋然性という肝腎の問題に対して何ひとつ答えていないし、実際、これに対する顧慮の姿勢は一片も見当たらない。同論文のごとくにレアケースを普

---

9 本江論文は、書面による記録制度は、取調べ状況を客観的に明らかにするものとして有益とするが、この論述からすると、同記録制度においては、供述の出方を隠蔽することが前提になっているとしか思われない。それではおよそ意味がない。

遍化して語っても、冤罪を必然的に生むシステムの制度改革ができるわけもないのである。また、被疑者取調べの更生機能を考慮したとしても、取調べが神に対する懺悔でないことは自明だ。取調官は牧師ではないし、カウンセラーでもないのであるから、密室の必然性などは導かれえない。しかも、録音・録画は、直ちに密室性を解除するわけではない。それは、事後的・客観的な検証を可能にするだけである。取調官と被疑者とのやりとり・対のコミュニケーションのあり方それ自体は、変質しないというべきである。要するに、機械の存在を意識するかしないかだけのことで、この制度が導入されれば、いずれは、誰もが、その存在に慣れ、さして意識しなくなるであろう(註10)。

結局、本江論文の①の立論は、問題外と断じることができる。

本江論文の論拠その２──全体構造の変化

本江論文は、②について、①を当然の前提としたうえで、次のように述べている。

> 録音記録制度が導入された場合に真実の供述の得られない状況下においては、検察官は、可能な限りの情況証拠を収集して、起訴すべき事案については起訴するということにならざるを得ない。……多くの事件で情況証拠のみによる立証を行わざるを得ないこととなった場合、特に、裁判員制度の下でそのような状況となった場合、適切な事実認定を行うための負担は、立証責任を負う検察官のみならず、裁判員及び裁判官についても著しく増大すると思われる。その場合の負担の増大は、供述の任意性の判断に関して生じることが危惧されるという負担をはるかに超えるものであろう。結局、録音記録制度の導入は、その期するところとは異なり、裁判員の負担の増大をも招くことになる。……このように、録音記録制度は、取調べによる真相解明を著しく困難にするとともに、公判審理にも重大な影響を与えることとなるが、このことは、まさに、この問題が単に裁判員制度下における証拠調べという、一部の問題にとどまるものではなく、我が国の刑事司法における捜査の在り方、さらには、それを中心とする刑事司法全体の構造にかかわる問題であることを示している。……我が国の刑事司法がその使命を果たすためには、取調べによる真相の解明が極めて重要な位置を占めているのであり、録音記録制度によって、

---

10 第8回国選シンポジウム・前掲註1書216頁以下のクライブ・デントン講演参照。

そのような取調べの機能が大きく阻害されることとなる以上、……刑事司法の構造全体を抜本的に見直すか否かを問題としなければならない。

そして、捜査・訴追の在り方、黙秘権の在り方、新たな捜査手法の許容如何、実体法・手続法の在り方等々に言及し、「録音記録制度の導入は、こうした刑事司法全体の枠組みの中で検討されなければ、全体としてバランスを保っている我が国の刑事司法システムの機能を大きく損ない、重大犯罪の検挙・摘発が激減し、我が国の治安を不可逆的に悪化させる危険があると考えられる」などと断言している。

刑事司法全体の構造は変化するか

上述したとおり、①が誤っている以上、②の断言には、何の説得力もない。実際、この論述はなんらの実証性も伴ってはいないのである。

そして、②固有の問題として考える場合、まず、理念としての捜査構造が変化するか否かを問わなければなるまい。周知のとおり、捜査構造論として、糾問的捜査観、弾劾的捜査観、訴訟的捜査構造論といった見解が唱えられている。しかし、「取調べ可視化」それ自体は、「価値中立的」であって、いずれの見解とも整合しうることが明らかである。すなわち、可視化は、被疑者が「主体」足りうる環境を整備すると同時に、被疑者を直ちに「客体」にすることをも可能にするものでもある。実際、私たちは、「取調べ可視化」それ自体は、真実主義に親和し、むしろ「敵に塩を送る」制度だと断じてきたくらいである(註11)。可視化によって、理念としての捜査の構造は、何も変わらないというべきである。

要するに、可視化は、「公正・適正・正確」、すなわち、「刑事司法の尊厳」に奉仕するが、それ以上でもそれ以下でもない。可視化は、攻撃と防御の双方にとって等距離・等価値のもので、全体のシステム・機能を、本来、毀損させなどしない。「理念としての捜査構造」をなんら変えないものは、直ちに実現すべきで、裁判員制度の導入と同時に、これを実現させることに障害があるとは思われない。「取調べ可視化」は、「我が国の刑事司法の使命」、すなわち、刑事訴訟法１条の理念に極めて適合的なのである。

もっとも、「理念論」を離れて、刑事司法「実務」の「現実」という観点からいえば、

11　第８回国選シンポジウム・前掲註１書204頁以下、とくに同233頁以下の高野嘉雄発言参照。

これが捜査機関・訴追機関にとって、いささか衝撃的な改革課題であることは想像しえないわけではない。それほどに、検証に耐ええない取調べが蔓延していることが推察されるからである。しかし、それは、市民にチェックされるべき対象である。同時に、明治刑訴下の「聴取書」から続いてきた——もしくは、江戸時代の「口書」制度から続いてきた——「調書」裁判のありよう・実務の「伝統」は、確かに根本的変革を余儀なくされるだろう。しかし、可視化を実現するという課題は、上述したところから明らかなように、理念的な対立の帰趨を決するといったレベルの問題ではないのであって、前近代的なシステムをようやく克服しうるということでしかないと思われる。

おわりに

「取調べ可視化」をめぐって、ほかにも論じるべき論点は多い。全過程が不可欠であることや^(註12)、法廷への顕出の方法、あるいは、参考人取調べの可視化問題などである。しかし、紙幅が尽きた。

明確なことは、「取調べ可視化」の実現なくして、刑事司法の改革はないということである。私たちは、取調べ「不可視化」論がいかに前近代的な「現在」を指し示しているかを、「外部」に向かっても発信し続けるべきだろう。私たちは、可視化実現を果たすことによって、ようやく、日本において「刑事司法の尊厳」を打ち立てることができる。私たちは、可能な限り速やかに、近代における刑事裁判の自明の出発点に到達すべきだと思う^(★1)。

12　本江論文が「全過程」でなければ争いが生じてしまうことを認めているのは示唆的である^(★2)。

★1　本稿は、2003年の論争のなかで、急いで書いた憶えがある。しかし、必要性論と可視化反対論の論争をめぐる在り方は、結局、1985年段階の三井・米澤論争の再演がなされているにすぎないであろう。今日まで、同じヴァリエーションが変奏されているだけといってもよい。それにしても、法務検察・警察が「公判＝裁判」を否定するに等しい言辞に及んで少しも恥じることがないという事態が延々と続いているということは、一体、どういうことなのだろうか。異様だと思わざるをえまい。

★2　この点は、本江論文の立場のほうが、「現在」の法務検察・警察の姿勢より終始一貫しているというべきだろう。中途半端な録画・録音は、事態を紛糾させるだけである。

取調べ可視化論の現在・2008
裁判員裁判まであと1年の攻防

はじめに

　2007年、2つの冤罪事件の発覚は、この国の刑事司法界に激しい衝撃を与えた。鹿児島志布志事件の無罪判決、そして富山氷見事件の再審無罪判決である。21世紀の今日なお、この国において、自白強要による虚偽自白を因とする冤罪発生はまったく絶えていない。これが、この国の刑事司法の「現在」である。

　これらの事件について、最高検察庁も警察庁も調査検討を行い、その報告を公表した[註1]。その公表自体は、当然のことである[註2]。そして、本来は、そのような酷い過誤が「生産」されてしまう捜査手続の根本的なあり方について、真摯な危機感が表明されなければならないはずであった。その抜本的な解決策としての制度改革案が提言されるべきだったのである。

　しかし、残念ながら、いずれも、捜査の精神論や小手先のテクニカルな彌縫策を論じるばかりで、根本的な解決とはほど遠い検討結果になってしまっている[註3]。

　1　最高検察庁報告書「いわゆる氷見事件及び志布志事件における捜査・公判活動の問題点等について」（2007年8月）、および、警察庁報告書「富山事件及び志布志事件における警察捜査の問題点等について」（2008年1月）。なお、鹿児島県警察「いわゆる志布志事件の無罪判決を受けた再発防止策について」（2007年12月）も併せ参照。

　2　1980年代の死刑再審無罪4事件の際には、公式な検討結果の発表はなく、誤判問題研究会「最高検察庁『再審無罪事件検討結果報告——免田・財田川・松山各事件』について」法律時報61巻8号（1989年）85頁の「紹介」で、上記3事件についての検討内容の一部を知ることができただけである。これに比すれば、その姿勢自体は、これを評価する考えもありえよう。しかし、死刑再審無罪事件の際に検討結果を公表しなかったこと自体が根本的にどうかしているというべきである。

これらと相前後して、公表された警察庁の「警察捜査における取調べ適正化指針」も同様といわなければならない[註4]。
　その検討結果は、これら自白強要による虚偽自白というものが取調べ過程そのものから「創出」されたものであること、そして、それが氷山の一角であるということ、以上２点の視点・認識を決定的に欠いたものとなっている。事後的で客観的な検証をも拒む「密室取調べのシステム」が今日なお、そのままである以上、強要された虚偽自白による冤罪が「再生産」され続けていると考えるのは極めて合理的な推論である[註5]。そのようなシステムが現実に生き続けていることを直視することこそが重要なのである。
　それゆえ、もはや「可視化しか」ない。この国の刑事司法の「現在」が、そう告げているのだ。ところが、上記２つの冤罪事件の教訓を生かそうともせず、その衝撃をも無効化しようとして、これに抵抗する勢力がある。度し難い感性といわなければならない。
　このようななか、取調べ可視化論は、今、どういう状況にあるというべきなのだろうか。以下、2008年の「現在」と今後の展望を素描してみることとしたい。

　　3　たとえば、日本弁護士連合会「『氷見事件』調査報告書」（2008年1月30日）13頁以下の氷見事件最高検報告書批判参照。
　　4　国家公安委員会「警察捜査における取調べの適正化について」（2007年11月1日）、同次長通達（同月2日）、「警察捜査における取調べ適正化指針」（2008年1月）。これに対する批判としては、日本弁護士連合会「『警察捜査における取調べ適正化指針』に対する意見」（2008年2月15日）参照。なお、「警察捜査段階における取調べの適正化に関する有識者懇談会」（座長・平良木登規男慶応大学名誉教授）も設置され、会合が開かれているが、ことの真偽はともかく、取調べの可視化については消極的意見が多数などとも報じられている（2008年2月26日の第2回会合についての各社報道。たとえば、週刊法律新聞1754号）。
　　5　たとえば、2008年2月29日の朝日新聞（大阪版）朝刊は、その1面と33面で同月28日、大阪地裁所長襲撃事件の少年について4人目の再審「無罪」（保護処分取消し）決定がなされたこと（強引な取調べによる虚偽自白の存在）を報じるとともに、32面で、同日、宇都宮地裁が知的障害者に自白誘導の違法な取調べがあったとする国賠訴訟につき、その事実を認定し、金100万円の賠償命令を下した旨を報じている。要するに、違法・不当な取調べの例は、その発覚自体、枚挙に暇がない実情に在る。

「体験供述」という問題について

　上記2つの事件の衝撃を象徴するのが「体験供述」という問題である。志布志事件判決は、被告人のうちの一人の方の供述録取書に、存在しない会合の様子が微に入り細を穿って記載されていたことを指摘し、これを自白に信用性を認めえない一事情とした。すなわち、ありもしない会合に出席した人の服装、その特徴、そして、出された料理の詳細（ビールの銘柄に至るまで）が語られたとされており、「詳細すぎてかえって不自然」と判断されたのである[註6]。また、氷見事件の「体験供述」は犯行前に「新聞配達の男性とすれちがったことを思い出した」などというものであった[註7]。その迫真性・リアルさを何と評すべきであろうか。犯人しか感得しえないはずの「体験供述」が「作文」によって支えられている。かような「作文能力」は、一体全体、何なのか。

　裁判所は従来から調書の記載内容・その経過を詳さに検討して、その任意性・信用性を判断してきた。そのための注意則についても幾度となく説かれてきた。しかし、そういう裁判所の判断手法は、「既に捜査機関における供述調書作成手法の高度化によって通用しなくなっているものと考えざるを得ない」[註8]。

　これはたまたま、鹿児島と富山に心得違いの捜査官がいたといった話ではないのだ。制度そのものの問題である。答は1つしかない。取調べの過程・状況を、たとえ事後的にであっても、客観的、かつ、ダイレクトに検証できるシステムにすることである。「外部」から検証できるシステムでなければならないこともいうまでもない。

　すなわち、取調べ全過程の録画・録音（すなわち、可視化）以外の打開策などもはやない[註9]。けだし、上記2事件の例を見ただけでも、事後的にさえ検証のできな

　6　鹿児島地判平19・2・23（http://www.courts.go.jp/hanrei/pdf/20070309214153.pdf）59頁以下（志布志事件）参照。しかし、この認定が「アリバイ」認定を前提としていることに注意しなければならない。また、同判決が、連日にわたる長時間の執拗で苛酷な取調べの事実を認定をしながら、自白の任意性を肯定する判断に及んだのは理解不能というべきである（同旨、木谷明「刑事事実認定の基本的あり方」同編著『刑事事実認定の基本問題』〔成文堂、2008年〕11頁）。その意味で、同判決は評価できないといわざるをえない。

　7　それがまったくの虚構であるという事実は、底知れぬ恐怖感さえ抱かしうるものというべきである。日本弁護士連合会・前掲註3報告書17頁。

　8　同上参照。

い「作文」調書の弊害は、行き着くところまで行き着いたと評すべきだからである。警察部内の内部的な検証で事態が本当の意味で解決などされないことは、誰にでもわかることであり、検察における一部分の録画で、取調べ全体の適正が担保されようもないこともまた、自明といわなければならない。ところが、「はじめに」で言及したとおり、「現在」なお、これを拒もうとする言説が強く展開されている。

可視化必要性論の攻防について①

　可視化導入論とこれに対する反対論をめぐっては、2003年から2004年の段階で比較的活発な議論がなされた(註10)。日本弁護士連合会としても、可視化反対論批判の集大成というべき冊子を公表している(註11)。その問題はすでに理論的には決着が着いたともいわれていたところである(註12)。

　9　なお、日本弁護士連合会取調べの可視化実現本部は、「可視化」を「被疑者取調べ全過程の録画」と定義づけるに至っている。

　10　この期の論稿として、吉丸眞「裁判員制度の下における公判手続の在り方に関する若干の問題」判例時報1807号（2003年）3頁、佐藤文哉「裁判員裁判にふさわしい証拠調べと合議について」判例タイムズ54巻6号（2003年）4頁、本江威憙「取調べの録音・録画記録制度について」判例タイムズ54巻12号（2003年）4頁、山上圭子「英国における取調べの録音制度について」法律のひろば56巻6号（2003年）71頁、小坂井久「取調べ『不可視化』論の現在」季刊刑事弁護35号（2003年）12頁（本書第Ⅰ部所収）、同「取調べ可視化実現に向けての動きと基本的な考え方」季刊刑事弁護38号（2004年）14頁（本書第Ⅱ部所収）、同「現実的な立法課題となった『取調べの可視化』」季刊刑事弁護39号（2004年）80頁（本書第Ⅱ部所収）、同「刑事司法改革と可視化」法律時報76巻10号（2004年）52頁（本書第Ⅱ部所収）、渡辺修「被疑者取調べの録画──『可視化』原理と『包括的防御権』」季刊刑事弁護39号（2004年）105頁、小野正典「捜査の可視化への展望」季刊刑事弁護40号（2004年）78頁など参照。書籍としては、渡辺修ほか監修『取調べ可視化──密室への挑戦──イギリスの取調べ録音・録画に学ぶ』（成文堂、2004年）、日本弁護士連合会取調べの可視化実現ワーキンググループ編『取調べの可視化で変えよう、刑事司法』（現代人文社、2004年）、日本弁護士連合会編『裁判員制度と取調べの可視化』（明石書店・2004年）、日本弁護士連合会取調べの可視化実現委員会編『世界の潮流になった取調べ可視化』（現代人文社、2004年）など参照。

しかしながら、現段階でなお、日本政府は従来の姿勢をまったく変えようとはしていない(註13)。2007年12月の民主党可視化法案の参議院提出を契機として(註14)、警察・法務検察は国会議員に対して強烈なロビー活動を展開しており、その「配布資料」によれば、「可視化すれば治安が悪化する」などと説かれている。その言うところは次のとおりである。

　すなわち、「我が国における取調べの重要性」と題して、「我が国の刑事司法では、事案の真相を解明し、真犯人を適正に処罰することが、国民から強く求められている(実体的真実主義)」と述べ、「真犯人を特定し、更に犯罪の動機、態様、結果等の諸事情をも十分に明らかにするため、被疑者の取調べは、不可欠の役割」があるとしている。そのうえで、「仮に全面的な録音・録画がなされると……」として、「報復への恐れや羞恥心などから、被疑者が真実を供述することをためらう。録音・録画を意識して嘘を言ったり演技をする者も現れる」とか、「組織的犯罪において、組織の関与や上位者に関する供述が得られなくなる」とか、「調書化を前提としない供述に基づいて証拠を収集し、真相解明を図るなどの捜査手法が採れないこととなる」とか、「録音・録画の内容を秘匿することは困難であることから、取調べにおいて関係者のプライバシーを含む捜査上の秘密に触れることができなくなり、十分な取調べをすることができなくなる」などと主張されているのである。

　かくて、上記「配布資料」は、「取調べの機能が大きく損なわれ、事案の真相の解明が困難となる」と断言し、「その影響は極めて重大」だと述べている。すなわち、

11　日本弁護士連合会『取調べの可視化(録画・録音)の実現に向けて——可視化反対論を批判する』は2004年11月に公表され、2006年2月に第2版に改訂された。近々、再改訂第3版が公表される予定である(★1)。

12　たとえば、日本弁護士連合会取調べの可視化実現委員会編『可視化でなくそう！　違法な取調べ』(現代人文社、2005年)34頁以下における木谷明発言参照。

13　従前の政府見解は小泉純一郎首相の衆議院提出の答弁書(2003年1月18日——日本弁護士連合会・前掲註11書3頁以下参照)。2007年から2008年にかけて鈴木宗男議員が、この論点をめぐって質問主意書を提出しているが、これに対する福田康夫首相提出の答弁書の回答も同旨である(たとえば、2007年10月30日内閣衆質168第138号、2008年2月5日内閣衆質169第28号、同月19日内閣衆質169第64号など参照)。

14　青柳周「取調べ可視化制度——導入のための重要な一歩」季刊刑事弁護53号(2008年)86頁参照。

「悪質な犯罪者が野放しとなる場合が増え、治安に重大な悪影響」があり、「被害者をはじめとする国民の期待に応えられない」と言い、「断片的な証拠であえて起訴すれば、無罪が増加し、えん罪も生じる」などとまで主張するに至っているのである。

憲法で定められた黙秘権を実効的に保障しようといった発想は絶無と評するほかないうえ、「風が吹けば桶屋が儲かる」とは、まさに、これというべき主張である。かような論法が「もっともらしさ」を装って強力に展開されていることに驚かざるをえない。すでに論じ尽くされた感はあるが[註15]、念のため、上述のごとき主張に対して、以下、項を改め、概括的に反論しておきたい。

可視化必要性論の攻防について②

1 「取調べの機能」と「真実」をめぐって

なるほど、国民は、事案の真相が解明され、真犯人が適正に処罰されることを求めていよう。しかし、同時に、「高潔で適正な」捜査がなされることをも強く求めているはずである。冤罪被害など決して起こしてはならないと強く願っているであろう。

事後的にさえ検証できない状況の下での違法・不当な取調べにより得られた虚偽の内容の調書を証拠として認めてしまうことによって、現に、冤罪が生じてしまっているのだ。取調べの重要性を過度に強調することで、取調べの適正確保の要請は後退する。これが極めて危険であることは、すでに実証されている。これこそを、私たちの教訓としなければならない。

他方、可視化は取調べそのものを格別否定していない[註16]。「事後的・客観的・直接的な検証」を求めているだけであって、その意味では、「密室」それ自体さえ解除されていないのである。それゆえ、取調べの機能が損なわれるとの主張には何の根拠もない。

可視化が被疑者に供述をためらわせないことは、すでに可視化を実現している諸外国の例からも明らかである。控えめに設置されたマイクやカメラの存在など、すぐに誰も意識しなくなるであろう。仮に意識する場合がありえたとしても、その結

---

15 前掲註10、前掲註11参照。
16 しかし、出頭滞留義務を格別肯定しているわけではない（この点、学説の動向を論じる際、改めて触れる）。

果、慎重に言葉を選んでより正確に話そうとすること自体、評価すべきことではあっても、その逆ではない[註17]。

録画・録音向けの演技・虚言などというが、そのようなことも、可視化を実現している諸外国でおよそ問題とされていない。仮に、そのような演技などが行われるのなら、現在のような調書作成のあり方のほうが、よほどチェック機能に乏しく、よりリスキーなことは自明であろう。取調べ全過程の録画を検討すれば、むしろ本来、そのような状況は如実に認識・感得できる筋合いである。

論理は明らかに転倒している。取調べ全過程がそのまま記録されることによってこそ「真実」に近づくのであって、「実体的真実」発見のためにこそ、取調べの可視化が必要なのである[註18]。

2 「治安を維持する」ということをめぐって

また、組織的犯罪において、組織の関与や上位者に関する供述が得られなくなるというが、これについては別途供述人の保護方策を講ずればよいことである。「秘匿」を求めようとする発想自体、本来、正しくない。取調官は取調べが「公権力を行使する証拠収集の場」であって、まさしく「公の場」であることを肝に銘じておく必要がある。仮に、この主張のような配慮をどうしてもしたいのなら、証拠開示や公判での再生・利用如何の条件を詰めていけばよい。そうすることで、これは本来、解決しうるといわなければならない[註19]。

そもそも、「調書化を前提としない供述」なるものの内容が真実である保証などは何もない。それゆえ、「(そのような) 供述に基づいて証拠を収集」するなどといっても、それが有効・適切な手段であるかどうか自体、かなり疑わしい。しかも、現在、警察に情報が持ち込まれる場面のすべてを録画しなければならないとまで主張されているわけではない[註20]。実際のところ、公訴事実の証拠構造自体に関わらな

17　台湾視察における捜査官の発言（小坂井・前掲註10論文「取調べ可視化実現に向けての動きと基本的考え方」17頁参照）。

18　「真実」概念の違い自体が明らかというべきであるが、ここで、その点を論じる紙幅はない。ただ、神のごとき立場で真実を追及しようとする刑事訴訟観が誤りであることだけは、はっきりさせておかなければならない。

19　これらの点をめぐる最近の考察の一例として、吉丸眞「録音・録画記録制度について（上）」判例時報1913号（2006年）16頁、同「同（下）」判例時報1914号（2006年）19頁以下参照。

い捜査の端緒たる情報である場合、それが公判で明らかにされるというような事態は基本的に考えにくいと思われる。ともあれ、いずれも別途方策を講じうることであり、かつ、諸条件を詰めることで、十分解決可能な話である。

　上記「『体験供述』という問題について」で見たような「体験供述」の「作出」をも含む、取調室での「供述調書作成」に費やされているエネルギーと時間は膨大なものがある。これを「悪質な犯罪者」を「野放し」にしない本来の治安維持のための諸活動に効率的・効果的に用いることこそ、肝要というべきである。「被害者」にとっても、冤罪ほど不幸なことはない。それは、（志布志事件のような、ねつ造事件は別であるけれども）同時に「真犯人」を「野放し」にし、「適正な処罰」から逃れさせてしまうのだ。憎むべきは冤罪であり、その防止こそ刑事司法に携わる者の最大のミッションにほかならない。

　以上要するに、可視化によって、事案の真相解明に近づきこそすれ、真相解明が困難になったりはしない。上記「配布資料」なるものは、可視化すれば、「……えん罪も生じる」などという結論に至るというものであって[註21]、ただ可視化を拒みたいがためだけの「ためにする議論」を展開するものでしかない。

一部録画 DVD の証拠価値・証拠能力について

1　一部録画試行の状況について

　かような状況のなか、最高検は、2008 年 2 月 15 日、2006 年 8 月にスタートさせた取調べの一部録画試行についての「中間とりまとめ」を公表した[註22]。同録画試行は 2007 年末までに 170 件なされたとされており、そのうち、法廷で再生されたのは 4 件とされる（ただし、同じ DVD が別事件で再生されており、再生対象となった DVD

20　さしあたりは、「自己負罪供述を引き出しうる場面」全部を可視化せよ、と主張しているわけであるから、これと「情報収集」の場面とが故意に混同されて論じられているものと思われる。いずれにしても、この主張の場面では、共犯者供述の問題しか残らないというべきである（この点、一時停止を認める見解として、吉丸・前掲註 19 論文「録音・録画記録制度について（下）」24 頁参照）。もっとも、私は、参考人取調べも可視化すべきと考えている。

21　さすがに、この「論理」については、論評の限りではない。

22　最高検察庁「取調べの録画・録音の試行の検証について（中間とりまとめ）」（2008 年 2 月 15 日）[★2]。

自体は3本ということになる)^(註23)。

「中間とりまとめ」によれば、一部録画試行には、「レビュー方式」と「読み聞かせ・レビュー組合わせ方式」の2つがあるとのことであるが^(★3)、かような試行方法で、(しかも、法廷再生が、上記のごとき件数にすぎないにもかかわらず)、「自白の任意性を立証する手段としての有効性が認められる」との結論が導かれたなどとされている^(註24)。

さらに、試行DVDから自白調書に任意性の疑いが導かれたケースのあることをも挙げ、「自白調書の任意性を肯定する場合にも否定する場合にも有力な客観証拠となり得ることが明らかとなっている」などとしている。この「中間とりまとめ」は、最高検が一部録画(しかも、「レビュー方式」なるものを主とするやり方)で、裁判員裁判の実施を迎える意を固めたものと受け止めることもできよう。しかし、かような発想は明らかに失当である。

上述した自白調書却下のケースは、私自身、弁護人を経験した事案であるから^(註25)、あえて述べておくが、「中間とりまとめ」の論法は、いささか牽強付会の感がある^(★4)。一部録画であっても、そこから「任意性の疑い」が導かれることはありうる。比喩的にいえば、「1点」でも任意性の疑いは生じうるのであるから、このことは当然の理である。けれども、これは、「逆も真」などといえる筋合いの話ではない。けだし、任意性の立証責任という問題を直視すれば、一部録画(「1点」)で、任意性の存在という立証が全うされる(「100点」の立証が果たされる)などということはまず考えがたいというべきだからである^(註26)。

そして、さらに進んで、この問題を詰めていくと、任意性の存在を肯定する方向での立証資料としては、一部録画DVDは、極めて偏頗な資料といわざるをえな

23　東京地判平19・10・10判例タイムズ58巻3号134頁、大阪地判平19・12・27 (同年11月14日決定。〈http://www.courts.go.jp/hanrei/pdf/20080222112947.pdf〉参照)、東京地決平19・12・26など。前二者の裁判例は、評価できる。後一者の東京地決は、事実認定に対する謙虚さを明らかに欠いているように思われる。

24　最高検察庁・前掲註22中間とりまとめ2〜3頁参照。

25　前掲註23の大阪地決平19・11・14、岸上英二「取調べ過程の一部を録画したDVD再生と任意性立証」季刊刑事弁護54号 (2008年) 42頁参照 (同決定の任意性の基準・任意性立証の捉え方は、高く評価できる。同決定は、試行DVD以外に検察官が「積極的立証をしていない」として、任意性の疑いを明白にしたものであり、要するに、一部録画では任意性立証はできていない旨を示したのである)。

い(註27)。それゆえ、そのような立証方向のもとでは、基本的に証拠としての適格性自体を欠くといわなければならない。

2 供述証拠(非供述証拠)・伝聞証拠(非伝聞証拠)という問題

　上述した問題はもとより立証趣旨との関係がある。その供述の真実性を問題にするのではなく、任意性の存在(逆に「任意性の疑い」)という立証趣旨の場合(ニュートラルにいえば「取調べ状況」という立証趣旨の場合)、私はその証拠の性格について、従来は、非供述証拠で非伝聞証拠ではないかと考えていた。人の「知覚→記憶→表現→叙述」というものが介在しないように思われ、機械的「記録・再生」のみの場面のように感じたからである。この場合、証拠能力問題は、もっぱら、関連性の問題となる。

　しかし、私自身、実際の試行DVDに接して、一部のみを録音・録画するときは、取調官の意図が反映され、人為的操作が加わっていると考えるようになった。すなわち、その取調官の意図に基づき「切り取った」状況を「報告する」という意味では、やはり供述証拠としての性格を持つと思う。取調べ全過程の録画・録音という前提なら機械的「記録・再生」とも評価できようが、それとは異なる。

　以上のとおりとすれば、これも立証趣旨との関係によるが、「全過程を弁護人がチェックできない以上、伝聞証拠である」という説が妥当・相当である。この点、本人供述の限りでは、「取調べ状況」という立証趣旨とする以上、録画された「その場」の「表現・叙述」のみが映し出されているという発想もありえよう。

　しかし、被写「体」・被写「場面」の「一部切り取り」は捜査官の「報告」として、いかに「取調べ状況」という立証の場面であっても、伝聞性を払拭できないように思われる。けだし、捜査官が録画した「その場面」限りの「知覚→記憶→表現→叙述」という過程は「記録→再生」ということに置き換えられうるとしても、その場面を設定した(限定した)という人為性の問題は、どこまでも残るからである。

　　26　考えうるとすれば、任意性を疑う事情の存否如何が、その一部録画場面のみに局限され、それのみによって争点の帰趨が決められるという場合である。しかし、かような争点設定自体が妥当・相当かどうかは、さらに議論を要するであろう。
　　27　本江・前掲註10論文10頁は「一部録画」について「結局、録音されていない場面でどのようなことが行われているかということが争いとなるだけである」と、これが紛糾の種になることを、いみじくも、元検察官として予言している。

むろん、厳密にいえば、「切り取られた」のではなく、「切り取ろうとした」ということにはなるが、いずれにしても捜査官の人為・意図・裁量という、バイアスがかかって設定された「場面」であることに変わりはない。したがって、「切り取りの記録」は、「取調べ状況」という立証事項の対象事実を歪める要素を必ず含んでおり、反対尋問のチェックが必要不可欠である。逆に、あらかじめ全過程をチェックできるのであれば、「切り取り」が存在しないので、その伝聞性は、反対尋問をせずとも、払拭されると考えうるのではないだろうか[註28]。

3　あまりにも問題が多い試行DVD

現在の如き「レビュー方式」といったやり方の場合、「調書作成時の取調べ状況」については、その伝聞証拠性はあまりに明白というべきであろう。そのDVD内における「供述・その態度」など、すべて、要証事実との関係で、「知覚→記憶→表現→叙述」の過程そのもので、反対尋問のチェックが必要なことは明らかだからである。

なお、私は、一部録画は、まさに一部の印象のみの肥大化・特権化であって[註29]、任意性肯定の資料としては、事実認定を誤らせる蓋然性が高く類型的に法律的関連性がないと考えてきた。この考えは、もとより、今も変わっていない。さらに、「レビュー方式」なるものの実際の試行DVDに接してみて、自然的関連性自体、甚だしく「乏しい」と考えるようになった。あまりに迂遠で不可解な立証方法だからである[註30]。試行DVDはあまりに問題が多い。

28　基本的に刑訴法321条3項の場面と考えてはいるが、法廷外での被告人・弁護人によるチェックの存否如何が証拠の性格を決すると表現してしまうと奇異に思われるかもしれない。むしろ全過程チェックの可能性如何は信用性の情況的保障の存在を示すものであり、これによる伝聞例外だとみるべきなのかもしれない。なお検討を要する。

29　小坂井久『「取調べ可視化」論の現在（2）』刑弁情報12号（大阪弁護士会刑事弁護委員会、1995年）49頁以下参照（本書第Ⅰ部所収）。

30　この場合、刑訴法321条3項の場面かどうか自体、問題にする余地さえあると思われる。この場合の捜査官の報告部分は、実況見分と同視しうるだろうか。なお検討したい。

可視化論の理論・立法・実務の「現在」について

　可視化導入論・必要性論について、これが政治的な課題として、前述したような論争状況にある一方で、可視化論について、いわば理論的観点から、幾分の警戒の意を表明する言説も登場している[註31]。この言説は、もともと研究者の方々が可視化論を理念的・理論的に不徹底な立場から唱えられているかのように捉えられていたことと通底している(たとえば、録画・録音より弁護人立会だという議論である)[註32]。

　紙幅の関係から詳論できないが、率直にいうと、私はこれらの言説は必ずしも正しくないと考えている。「……あえて言えば、取調べ受忍義務肯定の現状を前提にしたその主張は、戦略であって、権利ではない」といわれ[註33]、「他の課題を相対化する」ともいわれているが[註34]、「戦略なき学説」が、今日まで実務を変革する起動力をどこまで有していたかどうかは、疑わしいところがある。可視化論が理論的に見えないのは、これを従来の理念的枠組みでのみ捉えようとされるからではないだろうか。

　たとえば、確かに可視化論は、すでに言及したとおり、出頭滞留義務を格別否定していない[註35]。しかし、だからといって、可視化論が糾問主義の立場に立つというのではない。というのは、可視化論は出頭滞留義務を肯定するといったモチーフをもまた、どこにももってなどはいないからである。まさにニュートラルなのである。

　しかし、ニュートラルであるからこそ、本当の意味で改革的でありうるといってよい。日本型刑事司法にとって、可視化は決定的に重要である。上記してきたような、捜査機関側からのあまりに執拗な抵抗の言説に接するたびに、私は、その感を深くせざるをえない。明日直ちに、理想的な刑事司法制度ができ上がるというのでない限り、現実の改革課題は、必ず優先順位をもつ。まさに実現するというリアルな場

31　中川孝博「取調べの可視化は進展したか・改善されたのか」法学セミナー630号(2007年)24頁以下、大出良知ほか「座談会／刑事訴訟法の現在と課題」法律時報989号(2007年)29頁以下の豊崎発言、渕野貴生「被疑者取調べの課題」同46頁以下など参照。

32　小坂井・前掲註10論文「刑事司法改革と可視化」56頁注10参照。

33　渕野・前掲註31論文47頁。

34　大出ほか・前掲註31座談会29頁の豊崎発言。

35　小坂井久「『取調べ可視化』論の現在(3)」刑弁情報13号(1996年)20頁以下参照(本書第I部所収)。

面にあっては、その道筋・方途を誤ることは許されない。

　この点、立法化という現実の課題を目前として、必要性論を超えた制度論の提言が吉丸眞氏によってなされた[註36]。その構想を、私たちも基本的なところでは支持しているといってよい[註37]。なぜなら、現実の実務に可視化を制度として根づかせ、現状からの継続を前提とする実務運用のもとでの立法化を企図するとき、吉丸構想が基本となるだろうからだ。

　むろん、可視化実現が近づくにつれ、これさえも「危険だ」とする言説が必ず登場するだろう。しかし、私自身、「可視化が危険でない」と言ったことはないし[註38]、展望としては、可視化記録媒体はすべて実質証拠と扱われる時代が来ることもまた必然だと考えている。そのとき、逆に、公判中心主義との衝突の意味をどう理解すべきかの論争もなされるものと予見される。要するに、可視化によって、最も大きなエネルギーの支出を強いられるのは弁護人であるかもしれないのだ。しかし、あえていえば、それを私たちは引き受けるべきである[★5]。

　さしあたり、現状の実務では、「一部録画」の是非論が繰り返し争われていくことになるであろう。「一部」か「全過程」かが対決点である。上述したとおり、弁護人は、証拠能力・証拠価値論をスタンダードな弁護実践とすべきである[註39]。その実践こそ、「全過程」への突破口であり、今や誠実義務の履践であることが明らかである。

結びに代えて

　私はかつて、可視化は自然過程であると述べたことがある[註40]。その前言自体

36　吉丸・前掲註19論文参照。

37　小坂井久ほか「取調べの可視化（録音・録画）制度導入の必要性と構想について」判例時報1966号（2007年）3頁以下（本書第II部所収）。

38　たとえば、小坂井久「『取調べ可視化』論の現在（6）」刑弁情報17号（1998年）30頁（本書第I部所収）、同・前掲10論文「刑事司法改革と可視化」56頁（本書第II部所収）など参照。

39　小坂井久ほか「取調べの可視化制度と検察庁による取調べの録画試行」自由と正義58巻10号（2007年）41頁、近畿弁護士会連合会シンポジウム報告書『どんどん争え！　任意性』（2007年11月30日）参照。

40　小坂井・前掲註10論文「取調べ可視化実現に向けての動きと基本的な考え方」18頁参照。

を翻すつもりはない。

　しかし、率直に言えば、私たちは焦慮すべきだと思う。なぜなら、虚偽自白による冤罪が日々生み出されているからであり、状況は一刻を争うからである。そのような冤罪が現在、リアルタイムで「生産」され続けていることは確実といわなければならないのだ。そして、裁判員裁判まであと1年となった。一刻も早く可視化を実現させなければならない。

　かくて、今、自然過程を強く押し進める「人間的な」力が必要である。各単位弁護士会において、繰り返し可視化を求める総会決議・会長声明が公表されているけれども、今こそ、弁護実践を強化しなければならない(註41)。そして、市民の方々の理解・支援を獲得し、市民の方々の支持の下で可視化を実現させなければならないのである。

　紙幅の関係で、論じるべきことを論じえなかったところのあることをお詫びしなければならないが、とまれ、事態は今まさに刻一刻と動いている。本当の正念場は「実践」のなかにある。それが可視化論2008年の「現在」である。

41　紙幅の関係で詳論できないが、被疑者ノートにつき森直也「被疑者ノートを利用した弁護実践——被疑者ノートを証拠として採用させるには」自由と正義58巻10号（2007年）61頁以下、刑訴規則198条の4につき小橋るり「改正刑事訴訟規則198条の4の『的確な立証』に関する試案」自由と正義56巻11号（2005年）50頁以下、さらに小坂井久「平成刑訴と可視化に関わる弁護実践」季刊刑事弁護45号（2006年）116頁以下（本書第Ⅲ部所収）、近畿弁護士会連合会・前掲註39書など参照（このシンポジウムの内容については、後藤昭教授をまねいてのパネルディスカッションを含め近日中に近畿弁護士会連合会刑事弁護委員会において冊子を刊行する予定である）(★6)。

★1　2008年3月に刊行された。
★2　2008年3月末にとりまとめが発表され、2009年2月には、さらなる検証結果が発表された。
★3　本書で繰り返し言及されることとなるが、「レビュー方式」は、「既に作成し、証拠調べ請求を予定している自白調書を被疑者に示すなどして特定した上で、自白の動機・経過・取調べの状況、当該自白調書の作成過程、同調書に録取されている自白内容等について質問し、被疑者が応答する場面を録音・録画するもの」であり、「読み聞かせ・レビュー組合せ

方式」は、「被疑者の供述を録取した検察官調書について、被疑者が読み聞かせを受け、閲読する場面及びこれらにより内容を確認して署名する場面を録音・録画し、引き続き、同調書を中心として、自白の動機、経過、取調べの状況、自白内容について質問し、被疑者が応答する場面を録音・録画するもの」である（最高検察庁「取調べ録音・録画の検証について」〔2008年3月〕5頁）。

★4　一部録画DVDで調書の任意性の疑いを導いた判断例の存在を根拠として、最高検は、一部録画DVDが、任意性立証について、「検察官にとって有利であるか不利であるかを問わず、自白の任意性を立証するうえで有用な証拠となりうるものと認められた」などとしている（最高検察庁「取調べの録音・録画の試行についての検証結果」〔2009年2月〕6頁）。しかし、天下の最高検が、このようなごまかしを公言すべきではないと思う。これが、ごまかしである所以を3点挙げておきたい。

1つは、これは任意性立証の「失敗例」であるということである。「任意性を立証するうえで有用」という表現は、そもそも表現自体が失当というべきである。

2つは、1つめのことと表裏であるが、上記検証結果で、最高検自身、この判断を「裏付ける内容であると認められた」としているということである。ところが、当該訴訟では、検察官は、全く逆の内容の立証をしようとしていたのである。「検察官一体の原則」からしても、ここまで厚顔に矛盾した見解を披瀝していいものであろうか。

3つめも、以上2つのことと密接に関係し、あるいは、重なる。最高検が事後的にみて不当であったと認めた上記の如き捜査・訴訟活動が、現場で現になされているということである。一部録画でさえ不当な「誘導」の存在が「認められた」のである。しかも、現場では、リアルタイムで、それは問題ないと認識されていたのである。録画のない場面で、そのような「不当」な状況がさらに生じている蓋然性は極めて高い。誰が考えても、それが合理的推論である。換言すれば、一部録画だけでは、そのことが見落とされてしまう危険が極めて高いということだ。不当な取調べの存在を「認めた」最高検が、そのような実情について知らぬ振りを決めこむのは明らかに無責任である。

以上要するに、この検証結果は、志布志事件や氷見事件の教訓を全く生かそうとしていない。虚偽自白や冤罪を防止するという何の配慮もないものである。歴史の審判に、およそ耐えるものではない。その批判の詳細は、本書第Ⅱ部所収「最高検『取調べの録音・録画の試行についての検証結果』批判」参照。

★5　可視化の理論状況を正確に俯瞰したうえで、考察し、極めて説得的な可視化積極論を展開した最近の力作として、青木孝之「取調べ可視化論の整理と検討」琉大法学81号（2009年）41頁がある。

★6　2008年10月に近畿弁護士会連合会刑事弁護委員会『パネルディスカッション／任意性の過去・現在・未来』と題して、刊行された。

第 II 部

情勢論・制度論

捜査の可視化

現状

　捜査弁護というものは、暗闇の中で杖をつきながら歩くようなものである。
　「捜査の可視化」という問題について、弁護人の立場から、現在の実情を率直に述べれば、このように言うことができる。実際、現法規の下では、捜査段階において、弁護人の側に示される捜査機関側の情報・資料というものは、勾留状謄本があるだけで、それ以外には何もない[注1]。逮捕状請求書謄本の謄写が実現していたこともあるが[注2]、現在では、それも果たされなくなっている。この点、弁護人は被疑者本人から情報を入手できるとして、弁護人への情報開示の必要性を認めない見解もあるが[注3]、ほとんど笑止といわざるをえまい。事案がよほど単純なケースなどは仮に除くとしても、多くの被疑者は、自らの被疑事実自体さえ、これを正確に述べうるというわけではない。突然のごとくに身体拘束された場合など、ほとんどの被疑者がそうなのである。
　要するに、まったくの手探り状態で捜査弁護は開始され、かつ、捜査期間を通じて、勾留理由開示などのさまざまの試みをしても、この状況に基本的変化は生じ

1　刑訴規則74条、同154条参照。勾留状謄本は、厳密にいえば、「捜査機関側の資料」とはいえまいが、そういういい方をして、必ずしも不適切ということはないと思われる。なお、これさえ規則74条の「執行を受けた……その謄本」との文言を理由として、その謄本そのものの交付でなければならないとの扱いによって、交付申請から交付まで数日を要してしまう場合が多い。

2　髙見秀一「逮捕状請求書謄本の謄写請求の勧め」季刊刑事弁護4号（1995年）162頁参照。

3　たとえば、河上和雄「証拠開示・コメント2」三井誠ほか編『刑事手続（下）』（筑摩書房、1988年）534頁は、「……最も強力な証拠は被告人そのものであり、その被告人を中心とする弁護側が、被告人を相手側としている検察官の証拠を欲しがるのは、あまりに多くを望むものであろう……」としている。しかし、それならば、当の本人から自白を得ようというのは「あまりに多くを望む」ことになる筋合いである。

ない。これが捜査弁護の実情である。そして、公判段階になってさえ、被告人・弁護人に、十分な資料が示されるわけではない。

これは、なにも弁護にとって都合が悪いといったレベルにとどまるような話ではない。現在の刑事司法のまさに根本問題なのだ。「捜査密行の原則」などといって[注4]、捜査段階において、あらゆる情報は、その被疑者本人の側にも「秘匿」され、コントロールされ続けてきた。かくて、当の被疑者本人の供述さえもが（本来、当の被疑者本人にとってベスト・エヴィデンスであるはずの自らの供述さえもが）、捜査機関側に「囲い込まれ」て「作成」され、調書上の「記載」となっていくのである。しかも、その捜査機関側の情報収集過程は、事後的にさえ客観的には検証されえない。

要するに、このような現状にあっては、司法制度改革審議会が唱える「透明性」というものは、およそ存在していない。それが捜査の実情である。この現状は、刑事司法全体の根本的な信頼に関わる問題であることが明らかであり、いわゆる「捜査の可視化」とは、右のごとき現状を根本的に改めなければならないという課題の謂にほかならない。

ところで、右課題の検討状況について言及すると、「捜査の可視化」は、まず、「取調べの可視化」と「その余の捜査過程の可視化」に大別して論じうる。前者については、被疑者取調べの「可視化」と参考人取調べのそれとを区別して検討することになろうし、後者の問題は、捜査過程のリアルタイムでの正確な記録化と、その捜査段階での開示という制度実現の問題だと要約することができよう[注5]。その現状と改革課題について論じるべき点は多い[注6]が、本稿においては、紙幅

4　しかし、刑訴法 196 条は、旧法（大正刑訴法）253 条と違って、捜査密行の原則を明言などしていない。

5　これらの点については、1999 年の前橋・日本弁護士連合会第 42 回人権擁護大会シンポジウム第 1 分科会基調報告書『新しい世紀の刑事手続を求めて』88 頁以下、その私案としての立法案の素描に関しては、同基調報告書資料編 207 頁以下（髙野隆）、同 212 頁以下（小坂井久）参照。また、1997 年の下関・日本弁護士連合会第 40 回人権擁護大会シンポジウム第 3 分科会基調報告書『刑事司法と憲法再発見』201 頁以下では、初動捜査・本格捜査・取調といった捜査段階論が説かれている。

6　たとえば、捜査段階での開示制度を少しでも前進させるための提案としての刑訴規則改正案として、大阪弁護士会刑事弁護委員会制度研究部会「起訴前および第一回公判前における資料等開示問題」刑弁情報 6 ～ 8 号（大阪弁護士会刑事弁護委員会、1992 年～ 1993 年）参照。

の関係もあり、右のうち被疑者取調べの「可視化」に問題を絞って論じておくこととする[註7]。

　率直にいえば、私は、あえて優先順位をつけるとすれば、まずもって被疑者取調べの「可視化」こそ、われわれがターゲットにすべき実現課題と捉えている[註8]。実際、右のごとき「秘匿」のなかで、被疑者本人の供述が捜査機関側に「囲い込まれ」ているという状況が維持されていることこそが、一番の問題なのだ。明治刑訴法下の下で「訊問調書」の制約を潜脱すべく「聴取書」が生まれたのであるが[註9]、その「伝統」、すなわち、客観的に検証不能な密室の取調べで「物語」を作成し、その「物語」に基づいて事実認定するという「信仰」ともいうべき「伝統」が、100年にもわたって続いてきたのである。これこそが問題であるということに、もはや異論はないと思う。

中間報告の内容

　中間報告は、「エ　新たな時代における捜査・公判手続の在り方」のうち「イ　被疑者・被告人の身柄拘束に関連する問題」のなかの[註10]、「a．被疑者の取

7　「取調べ可視化」に関する議論の全体像については、小坂井久「『取調べ可視化』論の現在」刑弁情報11～14号、16号、17号（1995～1998年）参照（本書第I部所収）。なお、大出良知「取調べのテープ録音は導入可能か」季刊刑事弁護14号（1998年）75頁参照。

8　かかる観点から論じられている「被疑者取調べ可視化」についての最新の文献として、大阪弁護士会刑事弁護委員会『シンポジウム／取り調べ可視化の実現に向けて』（2000年）、秋田真志ほか「座談会／取調べ可視化に向けて」大阪弁護士会会報212号（2000年）19頁参照。

9　大審院判例は、当初、司法警察員の「訊問調書」を越権として無効としていた（大判明25・6・30法律新聞1875号4頁参照）。また、「聞取書」の表題があっても、実体が訊問調査であれば「訊問調書」としていた（大判明28・10・25判決録3輯169頁参照）。しかし、その後、「供述カ其自由任意ノ承諾ニ出テタルモノ」であれば「適法ニ作成シタル書類」であるとの判断がなされ（大判明36・10・22判決録9輯1721頁参照）、「物語」形式の「聴取書」が定着してしまう。

10　中間報告は「身柄拘束」という表現を用いているが、刑訴法上は「身体拘束」という言葉であって、この用語はない。この語を用いることは必ずしも適切とは思われない（なお、警察官職務執行法2条3項参照）。

調べの適正を確保するための措置について」として、次のとおり述べている[★1]。

　　被疑者の取調べは、それが適正に行われる限りは、真実の発見に寄与するとともに、実際に罪を犯した被疑者が真に自己の犯行を悔いて自白する場合には、その改善更生に役立つものである。しかしながら、他方において、被疑者の自白を過度に重視する余り、その取調べが適正さを欠く事例が実際に存在することも否定出来ない。我が国の刑事司法が適正手続の保障の下での事案の真相解明を使命とする以上、被疑者の取調べが適正を欠くことはあってはならず、それを防止するための方策は当然必要となる。その具体的な方策として、取調べ過程・状況の書面による記録を義務付けることは、最低限必要な措置と言え、記録の正確性、客観性を担保できるような制度的工夫が施されるよう、更なる検討をすべきである。さらに、それだけでは不十分であるとして、取調べ状況の録音、録画や弁護人の取調べへの立会いを認めるべきとの意見があったが、被疑者の取調べの機能の捉え方や重点の置き方の違いから、それらに消極的な意見もあり、結論を得るに至っていない。なお、こうした方策のいかんにかかわらず、……被疑者に対する公的弁護制度が確立され、被疑者と弁護人との接見が十分なされることにより、取調べの適正さの確保に資することになるという点は重要であり、その充実が図られるべきである[★2]。

中間報告をどう評価するか

　中間報告が「取調べ過程・状況の書面による記録を義務付けること」を「最低限必要な措置」としたことは、右現状に比する限り、確かに一歩前進であると評価してよい。しかし、いくつかある「可視化」のうちの最も低位のレベルのそれが提言されるにとどまっているとの憾は否定できない。したがってあえていえば、これを評価しうるのは、「記録の正確性、客観性」の「担保」が全うされるという報告書の本意が完全に実現される限りにおいて、というべきである[★3]。

　もし、このような「最低限」のレベルの「可視化」で足るという発想があるとするならば、それは被疑者供述の「囲い込み」という「伝統」を維持しようとするものと評価せざるをえまい。このレベルでは、中間報告の求めている「適正」が全うされるとする根拠は決定的に乏しい。それでは不十分なことは明白であると断ずべきである。現に、このようなレベルの「可視化」は、いわゆる「取調経過一覧表」として実施を試みられ、結局、効果を上げえなかったという経緯がある[註11]。それゆえ、その轍を踏まない措置がとられなければならない。しかも、低位で(そして、部分的な)

中途半端な「可視化」は、作為や恣意を混入させることにもなり、かえって「適正手続の保障の下での事案の真相解明」上も大きなリスクを伴う。

中間報告は「記録の正確性、客観性を担保できるような制度的工夫が施されるよう、更なる検討をすべき」としているが、この検討のなかでは、右に述べた作為や恣意を完全に排除する具体的措置（その記録対象の明確かつ詳細な項目選択、その記録化がリアルタイムでなされること、書き直しが一切されないこと、記録についての違反が直ちに証拠排除の効果をもつことなど）の実現が提言されていかなければならない。さらに、その「更なる検討」にあっては、右実現のためにも、「結論を得るに至っていない……取調べ状況の録音、録画」（いうまでもなく「全過程」についてのそれである）や「弁護人の取調べの立会い」が提言されるべきである。実際、そうならざるをえないのではないか。けだし、結局は、そうしない限り、作為と恣意を完全に排し「記録の正確性、客観性を担保」することは困難と考えざるをえないからである(★4)。

中間報告は被疑者取調べの真実発見機能を一定重視しているのであるが、そうとすれば、まずもって取調べ過程の「真実」が明示されなければなるまい。そのいうところの刑事司法の使命は、右を前提にしてこそ果たされる。「被疑者の取調べの機能の捉え方や重点の置き方」をどう考えようとも、録音・録画に対する消極論は、中間報告それ自体のスタンスにも背馳するというべきであって、なんの説得力もないことはすでに明らかである(註12)。

なお、中間報告は、弁護人の接見が充実されるべきことを説き、これが取調べの適正さの確保に資するとしている。接見の完全な確保が志向されるのならば、刑訴法39条3項は撤廃されるべきである。このこと自体は、断然正しい。けれども、このことを「取調べ可視化」問題とリンクさせて論じ、接見が十分なされれば録音などの「可視化」までは必要でないという論拠にするとするなら、これはまったくの間違いである(註13)。

11　梶田英雄「取調経過一覧表による立証の失敗と教訓」季刊刑事弁護14号（1998年）40頁参照。

12　その論拠については、前掲註7および8の各文献参照。

13　もとより、本文でも述べているとおり、弁護側からの「可視化」の試みも実践されるべきである。が、これは、このことによって、取調べそのものの「可視化」が実現されねばならないという関係に立つのであって、それが不要になるという関係にはおよそ立たない。

今後の課題──最終報告とそれ以降を踏まえて

　右に述べたとおり、審議会の中間報告が「結論を得るに至っていない」としたところこそが「取調べ可視化」の要である。それゆえ、最終報告においては、その実現という「結論」に至ってもらわなければならない。もとより、審議会の「結論」がどうであれ、われわれは、これを実現させなければならない。それゆえ、審議会の最終報告のためにも、また、それをさらに越えて、われわれは、今こそ、「取調べ可視化」実現の運動を広範に積極的に展開すべきである。先に述べた「囲い込み」を解くための視点として、ここでは3点だけ述べておくこととしたい。

　1つは、個々の弁護活動において、捜査機関に対する「可視化」申入れの実践を広範化させることである。今1つは、被疑者自身が自らの供述・言葉を自ら録音するという権利を有すること自体はまったく自明のことであることを確認したうえで、その方法論の具体化を検討することである[註14]。3つめとしては、弁護側における弁護人調書などの作成であり、これにより、こちら側からの「可視化」実践をも行うという弁護活動の展開である[註15]。

　大阪弁護士会は、2000年11月24日の常議員会において「会を挙げて取調べ可視化実現のための取り組みを実施」することを決めた。その具体的内容として、2000年12月を期して、当番弁護士を含む全会員に、「可視化」申入れの一定の申入書を配布し、捜査機関に対し、かかる申入れをするよう呼びかけるという運動

14　熊本典道ほか「研究会／逮捕・取調・勾留・弁護」法律時報47巻13号（1975年）59頁以下の米田泰邦発言（「むしろ被疑者本人がテープレコーダーを持って取調室に入る権利ですね。そのテープを自分が保管する権利、それを弁護人に渡すことができる権利、そういうかたちで構成すれば、テープは非常に有効だと思います」）、秋田ほか・前掲註8座談会の渡辺修発言参照。なお、小川秀世「取調べ時のテープ録音を要求」季刊刑事弁護14号（1998年）110頁は「録音機と録音テープを用意しているから……いつでもすぐに捜査機関に届ける旨」申し入れているとする。

15　この観点からは、財前昌和「捜査弁護における新たな実践の動き」刑法雑誌39巻1号（1999年）100頁、同「被疑者の供述の証拠化」季刊刑事弁護15号（1998年）35頁、大阪弁護士会刑事弁護委員会『大阪における当番弁護士活動(6)』（1998年）152頁以下、同『大阪における当番弁護士活動(7)』71頁以下（山本健司弁護士の実践例）参照。なお、その使用方法・時期については十分な吟味が必要となる。

を展開することとした(註16)。また、同年12月1日、近畿弁護士会連合会は、同人権擁護大会で「取調べ全過程の録音・録画による取調べ可視化を求める決議」を行って、その実現のため、各弁護士会および各弁護人が全力を挙げて取り組んでいく旨表明している。全国的な動きもまた、確実に準備されている。21世紀の到来とともに、「取調べ可視化」問題は、その実現に向けて正念場を迎えているといわなければならない。

　もとより道のりは少しも平坦ではない。先に述べた100年の「伝統」という高く厚く固い壁があるからだ。しかし、右「伝統」に「適正」も「真実」もなく、この「伝統」はもはや存在根拠というものを完全に欠いている。土台のない壁は崩れざるをえないはずである。あるいは、右のごとき弁護実践が広範に展開されていくこと自体についても、なお一定の時間を要するのかもしれない。しかし、「可視化」申入れとこれに伴うさまざまな「可視化」に向けての実践は、遅かれ早かれ、弁護活動のいわば当然のスタンダードということになるであろう。そのような一人一人の弁護活動における「可視化」に向けての取組みが、壁を崩し「可視化」を実現させることになる(註17)。

　われわれは、「被疑者取調べの可視化」実現によって現状の悪しき刑事司法が直ちにすべて改革されるなどという幻想をもつべきではない。むしろ、そのとき、弁護の質が間違いなくよりいっそう問われることになろう。しかし、その実現によって、わが刑事司法が根底的な改革の緒に着くことは疑いを容れないのである。

16　これに至る経緯については、前掲註8の各文献参照。
17　秋田ほか・前掲註8座談会の石松竹雄発言（「すべて刑事裁判の改革というものは、具体的な弁護活動を通じての運動がなければ絶対進歩しないと思います」）。

★1　本稿は、司法制度改革審議会が2000年11月に発表した中間報告のうち、取調べ問題について言及されているところを、批判・検討したものである。最終報告書は、その7カ月後の2001年6月に公表された。中間報告の段階では、いわゆる「取調べの可視化」問題につき、「取調べ過程・状況の書面による記録を義務付けることは、最低限必要な措置と言え」るとし、録画や弁護人立ちいについては「結論を得るに至っていない」という表現がなされていた。この段階で言われていた「書面による記録」は、何も、犯罪捜査規範182条の2・法務大臣訓令（平成20年5月1日付法務省刑訓第34号法務大臣訓令による改正後の平成15年法務省刑刑訓第117号法務大臣訓令）（現刑訴法316条の15第1項第8号）のような外形的事実の記録にとどまるものだなどと必ずしも決められていたわけでない。その後の過程で、半ば、なし崩し的に現在の形へと決められたのである。このことは思い返しておいて

よいと思う。

★2　司法制度改革協議会のこの部分の表現は次のとおりである。

「被疑者の取調べは、それが適正に行われる限りは、真実の発見に寄与するとともに、実際に罪を犯した被疑者が真に自己の犯行を悔いて自白する場合には、その改善更生に役立つものである。しかしながら、他方において、被疑者の自白を過度に重視する余り、その取調べが適正さを欠く事例が実際に存在することも否定できない。我が国の刑事司法が適正手続の保障の下での事案の真相解明を使命とする以上、被疑者の取調べが適正を欠くことがあってはならず、それを防止するための方策は当然必要となる。そこで、被疑者の取調べ過程・状況について、取調べの都度、書面による記録を義務付ける制度を導入すべきである。制度導入に当たっては、記録の正確性、客観性を担保するために必要な措置（例えば、記録すべき事項を定めて定式的な形で記録させた上、その記録を後日の変更・修正を防止しうるような適切な管理体制の下で保管させるなどの方法が考えられる。）を講じなければならない。これに加え、取調べ状況の録音、録画や弁護人の取調べへの立会いが必要だとする意見もあるが、刑事手続全体における被疑者の取調べの機能、役割との関係で慎重な配慮が必要であること等の理由から、現段階でそのような方策の導入の是非について結論を得るのは困難であり、将来的な検討課題ととらえるべきである。なお、こうした方策のいかんにかかわらず、前述の被疑者に対する公的弁護制度が確立され、被疑者と弁護人との接見が十分なされることにより、取調べの適正さの確保に資することになるという点は重要であり、そのような意味からも、その充実が図られるべきである」。

ここで、中間報告と何処がどう違っているかを確認しておくことも、無意味ではないであろう。もっとも、ここでも「書面による記録」の義務づけが、日時・場所の全く外形的事実のみにとどまることを前提とした記載がなされていたというわけではない。

★3　これはややきわどい表現になっているというべきだろう。ここでも「可視化」の語は、最広義に用いられている。中間報告の表現から、審議会の最終意見書の内容は、一定程度、予測できたというべきなのだろう。とはいえ、書面による記録化制度自体、上記★1でも言及したとおり、今日のいわゆる8号書面レベルにまで、中身に一切言及しないものになるものとまでは、予見できていなかったといってよい。

★4　2009年「現在」、一部録画問題を含め、同じ命題の回りをめぐっているといわざるをえないであろう。しかし、それは、基本的には、本稿本文にあるとおり、弁護実践によって、乗り越えられるべきものである。

取調べ可視化実現に向けての動きと基本的考え方

はじめに

　2004年1月27日の日本弁護士連合会主催「司法改革・東京ミーティングpart Ⅲ」という1,000人規模の集会における、自民党・保岡興治衆議院議員の発言は、特筆に値した。同議員は、取調べの可視化について、「将来の課題」ではなく、可視化するという前提のもとで「具体的な課題としたい」と述べたのだ。これが、裁判員制度などに関する与党プロジェクト合意で、可視化について「採否を含む検討を開始すべきである」とされていることの意味だというのである。

　2003年12月11日に、東京で570人規模の日弁連主催「可視化市民集会」が開催されたが^(註1)、このときは、他の政党から出席した議員がみな可視化賛成論を唱えるなか、同議員だけが、ニュートラルというよりは消極的とも受け取らざるをえない発言をされていただけに、この発言に会場から大きな拍手が沸いたのも当然だろう。これは、大きな進展だということができる。国際法曹協会（IBA）が、日弁連の可視化への取組みを支持すると表明したことを受けてのものとも理解されるが、要するに、この動きは、もう止まらないというべきだ^(註2)。

　このように、可視化制度実現に向けての機運は高まっている。明日直ちに実現するというわけではないとはいえ、明らかに具体的な立法課題としての現実性を帯びてきている。この機に、現時点がどのような地点なのか、その論議状況などのポイントを今一度確認しておいても、必ずしも無駄ではないだろう。本稿は、そのような観点からの現段階における、いわば素描である^(★1)。

　1　同集会の講演・パネルディスカッションの内容については、日本弁護士連合会取調べの可視化実現ワーキンググループ編『取調べの可視化（録画・録音）で変えよう、刑事司法!』（現代人文社、2004年）参照。

　2　田中敏夫「取調べの全過程の可視化（録画・録音）の実現を」現代刑事法6巻4号（2004年）2頁参照。

可視化実現に向けた日弁連の取組み

　この1年ほどの間、私たちは、可視化実現に向けた動きを急速に活性化させてきた。2003年3月、イギリスからクライブ・デントン刑事を招いて、東京・大阪でシンポジウムを開催したが、私の考えでは、大阪のシンポジウムで、「密室取調べ擁護型弁護」からの決別が論じられ[註3]、同年5月の第8回国選弁護シンポジウムでは、そのことを一層鮮明にしたと総括できると思っている[註4]。そして、7月には、日弁連が「取調べの可視化についての意見書」を関係各機関に送付し、同年8月の大阪弁護士会刑事弁護委員会・日弁連接見交通権確立実行委員会・日弁連刑事弁護センターの合同可視化合宿を契機として、日弁連取調べの可視化実現ワーキンググループが発足した。

　これによって、日弁連が一丸となって可視化に取り組む体制ができあがったが、同年10月の第46回人権擁護大会（愛媛）の「被疑者取調べ全過程の録画・録音による取調べ可視化を求める決議」を経て、このワーキンググループは、日弁連立法案を策定し、国会議員に働きかけることとなった。あるいはまた、2004年早々、台湾で取調べ可視化の実情を視察し、次いで、この（2004年）3月には、弁護人立会権を認めた大法院決定の出された韓国における取調べの実情の視察ツアーを行い、さらに、東京・大阪・名古屋・福岡・静岡で、共時的な全国可視化市民集会を開催する。IBAの提言も、こういう活動のなかから生み出されたものだ。また、弁護実践の観点からは、「被疑者ノート」の作成運動・その実践、そして、可視化申し入れ活動も、日弁連全体の取組みとすることを検討するなど、可視化実現に向けて、あらゆる角度からの運動を、いわば総体的に展開することとなっている。

可視化と刑事司法改革

　現在、進行している刑事司法制度改革のなかで、取調べの可視化を改革の最優先課題とすることは、圧倒的に正しい。私たちは、そう考えている。もとより、刑事司法改革にはさまざまの課題があり、個々の論点を論じるならば、論議は尽きな

---

[3] 日本弁護士連合会・第8回国選弁護シンポジウム基調報告書『国費による弁護制度を担う』198頁以下に、同プレシンポジウムの状況がほぼ再現されている。とくに227頁以下の高野嘉雄・後藤貞人のバトルトーク参照。

[4] 第8回国選シンポジウムにおける質的向上部会報告。

いといえる。しかし、日本の刑事司法実務の最大の問題点は、捜査過程がブラックボックスとしてしか立ち現れないところにある。それゆえ、改革課題を、証拠開示をも含め、捜査過程をいかに透明にするかという点に求めることは正当であり、必然である。このことに異論があるとは思われない。

そして、さらに焦点を絞るならば、その元凶は、密室での調書作成という一点に集約される。調書というものは、本来は、取調官と被疑者のやりとりを忠実に反映すべきもののはずである。しかし、事後的にさえ客観的に検証できない密室のもとでの調書作成は、そのような要請をおよそ充たすことがない。しかも、これは日本独特ではないかと思われるが、日本の調書は、一人称独白の「物語」形式のもので、あたかも、被疑者本人がそのままそのとおり語ったかのように記載され、その記載自体は、一読する限り、とても、もっともらしく書かれているといってよい。しかし、これは、被疑者の言っていることを忠実に反映せずに、取調官の解釈などが書き加えられる作成方法である。勝手な解釈さえ、ほとんど必然的に混入し、調書上の記載は「加工」される。要するに、「作文」なのだ。

日本の刑事裁判は、こういう調書の記載によって、延々と事実認定をしてきた。詳細な刑事人権規定を設けた現憲法のもとで、55年にもわたって、客観的でダイレクトな検証というものを経ないままに、そういう「事実」認定をしてきたのである(★2)。「事実」を歪める危険性に満ち満ちた、このような「事実」認定の手法が、今なおまかり通っている。これは心底驚くべきことというほかはない。

こういう調書のあり方は、少なくとも明治刑訴法時代に「訊問調書」の規制を免れるために「聴取書」というものが生まれてから(註5)、100年以上続いてきた。江戸時代の「口書」制度から続いているという見方もあって(註6)、そうすると、およそ300年以上になるだろうともいわれている。要するに、これが日本の刑事司法実務の要の部分を構成しているのだ。それゆえ、ここが改革のターゲットなのである。ここを変えなければならないのだ。このような認識は、実務の現場での弁護人の痛切な認識だといってよい。

可視化は「真相解明」を妨げるか

この問題についての捜査機関側の立場は、はっきりしている。取調べをどうするかは自分たちがすべて決めるということだ。取調べの場というのは、すべてが自分た

5　大判明36・10・22判決録9輯1721頁参照。

6　たとえば、吉田松陰『留魂録』(講談社学術文庫、2002年)参照。

ちの裁量で、他からあれこれいわれることは一切許さないという立場である。要するに、取調べの場は、取調官にとっての聖域だというのである。

　換言すると、捜査機関側の立場は、取調室の密室性を（事後的にさえ）解除しないというものである。仮に開くとしたら、捜査官の都合のみで開くところを決めるというもので、全部が捜査官の自由な判断の領域だという立場である。この姿勢は、今日の刑事司法改革論議のなかでも一貫しているが[註7]、この捜査機関全面裁量論の根拠は、次のごとき政府見解に集約される。

　　捜査機関は、刑事事件の真相解明を十全ならしめるため、被疑者との信頼関係を築いた上、極めて詳細な取調べを行っている実情にあり、このような実情の下で取調べ状況の録音・録画を義務付けた場合、取調べ状況のすべてが記録されることから被疑者との信頼関係を築くことが困難になるとともに、被疑者に供述をためらわせる要因となり、その結果、真相を十分解明し得なくなるおそれがある（①）。

　　取調べ状況の録音・録画等被疑者の取調べの在り方については、広く我が国の刑事訴訟制度全体の枠組みの中で慎重に検討すべき事柄であり、刑事訴訟制度が異なる我が国と諸外国とを単純に比較することは適当でないと考えている（②）[註8]。

　要するに、録画・録音は「真相解明を妨げる」という見解である（上記①）。また、もし録画・録音システムを導入するなら、刑事訴訟法全体の構造を考え直さないといけないともいわれている（上記②）。②は、録画・録音だけ導入したら真相解明が妨げられ、全体のバランスが狂ってしまうといいたいわけである。真相解明のための別のシステムをセットで導入することを考えなければいけないが、ただ、別のシステムの導入には、ずいぶんの検討・議論がいるから、結局、今、録画・録音の導入はできないという論理である。これは、ロジックとしては、上記①を前提にしているので、結局、実際には、反対論の論拠は「真相解明を妨げる」の１点に集約される。

　しかし、これは、根拠のない話だというしかあるまい。これについてはすでに論じ

　　7　最高検察庁「刑事裁判の充実・迅速化に向けた方策に関する提言」（2003年7月15日）21頁以下参照。
　　8　2003年1月28日の衆議院における小泉総理大臣答弁。

た[註9]。「オフレコでお願いします」といって話をすることがあるという見方もあるかもしれないが、オフレコの話が真相という保証などは何もない。かえってイイカゲンな話だということがあることも、経験則上、明らかというべきだろう。要するに、検証できない領域の話だから、「根拠がない」というしかないのである。

そもそも、客観的な検証手続こそが裁判である。その過程で、直接の検証ができないような領域を設けることで、「真相解明により役立つ」と発想すること自体、明らかに倒錯していて、根本的な間違いなのである。

可視化で「司法の尊厳」の確立を

可視化の議論に関して、研究者の方々は、一部を除いて、必ずしも積極的な反応をされてきたとはいえない。数ある改革課題のワンオブゼムといった捉え方をされているようにも思われる。実際、弁護人立会を欠く可視化（録画・録音）だけでは、取調べの適正化に結びつかないとする見解もある[註10]。

しかし、私は必ずしもそうは考えない。録画・録音と弁護人立会は、各々役割・機能を重ねつつも、これを異にするところがある。弁護人立会にも、立会固有の問題がある。すなわち、いわば人間カメラ型から完全な弾劾構造型（さらに、取調べ拒否型）までの制度設計が考えられるという制度そのものの在り方の問題がある[註11]。これに伴って、弁護人への事前の情報開示の程度をどう定めるか、さらには弁護人の個々の姿勢・力量に、その効果が規定されるなどの種々の問題がある。両方が必要なことは明らかだが、あえていうなら、私は、まず可視化だと考えている。なぜなら、すでに言及したとおり、ここが、現在の実務の要なのだからだ。私は、取調べ状況を弁護人だけに限らずに、オープンな場にさらすことこそが不可欠だと考える。そうであってこそ、「より公正・より正確・より適正」という「司法の尊厳」が打ち立てられうる。

また、可視化が「価値中立的」であることを肯定しつつ、「日本的な濃密な取調

---

9 小坂井久「取調べ『不可視化』論の現在」季刊刑事弁護35号（2003年）12頁（本書第Ⅰ部所収）。

10 白取祐司「捜査の可視化と適正化」自由と正義54巻10号（2003年）79頁。

11 台湾における弁護人立会は、2000年に弁護人の意見陳述権を認める法改正がなされるまでは（陳運財「日本と台湾における被疑者取調べの規制」比較法38号〔2001年〕72頁以下参照）、基本的には、いわば人間カメラ型であったように思われる。

べとは、整合しないようである」との指摘もある[註12]。しかし、その意味が、可視化が取調べに阻害的であるとの論旨を含むのであれば、それは、前記政府見解にさえ通底するのであって、私は、そういう見方自体、ひとつのドグマではないかと考えている。実際、法廷で速記が入るなか、「濃密な」証人尋問や被告人質問をすることは、いくらでもある話だからである。速記ではない要約調書にしたとたん、「濃密」でない尋問・質問が「濃密」なものに転化するという道理などないことはいうまでもない。要するに、録画・録音のもとで「濃密に」取り調べたければ、まさしく適正にそうすればよいというだけのことだと思う。逆に、そのいうところの「濃密さ」が、可視化のもとで許容されない取調べであるのだとすれば、それは、もともと許容されえないものなのだということでしかない。そういうことであれば、それは変えてもらうのが当然の話ということだと思われる。

可視化で裁判員（市民）にわかりやすい裁判を

　可視化実現に向けての機運が高まってきた原因を、あえて一つ挙げるとすれば、目前に迫った裁判員制度だということになる。市民が事実認定するとき、すでに述べたような調書の記載で事実認定するというシステムでよいはずがないという視点である。

　繰り返し論じられていることであるが、日本の刑事裁判は、調書の記載に任意性があるか、そして信用性があるか、ということを判断するための審理に多大のエネルギーと時間を使っている。被告人が取調べ状況の不当を訴え、取調官が証人となるという事件も珍しくはなく、ほとんど、そのことだけのために延々と時間をかけるというケースさえある。市民たる裁判員に、そういうことを強いるなどということはできようはずもない。そのことが、具体的に裁判員制度のもとでの裁判をイメージしてきたときに、明確になってきたのである[註13]。元裁判官の方々から、可視化が必要という論文が相次いで発表されることになったのは、実務上の認識がもたらす必然というべきである[註14]。

12　白取・前掲註10論文85頁。

13　そもそも、国家が関与して以降の訴訟法上の事実は一義的にクリアーであることが近代刑事裁判の原理的要請というべきなのではないか。

14　吉丸眞「裁判員制度の下における公判手続の在り方に関する若干の問題」判例時報1807号（2003年）3頁、佐藤文哉「裁判員裁判にふさわしい証拠調べと合議について」判例タイムズ54巻6号（2003年）4頁。

これらの論文については、批判もある。なによりも、そこには、被疑者の権利という視点を見ることができないという批判である。だが、私は、それはそうだろうというしかない話だと考えている。可視化は、「より公正・より正確・より適正」を目指す中立的措置である。可視化は、攻撃する側・防禦する側どちらにとっても有利・不利はない。言い換えれば、可視化それ自体は、両義的である。多義的とさえいってよいだろう。私たちは被疑者の権利として可視化を捉えてきたが(註15)、だからといって、可視化実現それ自体について、他の側面から、これを唱える立場を排斥する必要があるとは、まったく考えていない。可視化は被疑者にとって重要である。それとともに、たとえば、「被害者」にとっても、重要なのだ。要するに、市民にとっても重要なものである。このことを肯定することをためらう必要などはない。

捜査機関の側、そして政府は、IBA提言にあったように、諸外国の可視化法制を真摯に検討すべきである。上記②の言辞のごとき「単純な比較」をせよなどとはいわない。ぜひとも、裁判員制度の導入を控えたこの時期に、「緻密な比較」を行ってもらいたい。実体的真実主義への志向の強いわが旧刑訴法(大正刑訴)と同様の法制をもつ台湾において、可視化の導入について、真相解明を妨げるなどという評価がまったく聞かれなかったことは示唆的である。確かに、慎重に話をするようになるだろうという話はあった。しかし、それは、そのほうがより正確でいいという評価だったのである(註16)。また、わが国と同様の刑事訴訟法制をもつ韓国でも、弁護人立会は憲法上の自明かつ当然の権利なのであり、さらに、可視化実現に向けても真剣な検討が開始されている(註17)。

可視化は、アジアをも含めた国際的な潮流――必然的な流れ――である。わが国において、裁判員(市民)に向けて可視化するという機を失することはできない。

---

15 たとえば、小坂井久「『取調べ可視化』論の現在(3)――『取調録音権』試論」刑弁情報13号(大阪弁護士会刑事弁護委員会、1996年)11頁参照(本書第1部所収)。

16 本文で述べた台湾視察での捜査官の発言である。

17 本文で言及した韓国大法院2003年11月11日決定は、いわゆるソン・デュエル事件において弁護人立会が韓国憲法上の権利であることを明言している(同決定については、刑弁情報29号〔2004年〕の髙見秀一報告参照)。また、本文で述べた韓国視察において、韓国大検察庁は、2004年5月から取調べの録画・録音を実験的に試行する方針を明らかにした。その具体化は、今後検討するということであったが、電子化時代の科学上の必然という認識が示されたのである(★3)。

可視化実現のために

　冒頭で述べたように、具体的な立法課題となりつつある現在の情況にあっては、可視化を推し進める市民の声がぜひ必要である。すでに触れたとおり、可視化は市民のためにも存在する。それは、もとより誰もが、被疑者・被告人の立場におかれる潜在的な可能性があるからだ。と同時に、市民は、「より公正・より正確・より適正」な刑事司法手続を求めているはずだ。

　そして、さらにいえば、捜査機関は、自らの高潔性を、これによって明確に示すことができるのである。捜査機関の方々には、その基本に立ち返る勇気をぜひもってほしいと思う。IBAのニコラス・カウデリー氏（オーストラリア・ニューサウスウエルズ州検事総長）は、刑事司法手続のキーワードを、「可視性・透明性」と「説明責任」の2つに求められていた。このことは、刑事手続を執行する側にあってこそ、肝に銘じられてよいことだと思う[註18]。

　弁護士の側の運動としては、今、「被疑者ノート」の実践が始められている。被疑者に毎日、取調べ状況を記載してもらうというもので、こちら側から少しでも可視性を高めようとする活動である。2004年4月から書面による記録化制度が実施されるとき、この実践は不可避である。取調官が、このノートの存在を意識して、強引な取調べをしなくなったというケースがすでに報告されており、その効果は、着実に出てきている。この攻防のなかで、書面というレベルの、いわば二次元の争いでは、およそ決着のつけようのないことが明白になっていくであろう。いわば三次元措置としての録画・録音に行き着くほかはないのである。そしてさらに、個々の弁護人は、今まで以上に個々の実践で可視化申入れを行うべきである。その活動を広げていくなかで、展望を着実に拓きうると考える。

　可視化というものは、いったん始まっていけば、必ず自然な過程で、全面的な可視化、結局、全過程の録画・録音に行き着くはずだ。私はそう考えている。

　　　18　韓国視察においても、韓国警察庁捜査局長から、弁護人立会について、「隠すことのできる時代ではなく、透明性・公開によってこそ信頼性を示すことができる」旨の明言があった。

★1　本稿は、2004年当初の段階の情勢を踏まえて書いたものである。本稿の末尾で、私は「可視化・自然過程論」を唱えている。もちろん、「人間的な」力を含めての話なのであるが、この点、様々な意見がありうるだろうと思う。

★2　これは、ここでも「60年」と読み換えるべきこととなろうか。

★3　韓国が、アジアにおいて、「可視化」先進国の仲間入りをしたことは否定の余地がない（このことは、本書第1部でも言及したとおりである）。我が国は、刑事司法の「近代化」において、今や、明らかに韓国の後塵を拝している。そういって少しも間違いではない。

現実的な立法課題となった「取調べの可視化」(抄)[★1]

可視化立法に関する現在の情況

　2003年12月、日本弁護士連合会は取調べ可視化立法案を策定した[★2]。これに呼応するかたちで——というとすれば、我田引水と評されるやもしれないが——、2004年1月26日の裁判員制度の導入などに関する与党合意で、取調べの可視化が検討課題とされ、3月30日には民主党が弁護人立会いを含む可視化立法案を提出した[★3]。そのような経過のもと、2004年4月23日、通常国会における衆議院法務委員会で「政府は、最高裁判所、法務省及び日本弁護士連合会による刑事手続の在り方等に関する協議会における協議を踏まえ、例えば、録画ないし録音による取調べ状況の可視化、新たな捜査手法の導入を含め、捜査又は公判の手続に関し更に講ずべき措置の有無及びその内容について、刑事手続全体の在り方との関連にも十分に留意しつつ検討を行うこととし、本委員会は、裁判員の参加する刑事裁判に関する法律施行までに実質的な論議が進展することを期待する」との刑事訴訟法等の一部改正法案の附帯決議がなされた。さらに2004年5月20日、参議院法務委員会は、これに加え、「裁判員の参加する刑事裁判に関する法律施行までの実現を視野に入れ……実質的検討を行うこと」を政府に求める附帯決議を行っている[★4]。
　これが、わが国の可視化をめぐる現在の情況にほかならない。これを逆に言えば、確かに、明日直ちに可視化立法が成立する情勢にあるわけではないということだ。しかし、取調べの可視化は、明らかに現実の具体的な立法課題になっている[★5]。近い将来の実現が展望できる情況にあることは間違いない。

可視化は世界同時進行である

　ところで、日弁連取調べの可視化実現ワーキンググループは、2004年1月に台湾、3月に韓国と、その取調べの実情を視察した。これによって、アジアにおいても

可視化が現に進行しているという事実をリアルに確認することができたのである。
　イギリスが1984年制定のPACE（警察・刑事証拠法）によって可視化時代を迎えたことは、よく知られているが、ミランダの国・アメリカでも少なくとも12の州ですでに州法や州の最高裁判決によって取調べの可視化が義務づけられている。これは、ミランダの矛盾を解決するためにも、録画・録音という可視化が必然であることを示すものというべきだ。そして、オーストラリア、カナダ、さらには、イタリアなどでも、可視化は実現している。
　上述したところから明らかなように、これは、欧米、アジアを問わぬ動向である。取調べの可視化は、今や国際的潮流にほかならない。近代化・現代化の余りに当然の、まさに必然というほかはない動きというべきである。

政府見解の克服を

　このような世界同時進行の動きの中で、日本は、明らかに遅れている。日本の現在の政府見解は、取調べを可視化すると被疑者と取調官の間に信頼関係が構築できず、真相解明に支障が生じるといったことを前提とするものである。それゆえ、刑事司法全体に関わる問題であり、海外との単純な比較はできないなどと言うのである。ようするに、可視化を極力実現させまいとする立場であり、これによって、日本は、国際的潮流から、1歩や2歩の遅れではなく、すでに数歩以上の、否、決定的な遅れを来たしているというべきだろう。
　しかし、日本のみが特異な刑事司法制度であるなどという立論に、一体、どんな合理的根拠があるのだろうか。仮にそうだとするならば、可視化を契機として、その特異性こそ根底的に見直されなければならないのではないか。日本のみが、取調べをブラックボックスにし続けうるなどということが、果たして、可能だろうか。21世紀は、そのような「鎖国」の時代なのだろうか。
　そして、むしろ可視化は、真相解明に資する措置というべきなのである。政府見解は、その前提において、誤っているといわなければならない。上記附帯決議からも窺われるように、可視化実現の条件であるかのごとくに、新たな捜査手法の導入を唱える向きもあるようだが、これは、このような誤った前提を描くからである。可視化実現の条件のごとくに、それらがリンクしなければならない必然性などはない。それらは、各々固有に、その導入の適否と条件を検討すべきものである。その検討がどのようなものになるにせよ、裁判員制度の施行までに可視化が実現されねばならないというテーゼは揺ぎようがない。

★1　本稿は、季刊刑事弁護39号（2004年）の特別企画「『『取調べ可視化』実現へのプロローグ」のイントロダクションとして書いた小文である。その性格上、一部省略した。2004年の情勢のなかで書かれている。
★2　その条文案は、以下のとおりである。

刑事訴訟法の一部を次のように改正する。

第198条に次の1条を加える。
第198条の2
Ⅰ　前条の取調に際しては、検察官、検察事務官又は司法警察職員は、取調の開始から終了までの全過程を、録画又は録音しなければならない。
Ⅱ　前項の録画又は録音は、次の方法によらなければならない。
　①　録画又は録音の際には、音声及び画像若しくは音声を記録するためのビデオテープ、録音テープ又は電子的方式・磁気的方式その他人の知覚によっては認識することができない方法で作られる記録であって電子計算機による情報処理の用に供されるものに係る記録媒体（以下「電磁的記録媒体」という）のうち、同じ記録媒体を2つ用いて同時に記録しなければならない。
　②　取調を開始する場合は、それに先立って録画又は録音を開始し、被疑者に時計を示して時刻を確認させなければならない。
　③　取調を中断する場合は、中断の理由及び再開予定時刻を被疑者に告知し、被疑者に時計を示して時刻を確認させた上で録画又は録音を中断しなければならない。
　④　第2号の規定は、取調の再開時においてもこれを準用する。
　⑤　取調を終了する場合は、被疑者に時計を示して時刻を確認させた上で録画又は録音を終了しなければならない。
　⑥　録画又は録音の終了後直ちに、取調を同時に記録した2つのビデオテープ、録音テープ又は電磁的記録媒体のうち1つについては、取調官が署名押印して封印しなければならない。その場合被疑者に対し署名押印を求めなければならない。但し、被疑者はこれを拒絶することができる。
Ⅲ　取調官は、前項第6号の封印と同時に、被疑者に対し、以下の事項を記載した記録媒体目録を交付しなければならない。
　①　取調官の氏名・官職及びその他取調に立ち会った者の氏名及び官職
　②　取調の開始、中断及び終了の年月日時刻
　③　取調場所
　④　被疑者調書作成の有無及びその数
Ⅳ　記録媒体の複製の交付請求

① 被疑者又は弁護人は、被疑者に対する取調を記録したビデオテープ、録音テープ又は電磁的記録媒体の複製の交付を請求することができる。

② 前号の請求を受けた検察官、検察事務官又は司法警察職員は、直ちに取調を記録した記録媒体のうち第2項6号の封印をしていないもの（以下「複製作成用記録媒体」という）から複製を作成して交付しなければならない。

V　検察官は、公訴を提起したときは、速やかにその裁判所の裁判官に第2項6号により封印した記録媒体（以下「封印記録媒体」という）を提出しなければならない。

VI　封印記録媒体を保管する裁判所は、第4項により交付された複製の正確性の確認のために必要があると認めるときその他正当な理由があると認めるときは、被告人又は弁護人の請求により、封印記録媒体の聴取若しくは閲覧又は複製の作成を許可しなければならない。

第322条に次の1条を加える。
第322条の2
　法198条の2第1項の録画若しくは録音がなされなかったとき、第2項若しくは3項の方法が履行されなかったとき、又は第4項のテープの交付がなされなかったときは、被告人の供述を録取した書面で、被告人の署名若しくは押印のあるものであっても、これを証拠とすることができない。

★3　2007年12月に民主党は、改めて、下記の法案を参議院に提出し、この法案は参議院を通過した。

刑事訴訟法の一部を改正する法律（案）
刑事訴訟法（昭和23年法律第131号）の一部を次のように改正する。

第198条の次に次の1条を加える。
第198条の2　前条第1項の取調べに際しては、被疑者の供述及び取調べの状況のすべてについて、その映像及び音声を記録媒体に記録しなければならない。この場合においては、同時に、同一の方法により2以上の記録媒体に記録するものとする。
　前項の規定により記録をした記録媒体の1については、取調べを終了したときは、速やかに、被疑者の面前において封印をしなければならない。この場合においては、当該記録媒体が同項の規定により記録をしたものであることについて、被疑者に確認を求めることができる。
　前項の確認がされたときは、同項の封印に被疑者の署名押印を求めることができる。ただし、被疑者がこれを拒絶した場合は、この限りでない。
　被疑者又はその弁護人は、第1項の規定により記録をした記録媒体（第2項の規定

により封印をした記録媒体以外のものに限る。）を閲覧し、若しくは聴取し、又はその複製を作成することができる。被告人又はその弁護人についても、同様とする。

　被疑者又はその弁護人は、前項前段の規定により閲覧され、若しくは聴取され、又は複製が作成された記録媒体（以下この条において「閲覧等をされた記録媒体」という。）に係る複製等（複製その他記録の内容の全部又は一部をそのまま記録した物及び書面をいう。以下この条において同じ。）を適正に管理し、その保管をみだりに他人にゆだねてはならない。

　被疑者若しくは被疑者であった者（被告人又は被告人であった者を除く。）（以下この条において「被疑者等」という。）又は被疑者の弁護人若しくは弁護人であった者（被告人の弁護人又は弁護人であった者を除く。第9項において同じ。）は、閲覧等をされた記録媒体に係る複製等を、被疑者等の防御又はその準備に使用する目的以外の目的で、人に交付し、又は提示し、若しくは電気通信回線を通じて提供してはならない。

　前項の規定に違反した場合の措置については、被疑者等の防御をする権利を踏まえ、複製等の内容、行為の目的及び態様、関係人の名誉、その私生活又は業務の平穏を害されているかどうかその他の事情を考慮するものとする。

　被疑者等が、閲覧等をされた記録媒体に係る複製等を、被疑者等の防御又はその準備に使用する目的以外の目的で、人に交付し、又は提示し、若しくは電気通信回線を通じて提供したときは、1年以下の懲役又は50万円以下の罰金に処する。

　被疑者の弁護人又は弁護人であった者が、閲覧等をされた記録媒体に係る複製等を、対価として財産上の利益その他の利益を得る目的で、人に交付し、又は提示し、若しくは電気通信回線を通じて提供したときも、前項と同様とする。
（中略）
第322条第1項の次に次の1項を加える。

　前項本文に規定する書面であって、その供述が被告人に不利益な事実の承認を内容とするものは、その供述が第198条の2第1項又は第2項の規定に違反してなされた第198条第1項の取調べにおいてされたものであるときは、前項本文の規定にかかわらず、これを証拠とすることができない。その供述がされた第203条第1項、第204条第1項又は第205条第1項（第211条又は第216条においてこれらの規定を準用する場合を含む。）の規定による弁解の機会において、第203条第5項、第204条第4項又は第205条第5項（第211条又は第216条においてこれらの規定を準用する場合を含む。）において準用する第198条の2第1項又は第2項の規定の違反があったときも、同様とする。
（後略）

★4　この附帯決議による協議会は、その親会が2008年9月までに、計10回開催されている。また、その幹事会も2009年3月までに四十数回開催してきた。しかし、結局、可視化に

ついての実質的な協議が進展したとはおよそいえない。そして、そのまま、裁判員裁判は施行に至った。

★5　日弁連案も民主党案も、可視化記録媒体と供述録取書の証拠能力をリンクさせている。これが立法化の要といえよう。他方、同記録媒体そのものを、実質証拠とするのかどうかについては、必ずしも言及されていない。この点、いわゆる吉丸構想をめぐって、議論されるべき重要論点といえよう。

刑事司法改革と可視化

はじめに

　刑事司法改革関連3法が成立した。これが、この国の刑事司法にとって、55年ぶりの大きな変革であることは間違いない。しかし、これは、我が刑事司法改革の端緒にすぎないというべきだ。というのは、次の如き情況が予見されるからである。
　すなわち、これによって、我が刑事司法実務が抱える「病理」が直ちに克服されるかと問えば(註1)、そうでないことは歴然としていよう。「病理」のより一層深刻な進行を憂える見解もあろう(註2)。しかし、「病理」克服の契機さえ見出せないのかといえば、決してそうではない。むしろ今回の変革は、その「病理」の克服を果たすほかないという現実を鮮明に示し、その課題を先鋭化させるところがある。後述するとおり、裁判員制度は、そのような機能を果たすはずだ。つまり、その克服への力学が必然的に作動されると考える。そして、その克服の要が、ほかでもない、可視化である。
　以下、「病理」としての被疑者取調べに関わる現状を確認するところから論を起こし、可視化をめぐる論議に言及しつつ、刑事司法改革の新たな段階として、可視化の実現が必然であることを示したい(★1)。

　1　ここで「病理」というのは、「我が国の刑事裁判はかなり絶望的である」といわれ（平野龍一「現行刑事訴訟の診断」平場安治ほか編『団藤重光博士古稀祝賀論文集〔4〕』〔有斐閣、1985年〕423頁）、あるいは、「我が国の刑事被告人は裁判官による裁判を本当に受けているのか」といわれる状況（石松竹雄『刑事裁判の空洞化』〔勁草書房、1993年〕1頁参照）、つまりは、「調書裁判」といわれる我が刑事訴訟実務の現在の状況を指している。
　2　たとえば、2004年5月13日現在で64名の法学者が賛同した「刑事司法改革関連法案に関する法学者の意見書」も、そのような危惧の表明とみることができる。

ある任意性の審理に関する法廷証言から

　現在、我が刑事司法実務において、被疑者の取調べは、どのようになされているだろうか。その一例を提供する意味で、私が最近経験した取調検察官に対する尋問・その法廷証言から示されたところを素描してみる。

1　取調べでのやりとりとの乖離──「作文」調書の誕生

　この取調検察官は、「供述録取書、調書というのは供述者の供述を忠実に記載するものですね」という問いには、「はい」と答えていた。しかし、このケースでは、被疑者が繰り返し取調検察官に訴えていた重要な主張は、数多く作成された調書の中に一言も記載されていない。その主張が重要であることは、この検察官自身も認めているのに──である。

　そこで、「取調官とのやりとりを忠実に反映すべきものですね」と訊くと、「やりとりを忠実に反映すると一問一答ですから、そこは……ちょっと賛同しかねます」という答である。この取調検察官は「取調官はテープレコーダーではありません」とも言い、「……被疑者の弁解も自白も含めて、その都度、言った内容を録取するというのが供述調書であれば、そのとおりかもしれません。ただ、どの範囲でどの順番で調書を録取して作成していくか、検察官が一定の考えで作成していくというのは、それは不合理なことではないと考えています」と証言している。他方、この検察官は「本人がまだ述べていないことを調書の原案に盛り込んでいくということ」が「たまにはあった」とも述べている。

　もちろん、一問一答形式で記載されてさえいれば、取調官とのやりとりを忠実に反映していることになるわけではない。けれども、やりとりを反映させるという姿勢が基本にあれば、取調べの状況・経過の概要それ自体が、まだしも、見えてくるところはあるだろう。我が取調べの現状は、そうではない。取調官が、被疑者の言ったことを取捨選択し、ときには言わないことをも付加して、取調官の意図を嵌め込みながら、供述者が「物語」ったかたちをとって記載していく。その過程で、「加工」がなされ、取調官に都合のいい「物語」を作り出す「作文」調書が誕生する。結局、取調官は「作文」能力を磨き、「作文」調書に署名押印させれば、それで一丁上がりというシステムになってしまっている。

2 「作文」調書作成の情況──公判上のルールとの乖離

　「作文」調書作成の情況は、どのようなものなのだろうか。その過程では、何が起こっているのだろうか。
　この取調検察官は、取調べの最中に、大声で怒鳴ったこと、何度か机を叩いたことがあったことを認めた（もっとも、この検察官の認識は「怒鳴ったり机をたたいたりということで……それだけで任意性が飛ぶこともないし……」というものである）。そして、再逮捕後の勾留質問で被疑者が前に調書に録取したことと違うことを述べたとして激怒し、その際、「履物を脱いでイスの上に乗っかって仁王立ちになったか」と問われ、「私もそんな上品な取調べをいつもしてるわけじゃないので、否定するつもりはありません。……正直、そこははっきり記憶してません。あったのかもしれません」と証言した。その後のやり取りを以下、若干再現してみよう。

　（問）　今、私が、ここで履物を脱いで、ここから立ち上がって、あなたに質問したら、そういう質問は許されると思いますか。
　（答）　それは、裁判長にしかられると思います。
　（問）　そういう尋問を何と言うか、お分かりですよね。
　（答）　……名前がついてるんですか。
　（問）　威嚇的尋問と言うんですよ。分かりますね。
　（答）　そうかもしれません。
　（問）　威嚇的尋問は許されますか、許されませんか。
　（答）　許されないと思います。
　（問）　許される例外がありますか。
　（答）　ありません。
　（問）　どうして許されないんですか。
　（答）　どうして許されないか……それは、やっぱり、適正な尋問じゃないからです。
　（問）　どうして適正じゃないの。
　（答）　……威嚇的な尋問だからです。……
　（以下、略）

　この例は、法廷での尋問・質問の許容ルールと捜査過程での取調室での取調べのそれが隔絶しているという事実を提供する格好の材料といえないだろうか。法廷で許されない尋問が取調室では当然のこととしてなされている。これは、まっとうなことなのだろうか。あるいは、法廷での尋問のあり方と、取調室でのそれはダブ

ルスタンダードでよいとの見解もありうるのかもしれない[★2]。しかし、そうだとすれば、その論拠は十分に検証されなければならない。しかも、取調室では、その規準自体が、実は、全く定立されていないのだ。これを「無法地帯」と呼ぶ見解があるが[註3]、そう呼ぶのには十分な根拠がある。

「病理」の元凶と歴史

　今般の司法改革は、上記の例からも明らかな被疑者取調べに関わる課題を、単に書面による記録化というレベルのみで決着させ、その問題性を「温存」させ[註4]、あるいは「取りこぼし」た[註5]。その議論の経緯については様々のところで言及されているので、ここでは繰り返さない。しかし、上述した「病理」の元凶が、ここにあることは誰にでも判ることである。

　現在、密室での取調べは事後的にさえ客観的・直接的に検証できないシステムになっている。その検証不能の密室で、捜査機関側のストーリーに添う「物語」を作っていく作業がおこなわれる。かくて、「作文」調書が、密室の取調べから突然、「物語」を提示するのだ。このような「作文」調書による事実認定が、現憲法の下で55年間にわたってなされてきたのである[★3]。心底驚くべきことだが、実際、これは、日本の刑事司法実務にとって、最も根深い問題だという以外ないだろう。

　その来歴を辿れば、一人称独白形式の「物語」調書は、明治刑訴時代の「聴取書」からの「伝統」とみられる。明治刑訴・大正刑訴では、予審判事の訊問による「法令に依り作成したる訊問調書」——問と答による訊問調書——にしか証拠能力は認められていなかった。そこで捜査機関があみ出したのが、本人の言うことを聞き取っただけで訊問したのではないとする「聴取書」である[註6]。さらには、江戸時代の「口書」制度から、この方式が続いているともいわれる[註7]。それが21

3　小川秀世「『無法地帯』にビデオカメラを！」自由と正義52巻6号（2001年）27頁参照。

4　川崎英明「刑事司法改革の成果と課題」法学セミナー49巻6号（2004年）52頁。

5　渡辺修「被疑者取調べの録画——『可視化』原理と『包括的防御権』」季刊刑事弁護39号（2004年）105頁。

6　「供述カ其自由任意ノ承諾ニ出タルモノ」であれば「適法ニ作成シタル書類」であるとの判断（大判明36・10・22判決録9巻1721頁参照）により、一人称独白「物語」形式の「聴取書」が定着してしまう。

世紀の今も続いているのだ。可視化はここを撃ち、「病理」克服の途を拓く意義を持つ。

任意性・信用性審理と裁判員裁判

　上述のケースの取調検察官は、むしろ率直に証言しているというべきなのかもしれない。しかし、調書の任意性・信用性が争われた場合、つとに指摘されているように、その法廷での審理は、おおむね「水掛け論」の様相を呈することになる。不毛な争いである。実際、本来かけなくともよいところに、ずいぶんのエネルギーと時間を使っているからだ。その不毛感の所以は、公開法廷での直接主義・口頭主義という近代の刑事裁判手続——つまり、法廷で直に証拠を調べ、証人の交互尋問によって、そこから犯罪事実の存否そのものを見定めていくというシステム——に、上記したような前近代的なシステムが紛れ込んでいるというところに、行き着くように思われる。

　「本来、かけなくともよい」時間・エネルギーであるというのは、原理的に、そうであるはずだからだ。なぜなら、国家が取調べを開始したときからの経過などは、国家が、その気になりさえすれば、一義的にクリアーにできるはずのものだからである。国家が関与して以降の状況は、直接的で客観的なベストエビデンスで、争いの余地のない状態にすることは可能なはずで、そうすべきだ[★4]。ところが、それをしていない。本来、刑事裁判は、そういう訴訟法上の事実の認定のためにあるものではないはずだ。しかし、犯罪事実の存否それ自体の事実認定のために、調書に記載されていることがほんとうに本人が言ったことなのかどうかというレベルでの事実認定をやらなければならなくなっている。「作文」調書の実態からは、「物語」の作成過程をチェックせざるを得ず、このような審理になってしまうのは、必然というしかない。

　しかし、裁判員裁判で、そのような審理が許容されるとは、とても思われない。市民は、そのような事態をおよそ耐え難く感じるであろうし、その前近代性自体、そもそも理解困難であろう。裁判員裁判を具体的にイメージしたとき、可視化が必然だという認識に到達するのは当然であろう。従来沈黙していた裁判所の側から、元裁判官がそう唱え始め[註8]、現職の裁判官も、これを肯定するに至っているのは[註9]、まさに必然だと思われる。そして、実際には、可視化によって、任意性の争いはまず絶滅するだろう。信用性の争いも調書の正確性という観点からは、ほとんど消滅

7　たとえば、吉田松陰『留魂録』（講談社学術文庫、2002年）参照。

すると思われる。争点に集中した充実審理を志向する裁判員裁判にとって、可視化は不可欠である。かくて、裁判員制度と可視化によって、江戸時代からのお上による裁判は終焉し、「病理」克服の途が拓かれうる。

可視化論の経緯と立法運動

　可視化の意義は、上述したとおりだが、その認知には相当の時間を要してきた。実際、研究者からの言及は必ずしも多いとはいえず、その意味では、今日でも、その意義は十分理解されていない可能性がある[註10]。

　もっとも、取調べ状況をテープ録音すべきとする立法化提言は既に1975年段階でなされていた[註11]。また、私の知見の範囲では、被疑者取調べについて「可視化」という言葉が用いられた最初は、1984年の刑法学会における三井誠教授の報告だと思う[註12]。この時期、イギリスにおけるPACE（警察・刑事証拠法）成立を受けて、

8　吉丸眞「裁判員制度の下における公判手続の在り方に関する若干の問題」判例時報1807号（2003年）7頁、佐藤文哉「裁判員裁判にふさわしい証拠調べと合議について」判例タイムズ54巻6号（2003年）9頁。

9　松本芳希「裁判員制度の下における審理・判決の在り方」ジュリスト1268号（2004年）91頁。

10　たとえば、川崎英明「違法取調べの抑制方法」井戸田侃ほか編『総合研究＝被疑者取調べ』（日本評論社、1991年）102頁は、可視化論を「実務の構造的変革に向けられたものではない」とし、「構造的変革のための防禦権保障の理論」とのリンクが重要とされ、梅田豊「取調べの適正性の確保」法律時報編集部ほか編『最終意見と実現の課題（シリーズ司法改革〔3〕）』（日本評論社、2001年）41頁は、「可視化ないし客観化とは、とりあえず現在の（密室で糾問的な）取調べの構造を維持」するものとし、弁護人立会を不可欠とする弾劾化ないし当事者主義化ではないとして「自ずと限界がある」とされ、白取祐司「捜査の可視化と適正化」自由と正義54巻10号（2003年）85頁は、弁護人立会までいかないと「取調べの『適正化』に結びつくとは、必ずしもいえない」とされている。弁護人立会が必要なことは当然であり、いずれの論旨も理解は可能だが、可視化の意義をいささか矮小化しすぎており、他方、弁護人立会を理念はともあれ、実務上の課題として過大に評価されすぎているように思われる。

11　熊本典道ほか「研究会／逮捕・取調・勾留・弁護——立法論としての具体的提案を中心に」法律時報47巻13号（1975年）59頁以下の米田泰邦発言。

「可視化」の議論が少し活性化し、また、このころは、「犯行再現ビデオ」が多用されていた。「犯行再現ビデオ」は、「物語」を固定するための「悪しき一部可視化」と呼ぶほかないものであったが、ある時期を境に、これは消滅し、可視化の議論それ自体も進展しないまま沈静化してしまう。取調べ過程の広範な部分が録音され、テープの存在が「任意にされたものでない疑」を導いた高野山放火事件の和歌山地裁の証拠排除決定が1993年5月25日であるが[註13]、私の知る限りでは、その後、公刊物登載判例上、録音ケースを見出せない。捜査機関側は、「犯行再現ビデオ」などの一部可視化であっても、可視化するという手法の多様化・広範化自体の行き着く先が「全過程」の可視化であること、そして、上記高野山事件決定の如き判断が必然化することを、いずれかの段階で察知したのではないだろうか。80年代半ばの段階では、最高検察庁は「ビデオテープ等は、任意性、信用性立証の方法として有効であることは間違いな(い)」としていたのであるから[註14]、私の勘ぐりも的はずれではない可能性がある。

再び可視化の議論が立ち現れ進展するのは上記決定を経た後の大阪弁護士会刑事弁護委員会における論議からである[註15]。その後の経緯は省くが、日弁連も、司法制度改革審議会での議論に伴って、可視化を刑事司法改革上の重要課題と捉えるようになり、現在は、これを最優先の課題と位置づけるようになった[註16]。そして、捜査機関側の対応が余りに頑なで、実務運用での早期実現は見込めないことをも踏まえ、日弁連は、立法運動に取り組むことを決め、2003年12月、可視化立法案を策定した。その骨子は、「被疑者の取調べに際しては、開始から終了までの全過程を録画または録音しなければならない」、「録画・録音をせずに取調べ

12　刑法雑誌27巻1号（1986年）179頁。なお、この時期の積極的提言として、渡部保夫「被疑者の尋問とテープレコーディング」判例タイムズ36巻28号（1985年）1頁、同「被疑者尋問のテープ録音制度」判例タイムズ37巻41号（1986年）5頁以下参照。

13　判例タイムズ46巻11号298頁[★5]。

14　誤判問題研究会「最高検察庁『再審無罪事件検討結果報告——免田・財田川・松山各事件』について」法律時報61巻8号（1989年）88頁。

15　小坂井久「『取調べ可視化』論の現在（1）～（6）」刑弁情報11～17号（大阪弁護士会刑事弁護委員会、1995～1998年）参照（本書第Ⅰ部所収）。

16　日弁連の動きについては、さしあたり、小坂井久「取調べ可視化実現に向けての動きと基本的考え方」季刊刑事弁護38号（2004年）14頁以下参照（本書第Ⅰ部所収）。

を行って作成された供述調書は証拠とすることができない」というものである。この立法案が、今般の立法の際の附帯決議に連動しているといってよい(註17)。

弁護実践――権利としての「可視化」・国家の義務としての「可視化」

　このように、可視化論は、弁護実務のなかから再生されてきた。可視化に関わる弁護実践として、日弁連は、現在、「被疑者ノート」の作成実践の検討を各単位会に呼びかけている(註18)。また、捜査機関に対する可視化申入れ運動についても検討され、既に、大阪弁護士会では各会員に個別実践の検討を呼びかけている。その「申し入れ書」の雛型は「被疑者の取調べについて、全過程のビデオ録画ないし録音を要求します」として、要求の条文上の根拠を次の5点に求めている。

(1) 憲法13条の自己情報支配権にもとづく自らの供述を正確に保持する権利として、

(2) 憲法38条1項の自己負罪拒否特権を手続的に担保するための必要最小限の保護措置として、

(3) 憲法31条、刑事訴訟法1条の適正手続を全うする趣旨において、

(4) 憲法38条2項、刑事訴訟法319条1項、同法322条1項から導かれるというべき「任意性」をあらかじめ担保することが出来る被疑者の権利にもとづく措置として、

(5) 憲法34条、37条3項の弁護人の援助を受ける権利を実質化するものとして。

　そして、上記「申し入れ書」は「上記権利にもとづく要求がこのように現になされているにもかかわらず、これらが履践されないとき、上記憲法・刑事訴訟法の各条項に反することとなり、当該調書に『任意にされたものでない疑』いが当然に生じることを、予め御承知おき下さい」と結んでいる。

　その権利性に関する議論は未成熟であり(註19)、研究者の間でも権利性に明確に言及しているのは、私の知る限り、現段階では渡辺修教授以外には見当たらない(註20)。しかし、どのような根拠づけをするにせよ、たとえば、在宅の被疑者が取

17　刑事訴訟法等の一部改正案についての2004年4月23日の衆議院法務委員会および同年5月20日の参議院法務委員会の各附帯決議参照。

18　この点、秋田真志ほか「実践の中で取調べの可視化を――被疑者ノートの試み」季刊刑事弁護39号（2004年）82頁以下参照。

調べ情況を自ら録音することを国家の側が阻止しうるという法的根拠は、およそ見出し難い。そうとすれば、身体拘束された被疑者についても同様と解しうるはずである。すなわち、録音機器の取調室への持込みを国家の側が許容しないのであれば、国家自ら、録音機器を設置すべきである。

ところで、日弁連立法案の策定過程では、可視化を被疑者において放棄可能な権利とするかどうかが相当の議論となった。結局、放棄を認めないで全過程の録画・録音を国家に義務づける案に落ち着いたが、私は、これは可視化を被疑者の権利と捉えることと整合しないものではないと考えている[★6]。ある側面から被疑者の権利として位置づけられているものが、他の側面から国家の義務として位置づけられることはありうる。その意味では、上記(1)〜(5)の各条文は、本来、証拠の確保は任意性の立証責任を負う国家・検察官の義務なのであるから、憲法37条1項のフェアトライアルの理念をその根底にすえ、国家に公正な制度を求める根拠と考えるべきなのかもしれない。権利論をめぐって、今後、研究者の側からの議論が展開されることを期待したい。

世界同時進行の「可視化」と「鎖国」の打破

上述したとおり、可視化は、近代化・現代化としての必然という側面を持つ。それゆえともいうべきか、現在、可視化は、世界同時進行の情況にある。その詳細はここでは論じないが、イギリス[註21]、アメリカ[註22]、オーストラリア[註23]、カナダ[註24]、イタリア[註25]、さらにアジアでも進行している[註26]。

これに対し、現在の我が政府見解は、「捜査機関は、刑事事件の真相解明を十

19　小坂井・前掲註15論文（3）刑弁情報13号11頁以下は、これらの外、「包括的防御権」などを挙げているが、このような権利論に対し、多田辰也『被疑者取調べとその適正化』（成文社、1999年）377頁は「やはり捜査機関の義務と解すべきであろう」とされる。

20　渡辺・前掲註5論文109頁。同「被疑者取調べと司法改革の視点」法律時報74巻7号（2002年）43頁。

21　さしあたり、渡辺修ほか監修『取調べ可視化――イギリスの録音・録画に学ぶ』（成文堂、2004年）参照。

22　さしあたり、渡辺・前掲註5論文参照。

23　さしあたり、秋田真志「オーストラリアにおける取調べの録画・録音」刑弁情報29号（大阪弁護士会刑事弁護委員会、2004年）39頁参照。

全ならしめるため、被疑者との信頼関係を築いた上、極めて詳細な取調べを行っている実情にあり、このような実情の下で取調べ状況の録音・録画を義務付けた場合、取調べ状況のすべてが記録されることから被疑者との信頼関係を築くことが困難になるとともに、被疑者に供述をためらわせる要因となり、その結果、真相を十分解明し得なくなるおそれがある」とし、また、「取調べ状況の録音・録画等被疑者の取調べの在り方については、広く我が国の刑事訴訟制度全体の枠組みの中で慎重に検討すべき事柄であり、刑事訴訟制度が異なる我が国と諸外国とを単純に比較することは適当でないと考えている」というものである[註27]。「鎖国」論というほかない[註28]。これに対する批判は既に論じた[註29]。実際、前述した捜査機関側による録画・録音例や80年代半ばの最高検察庁見解からすると、これは、御都合主義的変貌というほかない。また、取調べ全過程・状況の「真相」がクリアーになるだけ、真相解明に近づくことはあっても、「真相」から遠ざかることになるとは思えないということも指摘しておかねばならない。むしろ明らかに、可視化は、真実主義に親和する。取調べ過程における被疑者の全状況をそのまま残せるということが、捜査機関にとって、本来、不都合であるはずはない。これほど確実な証拠はないのだからだ。それを、どういう立証のための証拠として使用しうるかはいろいろな見解があり得るけれども[註30]、基本的に、捜査機関側にマイナスなどはないはずだ。しかも、可視化によって、捜査官は、高潔性を示すことができる。

　私たちは、可視化は、実は、敵に塩を送る制度の提言だとさえ述べてきた。弁護人にとっては、可視化によって防御に困難を来すケースもあり得るし、厳しい事態

24　さしあたり、指宿信「カナダにおける取調べ可視化と目撃証言問題」季刊刑事弁護39号（2004年）144頁。

25　さしあたり、最高裁判所事務総局刑事局監修『陪審・参審制度（イタリア編）』（司法協会、2004年）10頁、100頁以下参照。

26　財前昌和「台湾における可視化の実情」季刊刑事弁護39号（2004年）87頁、山下幸夫「韓国視察から学ぶべきこと」同93頁など。香港でも事件類型によって、可視化がなされているとのことである。

27　2003年1月28日の衆議院における小泉総理大臣答弁

28　なお、IBA（国際法曹協会）は日本政府に可視化の検討を求める提言を行っている（日本弁護士連合会編『裁判員制度と取調べの可視化』〔明石書店、2004年〕参照）。

29　小坂井・前掲註16論文15頁、同「取調べ『不可視化』論の現在」季刊刑事弁護35号（2003年）92頁以下（本書第1部所収）。

も想定されうる。それでも、なぜ、私たちは可視化を求めるのか。本稿で、その所以を述べてきたつもりである。これによって、「より公正、より正確、より適正」な刑事司法が実現する。「鎖国」が打破され、ようやくこの国に、21世紀に相応しい「刑事司法の尊厳」が確立されうるのだ。これは、広く市民的課題なのである。刑事司法改革の次のステージへの突破口が可視化であることは疑いを容れない。私たちは、これを引き受けるべきだ。

30　任意性立証のため、さらに調書の正確性を確認するため、公判で使用されるという限度では争いがないであろう。また、弾劾証拠としての使用も、これを拒む理由は見出せない。実質証拠足りうるか否かについては議論がありうるが、現行法上の伝聞法則の例外としての最終段階での使用は、肯定するほかないように思われる[★7]。

★1　本稿は、2004年5月末の刑事司法改革法案の成立（裁判員制度及び被疑者国選弁護制度の創設など）を受けて、執筆したものである。可視化の問題に焦点をあてているけれども、いうまでもなく、これは可視化が最優先課題だからである。

★2　この論点は、実務の「現在」的課題であると思われる（たとえば、ダブルスタンダードであることを自明の前提とするものとして、大阪高判平21・2・26。しかし、極めて疑問である。

★3　ここは「60年」に読み換えるべきことになろう。

★4　本書の「結びに代えて」も併せ参照されたい。

★5　本書第1部の最初の論攷でも言及したが、後藤貞人弁護士・金子武嗣弁護士らの手によって、この決定が獲得された。

★6　その「権利」放棄を認めるか否かが、今後の制度設計においても、大きなポイントとなるであろう。放棄の場面を録画することを大前提として、放棄を認める立場と、国家の責務である以上「放棄」というものを前提としない立場がある。仮に放棄がありうるとしたとき、その有効性を「事情の総合」によって判断するようなことは避けねばならない。この点、本書第Ⅱ部の中西祐一弁護士と共同執筆した論攷「取調べ可視化（録画・録音）制度導入の必要性と構想について」を参照されたい。

★7　この点も、★6で示した中西祐一弁護士と共同執筆した論攷を参照されたい。

裁判員制度に取調べの
可視化は不可欠

　裁判員制度の実施時期が近づくにつれ、同制度に対する危惧の念もいっそう強く表明されてきているように思われる。
　大きな変革の際には、それに対する不安感が強まるのは、ひとつの必然だといえよう。もとより、それらの危惧には、傾聴すべき視点も多く含まれている。ただ、唯一大正刑訴時代の陪審制を除いて、わが国では「お上による裁判」が延々と続いてきた。あえていうなら、この「お上による裁判」がわが国の刑事司法の根強い「伝統」なのである。私は、この「伝統」こそわが司法の致命的欠陥を孕んだシステムと密接不可分のところがあると考えてきた。すなわち、密室における取調べによって一人称独白形式で作成された調書によって事実を認定するというシステムである。それゆえ、私は、我々に必要なのは、やはり裁判員制度そのものを非難することではなく、これをいかに活かすかを考え、実践することだと考えている。また、それこそが、実務の現場で個々の被疑者・被告人の権利・利益のために活動する弁護人の責務だとも思う。
　さて、上述したところでもすでに示唆したとおり、裁判員制度を十全に機能させるために、必要不可欠な制度が取調べの全過程を録画・録音する可視化制度である。2007年は、志布志事件（鹿児島選挙法違反事件）の無罪判決（確定）や氷見事件（富山強姦冤罪事件）で再審無罪判決（確定）が言い渡されるなど冤罪の存在が明白になった年でもある。21世紀の今日、自白強要にもとづく虚偽自白の作出による冤罪事件の発生がおよそ絶えていないことが示されたのであった。
　私は、取調べ可視化の問題にとりくんできたという経緯から、氷見事件の再審判決の前後にいくつかのメディアから質問を受ける機会があった。以下において、それらの問答のいくつかを、ほぼそのまま呈示することによって、本テーマの論述に代えることをお許しいただきたいと思う[★]。

1　裁判員制度の実施が間近に迫っていますが、このまま実施されることで問題ないと考えていますか。

弁護人は、いかなる制度のもとの、どのような裁判のもとにあっても、自らの依頼者の権利・利益を守るために最善の弁護活動をすべく尽力しなければなりません。個別の弁護活動としては、それ以外いいようがないわけです。が、制度としてとらえた場合は、裁判員制度の実施とともに、これとセットに、被疑者の取調べの全過程の録画・録音制度、つまり可視化制度の導入が必要不可欠だと考えています。

　いまの制度のままでは、裁判で、必ずといってよいほど調書の信用性が問題になります。任意性が問題となるケースも増えることはあっても減ることはないでしょう。可視化制度が導入されないまま、裁判員裁判が始まりますと、市民の裁判員の方々は、この点の判断に非常に苦慮されることになると思います。調書によって事実を認定することにかけては裁判官は、まさにプロですから、悪くいえば、そういう「お上のやり方」に市民の裁判員は追随するだけということにもなりかねません。そこで取調べの全過程が録音・録画され可視化されますと、その点は、根本的に変わってくると思っています。

　裁判員裁判にむけて可視化の利益として、任意性の争いが消滅するであろうこと、あるいは、信用性判断が容易となるであろうことなどが挙げられています。それは、まさに、そうなのですが、より根本的には、捜査段階の調書にもとづく事実認定というものの在り方自体が旧来のものとは全く変わってくると思います。より端的にいえば、「調書裁判」の死滅という方向に向かうということであり、これは言い換えれば、わが国の「伝統」としての「お上による裁判」の終焉を意味するのではないかと思っています。

　2　それにしても、今年（2007年）になって、鹿児島の志布志事件の12名無罪判決があり、富山の氷見事件では冤罪で服役した方の存在がわかるという事態になっています。裁判員裁判で冤罪の発生は防げるのでしょうか。むしろ冤罪が増えるという見方さえあるようですが。

　私は市民の方々の良識を重んじたいと考えています。「お上による裁判」で数々の冤罪が生起してしまったということこそまぎれもない事実です。ここに市民が参加してメスを入れることができるのですから、少なくとも裁判員裁判の導入によって、変革の契機は存在するとみるべきです。むしろ、そのために何をすべきかを考え実践すべきです。

　そして、可視化がセットとされることで、根本的に冤罪の発生は極力防止することができます。志布志事件でも氷見事件でも過酷な取調べによって、虚偽自白が生まれました。可視化は、これを防ぎます。このことは間違いないことです。

3　憲法で黙秘権が保障されているなかで、日本の捜査機関はなぜいまなお自白を強要するような取調べを行っているのでしょうか。

　とても奥の深い問題に関する質問です。
　日本の憲法の刑事人権規定は、31条から40条に記載されているのですが、まさに21世紀的と呼んでもいい先進的な内容の刑事人権保障規定になっています。敗戦前の官憲による刑事手続き上の人権侵害の過酷さに対する反省から整備されたのです。当時のGHQ（連合国最高司令官総司令部）の若手の法律家が、ひとつの理想を書き込んだのですね。しかし、いわば先進的すぎて、実務の現実はこれにまったく追いつきませんでした。むしろ、旧来の「伝統」を維持することに実務上のエネルギーが注がれてきました。
　憲法の規定を21世紀的というとすれば、他方、現実の実務は、18世紀的・19世紀的ともいうべきものです。このあたりになると、私などは専門家でも何でもないので、素人としての感想を述べていることになりますが、鎖国されていた江戸時代でできあがったシステムが、そのまま生きてきたように思えます。吉田松陰の『留魂録』（講談社学術文庫）の中に出てくる話が、印象的でわかりやすいですね。「口書」という制度です。いまの供述録取書・調書は、この「口書」の「伝統」を引き継いでいます。吉田松陰は、動機についての虚偽自白を「奉行」、つまり「お上」から強いられるわけです。「奉行」が勝手にストーリーを作っていきます。で、松陰は、こんなバカといくら話していても仕様がないと、その「口書」にサインするわけですね。結局、「お上」の意向に従うことで、この社会に受け入れてもらうという「伝統」が今日も生きています。刑訴法248条（検察官による起訴便宜主義の規定）は、この「伝統」に絶妙にマッチして機能すべく運用されてきたと思います。300年の「伝統」ですから、強力なのだと思えます。

4　これまで冤罪が生まれてしまった状況はたしかに密室の取調べや、代用監獄の存在などが大きな原因だろうと思われますが、当局以外で、冤罪を見破れずにいた裁判官や弁護士には問題はなかったのでしょうか。

　もちろん法曹三者はみな責任があります。2つの意味でそういえます。
　ひとつは個別の冤罪事件で、個々にかかわった警察をも含めた法曹三者・四者の責任です。もとより、責任の軽重があります。それは、各々の事件で、それぞれ的確に見定めなければなりません。
　もうひとつは、こんなシステムを今日まで維持してきた、いわば全体としての法曹三者の責任です。本来なら1980年代に死刑再審無罪4事件が発覚したときに、

日本の刑事司法システムの根本的変革がなされるべきでした。しかし、私の記憶に間違いがあったら恐縮なのですが、私の認識では、このとき、検察庁は調査しながらも公式には何の発表もしなかったと思います。裁判所も沈黙していたという記憶です。弁護士会は弁護士会で、個別事件についての対応は格別、当番弁護士制度なども立ち上げていない時代でもあり、刑事司法全体に対して大きな変革勢力になるだけの力を備えておらず、まだまだ非力だったようにも思います。

　今年になって、志布志事件や氷見事件が発覚し虚偽自白の発生を防止し、冤罪事件を生まないようにとの機運が出てきましたが、これらは本来、1980年代に解決しておくべきだった問題にほかなりません。その再来なのです。

　　5　取調べの可視化が実行された場合、取調べはどのように変わるでしょうか。また、可視化は刑事司法全体にどのような影響を与えるでしょうか。

　こういう言い方ができます。いままでの取調べが適正であったのであれば、別に取調べは変わらないはずです。しかし、それでも、それが「視える」ことには意味があります。いままで闇に閉ざされていた取調べが透明化されるということは、この国の刑事司法にとって実は革命的なことです。いささかオーバーに表現すれば、「刑事司法の尊厳」というものが、この国ではじめて打ち立てられることになると思います。開かれることで、「より公正」で「より適正」な、そして、「より正確な」刑事司法にむけて歩みはじめるということだと思っています。

　他方、可視化それ自体は、まったく「価値中立的」なものです。ニュートラルです。攻撃側にも防御側にも本来イーブンのはずです。そうとすれば、刑事司法の全体構造自体は何も変わらないはずです。可視化すると話をしなくなる人がいて、治安が悪くなるといった議論があるようですが、馬鹿げた議論でナンセンスです。率直にあえてわかりやすくいえば、真犯人にとって可視化は怖い制度だと思いますね。可視化は真相解明に資する制度であり、その逆ではありません。

　可視化するためには、別の捜査手法が必要になるという議論もありますが、可視化はむしろ捜査機関側の高潔性を示すものであり、かつ、捜査機関側にも有利に作用しうることを忘れた発想です。むしろ弁護側のほうが労力が増えて大変だと思いますね。弁護の技能をより高めなければなりません。それでも、透明性・公正さを優先するという選択の結果、可視化実現にむけての運動が展開されてきたのです。

　　6　海外で取調べの録画が行われるようになったきっかけというのは主にどのようなことがあるでしょうか。

日弁連の資料などを読むと録画に対してそれらの国々で捜査機関がポジティブに評価しているようですが、日本の可視化に対する捜査機関の消極論をどのようにご覧になっていますか。

それは、かなりはっきりしています。冤罪の防止という目的、それを生む虚偽自白の防止です。ほとんどの国が、そのことを原因として可視化制度を導入しています。あともうひとつは、違法取調べ、たとえば、暴力的な取調べの発生ですね。密室で事後的な検証もできないということだと、権力というものは必ず暴走するのです。それを止める知恵が可視化です。より厳密にいうと、イタリアは少し特殊で、身体を拘束されている「共犯者」供述の信用性判断のためにテープ録音がベターだということで可視化制度が導入されました。

どの国でも制度導入前は捜査機関側は反対していたといっていいのです。が、導入するとどこでも捜査機関にとって、これはいい制度だという評価になっています。公判廷で、自白を翻す被告人は減るし、不合理な否認をする人も減ります。捜査機関にとって、これほどいい制度はないはずなのですね。それさえ受け容れられないところに日本の取調べの現実があるというほかないでしょう。

7　取調べの可視化とは、取調べの最初から最後までを録画するという意味と理解しておりますが、「最初」というのはどの段階のことをさすのでしょうか。また録画は、警察と検察と、両方の取調べのことをおっしゃっていると理解してよろしいですか。

被疑者「取調べ」の可視化という場合、法的な身体拘束の如何にかかわらず、その人から自己負罪供述を引き出しうる「取調べ」というもののすべてをさすと考えています。「任意同行」中の聞き取りであろうが、弁解録取であろうが、すべて含まれます。もちろん警察取調べも検察官の取調べもすべて含まれます。

もっとも、さらに参考人に対する取調べもすべて可視化すべきだと考えていますから、自己負罪供述を引き出す可能性の如何にかかわらず、公権力による事情聴取はすべて可視化すべきだということになります。最終的には、そこまでいくと思います。

8　検察が始めた取調べの一部の録画（録画試行）についてのご意見をいただけますか。

一言でいうと、とても危険です。取調べの一部のみ、それはおおむね自白が完成

したあとの総まとめというか復習場面を録画するものと想定されているのですが、これは印象の肥大化・特権化です。強烈な印象のみを与えかねません。それゆえ、任意性の判断を誤らせる危険がとても高いと評価せざるをえないですね。弁護人・被告人の側で、全過程をチェックできない一部録画の記録媒体の証拠能力・証拠の適格性は根本的に疑問です。ですから、今後、弁護実践として、そういう争いが活性化されていくと思います。

が、だからといって、私は、いまの検察庁の試みをやめてしまえ、とは必ずしも思っていません。これがフォーマルなものとしてなされている以上、いったん回しはじめた録画テープを止めることはできませんし、これをなかったことにもできません。訴追側の御都合主義にのみ機能するとは限りませんね。明日ただちに全過程の録画・録音制度（そして、弁護人立会）が実現するなら別ですが、そうでない以上、この検察庁の試みは全過程の録画・録音、すなわち可視化実現のためのプロセスとしては、一度は避けて通れない道かもしれません。「一部ではダメだ」という個別の弁護実践を活性化させていくのが重要な対応策ですね。「一部ではダメだ」ということはだれでも理解できることですから、必ずしも悲観しなくてよいと思っています（註：2007年1月14日に大阪地裁において、一部録画の内容を基にして「任意性の疑いは明らか」とし、検察官調書の証拠能力を否定した決定が言い渡されている）。

9　取調べの可視化を警察が否定しているかぎり、実現はなかなか簡単には進まないのではないかと思うのですが、日本で可視化が実現されるには何が必要でしょうか。

まず、メディア・マスコミの方々の支持、そして、市民の方々の支援です。たとえば、犯罪被害者の方々にとって、虚偽自白による冤罪の発生ほど不幸なことはありません。あらゆる立場の人々に可視化は有意義なのです。志布志事件・氷見事件の発生によって、メディア・マスコミの論調は明確に全過程の可視化制度導入ということになっていると思います。

だれもが可視化を求めているはずなので、運動は広がる要素をもっていると思います。弁護実践の場では、捜査段階で可視化を申し入れ、公判前整理段階・公判段階では、徹底的に任意性を争う法廷活動を活性化させることですね。可視化なくして任意性立証なしということで、裁判所の動きも、そういう方向に向かいつつあると認識しています。任意性の疑いを幅広く認めて、自白調書がどんどん採用されないという傾向になってくるとみています。

私は政治情勢に関しては音痴というべきですから、国会の展開までは、よくわかりませんが、いま述べたような過程から、一挙に立法化の道が拓かれる可能性は

あると考えています。

10 たとえば、アメリカなどでは録画がされていなくても、弁護士の立会が認められているようですが、弁護士の立会についてはどのようにお考えですか。

可視化も弁護人立会も両方必要です。それぞれの機能は重なりつつも、異なっているところがありますから、ひとつでよいということにはならないでしょう。

アメリカは1966年のミランダ判決で弁護人立会権が認められました。ですから可視化制度は1980年代に始まったイギリスよりは遅れてしか導入されていません。しかし、アメリカで弁護人立会があるのに、なぜ、いくつかの州で可視化制度が導入されたのか、また導入する州が増えているのかといえば、弁護人立会に関するミランダルールだけでは、冤罪・虚偽自白の発生を防止できなかったからです。実はミランダルールには矛盾があって、弁護人立会権を認めながら、立会権の放棄は弁護人の立会なしに認められているのです。つまり、任意に立会権を放棄したとして、弁護人立会のないところで自白がとられ、それが虚偽自白だったというケースが後をたたず、結局、録画・録音制度の導入になったという経緯です。

理念的には、可視化はより公正さを求めるという要素がありますし、立会権は、防御権をより強化するものとして位置づけられます。しかし、個々の事件の現実がそうなるかどうかは、まったく別問題ですね。たとえば、まったく無能な弁護人が立会った場合を想定してみて下さい。百害あって一利もない事態さえ想定できますね。したがって、必ず録画によってカバーされる必要があると思っています。

私は、2つともがともに実現されるのがベストだと思いますが、もし、わが国において、まずひとつ選べといわれるなら可視化を選びます。可視化が日本型刑事司法の改革にとって決定的に重要だと思うからです。

★ 本論攷は2007年末ころの情況下で、一般読者向けに書かれたものである。私なりに平易な表現を心がけたつもりであるが、それが、成功しているかどうかはわからない。

取調べ可視化論の新展開
吉丸論文が示した録音・録画記録制度論の概要について

はじめに

　判例時報1913号と1914号（いずれも2006年）に掲載された吉丸眞氏（元札幌高裁長官）執筆の「録音・録画記録制度について（上）（下）」は極めて注目すべき論文である。裁判員制度の施行まで3年あまりとなった現在、改めて「被疑者の取調べに録音・録画制度を導入すべき」とする立場が元裁判官から明確に示されたものであり、その発表自体に、大きな意義が見出されよう。

　それと同時に、同論文は「被疑者の取調べに録音・録画記録制度を導入する必要性とその問題点について……できるだけ具体的・実証的に検討することを目的」とした論考であり、従来十分に論じられてきたとは言えない同制度実現後の運用などについても、踏み込んだ提言を行っている。紙幅の関係で、ごく一部にはなるが、以下、その概要を紹介したい[★]。

「録音・録画記録を導入する必要性」について

　同論文は、自白の任意性に関する証拠調べの実情について、「取調べの実態」を具体的に明らかにする客観的な記録が存在しないため、水掛け論の様相を呈しているとして、現行の証拠調べの方法には「構造的な弱点」があるとする。自白内容の審査は綿密・詳細だが、その自白が獲得された取調べの実態についての審査は十分に機能していないというのである。そして、再審無罪事件などの教訓としても、取調べの実態が明らかにされなかったことが判断を誤る重要な原因であったとし、自白の任意性及び信用性に関する証拠調べの在り方が厳しく問われているとしている。この「構造的な弱点」を克服するには「取調べの全過程を録音又は録画して正確な記録を残し、公判で自白の任意性が争われたときは、この録音・録画記録によって取調べの実態を検証する手続を設けることが最も有力かつ相当である」というのである。

　着目すべきは、従来の実務の「いくらか穏やかな基準で自白の任意性を認め」る

という「運用」を「変則的運用と認めざるを得ない」とし、「この運用は見直す必要がある」と断じていることである。「裁判所は……検察官に対し取調べの実態について具体的・明確な立証を求め、その立証が十分尽くされたときに初めて任意性を認める、という運用を強化、徹底していくべき」で、「進んでこのような改革に踏み出さない限り、新たな証拠調べ方策の導入は容易に進まない」とされる。そして、これと並行して、法務・検察サイドで同制度導入に向けた作業が進められることが望ましいと説かれている。

「録音・録画記録の取り扱い」について

　同論文の立場は「録音・録画記録は、自白の任意性又は自白調書の記載の正確性に争いがあるときなどに、問題の取調べの実態又は供述内容を検証するため、これに必要な範囲で取り調べるものとし、公訴事実及び量刑事実の立証は、原則として、従前どおり自白調書を中心に行うのが相当」というものである。公訴事実及び量刑事実の立証を録音・録画記録を中心に行う運用については、取調べのために膨大な時間を要するおそれがあるとか、心証形成に困難をきたすおそれがあるなどと言った、困難な問題が生じるとして、これを採用しない立場が示されている。そして、自白調書中心の証拠調べの運用を確立するため、法律上「録音・録画記録の取調べを適正な範囲に制限する規定を設けることが相当」と提言されている。
　このように、同論文の特徴は、録音・録画記録を、あくまでも調書の「補完」と位置づけているところにある。この点、議論のありうるところだが、同論文は、現行実務と地続きのところで録音・録画制度の導入を構想しているといえよう。

「録音・録画記録制度の問題点」などについて

　同論文は、録音・録画制度の導入が事案の真相究明を妨げるとの批判についても、具体的かつ詳細に反論している。取調べの適正の確保についての配慮が強調されているが、これとともに、次の点も注目される。すなわち、調書中心の証拠調べの運用を確立すべきとする同論文の立場から、録音・録画記録の公判での再生自体が限定されるものとされ、これも、上記反論の理由として挙げられていることである。「被疑者が公判で再生されることを恐れ」る必要はない旨が強調され、公判での再生には被告人の同意を前提とする立法案も示されている。
　さらに、同論文は、(組織の上位者たる)共犯者の公判での再生が予想され(そのことで組織による報復を恐れるといった)特殊ケースについての対応としては、録音・録画

を一時停止する例外的措置を提案している。「組織的な犯罪に係る事件において……被疑者が真実を述べることが著しく困難であると認められる場合には、捜査官は……被疑者から録音・録画を中止してほしい旨の申し出があったときは、当該事項について取調べを行う間、録音・録画を一時停止することができる」との案が厳格な手順とともに示されている。この点、被疑者の意向に基づいて録音・録画如何を決するという点をも含め、議論のありうるところであろう。

なお、同論文は、録音・録画制度を導入しても、刑事司法の構造全体を見直す必要はないと明言している。新たな捜査手法の導入問題は、これとは別に検討すべきものとされる。

まとめ

そのほかにも、同論文は、録音・録画記録制度について、多岐にわたる論点を提供している。その手続の大綱、録音・録画記録は自白調書の信用性を検討・判断する補助証拠として扱う（ただし、調書記載の正確性が争われた場合などは実質証拠として扱われる）こと、取調べ対象の特定手続、同制度の効用など、さまざまな角度から立法論を含め、論じられている。

結語として同論文は、裁判員制度の下において、録音・録画制度の導入が不可欠であるとし、その検討が着実に進められることを強く期待すると述べている。同論文を契機として、取調べ可視化論は新たな展開・時代を迎えたといえよう。

★　本稿は、日弁連新聞に掲載したもので、2005年に発表された吉丸論文の「可視化」制度の構想を紹介しているものである。様々な議論がありうるとしても、今後の「可視化」の制度構想は、この吉丸論文を軸として、考えられることになる。その意味で、本稿を本書に掲載しておく意味があると考えた。

取調べ可視化（録画・録音）制度導入の必要性と構想について

はじめに

　先般、吉丸眞氏（元札幌高裁長官）が、「録音・録画記録制度について（上）（下）」と題する論稿を発表された[註1]。

　吉丸氏の論稿は、従来の自白の任意性・信用性に関する審理の実情を踏まえ、取調べの可視化を制度として導入する必要性を強調されたものである。併せて、捜査から公判手続を通じて、可視化実現後の制度構想についても詳細に検討されており、可視化導入の是非に偏りがちであった従前の議論を一歩前進させたものといえる。

　本稿は、弁護人の立場から、吉丸氏の見解に対する分析・検討を行いつつ、可視化の必要性を改めて論じるとともに、可視化制度実現後の運用の在るべき姿を模索・検討し、その制度構想を明らかにしていこうとするものである。

　なお、本稿における見解は、筆者らの個人的な見解であることを予めお断りしておきたい[★1]。

可視化導入の必要性と展望

1　可視化導入の必要性

(1)　現在の任意性審査に対する評価

　吉丸氏は、自白の任意性に関する審理につき、従来の証拠調べの方法では取調べの実態を明らかにすることが極めて困難であり、その困難さが誤判の一因となっているとされた上で、この点は「現行の証拠調べの方法の構造的な弱点と認めるべき」であり、「自白の任意性に関する証拠調べの方法を根本的に見直す必要が」

1　判例時報1913号（2006年）16頁、同1914号（2006年）19頁。

あり、取調べの可視化以外には「密室において被疑者と捜査官だけで行われる取調べの実態を明らかにする方策を見出すことは困難」であると主張される。そして、現在の実務は「審査本来の在り方から外れた変則的な運用」であり、「今後もこの変則的な運用を続けるならば、(過去の再審事件等と) 同様の誤判を招く恐れがないとはいえない」とされる[註2]。

　吉丸氏が元裁判官の立場から、現状の審理方式が誤判の原因となりうることを率直に認められたことにつき、敬意を表したい。

　(2)　取調べの適正化

　吉丸氏は、右見解の前提として、現在でも違法・不当な取調べが存在するとの認識の下、違法取調べの抑制・取調べの適正化を図る必要があるとの問題意識を明確にしておられる[註3]。

　現状の任意性に関する審理方式が冤罪を生む危険性を有しているということは、虚偽の自白調書が厳然と存在しているということであり、かつ、そのような調書を証拠から排除できていないということを意味している。いうまでもないが、虚偽自白の大部分は違法・不当な取調べの産物に外ならない[註4]。

　なお、最高検察庁は、先般、自白の任意性の「立証方策の検討の一環として」「任意性の効果的・効率的な立証のため」、検察官が行う被疑者取調べの一部を録音・録画する試行を行う旨発表した[註5]。もとより、この試行は、警察の取調べが対象とされていない点において、まずもって致命的な欠陥があり、かつ、検察段階にあっても取調べの全過程の録画・録音が担保されていない点において極

2　吉丸・前掲註1論文 (1913号) 17頁。

3　吉丸・前掲註1論文 (1914号) 19頁。

4　検察官・弁護人双方の立場で長年刑事実務に携わってこられた中山博善氏は、「(18年間に亘る弁護士経験の中で) 可視化否定論のいう信頼関係に基づく取調べがなされている実態を見ることはできなかった。逆に、被疑者・被告人から聞こえてくるのは、……(被疑者を) 威迫するなど、検察OBとして恥じ入るばかりの取調べであった。……もはや、その弊害を放置することはできない段階に至っていると判断せざるを得ない」と述べておられる (「被疑者取調べの意義・根拠と可視化の是非」金沢法学48巻2号〔2006年〕、丸括弧内は筆者らによる補足)。なお、最近の密室取調べの弊害事例は、日本弁護士連合会編『取調べの可視化 (録画・録音) の実現に向けて――可視化反対論を批判する』(第2版、2006年2月15日) 73頁以下に掲載されている。

めて不十分なものといわざるをえない。適正な事実認定を歪める危険性をも孕んでいると断じざるをえないが、根本的な問題は、その目的を、「任意性立証の方策」という、いわば訴追側の便宜のためにのみ捉えようとされ、取調べの適正確保という視点を欠落させようとしている点にある[註6]。

　刑事手続におけるあらゆる制度の目的は、適正・公正な刑事裁判の実現に向けられたものでなければならない。専ら訴追側の便宜のためだけに取調べの録音・録画を利用しようという発想は、刑事裁判の目的を見失っており、余りに狭量、かつ偏頗というべきである[註7]。

(3) 小括

　吉丸氏は、前記の取調べの弊害及び現行の任意性審理に内在する限界を踏まえ、これらの弊害を打破するための方策としては、取調べの（全面的な）可視化が最も優れているとされている[註8]。吉丸氏の見解は、従来、弁護士を中心に主張されてきた取調べの可視化導入論と同様の視点に立たれているものといえよう。

5　2006年5月9日付法務大臣発言、同日付次長検事コメント。なお、2006年10月26日の参議院法務委員会での法務大臣答弁によれば、同年8月から同年10月26日までの間、東京地検において、実際に5件試行がなされたとのことである。更に、2007年2月14日の検察長官会同において、但木検事総長から、2006年末までの東京地方検察庁における試行件数は13件であったとの報告がなされたようである。また、2007年2月以降、東京地検以外の地方検察庁においても、取調べの録音・録画がなされる予定であるという。

6　もとより「取調べの適正確保」は「任意性立証の方策」としても機能する。それゆえ、両者が背反する関係にないこと自体は明らかであるが、これをことさら区分けして「録音・録画」制度を考案しようとする姿勢自体に無理があるといわねばならない。

7　しかし、この試行がフォーマルなものである以上、捜査機関・訴追機関にとっての御都合主義的な「いいとこ取り」ができるというものではないと考えられる。したがって、問題の帰趨は実務的な実践の場面にかかっているともいえよう。この点、小坂井久「取調べ可視化問題の現状と課題」自由と正義57巻12号（2006年）149頁参照（本書第Ⅲ部所収）。

8　吉丸・前掲註1論文（1913号）19頁。

2 自白の任意性に関する審査の在り方

　吉丸氏は、任意性審理の在り方につき、立証責任を負う検察官が取調べの実態を具体的・明確に立証すべきであるとされる。検察官がこの立証に失敗したときは、刑事訴訟法の立証責任の基準を原則通り適用する以上、自白の任意性に疑いがあるとして、任意性を否定する方向に判断が傾くのが自然であるとされるのである。

　そして、「裁判所は、自白の任意性の審査の在り方を見直し、公判の証拠調べにおいて検察官に対し取調べの実態について具体的・明確な立証を求め、その立証が十分尽くされたときに初めて任意性を認める、という運用を強化、徹底していくべき」であり、「裁判所が進んでこのような改革に踏み出さない限り、新たな証拠調べ方策の導入は容易に進まない」と主張される(註9)。

　任意性審理の在り方については、裁判員制度導入に向けた議論の中ではあるが、現職の裁判官からも「これまでの実務の在りようについて、任意性を比較的緩やかに認めた上で、信用性の観点からの吟味に力点を置いてきた面がないとはいえない」という認識を前提に「今後は、任意性のレベルできちんと勝負をつけていく必要があるとの指摘や、今後は、明らかに被告人の主張が排斥できる場合を除き、客観的な証拠が提示されない場合には、任意性に疑いがあるとして却下すべき場面が増えていくのではないかという意見」が述べられている(註10)。

　このように、徒に捜査機関側の対応を待つのではなく、裁判所が、判断者の立場において、積極的に実務の運用を改革し、捜査機関・訴追機関側の改革を迫るという方向性は、従来から、我々弁護人が切望していたものである。このような方向で実務の改革が行われることこそが、いわば正道というべきなのであり、これを強く期待したい。

　もとより同時に、弁護人の立場から、より一層、被疑者ノートの差入れや可視化申入れ等の弁護実践を強化し、それとともに、任意性・信用性に疑いのある調書については、公判前整理手続及び公判段階を通じて積極的に争っていくなど、刑事裁判の現場から可視化導入を迫る地道な努力を果たしていかねばならない(註11)。

9　吉丸・前掲註1論文（1913号）20頁。
10　今崎幸彦「『裁判員制度導入と刑事裁判』の概要——裁判員制度にふさわしい裁判プラクティスの確立を目指して」判例タイムズ56巻26号（2005年）10頁。

3　可視化導入がもたらす取調べ実務の変革

　吉丸氏は、取調べの可視化導入により、調書の信用性を示すために「敢えて詳細な供述を求め、『迫真力』のある自白調書を作成する必要」がなくなり、「公訴事実及び量刑事実の立証に必要な範囲の事実について被疑者から具体的な供述を求め、その供述を正確に（淡々と）調書に記載すれば足りることになる」との展望を明らかにされている(註12)。

　取調べの可視化が、過度に長大化している供述調書の簡素化、引いては現在の長時間・多数回に及ぶ取調べの短縮をもたらしうる点を指摘するものであり、極めて重要な指摘である。

取調べの可視化の権利性

1　はじめに

　吉丸氏が提示された可視化制度の構想について検討する前に、取調べの可視化が、日本国憲法上、被疑者に認められた権利であるという筆者らの立場を明確にしておきたい。けだし、可視化制度が、単に実務上の便宜に配慮したものとして想定されるに止まるのか、あるいは被疑者の権利の一環として構想されるのかは、制度構想に少なくない影響を与えるはずだからである。

2　可視化の権利性

(1)　被疑者が取調べの可視化を要求する権利については、様々な構成を想定しうるが、「任意性を担保する状況を自ら設定する権利・任意性に関する状況を（予め）的確に証拠保全しておく権利」として、憲法38条2項あるいは同13条、同31条から導かれる権利であり、いわゆる「包括的防禦権」の一環として捉えるべき権利とすることが可能である。このことは、既に、小坂井が別稿において明らかにした

　11　可視化実現に向けた弁護活動の在り方を明快に提示するものとして、小橋るり「改正刑訴規則198条の4の『的確な立証』に関する試案」自由と正義56巻11号（2005年）50頁。なお、小坂井久「平成刑訴と可視化に関わる弁護実践」季刊刑事弁護45号（2006年）116頁参照（本書第Ⅲ部所収）。
　12　吉丸・前掲註1論文（1913号）28頁。

とおりである[註13]。

(2) 特に、前述の検察庁による被疑者取調べの録音・録画試行が開始された現在、被疑者が「任意性に関する状況を的確に保全する権利」は一層不可欠な権利と位置付けられるべきである。

　捜査機関は、主に昭和50年代から、個別の事案に応じて、任意性立証のために取調べのテープ録音を行ってきた[註14]。しかし、今回の録音・録画試行は、検察庁が、いわば組織的に、取調べ状況を電磁的記録によって客観的に証拠化するという「捜査方法」を導入し始めたものであり、従来の散発的な録音テープ利用とは一線を画するものとなることが想定されている。が、「取調べの機能を損なわない範囲内で、検察官による被疑者の取調べのうち相当と認められる部分の録音・録画」を行うに過ぎないとされ、ここに、検察庁の構想する録音・録画制度が専ら訴追側の便宜のための制度でしかないと評せざるを得ない理由がある。

　捜査機関のみが一方的に対象を選択し、組織的に取調べの一部を録音・録画するという運用は、既述したとおり、極めて偏頗なものであることは言うまでもない。捜査機関が、組織的かつ積極的に取調べ状況の証拠化を指向する以上、その恣意性を排し、その証拠化が公正・適正になされるべき必要が生じるというべきである。このとき、被疑者の防御手段として、取調べ状況の（録画・録音による）証拠化を自ら要求する権利が認められなければならないのは自明ではなかろうか。かくして、録音・録画試行によって、可視化の権利性がより明瞭に浮かび上がってくる。

(3) 可視化の権利性は、比較法的にも裏付けられうる。

　例えば、アラスカ州最高裁判所は、1985年、「録画・録音は、今や、合理的かつ必要な保護手段であり、被疑者の弁護人による援助を受ける権利、自己負罪拒否特権、そして、最終的には、公正な裁判を受ける権利の保護にとって、不可欠である」として、「州憲法のデュー・プロセス条項は、捜査官に対し、実施可能な場合には被疑者の留置場所で行われている身体拘束下の取調べを録画・録音す

13　小坂井久「『取調べ可視化』論の現在（3）──『取調録音権』試論」刑弁情報13号（大阪弁護士会刑事弁護委員会、1996年）11頁（本書第I部所収）。この見解を評価するものとして、高内寿夫「被疑者取調べと弁護権」村井敏邦ほか編『刑事司法改革と刑事訴訟法（上）』（日本評論社、2007年）474頁参照。

14　大出良知「取調べのテープ録音は導入可能か」季刊刑事弁護14号（1998年）75頁。

ることを要求している」旨の判断を示した[註15]。

　また、弁護人立会権に関する判断ではあるが、大韓民国大法院（最高裁判所）は、2003年11月11日、大韓民国憲法12条4項に定める弁護人選任権、同条1項の適正手続条項の趣旨に基づいて、接見交通権を規定する同国刑事訴訟法34条の類推解釈により取調べへの弁護人参与（立会）権を認めた[註16]。

　これらの諸外国における実例を見れば、我が国において取調べの可視化を要求する明文の規定が存在しないことは可視化の権利性を認める障害とはいえない。むしろ、右諸外国の例が示す憲法の趣旨は、我が憲法上も同旨というべきものなのであって、我が国にあっても、取調べの可視化は、憲法上の要請であることがより明確になってくるといって何ら差支えない。

可視化の制度構想Ⅰ（捜査段階）

1　録画と録音の優劣

　吉丸氏は、可視化の具体的な方法につき、録画と録音の長短を比較した上で、「法律上は、『録音又は録画しなければならない』と規定し、当面は各庁の実情や事件の内容・性質に応じ、捜査機関の裁量により、両者を使い分けられるようにしておくのが相当であろう」とされる[註17]。

　しかし、吉丸氏も認めておられるように、記録の機能という面では、録画の方が録音よりも格段に優れている[註18]。一方、現代の録画技術の進歩に照らせば、録画に要するコストは、録音のそれと比較して過大なものとは思われない。従って、

15　Thomas P. Sullivan, "Electronic Recording of Custodial Interrogations: Everybody Wins", (Northwestern University School of Law, The Journal of Criminal Law and Criminology Vol.95, No.3, Spring 2005)（本文の引用部分は中西訳）.

16　朴燦運「弁護士が見た韓国における捜査の可視化——最近の状況と論議の内容」季刊刑事弁護39号（2004年）98頁。

17　吉丸・前掲註1論文（1913号）23頁。

18　もとより、録画のほうが「印象」はより強烈でありうるという問題はあろう。が、それは可視化記録の証拠としての取扱いをどうするかという問題であるとともに、最終的・原理的には、裁判における自由心証主義の問題のなかに解消されていく事項であると考えられる。

録画を原則とすべきであり、録音は、過渡的な設備として、あるいは取調室外における供述の記録方法として補完的な位置付けをすべきであろう[註19][★2]。

2 可視化の対象及び範囲

(1) 原則
　吉丸氏は、「捜査官が、警察署、検察庁又はこれに準じる場所で被疑者を取り調べるときは、その取調べの全過程を録音又は録画するもの」とすべきとしておられる[註20]。即ち、被疑者が身体拘束下にあるか否かを問わず、全ての事件における取調べの全過程の可視化を原則とされている。

(2) 例外
ア　例外を設けるべき理由
　吉丸氏は、我が国における被疑者の取調べは、多数回、長時間に及ぶことが多いため、あらゆる事件において被疑者取調べの可視化を要求することは、多大な費用と労力を要することとなるとして、可視化がなされる事件を選別すべきであるとされる[註21]。
　取調べの可視化は被疑者に認められた憲法上の権利であり、捜査の適正確保に不可欠な制度であると考える筆者らの立場からは、あくまで全事件における全取調べの全過程の可視化が原則であるべきと考える。
　しかし、吉丸氏の指摘される我が国における被疑者取調べの現状に鑑みれば、可視化の対象となる取調べを選別すべきであるとする吉丸氏の主張は、理解できないわけではない[註22]。実際、制度が導入される当初の段階では、そのような選

　　19　吉丸氏は、取調室外における供述の記録方法に関し、逮捕した被疑者を警察車両で警察署に連行するときや留置中の被疑者を実況見分や引き当たりのため警察車両で現場に連行するとき等は、できる限り、車内の会話等を録音しておくなどの措置を講ずるべきとされており（吉丸・前掲註1論文〔1914号〕28頁）、相当に徹底した可視化を指向されている。
　　20　吉丸・前掲註1論文（1913号）21頁。
　　21　吉丸・前掲註1論文（1914号）32頁。
　　22　もっとも、終局的には、本文において述べたように、可視化の導入により、多数回・長時間に亘って執拗な取調べを行う現在の取調べ実務こそが変革されるべきこととなろう。

別を想定することの意味を見出すこともできるであろう。
　そこで、以下、吉丸氏が、例外を設けるべきとされる事件の類型毎に検討を行う。

　　イ　自白事件
　(ア)　吉丸氏は、一定範囲の重大事件を除き、一定の要件の下で、捜査官の裁量により、録音・録画しないことができるものとすべきであるとされる[註23]。そして、身体拘束事件と在宅事件を分けて、可視化の例外を設定される。
　まず、被疑者の身体が拘束されている事件においては、被疑者が弁解録取[註24]・勾留質問及び逮捕後最初の取調べにおいて被疑事実をすべて自白し、その後も自白を維持している場合は、第2回目以降の取調べについては、捜査官の裁量により、録音・録画しないことができるものとされる。但し、被疑者が否認に転じた場合は直ちに録音・録画を行うこととされる。
　そして、在宅事件においては、最初の取調べに先立って被疑事実を告知して弁明の機会を与え、被疑者が被疑事実をすべて認めたときは、その供述を調書に録取した上で、捜査官の裁量により、録音・録画を行わないようにすることができるものとされる。この場合、冒頭の弁明の際も録音・録画は行わないが、被疑者が否認に転じた場合は直ちに録音・録画を行うべきとされている。
　(イ)　まず、自白事件を可視化の対象外とするという点については、単純な事件で一貫して自白を維持し、全く自白が揺らぐことのない事案を想定した場合は、取調べを可視化すべき要請はさほど高くないようにもみえる。そうとすれば、弁解録取及び初回の取調べを可視化することにより、被疑者が当初から完全に自白していたことが担保される限りにおいて、吉丸氏の見解には合理性があるようにも考えられる。
　しかし、例えば、被疑事実自体は認めているが動機につき争いがある事案においては、自白事件と扱うべきか否認事件として扱うべきか、判断が分かれる場合があり得る。また、当初自白していた被疑者の供述が徐々に曖昧になり、ついには完全に否認するに至ったなどという事案においては、被疑者がどの段階で否認に転じたと評価すべきかが問題となる可能性がある。従って、可視化すべきか否かの判断を全面的に取調官に委ねることは妥当ではない。
　被疑者が否認に転じた場合に加え、被疑者又は弁護人が取調べの録画・録音の再開を求めた場合には、被疑者の供述内容にかかわらず、直ちに録画・録音を再開するものとすべきであろう。これは、可視化の権利性を認める筆者らの立場か

　23　吉丸・前掲註1論文（1914号）32頁。

らは当然の帰結でもある。

なお、吉丸氏は、在宅事件の自白事件につき、被疑事実の告知や弁解聴取手続、初回の取調べについても可視化しなくてよいとされておられるが、在宅事件であっても、身体拘束事件と同様の問題が指摘できる。また、実務上、被疑者を任意同行して取り調べた後に逮捕し、身体を拘束するという事案も多く見られ、身体拘束段階と在宅事件扱いの段階との境界は曖昧であることも多い(註25)。

従って、身体拘束事件と在宅事件で取扱いに差を設けることは妥当ではないと思われる(註26)。

ウ　軽微事件

吉丸氏は、一定の軽微な事件については、捜査官の裁量により録音・録画しないことができるものとすることも考慮すべきであるとされる。しかし、近時話題となっているいわゆる痴漢冤罪事件等、軽微な事件においても、激しい争いとなる事件は決して少なくない。また、軽微事件であるにもかかわらず身体拘束がなされるなどの問題を孕むケースも決して少なくはない。従って、軽微事件であるという理

24　なお、吉丸氏は、弁解録取の手続についても、取調べに準じて可視化すべきであるとされている（吉丸・前掲註1論文〔1914号〕28頁）。筆者らの考えでは、弁解録取もまた、負罪供述を引き出しうる「取調べ」と同視すべきであるから、その可視化は当然のことである。この点、本文でも、言及しているとおりである。

25　任意同行後の取調べで自白し、逮捕された後に否認に転じ、無罪となった例として、いわゆる宇和島事件（松山地宇和島支判平12・5・26判時1731号153頁）。さらに、2007年1月、富山地方裁判所高岡支部で強姦罪等で有罪判決を受け、約2年間服役した男性が無実であったことが発覚した。報道によれば、この男性も、任意捜査の段階で虚偽自白をし、逮捕されたとのことである。男性が自白に至るまでの間、どのような「任意取調べ」がなされたのかは今後の調査結果を待たねばならないが、少なくとも、任意取調べの段階で虚偽自白をすることが決して珍しい事態ではないことが明らかになったといえよう。なお、鹿児島県議選に関するいわゆる志布志事件においては、公職選挙法違反で起訴された13名の被告人（うち1名は公判中に死亡）全員が無罪となったが、そのうち6名は捜査段階で虚偽自白をしており、うち5名は、逮捕前の任意取調べの段階で自白をしている。これらの自白については、いずれも、取調官による違法・不当な取調べなどの結果獲得されたものであるとして信用性が否定されており、在宅事件・任意取調べの段階においても違法・不当な取調べが行われている現状を明らかにしている（鹿児島地判平19・2・23、第一審で確定）。

由で可視化の例外を設けることは妥当ではない。

(3) 自白事件であっても全過程を可視化すべき事件
　精神障がい・知的障がいのある被疑者及び少年については、一般の成人と比較して防御能力に劣ることから、自白事件であっても、全取調べの全過程を可視化すべきである。特に、精神障がい・知的障がいのある被疑者については、調書の信用性・任意性審理に資するのみならず、責任能力の有無を判断するためにも、可視化記録は有力な資料となるはずである。また、要通訳事件においては、被疑者供述の信用性・任意性の外、通訳の正確性や通訳人による自白の誘因等が争われることも少なくない。従って、要通訳事件においても、必ず取調べの全過程を可視化すべきである(註27)。

3　録画・録音の開始及び終了時

　吉丸氏は、「録音・録画は、被疑者が取調室に入ったときに開始し、取調室を退室したときに終了するものとし、それぞれの時刻を録音・録画記録上に表示す」べきものとされている(註28)。明確な基準の設定となり、かつ、取調室外における捜査官の働きかけの有無を推知する手掛かりとなる点からも賛成したい(註29)。

26　吉丸氏も、在宅事件であっても、贈収賄や選挙違反等、類型的に、捜査段階では自白していた被疑者が公判で否認に転じることが多い事件においては、捜査官の裁量により、すべての取調べを録音・録画することが考慮されるべきとされる（吉丸・前掲註1論文〔1914号〕33頁）。贈収賄事件や選挙違反事件は、捜査機関にとっては、取調べの可視化に最も抵抗感を覚える事件類型の一つであろう。しかし、このような、捜査機関が密室での取調べに拘る事件においてこそ可視化の必要性が高いといえよう。吉丸氏の指摘は非常に示唆的だというべきである。この点につき、吉丸氏は、「録音・録画記録制度の導入は、決して『厳しい取調べ』と対立するものではなく、むしろ、『厳しい取調べ』を行うための前提条件として重要であると考えられる」との指摘をしておられる（吉丸・前掲註1論文〔1914号〕31頁）。なお、公職選挙法違反事件について任意取調べ段階の自白の信用性が否定された最近の例として、前掲註25の志布志事件判決がある。

27　外国人事件における取調べの可視化の重要性を強調するものとして、いわゆるパキスタン人放火事件判決（浦和地判平2・10・12判時1376号24頁）。

28　吉丸・前掲註1論文（1913号）21頁。

4　被疑者に対する録画・録音の告知

　吉丸氏は、手続の公明性を確保するため、「捜査官は、取調べの冒頭、被疑者に対し、取調べの全過程を録音・録画する旨を告知」すべきとされる[註30]。適正・公正な手続という観点から当然のことであり、賛成である。

5　録画・録音の中止・一時停止

　(1)　吉丸氏は、被疑者の意思に基づいて、録画・録音を中止または停止する余地を認め、①被疑者が取調べの録音・録画に異議を述べ、捜査官の説得によっても異議を維持するとき、②組織的な犯罪に係る事件において、共犯者の犯罪への関与について被疑者を取り調べる際、その取調べを録音・録画していては、被疑者が真実を述べることが著しく困難であると認められる場合に、捜査官が、被疑者の意見を聴き、被疑者から録音・録画を中止してほしい旨の申出があったときは、当該事項について取調べを行う間、それぞれ、録画・録音を中止または停止できるものとされる[註31]。

　①の場合(中止)と②の場合(一時停止)の差異は、中止が、被疑者の自発的申出に対応するものであるのに対し、一時停止は、捜査官から被疑者への働きかけにより録画・録音を停止するものという点にあると思われる。

　また、吉丸氏は、一時停止制度につき、録音・録画再開後、直ちに被疑者に対し、録音・録画の一時停止中に行った取調べについて意見を述べる機会を与えなければならないとされるとともに、捜査官は、取調べ終了後できるだけ速やかに、①録音・録画をしていては被疑者が真実を述べることが著しく困難であると認めた理由、②録音・録画を停止した時刻及びこれを再開した時刻、③録音・録画を停止している間の取調べに対する被疑者の態度、④録音・録画を停止している間における捜査官の尋問及び被疑者の供述(一問一答形式が望ましい)、⑤その他特

29　吉丸氏も、同様の問題意識をお持ちであると思われる(吉丸・前掲註1論文〔1914号〕28頁)。特に、代用監獄を利用した被疑者の身体拘束がなされる場合は、被疑者の出入房時刻の記録につき、厳格な管理が必要である。

30　吉丸・前掲註1論文(1913号)21頁。

31　吉丸・前掲註1論文(1913号)22頁、同・前掲註1論文(1914号)26頁。なお、吉丸氏は、本文①の場合を、録音・録画の「中止」、②の場合を録音・録画の「一時停止」と区別されている。

に注目すべき事項を記載した書面を作成するべきであるとされる。

(2) 分析
ア 中止・一時停止制度の是非
　吉丸氏が録画・録音の中止・一時停止を認めるべきであるとされる理由は、取調べの可視化によって自白率が低下するといった可視化反対論に対する配慮にあると思われる。
　しかし、取調べの適正を確保するとともに、自白の任意性・信用性の審理を合理化し、冤罪を予防するという可視化本来の目的に照らせば、取調べの全過程の録画・録音が必要である。実際、取調べの一部のみを録画・録音したテープが自白の任意性・信用性を根拠付ける証拠として提出された事件において、自白の任意性・信用性が否定された事例が存在しているが[註32]、これらの事例は、取調べの一部の録画・録音が、却って事実認定を歪める可能性があること、つまりは、冤罪に結びつく可能性をも実証しているといえよう。
　また、本稿「取調べの可視化と真相の解明」の**4**（後掲）において述べるように、取調べの中止・一時停止を認めなかったとしても、可視化否定論者の主張するような弊害が生じるとは思われない。従って、録画・録音の中止・一時停止を認めるべきとされる吉丸氏の見解には、基本的には賛成できない[註33]。

32　例えば、いわゆる松山事件再審無罪判決（仙台地判昭59・7・11判時1127号77頁）、高野山連続放火事件（和歌山地判平6・3・15判時1525号158頁）。さらに、最近の例として、自白上申書及び被告人の自白状況を録音したテープ等の任意性が否定された、いわゆる北方事件に関する佐賀地決平16・9・16判時1947号3頁、福岡高判平19・3・19（控訴審で確定）。右佐賀地決及び福岡高判の判示に照らせば、自白の一部のみを録音した録音テープは、吉丸氏の指摘する現行の任意性の審理方式の欠点を何ら克服していないことは明らかであり、それと同一延長線上にあると思われる取調べの一部の録画・録音では、現状の審理方式の有する問題点を解決することは、到底覚束ないであろう。

33　日本弁護士連合会は2003年12月に可視化立法案を策定しているが、そこでも全過程の可視化を前提としており、全過程でない場合は、それだけで捜査段階で作成された供述録取書の証拠能力を認めないという立法案になっている（日弁連・前掲註4書60頁参照）。本文で言及するとおり、仮に中止・一時停止がありうる制度を構想するならば、証拠許容性の相当性については、訴追機関側に厳格かつ高度の立証責任を課すこととなろう。

イ　中止・一時停止を導入する場合の制度構想

㈠　もっとも、取調べの可視化が被疑者の権利であるという筆者らの見解を前提とすれば、被疑者がその権利を放棄することも許容され得るとも考えられ、被疑者が、可視化制度の趣旨を理解した上で自身の取調べの録画・録音を希望しない場合には、その意向を尊重すべきであるという考え方もとり得ないではない[注34]。とりわけ、可視化制度の導入段階では、様々な考え方への配慮も要するというべきかもしれない。

そこで、一応、録画・録音の中止・一時停止を許容する場合の在るべき制度構想についても検討しておきたい。

㈡　中止・一時停止の適正・公正の確保

仮に、録画・録音の中止・一時停止を認める場合、取調べの適正を確保し、取調官による恣意的な運用を防止するため、最低限、以下の3つの要件が満たされなければならないと考える。即ち、①被疑者が取調べの可視化の意義を完全に理解した上で、なお、その真意に基づいて中止・一時停止を希望していること、②録画・録音の中止・一時停止に至る取調官と被疑者との遣り取りが録画・録音されていること、③中止・一時停止の必要がなくなった場合には、直ちに録画・録音が再開されること、の3点である。①の要件は、被疑者による権利放棄がその自由意思に基づくものであることを担保するために必要であり、②の要件は、①の要件の有無を事後的に検証するために不可欠である。また、③の要件は、取調べの可視化本来の趣旨に照らし当然に満たされるべきものである。

㈢　弁護人の同意

さらに、右①の要件を充足するためには、録画・録音の中止・一時停止につき、弁護人の同意を不可欠とすべきではなかろうか。刑事手続に不慣れな被疑者には、公判手続までを見通した上での可視化の意義を真に理解せず、安易に中止・一時停止を要求し、あるいは受け容れてしまう懸念が常につきまとうことを否定できない。録画・録音の中止・一時停止を受け容れるか否かという判断には、単に録画・録音されていることが不快であるかといった観点のみならず、公判における

34　なお、アメリカ合衆国においては、既に多数の捜査機関において、原則として取調べの全過程の可視化が行われているが、そのような捜査機関のほとんどにおいて、被疑者の申出があった場合には、録画・録音を中断している（Thomas P. Sullivan, "Police Experience with Recording Custodial Interrogations",〔A Special Report by Northwestern University School of Law, Center of Wrongful Convictions, No.1, Summer 2004〕）。

主張・立証をいかに行うかという弁護戦略的・技術的な考慮が不可欠であり、そのような判断は、弁護人こそが適切になしうる性質のものである。前述のように、取調べの可視化を、被疑者の「任意性に関する状況を（予め）的確に証拠保全しておく権利」として捉えた場合、取調べの録画・録音は、弁護人が公判に備えて行う証拠収集の一環という側面をも有しているといえる。このように考えれば、弁護人の同意の必要性を導きうるように思われる[註35]。

(エ) 録画・録音の再開

前述の通り、取調べが中止・一時停止された後で被疑者が録画・録音を望まない理由が消失した場合には、直ちに録画・録音を再開すべきである。

問題は、これをどのように担保すべきかである。

最も簡明な対処法は、食事や休憩、就寝等によって取調べが中断した後で取調べを再開する際、可視化された状況下で、改めて被疑者に対し、取調べの録画・録音を望むか否かを被疑者に確認することであろう。このような方式によれば、取調官の判断に左右されることなく、画一的かつ定期的に被疑者の意向を確認することができる。

また、右の方策に加え、被疑者または弁護人が録画・録音の再開を要求した場合には、直ちに録画・録音を再開すべきである。このようにしても、可視化された状況下で、被疑者がその真意に基づいて録画・録音を望まない意思を表明し、弁護人もこれに同意した場合には改めて録画・録音の中止・一時停止ができるものとすれば、さしたる弊害は考えられない。

これらの対応がなされれば、録画・録音の中止・一時停止中における違法な取調べの有無を推知することが従来と比較して格段に容易になるという効果も期待できよう。

(オ) 録画・録音が中止・一時停止された間の取調べの記録化

吉丸氏は、一時停止制度において、一時停止中の取調べ状況を記録する書面の作成を要求しておられる[註36]。

可視化されていない取調べにおける遣り取りが任意性の審理において重大な争

35　もっとも、実務的にどの場面でどのように同意を取り付けるべきかという問題は検討の余地がある。他方、原理的には、弁護人の任務論として、どう考えるべきかという問題も孕まれているようにも思われる。但し、即決裁判手続が弁護人の同意を要件としていることに照らして考えてみると（刑訴法350条の2第4項、同350条の6参照）、弁護人の同意という要件は、必ずしも奇異とはいえまい。

36　吉丸・前掲註1論文（1914号）26頁。

点になりうることからすれば、その間の取調べ状況を書面で記録する必要性は極めて高いといえよう。従って、録画・録音の中止と一時停止とを区別することなく、この間の取調べ状況を書面により記録するべきであろう[★3]。

可視化の制度構想Ⅱ（公判段階）

1　基本方針

(1)　吉丸氏は、「録音・録画記録は、自白の任意性又は自白調書の正確性に争いがあるときなどに、問題の取調べの実態又は供述内容を検証するため、これに必要な範囲で取り調べるものとし、公訴事実及び量刑の立証は、原則として、従前通り自白調書を中心にするのが相当である」とされる[註37]。

そして、実質証拠としての可視化記録の使用を抑制するための規定として、例えば、「検察官、被告人又は弁護人が公訴事実又は量刑事実の存否を証明するため録音・録画記録の取調べを請求した場合には、相手方がその取調べに同意し、裁判所が相当と認めるときに限り、これを取り調べることができる」などの規定を設けるべきであるとされる[註38]。

(2)　分析

ア　吉丸氏が実質証拠としての可視化記録の利用を限定しようとする意図は、大別すると、①訴訟経済等への配慮、②可視化記録の使用を抑制することにより、可視化を導入すると取調べでの真相究明が困難になるとの批判に対応する、との2点にあると思われる[註39]。

右②の視点は相当なものとは思われないが、可視化制度の導入段階にあっては、スムーズに実務運用を移行させていく必要が認められよう。そのような観点からは、吉丸氏の主張されるように、可視化記録の実質的証拠としての使用を限定する必要性を認めて差支えないものと考える[註40]。

イ　一方、吉丸氏は、供述調書及び可視化記録の長所・短所を詳細に比較検討された上で、供述調書は、読みやすさ、要約性などの点において、可視化記録では代替不可能な機能を有しているとして、可視化導入後においても自白調書に

37　吉丸・前掲註1論文（1913号）23頁。
38　吉丸・前掲註1論文（1913号）26頁。
39　吉丸・前掲註1論文（1913号）25頁。

中心的な証拠としての地位を認めるべきであるとされる(註41)。

しかし、この点については、公判中心主義・口頭主義・直接主義の実質化の観点から賛成できない。可視化の実現及び裁判員制度の導入を契機に、現在の刑事裁判の最大の病理現象というべき調書裁判からの転換を図ることこそが重要である(註42)。すなわち、調書そのものの証拠価値を重視しない発想に転換しなければならない。裁判員裁判における自白調書の使用方法については、現職の裁判官からも「たとえ同意意見が示された場合にも、原則的に採用を留保し、被告人質問の結果を待って特に必要のある場合にのみ採用するという運用も考えられよう」との意見が表明されているところであり、自白事件においては、このような運用を確立すべきである(註43)。

2　可視化記録の採用・取調べまでの手続

(1)　はじめに

吉丸氏は、検察官が取調べを請求した自白調書に対する弁護人の対応に応じて、可視化記録がどのような過程を経て採用され、取り調べられるかにつき、検討しておられる(註44)。

基本的には吉丸氏の提示されたとおりの運用で問題はないと思われるが、可視

40　なお、小坂井は、かつて、可視化記録の実質証拠としての使用につき「現行法上の伝聞法則の例外としての最終段階での使用は、肯定するほかないように思われる」と表明したことがあるが（「刑事司法改革と可視化」法律時報76巻10号〔2004年〕57頁〔本書第Ⅱ部所収〕）、あくまで現行法を前提とした議論であり、可視化制度導入のため（とりわけ、その導入段階において）可視化記録の実質証拠としての利用を制限する規定を設けることに反対するという趣旨ではない。

41　吉丸・前掲註1論文（1913号）16頁、同24頁。

42　吉丸氏も、現在の供述調書については「編集や表現に捜査官の主観が加わり、必ずしも被疑者の供述を忠実に記録していないものが少なくなかった」とされている（吉丸・前掲註1論文〔1913号〕24頁）。

43　大島隆明「公判前整理手続に関する冊子の作成・配布について」判例タイムズ57巻1号（2006年）27頁。なお、実際の刑事裁判においても、大島氏が提示された運用がなされた例が報告されている（朝倉保「乙号証の取調べ」季刊刑事弁護48号〔2006年〕66頁）。

44　吉丸・前掲註1論文（1913号）24頁。

化記録の証拠調べが問題となる事件では、可視化記録の証拠開示等の関係で公判前整理手続に付されることが予想されるため、吉丸氏の示された運用を踏まえ、公判前整理手続における可視化記録の採用・取調べの過程を検討しておく。

(2) 弁護側が自白調書の任意性・信用性をいずれも争わない場合

弁護人は、何ら留保を付さずに自白調書に同意することとなる。

しかし、前述したとおり、裁判所は、自白調書の採用を留保した上で、公判において被告人質問を先に実施し、自白調書の取調べの必要がなくなった場合には、検察官の取調べ請求を却下すべきである[★4]。

(3) 弁護側が自白調書の任意性を争う場合及び不当な取調べを理由に自白の信用性を争う場合

弁護人は、証拠意見（及び、いわゆる予定主張の明示）に先立ち、検察官から、類型証拠として可視化記録の開示を受け、検討を加えることとなる（刑訴法316条の15第1項7号、316条の14第2号）。

そして、その余の証拠開示の状況などにもよるが、証拠意見とともに、任意性などについての予定主張の明示に及ぶことが考えられよう（これが刑訴法316条の17第1項によるものか、316条の16の証拠意見の一環かについては議論があり得よう）。そしてさらに、被告人・弁護人請求証拠として、違法・不当な取調べがなされたと主張する取調べに係る可視化記録の取調べを請求することが考えられる（刑訴法316条の17第2項参照）。これに対し、検察官は、必要に応じて、自白の任意性を推認させる内容の取調べに係る可視化記録の取調べを請求する方法が考えられよう[註45]。

公判において自白調書が採用された場合、可視化記録は、採用された自白調書の信用性を判断するための補助証拠となりうる。

(4) 弁護側が自白調書の一部について記載の正確性を争う場合

弁護人が一部不同意の意見を述べる場合は、前記(3)と同様の扱いとなるが、自

---

45 本文に提示したような運用を考えるとすれば、取調べ状況に関する証拠請求を被告人・弁護人から先に行うこととなり、任意性に関する立証責任を検察官が負うとされていることとの関係で問題となりうる。しかし、可視化記録という客観的・中立的な記録が存在する以上、仮に弁護人が先に証拠請求を行ったとしても、被告人の防御に支障は生じないし、原理的に問題であるとされるほどのことではないと思われる[★5]。

白調書に同意した上で、信用性を争う旨の意見を述べることも考えられる。この場合、弁護人は、予め開示を受けた可視化記録のうち、調書の記載の正確性を争う部分に係る取調べ部分の可視化記録の取調べ請求を行うこととなる。

これに対し、検察官は、必要に応じて、調書の記載が正確であることを裏付ける可視化記録の取調べを請求する。

このような場合、公判においては、自白調書の記載と取調べにおける被告人の実際の供述内容とを比較せざるを得ない。従って、公判前整理手続において、自白調書についても採用決定がなされ、公判では、被告人質問に先立って、弁護人・検察官から請求のあった可視化記録とともに取調べがなされることになるのではなかろうか[註46]。この場合には、可視化記録は、記載の正確性が争われた供述に関する部分に限り、実質証拠として扱われ得る[★6]。

取調べの可視化と真相の解明

1 はじめに

従来、取調べの可視化導入論に対しては、様々な理由で反対論が表明されてきたところである。その中でも、取調べの可視化が導入されると被疑者が真実を供述しなくなり、真相の解明が困難になるとの反論が、根強くなされている。

そこで、以下、取調べの可視化によって事案の真相解明が困難になるという批判につき、吉丸氏の見解と、吉丸氏に対して元検察官の立場から反論をしておられる本江威憙氏の見解を踏まえながら、検討を加えておきたい[註47]。

46　公判中心主義を徹底する立場からは、このような場合でも、まず被告人質問を先行させ、被告人の公判供述に対する弾劾証拠の性格を有するものとして自白調書が採用され、この記載の正確性をめぐって可視化記録が取り調べられるという運用も考えられる。しかし、公判前整理手続の段階で、被告人が自白調書と異なる内容の供述をすることが当然に予想される場合にまで被告人質問を先行させるのは、迂遠な方法のように思われる。

47　本江氏の反論につき、「取調べの録音・録画記録制度について」判例タイムズ54巻12号（2003年）79頁及び「取調べの録音・録画記録制度と我が国の刑事司法」判例時報1922号（2006年）11頁参照。

2　吉丸氏の見解

(1)　基本的立場

　吉丸氏は、取調べの可視化によって被疑者の取調べによる真相究明が不可能となるかという問題に対する基本的な考え方として、既に可視化を導入している連合王国（イギリス）の実例などにも照らし、被疑者の応答や発言が慎重になる可能性はあるが、「被疑者から真実を聞き出すことが著しく困難になるとは思われない」とされる[註48]。

(2)　可視化によって取調べの機能を損なわないための諸方策
ア　はじめに

　吉丸氏は、可視化と取調べの真相究明機能について、右のような基本認識に立たれた上で、本江氏が想定する、可視化がなされると真相解明が困難になる場合を詳細に分析され、可視化によって取調べの真相究明機能が損なわれる可能性の認められる場面につき、以下の通り対応策を提示される。

イ　取調べの真相究明機能を確保するための方策
(ア)　本江氏の見解

　本江氏は、取調べ状況が「すべて録音され、将来の公判で明らかにされるとしたら、被疑者も取調官も、取調べにおける一言一句が将来公判で再生されることを意識せざるを得ないことになる。そのような状況においては、被疑者が真実を述べることを期待することはもはやできないであろう」などと主張され、その代表的な例として、組織犯罪その他の共犯事件において被疑者が共犯者の関与について供述する場合及び単独犯であっても、犯行の動機等が非常に破廉恥なものであったり犯行の過程において恥ずべき行為に及んでいるため、妻子や他人には知られたくないという気持ちが強い場合を挙げておられる。

　さらに、本江氏は、「取調官と被疑者との間の信頼関係を構築し、また、取調官が被疑者に対し様々な形で説得を行う過程では、両者の極めて私的な事柄に触れることもあるし、時には、第三者の秘密に関わる内容に及ぶこともある。被疑者にとって、絶対に人には聞かれたくない内容の話をすることもままあるし、取調官としても、公になるという前提ではなし得ない、極めて私的な話をすることもあるのである。このような会話は、その性質上、およそ録音には馴染まない性格のもの、記録が残ることが分かっていればなされない性格のものである」として、可視化がなさ

48　吉丸・前掲註1論文（1914号）21頁。

れると、被疑者と信頼関係を構築するための会話ができなくなるおそれがあると指摘される[註49]。
　(イ)　被疑者が真実を述べなくなるという点について
　a　吉丸氏は、まず、被疑者が、可視化記録が公判で再生されることを意識して真実を述べなくなるという点につき、基本的には、現行制度下で、公開の法廷で取り調べられることを容認しつつ調書に署名指印する場合と本質的な差異はないとされる。
　b　その上で、前述のように、可視化記録が実質証拠として使用される場面は、これを厳しく制限すべきとされている。
　また、自白調書の任意性や信用性に関する証拠として可視化記録が取り調べられる場合は、通常、被告人が希望し、歓迎するところであるし、取り調べられる録音・録画記録も、任意性・信用性の審理に必要な範囲に限定されるとする。
　その結果、吉丸氏は、「被疑者が公判で再現されることを恐れる録音・録画記録が、被疑者の意向に反して、公判で取り調べられることはない」との結論を導いておられる。
　c　一方、吉丸氏は、共犯者が被疑者の供述調書の任意性・特信性を争った場合は、「特殊・例外的なケース」として、被疑者の意に反して録音・録画記録が取り調べられる可能性があることを認められ、このような場合には、録画・録音の中止・一時停止によって対応するべきであるとされるのである[註50]。
　(ウ)　捜査官が被疑者との間に信頼関係を形成するために行う対話ができなくなるとの点について
　a　吉丸氏は、この点につき、前述のように可視化記録の実質証拠としての利用は限定されること、信頼関係を形成するための対話がなされている状況は、特段の事情のない限り、適法・相当な取調べと認められ、自白の任意性の審理の際に右対話が証拠調べの対象とされる事態は極めてまれであることから、ほとんどの場合、本江氏の憂慮されるような事態は現実には起こらず、仮にそのような事態に至ることがあっても、それは、現行の証拠調べにおいても起こりうることであり、可視化特有の問題ではないとされる。
　b　その上で、吉丸氏は、信頼関係を形成するための対話の中で利益誘導・脅迫・偽計等が行われたと被告人が主張した場合には、右対話についても可視化記録が取り調べられる可能性を認められる。

49　本江・前掲註47論文「取調べの録音・録画記録制度について」6頁。
50　以上につき、吉丸・前掲註1論文（1914号）22頁、同24頁。

吉丸氏は、このような場合につき、「捜査官が被疑者との間に信頼関係を形成する目的で被疑者の生い立ち、境遇、家庭環境等について被疑者と対話を交わした場合において、その対話を録取した録音・録画記録の中に、公判でこれを取り調べると被疑者またはその関係者のプライバシーまたは名誉を侵害すると認められる対話が含まれているときは、その対話を録取した録音・録画記録の部分は、被告人がその取調べに同意しない限り、取り調べることができない」旨の規定を設けることや、検察官及び弁護人の良識ある訴訟活動と裁判所の適切な訴訟指揮により、被疑者やその関係者のプライバシーまたは名誉の保護にも十分配慮し、可視化記録の取調べを真に必要かつ相当な範囲にとどめたり、被疑者が特に強く秘匿したいと望んでいるプライバシー等に関わる事実があるときは、当該部分を除外して取り調べることにより、プライバシーまたは名誉に対する侵害を防止することができるとされる[註51]。

(3) まとめ

　取調べの真相究明機能の確保に関して吉丸氏が提示する制度的担保は、以下のように整理できるであろう。
　① 可視化記録の使用を、原則として自白の任意性・信用性の審理に限定し、実質証拠としての使用は、厳格な要件の下でのみ許容することにより、被疑者が望まない可視化記録が法廷で取り調べられる余地を最小化する。
　② 被疑者の意に反して可視化記録が取り調べられる可能性がある特殊な事例においては、録画・録音の中止・一時停止制度によって対応する。
　③ 被疑者等のプライバシーや名誉に関わる対話を録取した可視化記録が取り調べられる可能性がある特殊な事例においては、法曹三者の良識ある対応に期待するほか、当該部分は被疑者の同意がない限り取り調べることができない旨の規定を設ける。

3　本江氏の反論

(1) 基本的立場

　本江氏は、取調べの当事者の視点として「取調べを受ける被疑者や取調べを行う取調官にとっては、その場の録音・録画記録が公判で取り調べられるかどうか

51　以上につき、吉丸・前掲註1論文（1914号）23頁、同25頁。

は将来の不確定な話というほかない。将来決して取り調べられることのない録音・録画記録というものはあり得ない」という点を強調されるとともに、人間の心理として、録音機のマイクやビデオのレンズを向けられたときに、瞬時に身構えない人はいないとされる。

そして、吉丸氏の見解につき、可視化記録の取調べを限定するという「公判レベルでの議論において、捜査レベルの問題が解決される」とする立論そのものに疑問を感じるとされる[註52]。

(2) 関係者のプライバシーに関わる可視化記録の取調べに被告人の同意を要するとの構想について

ア この点につき、本江氏は、「取調べの状況を明らかにするために録音・録画記録を証拠調べの対象とする場合、必要がある以上、被告人にとって有利とみられる部分も不利とみられる部分も取調べの対象としなければならず、その中に、被告人にとって、関係者に知られては困るという対話の状況が含まれているとしても、被告人の同意の有無にかかわらず取り調べなければならない」はずであり、捜査官が被疑者との信頼関係を形成するため、被疑者のプライバシー等に関わる事柄を話題にしながら対話がなされている事実等は、自白の任意性・信用性を裏付ける事実であることが多いとされる。また、「取調べにおいては、当然のことながら、様々なテーマが取り上げられ、しかも、しばしば行きつ戻りつし、前の対話を踏まえて後の対話が成り立つという関係にある。その一部分だけを取り上げて、しかも、被告人の同意する部分だけを問題にするということは不可能というべきではないか」とされる。

その結果、「取調べの状況を明らかにする目的で録音・録画することを義務付ける制度の下において、検察官が自白の任意性・信用性を証明しようとするときに、被告人の同意がなければその記録を証拠とすることができないというのであれば、いったい何のための制度かということになろう」として、吉丸氏の見解を批判される。

イ さらに、本江氏は、被害者や第三者のプライバシーや名誉に関する事柄については、被告人の同意にかからしめることはできないとされている[註53]。

---

52 本江・前掲註47論文「取調べの録音・録画記録制度と我が国の刑事司法」14頁。

53 本江・前掲註47論文「取調べの録音・録画記録制度と我が国の刑事司法」13頁。

(3) 検察官及び弁護人の良識ある訴訟活動と裁判所の適切な訴訟指揮による関係者のプライバシーの侵害等の防止について

　この点につき、本江氏は、「弁護人が任意性等を争う場合、取調官の特定の言動の有無だけが争点になるのではなく、録音・録画記録に記録された取調べが全体として任意性を失わせるものといえるかどうかという評価の争いとなること」もあり、その場合は、「被疑者がプライバシー等に関わる事項を赤裸々に供述している場面は、任意性や信用性の判断と決して無関係とはいえない」とした上で、「任意性の関係で問題とされる部分が公判において証拠調べの対象にならないということを前提にして、取調べの機能が阻害されないとする議論は、やはり無理があるというほかない」とされる(註54)。

(4) 証拠開示の問題と録画・録音の一時停止について

　この点につき、本江氏は、公判では取り調べられない録音・録画記録であっても、公判前整理手続又は期日間整理手続に付された事件においては証拠開示の対象となり、弁護人や共犯者に可視化記録が開示される以上、「被疑者や取調官としては、公判で取り調べられる可能性があるかどうかという問題以前に、弁護人や共犯者その他の関係者が録音・録画記録全体を視聴することを意識せざるを得なくなり、そのことで胸襟を開いた会話が制約される」とされる。

　また、証拠開示制度を踏まえ、本江氏は、自己のプライバシーや名誉に関わる事項が他の共犯者等にも知られるという懸念については、録音・録画の一時停止制度によっても解決されないとされる(註55)。

　さらに、一時停止制度固有の問題として、被疑者が録音・録画の一時停止を求めた場合、その停止中に共犯者の関与に関する供述がなされたことが容易に推認され、その措置自体が組織による報復の可能性を増大させるおそれがあるとされる(註56)。

54　本江・前掲註 47 論文「取調べの録音・録画記録制度と我が国の刑事司法」13 頁。

55　なお、この点についての本江氏の反論は、吉丸氏が、録音・録画の一時停止制度につき「共犯者の犯行への関与について取調べを行う間、録音・録画を一時停止することができる」とされている点を念頭に置いたものと思われる(吉丸・前掲註 1 論文〔1914 号〕26 頁)。

56　以上につき、本江・前掲註 47 論文「取調べの録音・録画記録制度と記録制度と我が国の刑事司法」15 頁。

4　検討

(1)　基本的立場

ア　吉丸氏と本江氏の見解の根本的な相違は、一般論として、取調べを可視化することで、被疑者が真実を語る可能性が激減するのか否かという点にある。

イ　この点については、わが国の実際の取調べにおける実証可能な資料が存在しないことが、議論の決着を妨げているというべきであろう[註57]。このような状況下では、既に可視化を導入している諸外国の状況を参考にする外はない。

諸外国の例については、既に、吉丸氏が、連合王国の実例を挙げておられるとおりである[註58]。

この他にも、英米法系に属する諸国では、オーストラリアのニュー・サウス・ウェールズ州において取調べの可視化が実現しており、同州ローカル・コートのマジストレイトであるグレアム・ヘンソン氏によれば、被疑者は、取調べが始まってごく短時間のうちに、ビデオカメラを気にしなくなり、取調べに集中するようになるとのことである[註59]。また、各地で取調べの可視化が導入されているアメリカ合衆国でも、the International Association of Chiefs of Police（国際警察署長協会）及びthe National Law Enforcement Policy Center（国立刑事政策センター）による"1998 Policy Review"において、「ビデオテープの使用が、被疑者の供述意思に対して有意的な影響を及ぼすことを示す確実な根拠はほとんど存在しない」とされている[註60]。

アジア諸国においては、台湾において、1970年代後半ころから取調べの可視化が導入されている。台湾でも、捜査官は、可視化が取調べに支障を来すことはないとしている[註61]。

自己が犯した犯罪の告白を躊躇う心理自体は、程度の差こそあれ、法制度や国民性の違いを超えた人類共通の心情である。現に、可視化を導入した諸外国においても、当初は、多くの捜査官が可視化導入に抵抗したことが報告されている（そ

57　現在東京地方検察庁で試行され、他庁にも広げられていくとされている取調べの録画・録音の記録が、辛うじて資料となりうるであろう。検察庁は、この記録を積極的に法曹三者における検討に供し、この点に関する議論を深化させるべきである。

58　吉丸・前掲註1論文（1914号）21頁。

59　渡辺修ほか編『被疑者取調べ可視化のために――オーストラリアの録音・録画システムに学ぶ』（現代人文社、2005年）52頁。

60　Sullivan・前掲註34論文（引用部分は中西祐一訳）。

して、その後、導入賛成に転じたのである）。にもかかわらず、これらの国において、取調べの可視化によって自白率が明らかに低下したとの報告はない。

　そうである以上、わが国の被疑者のみが例外であるはずはなく、本江氏の主張は、何ら裏付けがないものといわざるを得ない。

　ウ　また、本江氏の、「録音機のマイクやビデオのレンズを向けられたときに、瞬時に身構えない人はいない」との主張は、およそ可視化導入の反対論にはなり得ないと思われる。

　そもそも、被疑者の取調べや公判の冒頭手続において黙秘権の告知を行うべきものとされ（刑訴法198条2項、291条3項）、さらに、冒頭手続においては、被告人に対し「陳述をすれば自己に不利益な証拠ともなり又利益な証拠ともなるべき旨を告げなければならない」とされている（刑訴規則197条1項）趣旨には、犯罪の嫌疑をかけられた被疑者・被告人に対し、「身構え」る機会を付与するという意味合いが含まれている。

　即ち、被疑者・被告人から自白又は不利益事実の承認を引き出す際には、被疑者・被告人を「身構え」させなければならないというのが近代刑事法の基本的要請であり、「うかつなことは言えない」「うかつな行動はとれない」として被疑者が「身構え」るという状況自体は、何ら問題とするに当たらない。

　エ　被疑者の供述意思に関連してより重要な点は、本江氏も、被疑者自身が自己の取調べの録画・録音を望んだ場合にまで、録画・録音を行うべきではないという有力な論拠を提示されていない点である[注62]。被疑者の供述意思を根拠に可視化に反対するのであれば、逆に被疑者が取調べの録画・録音を望んだ場合、これを拒む理由は見出せないであろう。

(2)　可視化記録の使用の制限について

　ア　吉丸氏が提案される、可視化記録の実質証拠としての利用の制限については、大半の事件において可視化記録が公判で再生されることを予防することができるという点において、注目に値する見解であると思われる。

　本江氏は、このようにしても、「将来決して取り調べられることのない録音・録画記録というものはあり得ない」とされる。しかし、大半の可視化記録が取り調べられるおそれがなくなる以上、ビデオカメラの前での供述を躊躇う被疑者がいると仮

61　財前昌和「台湾における可視化の実情」季刊刑事弁護39号（2004年）87頁。
62　捜査官や第三者のプライバシー保護が有力な根拠となり得ないことについては、後述の（3）で述べる。

定した場合であっても、これに対しては、有力な説得の材料となるはずである。
　また、本江氏も、可視化記録の実質証拠としての利用を制限すべきという点については、特に異論を述べておられない。
　イ　もっとも、可視化記録の実質証拠としての利用を制限し、取調べ状況の立証に際しても使用する可視化記録を必要最小限にとどめることによって、被疑者・被告人が再生を望まない可視化記録が取り調べられることはほとんどなくなるとの吉丸氏の主張には、弁護人の立場からも、疑問を禁じ得ないところがあろう。
　吉丸氏は、「取調べ」と「信頼関係形成のための対話」を相当明確に区別し、「信頼関係形成のための対話」については原則として取調べの必要はないとの前提に立つものと思われるが、現実の取調べにおいてそのような区別がどの程度可能であるかという問題は残る。
　また、プライバシー等に関わる部分については被疑者の同意がない限り取り調べてはならないという規定については、弁護人の立場からは歓迎すべき規定であることは疑いない。しかし、検察官も可視化記録を任意性・信用性の立証に供する可能性があることを認めざるを得ない以上、検察官の立証手段を著しく狭めるおそれのある規定を置くことが果たして現実的かという疑問もある。
　さらに、弁護人としては、本江氏が指摘されるように、取調べの過程で、繰り返し保釈や軽い処分等の利益誘導を仄めかされたとか、取調べ全体を通じた取調官の言動や雰囲気を総合すれば任意性を失わせる程度に至るほど威圧的と評価すべき取調べが行われた、などという主張をする場合もあり得るし、その際には、「信頼関係形成のための対話」の部分であっても取調べを請求せざるを得ない場合も否定できない。
　そのような観点からは、本江氏の指摘にも一定の合理性が存することを認めざるを得ないこととなろう。
　ウ　(ア)　しかし、さらに検討すれば、これらの点は、本江氏が指摘されるように、取調べの真相究明機能を阻害するものであるとは到底思われない。
　(イ)　まず、被疑者・被告人が再生を望まない可視化記録が公判で取り調べられるか否かは、ひとえに検察官の立証活動の如何による。
　即ち、弁護人は、被告人の意思に基づいて弁護活動を行うべき立場にある以上、被疑者の明示の意思に反してまで可視化記録の取調べを請求することはまず考えられない。とすれば、真に被疑者が望まない可視化記録が公判で再生されるとすれば、検察官が取調べを請求した場合以外にはない。
　そして、被疑者・被告人が公判で再生されることを望まない供述が、それにもかかわらず録画・録音されているという状況は、①被疑者・被告人が、取調官の説得に応じ、最終的には、可視化記録が公判で再生されうることを了解した上で

供述した場合、又は、②捜査官と被疑者・被告人との間で、当該供述を録画・録音するが、公判では再生しないという約束があった場合のいずれかしか考えられない。

このうち、①の場合は、結局、被疑者・被告人は、公判で可視化記録が再生されうることを了解している以上、何ら問題はないはずである。そして、②の場合には、検察官としては、捜査官と被疑者の約束を誠実に遵守する外ないのであり、この場合に、約束を破って当該可視化記録の取調べを請求することは本来許されない筋合いになろう(註63)。

このように考えれば、「将来決して取り調べられることのない録音・録画記録というものはあり得ない」という本江氏の主張こそ、多分に観念的なものといわなければならない。

(3) 被疑者以外の者の名誉・プライバシーの保護について

捜査官や被害者等の名誉・プライバシーに関する対話が可視化記録に含まれている場合については、別途考慮を要する。

まず、捜査官の名誉・プライバシーについては、捜査官は公務員として犯罪捜査に従事する者である点に鑑みれば、他の一般人と同程度にそのプライバシーを尊重すべきとはいえないであろう。むしろ、それが公務としてなされる以上、少なくとも事後的な検証を受けることはあまりに当然というべきである。しかも、捜査官は、取調べの主導権を握る立場にあるのだから、自身がどうしても公判で再生されたくないと思う事項については、被疑者に語ることを容易に差し控えることができるし、そのようにしたからといって、他の説得手段がなくなるということはないはずである。

被害者その他の第三者のプライバシー等に関わる事項については、極めて例外的な場合と考えられるが、裁判所が真に必要と認めるときには、当該証拠調べを非公開としたり、傍聴人を一時退廷させるなどの制度を導入することを検討する余地もないとはいえまい。ともあれ、第三者の名誉・プライバシーの保護については、様々な方策を検討する余地があり、この点が、可視化導入に反対する有力な根拠となるとは思われない。

---

63 吉丸氏も、同様の指摘をしておられる(吉丸・前掲註1論文〔1914号〕26頁)。

(4) 証拠開示制度について

　可視化記録が、公判前整理手続または期日間整理手続において証拠開示の対象となりうるのは、本江氏の指摘するとおりである。

　しかし、取調べの内容が証拠として開示されるという問題は、必ずしも可視化記録固有の問題ではない。可視化の問題のみを特化して論じることが相当とは思えない。そして、証拠開示一般についていえば、類型証拠開示においても主張関連証拠開示においても、「当該開示によって生じるおそれのある弊害の内容及び程度を考慮し、相当と認めるとき」という要件が課されており（刑訴法316条の15第1項、316条の20第1項）、無限定な全面開示が法定化されているというわけではない。しかも、証拠開示の裁定に際しては、裁判所は、証拠の提示命令を発することができるとされており（刑訴法316条の27第1項）、本江氏が指摘されるような弊害が真に認められる事案が仮にありうるとしても、それは極めて稀なケースとしか思われないのであり、とにもかくにも手当はなされているのである。

(5) 一時停止制度について

　一時停止制度に関する本江氏の指摘も、理解できないではない。

　しかし、被疑者が共犯者の関与について供述し、当該供述が調書に録取された場合は、可視化の有無を問わず、被疑者が共犯者の関与を供述した事実が当該共犯者の知るところとなるのは明らかである。従って、捜査機関が、被疑者の当該供述を証拠化して当該共犯者の有罪立証に供することを断念しない限り、同様の問題は必ず発生するのである。従って、この点に関する本江氏の指摘は、可視化の是非とは、本来関係がないというべきである。

5　まとめ

　このように、実務の具体的な場面に即して検討すれば、可視化によって取調べの真相究明機能が阻害されるという可視化反対論者の主張に、理由があるとは到底思われない。

結び

　以上、検討したところからすれば、吉丸氏の見解は、細部においては異論があるものの、基本的なところでは、極めて適切に可視化の必要性及び許容性を論証され、制度構想に踏み込まれたものであると思われる[★7]。

　可視化否定論者が主張されるような懸念には理由がなく、仮に全く理由がない

とまではいえないにしても、現在の密室取調べを温存することは、「取調べの真相究明機能」なるものを保全する以上に「密室取調べの冤罪生産機能」を温存させる結果となることが明らかと断じざるを得ない。

むしろ、真相究明機能推進のためにも、取調べの可視化は、一日も早く実現されるべきである。これこそ刑事司法改革の最優先課題にほかならない。

★1　本稿は、中西祐一弁護士と小坂井の共同執筆によるものである。2006年の吉丸論文に対する、私たちの考え・立場を明らかにすべく発表した。ただし、その執筆のほとんどは、中西祐一弁護士の手によって、なされている。私は、私なりにこだわりのあるところを加筆・修正したにすぎない。なお、同弁護士と共同執筆したものとして、ほかに、「取調べの可視化制度と検察庁による取調べの録画試行」自由と正義58巻10号（2007年）41頁以下がある。本稿及び第Ⅲ部の各論攷と内容においてほとんど重複しているため、これは本書には収録しなかった。

★2　第Ⅰ部冒頭論攷でも触れているとおり、私は、もともとは、「可視化」論者というより「可聴化」論者であったというべきなのかもしれない。しかし、今は、そのようなバランス論自体、中途半端なものだと考えている。

★3　立法化に向けて、「中止・一時停止」の是非は重要論点となろう。その際、国家の責務という観点をたえず意識してよいと思われる。

★4　そうだとすれば、まず、弁護人が不同意（不必要）意見を述べるべきこととなるだろう。

★5　現実には、弁護人の予定主張明示に対応して、検察官が任意性の問題について追加の「証明予定事実記載書面」を提出し、任意性の存在を導く事実について明らかにすることになろう（併せて、証拠調請求がなされることもあろう）。これに応じて、弁護人は、任意性の疑いを基礎づける事実について、さらに反論するなどし、これに伴って、証拠調請求に及ぶこととなる。このように、任意性をめぐる立証・反証の準備活動は、ほとんど同時並行的になされることになるといってよいのではないか。

★6　おそらく基本的には、「供述記載」を争いつつ、信用性のみ争うとの主張をすること自体、根本的に考え直すべきところであろう。したがって、本来は、この部分は、任意性立証と同様に考えるべき筋合いとなろう。

★7　繰り返し述べているとおり、吉丸構想は、可視化制度を導入する段階のたたき台となるであろう。その有用性を認めうる。

最高検「取調べの録音・録画の試行についての検証結果」批判

はじめに

　最高検察庁は、2009年2月、「取調べの録音・録画の試行についての検証結果」（以下、「検証結果」という）を発表した。裁判員裁判対象事件について、2006年8月以降2008年12月までに「試行」された、全国計約1,800件余りの検察官取調べの「一部録画」の結果を「検証した」というのである。
　しかし、この「検証結果」はおよそ「検証」の名に値しない。この「検証結果」を検討すると、むしろ、取調べの可視化が必要不可欠であることが明瞭に視えてくるというべきである[★]。

「検証結果」の概要

　「検証結果」は、「試行」の内容を概観し、「DVD（一部録画——引用者注）は、……実質的に任意性を争う主張がなされた場合に、その点を立証するために有用な証拠となり得るものと認められる」とする。他方、「録音・録画が取調べの真相解明機能に影響を及ぼす場合があることが明確となった」として、「録音・録画の実施方法については十分な慎重さを要する」などとしている。
　以上の結論として、「裁判員裁判対象事件に関し、検察官の判断と責任において、取調べの機能を損なわない範囲内で、検察官による被疑者の取調べのうち相当と認められる部分の録音・録画を行うこととすべきである」とするのである。最高検は、取調べを「一部録画」にとどめ、これによって裁判員制度を乗り切る旨を宣言したのだ。歴史的「過誤」というべきである。

「検証結果」と虚偽自白の危険性

　「検証結果」の最大の問題点は、虚偽自白の危険性についての観点が完全に欠落していることである。「虚偽自白」は、事後的にさえ客観的・直接的に検証しえない密室取調べを温存させることによって生じる。「検証結果」には、密室取調べによって、自らが誤った訴追をする可能性があり、そのような事例が現に集積されていることに対する何らの配慮もない。

　検証可能性のない密室においては、権力者である取調官と弱者である被疑者間に、「圧力」と「迎合」という不正常な人間関係ができやすい。それこそが虚偽自白を生む元凶となる。これは、幾多の虚偽自白ケースの検証によって既に明らかにされている。取調官の暗示的・無意識的な「誘導」によってさえ、虚偽自白は生まれ、あるいは、語られない事実の「作文」も容易となる。

　このような「圧力」「迎合」「誘導」「作文」など虚偽自白を生む要因の有無を検証するためには、取調べ全過程の録画、すなわち「取調べの可視化」を実現させる以外にない。まさに取調べの可視化は、虚偽混入の危険性を客観的に検証するための不可欠の手段である。

　しかるに、最高検が実施してきた「試行」は、取調べ過程のごく一部を対象とするにすぎない。「既に作成された自白調書に関し、自白の動機・経過、取調べの状況、自白調書の作成過程、その内容等について検察官が質問し、被疑者が応答する場面」（レビュー方式）、あるいは「被疑者が新たに作成される自白調書の内容を確認して署名する場面とその直後における上記の質問と応答の場面」（読み聞かせ・レビュー組合せ方式）だけなのである。これでは、被疑者が自白に至った経緯自体は全く検証できない。かえって自白後の迎合した場面のみが映像として記録され、任意性・信用性について誤った印象を与えうる。極めて危険である。

自白の任意性の立証との関係など

　「検証結果」は、「一部録画」が、「自白の任意性立証において有用である」などとしている。しかし、明らかに誤りである。

　1　任意性の争いは、自白がなされた時点を対象とするものである。自白調書が作成された後の場面が録画されるDVDでは、リアルタイムの任意性立証自体、できない筋合いである。この理を、裁判員の方々は当然理解されよう。

　虚偽自白をさせられ、これを維持している被疑者は、一般的に、取調官に対し、身も心も屈服させられ、これに迎合せざるを得ない心理状態に陥っている可能性

が高い。人間の心理には、心理学的にいうところの「一貫性原理」が働く。虚偽自白など客観的に間違った行為をした場合でも、自らの態度に拘泥してしまう傾向があるとされる。一度自白した被疑者は、それが虚偽であっても、その自白を維持しやすい心理状態におかれる。この理は氷見事件などでも端的にみられた。「検証結果」は、このような「一貫性原理」などの考察を全く欠いている。

　2　「検証結果」によると、一部録画DVDは、2008年12月末までに16件の事件で任意性立証のために用いられたという。そのうち、任意性についての裁判所の判断が示されたのは15件であり、そのうち任意性が認められたのは14件で、任意性が否定されたものが1件とのことである。
　一部録画「試行」の段階でさえ、早速、「誘導」「迎合」などの経緯がみてとれるケースが生じたのである。録画のない場面では、そのような状況がさらに生じている蓋然性は高いと合理的に推測できる。逆にいうと、一部録画だけでは、現に存在した「誘導」「迎合」などが見落とされる危険性は極めて高いということだ。
　任意性否定ケースがあったことをもって「一部録画」DVDを公正であるかの如く主張する最高検は、厚顔であるといわざるをえまい。最高検は、上記ケースにおける自らの側の立証の姿勢を今一度思い起こすべきである。検察官は、任意性の疑わしい自白調書で現に立証を試み、問題の「一部録画」DVDで調書の「任意性」立証が出来るとしたのだ。そういう自らの姿勢をこそ問うべきである。他人事ではない。その自覚にたって、取調べ全過程の適正さを担保する制度構築を試みない限り、任意性のない調書の作成は、今後も断たれえない。
　以上の理は、特信状況の立証においても同様である。特信性もまた、「その供述が得られた段階」の「状況」でなくてはならない。裁判員の方々は、この理を当然のこととして理解されるものと思われる。

自白の信用性の立証との関係

　「検証結果」は、一部録画は自白の信用性の立証についても、「有用な証拠となり得る」とする。しかし、自白の信用性判断にあっても、既に述べた批判が妥当する。すなわち、検察が試行した一部録画は、一旦自白がなされた上でなされるものであって、供述の経過、供述が発せられる状況を何ら明らかにしない。自白の信用性の判断は、他の証拠との整合性、供述が自然かつ合理的か、供述が真摯かつ自発的なものといえるか、などという点から検討されるべきものである。
　仮に、自白が他の証拠と整合したとしても、「一部録画」では、その「整合性」が、被疑者が真実を語ったことによるものか、検察官の誘導によって得られたものか

は、全く検証できない。一部録画は「供述」がすでに終わってから行われるものであるから、供述の「自然性」の判断を可能とする前提をも既に欠いている。供述の合理性についても、「合理的な」供述が検察官の誘導によって得られた可能性を排除できない。屋上屋を架しているにすぎないのである。このことをも裁判員の方々は十分認識されるであろう。

「『録音・録画』を実施しなかった事件」について

　検証結果は、「取調べの真相解明機能が害されるおそれがあることなどから実施しなかった事件」があるとし、それを１つの根拠として、「録音・録画が取調べの真相解明機能に影響を及ぼす場合があることが明確となった」などとしている。しかし、この結論そのものが、「検証結果」の根本問題を暴露している。

　１　録音・録画を実施しなかった事件の前提となる録音・録画は、レビュー方式、あるいは読み聞かせ・レビュー組合せ方式である。録音・録画の前に取調べをして供述を得、「正確」に供述調書に録取したことが前提とされている。供述者が、「正確」に録取された調書が証拠として使われることを認識している以上、録画・録音の場面になったからといって、にわかに態度を変化させるというのは、およそ筋が通らない話である。

　仮にほんとうにそんな場面がありうるとすれば、供述者は、供述調書というものの意味・意義を理解せずに、調書の署名押印に応じている蓋然性が高いと考えざるを得ない。「正確」性自体に問題があるからこそ、供述者は、そのような調書を、読み聞かされ、あるいは、レビューすることに、躊躇する（と、検察官において、認識するに至る）のだとしか考えられない。いずれにしても、現状の取調べにおいて、その調書の作成過程自体に、問題があることが、かえって示されていると見ざるを得ない。

　２　「検証結果」は「真相解明機能が害されるおそれがある」と判断した６つの具体例をあげている。しかし、いずれも、とうてい納得できるような「判断」根拠は示されていない。

　たとえば、それまでの供述態度から、「録音・録画を実施すれば、組織からの報復をおそれ、その後の供述を一切拒み……供述を後退させるおそれがあった」と説明されているケースなどは、レビュー方式の場合、供述がなされ、「正確」な供述調書がすでに作成されているはずなのである。レビューに際して「（供述が）後退」するという意味は、供述調書を「正確」に録取しなかったためでしかあるまい。

　また、「あいまいな供述をしていた」というケースについては、「あいまいな供述を

している」状況を録画しないという。「あいまいな供述をしている」状況がそのまま正確に調書に録取してあるのであれば、録画場面での供述をもって、「（供述が）後退」したとは言えまい。「あいまい」なのに、あたかも「確かな」供述をしたかのような調書が作成されたという争いがこれまで数多くある。結局、取調べ状況の「真相」がそのまま録画されると都合が悪いと言っているに等しい。

　「共犯者の公判廷における証人尋問等で協力」を確保することが困難になるとか、「被疑者の周辺にいる事件関係者から裏付けをとる」ことが困難になるおそれがあったなどともいわれているが、その「困難」と「録音・録画の実施」との因果関係は全く不明である。むしろ、調書が存在する以上、論理的に因果関係の存在は認められまい。わが国の法廷は公開なのである。対立組織の者であれ、誰であれ、傍聴することを阻止できないことを、そもそも直視すべきである。

「被疑者が録音・録画を拒否したため実施しなかった事件」について

　最高検は、録音・録画を拒否した事例が全体の6％にのぼり、また、録音・録画時に供述内容が変化した事例が6％あり、その大半は供述内容が後退し、または、否認に転じたものであるとする。さらに、20％の事例で供述態度の変化が見られたことと考え合わせると、録音・録画が取調べの真相解明機能に影響を及ぼす場合があることが明確となったなどと結論づけている。甚だしい論理の飛躍である。

　1　録音・録画をした際に供述態度の変化がみられるがゆえに、真相解明に影響を与えるという最高検の論理は、一部録音・録画される前の密室で語られていたことが常に真実であるということを前提とする。仮に供述内容に変化が見られたとしても、密室で語られた供述と録音・録画がなされた場面で語られた供述のどちらが真実であるかは分からない。密室で語られた供述の方が常に真実であるということはできない。最高検の論理は、密室でこそ真相が語られるという、誤った前提に立つ。

　2　録音・録画を拒否した事例があることから、取調べの真相解明機能に影響を及ぼすという結論を導き出すことはできない。録音・録画を拒否した場面は録音・録画されていない。被疑者がどのような理由で拒否したのか、また、どのような態度で拒否したのかを明らかにしなければ、科学的な検証は不可能である。そのためには、少なくとも、録音・録画を拒否した場面の録音・録画が必要というべ

きである。列挙されている拒否事例は、供述調書が裁判で証拠として使用されることや公判で供述するという事項について、被疑者が誤解をしているとしか考えられないものばかりである。

「録音・録画を実施した事件における供述内容の変化」について

　「検証結果」は、録音・録画は供述態度に変化をもたらすとし、取調べの真相解明機能に影響を及ぼすと主張する。しかし、この主張は、ナンセンスである。
　その最大の理由は、そもそも供述態度に変化があったことの検証ができていないことである。
　例えば、緊張しているか否かは、ほかの場面と対比することで初めて言えることである。しかし、対比すべきほかの場面の録音・録画がなされていないのであるから、そのことを検証すべき手段はない。
　百歩譲って、仮に供述内容に変化があったとしても、それは、取調べの一部のみを録音・録画するからではないのか。最高検は、カメラの前で緊張するなど態度の変化が見られるとするが、録音・録画機器が目立たないように設置され、撮影・録音されていることにはすぐ慣れるのが通常であろう。取調べを可視化さえすれば、カメラの前で緊張するなどの事態はなくなる筋合いである。諸外国の例を見ても、カメラの前で緊張して真実が語られないというような報告はなされていない。ことさらに「一部」録画などにするから、無用な緊張を生じさせることがありうるというレベルの話でしかない。

結語にかえて

　2009年3月の警察庁の「検証結果」も、上記「検証結果」とほぼ同旨であった。捜査機関・訴追機関は、まさに「一部録画」で裁判員裁判を乗り切る旨宣言しているのである。
　しかし、そんなことは可能ではない。一部録画である以上、任意性・特信性・信用性の立証には、全く不十分であるばかりか、極めて危険である。一部録画で、密室すなわちブラックボックスを維持する以上、どこまでいっても真相は闇の中に隠される。市民に眼隠しをしたまま判断を強いるなど許されるべきことではない。直ちに可視化を実現すべきであるとする所以である。

★　吉丸構想が示された段階では、未だに「一部録画」の検証はなされていなかった。しかし、この検証結果によって、むしろ、「一部録画」運用を続けるべきではなく、「全過程録画」＝「可視化」に踏み切るべきであることこそ明らかになってきている。少なくとも、この検証結果が可視化を拒む何らの根拠も示しえなかったことは明白というべきである。

第III部

実務論・弁護実践論

弁護士からみた任意性の基準・その立証について[★1]

はじめに

　任意性というものについて、私たちは、何か根本的な誤解をしてきたのではないだろうか。
　たとえば、あなたは、「任意性なんて争ってみてもまず無駄だ」という話を聞いたことがあるはずだ。あるいは、このことからさらに、「任意性で判断されるよりも信用性で判断してもらったほうが、より真っ白無罪であることがはっきりするからそのほうが良い」といった科白さえも聞いたことがあるに違いない。
　これらの言葉は、刑事事件を知らない弁護士の言葉であったわけではあるまい。むしろ、かかる言辞は、刑事弁護に熟練した弁護士から発せられていたのではないか。そして、あなた自身も（つまり、私自身も）、やがて、自らの弁護経験から、この言葉を肯うようになったのではないだろうか。なるほど、確かにそういう「現実」がある。だが、これは根本的に間違っているのではないのか。これが、本稿の前提たる課題ということになる。
　結論をいえば、右のごとき発想は、明らかに倒錯しているのだ。しかし、任意性の審理をめぐる実務は、これを、倒錯と感じさせなくなるほどに、法の趣旨を完全に逆立ちさせてしまって運用されている。おそらく、弁護人の多くは「任意性を争う」という意見を言うこと自体にさえ、躊躇いを感じている。それは、よほど極端な事案でしか主張しえないものであるかのように思い込まれているのではないだろうか。
　もとより、審理の長期化（場合によっては身体拘束の長期化）という問題を考慮せざるをえないことはあろう。が、これを除けば、争いのある事件で（あるいは、情状のみが問題となる事件でさえ）、弁護人が「任意性を争う」ことによって、被告人に不利益が齎（もたら）されるというようなことは、基本的に考えがたいことではないか。信用性が疑わしいような「自白・不利益事実の承認」は、多かれ少なかれ、任意性も疑わしいもののはずである。そうとすれば、弁護人の側の「自粛」こそが問題といわなければならない[★2]。

いささか大仰な言い方をするならば、これは呪縛なのであって、今、弁護人に求められるのは、まず弁護人自身が、この呪縛から覚醒することである。そして、自らの覚醒を通して、裁判官の「誤解」をこそ解いていかねばならない。もとより、それはまったく容易ではない。けれども、それは、おそらくわが刑事司法の根幹部分を改革する試みとしての意味をももつはずである。

　なぜなら、戦前の「聴取書」の伝統を引き継いだと思われる「調書」作成、すなわち、「密室での取調べ」で「取調官の手」によって「物語」を「調書」化しなければならないという伝統こそが、今なお、わが刑事司法の根幹に位置しており、それが、なお「絶望的」といわれるわが刑事裁判の状況を齎(もたら)している根源といっても過言ではないのだからである。

現実の実務運用をめぐって

　法の趣旨を逆立ちさせた実務運用とは、いうまでもなく、次のようなものだ。それは、「任意にされたものでない疑」という基準（そのハードル）をきわめて高く設定し、かつ、「任意にされたものでない疑」の主張立証責任を被告・弁護側に負わす（かのような）運用である。

　前者（その基準）にあっては、任意にされたものでない「疑」という言葉自体死語と化しつつある。それは結局、任意性が「ない」（さらにいえば、任意性など「ありえない」）という言葉に置き換えられてしまっている（この意味では、講学上「不任意自白」という言葉が使われているけれども、この用語自体、適切ではないと思われる）。その結果ともいうべきか、後者（主張立証責任）にあっては、弁護側が、「不任意」をもたらすとされる諸類型のどれに該るかといったことを、まず具体的に主張すべきこととなり、弁護側が、先に被告人質問を行って、「任意である」可能性など少しもないのだということを明らかにしなければならないかのような審理がなされている。

　現に、弁護側が、「任意である」ことの可能性を封殺できなければ、自白調書は、証拠能力を認められ、まず、採用されてしまうのである。この運用が続けられ、いつの間にか、それが自明であるかのように弁護人のほうも思い看做すようになってしまったことは、すでに見たとおりである。

　しかし、憲法、そして、現刑事訴訟法は、このような審理のありようを想定していたのだろうか。これが、法の趣旨に則った運用といえるのだろうか。答は、絶対に否である。

法の趣旨

1　憲法の趣旨

　自白の証拠能力の基準については、実は、憲法そのものが、かなりはっきりとした基準を設定していると思われる。つまり、憲法38条2項によれば、
　① 　強制、拷問若しくは脅迫による自白
　② 　不当に長く抑留（された後の自白）
　③ 　拘禁された後の自白
は、「証拠とすることができない」。

　これが、はっきりとした基準だという所以は、②の理解にかかわってこよう。従来、不当に長く「抑留された」後の自白が問題にされたことはない。不当に長く「抑留若しくは拘禁された」後の自白が問題にされているといっても、それは、不当に長く「拘禁された後の自白」を問題にしているのである[註1]。不当に長く「抑留された後の自白」それ自体が検討されたのではない。要するに、憲法条文に明記してある「抑留」の語を死語と化すような解釈は根本的におかしいといわざるをえないのであって、この「不当に長く抑留」の意味を再確認すべきである。結局、それは、マクナブルールを採用したものであることが明らかである[註2]。要するに、「不当に長く抑留された」とは「裁判所への引致を引き延ばされた」状態を意味すると解するほかはない[註3]。結局、裁判所への引致を引き延ばして、その間に取調べをしても、そのときになされた自白は証拠にはできないわけである。

　そうとすれば、「抑留」（すなわち、裁判所への引致手続としての逮捕）より長期の「拘禁」状態（すなわち、勾留）を問題にする場合は、「不当に長い」かどうかなどは、本来、問題とされていないのではないか。③で示したように、「拘禁された後の自白」そのものが、端的に問題になっていると解すべきである。要するに、勾留下の自白というものは、もともと、証拠能力を付与されないものと看做されていたといわなければ

　1　最大判昭23・7・19刑集2巻8号944頁参照。
　2　平野龍一「捜査と人権」宮沢還暦『日本国憲法体系（7）』（有斐閣、1965年）271頁参照。
　3　憲法的刑事手続研究会『憲法的刑事手続』（日本評論社、1997年）464頁以下参照。このような解釈は国際人権法の見地からは、むしろオーソドックスな考えと思われる——五十嵐二葉『テキスト国際刑事人権法各論（上）』（信山社出版、1997年）128頁以下参照。

ならない。これは、いわゆる身体拘束下の取調べ禁止論に繋がるが、仮にそこまで断じないとしても、この観点からすると、少なくとも、「拘禁」状態を解除するに等しい保障（保護措置）が存在していないかぎりは、証拠能力を認める理由はないはずなのである(註4)。

　このように、憲法自ら、客観的「状況」の存在自体によって、任意性の基準を設定していることが優に看取されるのであって、①についても、「強制、拷問若しくは脅迫」という「状況」の存在そのものを問題にしているというべきである（ことさら自白との因果関係を要求しているとは解されない）(註5)。また、②と③との関係からいうならば、①については、その適用場面は、主として、いわゆる在宅の取調べの場合をこそを想定しているというべきではあるまいか。こう考えることは、「任意同行」なる名目のもとに、被疑者を事実上身体拘束下に置いてなされる取調べを考えたとき、これに対する視点を提供するはずである(★3)。戦前のごとき脱法的な身体拘束下の取調べを禁ずることをこそ憲法は主眼としていたのであり、右のごとき取調べによって得られた自白の証拠能力を認めないということはあらかじめ射程に置かれていたといわねばならない。

　以上が憲法38条2項の趣旨であり、憲法38条1項の自己負罪拒否特権を証拠法の側面から保障する措置として、右各「状況」が例示されたと解される。言い換えれば、国家と一人対峙することになる個人の人格と自由意思が損なわれることのないように、憲法は最大限の配慮をし、少なくともこれを保障する措置の必要性を強く示唆しているというべきである（自白法則についての諸説も、かかる見地から、今一度捉え返されるべきではないだろうか。その意味で、全国裁判官懇話会報告が、いわゆる人格侵害説の考えをとり入れるべきことを提言していることは、示唆的というべきである）(註6)。

2　刑事訴訟法の趣旨

　法319条1項は、その文言上、証拠能力のない自白として、憲法38条2項に「その他任意にされたものでない疑のある自白」を加えている。が、趣旨は憲法となんら異ならない。そして、その文言を忠実に読めば、前記①ないし③は、当然任意性に疑いがあるものと看做され、それ以外でも、任意性に疑いのある場合が存在する

4　憲法的刑事手続研究会・前掲註3書471頁以下参照。
5　静岡地判昭31・9・20判時91号5頁参照。
6　全国裁判官懇話会報告「20年目を迎えた全国裁判官懇話会」判例時報1423号（1992年）7頁参照。

という前提で、この規定が設けられていることは明らかである。

　ここでいわれている「任意にされたものでない疑」というものの基準・ハードルは、少しも高いものではないと思われる。前記②および③の「状況」そのものが、その「疑」を生ぜしめる「状況」とされていることに照らしても、それは、文字どおりの意味で、任意であることに疑いがあるかどうかということにほかなるまい。

　すなわち、任意とは、「心のままにすること、その人の自由意思にまかせること」であり[註7]、任意の供述とは、自発的に熟慮のうえで理性的に述べられた供述のことを意味する。要は、個人をして、自由で合理的な選択をなしえなくするおそれのある「状況」のもとでの取調べは、すべて「任意にされたものでない疑」を生ぜしめるのである[註8]。

　この解釈は、法319条1項を導いたGHQのプロブレム・シートの文言からも裏づけられる。「裁判所は、いささかでも自白が自由意思によりなされたものではない疑いがあるときその自白を証拠とすることを拒否しなければならない」のであって[註9]、要は、少しでも、その個人の心のままに話されたのではないという要素があれば、証拠にしてはならないということである。

　身体を拘束された状態で事実上取調室に滞留することを強いられている状況下の供述が、これに当たると看做されるのはあまりに当然のことではあるまいか。身体の拘束は、生活の拘束、情報の拘束、そして、精神の拘束にほかならないのであって、これを換言すれば、まさしく人格の拘束にほかならないのだからである[註10]。

法の趣旨と実務の乖離

　右のごとく法の趣旨を捉える立場から、今一度、実務運用をみてみると、ほとんど愕然とする想いを禁じえないことになる。たとえば、現行捜査実務は、身体拘束下の被疑者取調べについて、今日の学説上受忍義務否定説が圧倒的多数説であるにもかかわらず[註11]、取調受忍義務があるとの前提で運用されている。これは、

7　新村出編『広辞苑』（岩波書店、第4版、1992年）。なお、松村明編『大辞林』（三省堂、第2版、1995年）、梅棹忠夫ほか監修『講談社カラー版日本語大辞典』（講談社、第2版、1995年）などでも同義。

8　以上については、ミランダ判決の判示参照。

9　GHQプロブレム・シートの原文は、横井大三「新刑訴制定資料」刑法雑誌3巻3号（1953年）24頁参照。

10　浜田寿美男『自白の研究』（三一書房、1992年）339頁以下参照。

まことに奇妙な話といわねばならない。身体を拘束したうえで取調受忍義務なるものを一方的に課すこと自体が、字義どおりの意味における「任意」という要素を阻害することはあまりに見易い道理だからである(註12)。心理学者からは「今日のわが国の取調べに対して法律上認定された『任意性』も、心理学的に見たときには多分に神話的であると思える」と評されているが(註13)、法律用語だからといって、通常の意味とかけ離れて用いられてよいわけではあるまい。要は、日本語としての「任意」という言葉の理解自体が、間違っているというべきである。

右のごとき捜査実務の運用を前提としているためか、公判における任意性の審理は、およそ明確な基準を欠いた(控え目にみても、その基準をまったく見出しにくい)ものとなっている。一般に任意性の審理は、いくつかの類型分けをして判断される傾向がある(註14)。が、今日までの判例理論において各類型を通してのはっきりした基準などが見出されるというわけではない。たとえば、両手錠なら「任意性につき疑い」が生じ(註15)、片手錠だったら「任意性に疑い」は生じないといわれている(註16)。両手錠という「状況」が「任意にされたものでない疑」を導くことはあまりに当然だが、片手錠にした途端、その「状況」が解除され消滅するなどという「基準」のどこに合理性があるだろうか。問題は、あくまでも身体「拘束」という「状況」そのものにあるとみるほうがよほど合理的なはずである(★4)。

わが刑事裁判の現況においては、このような類型化によって、類型に該当する事実の存否のみの判断によって、これが認められないとして「任意性」が肯認される傾向がある。また、アメリカ判例理論の「事情の総合」的アプローチと同質のアプローチも唱えられており、これは類型化だけで事足れりとする発想よりはベターだとは思われる。が、これも、明確な基準・視点を踏まえていないと、「任意性」のハードルを際限なく低くする機能をもちかねない。少なくとも、個々の裁判官による恣意的な判断が許容され、多くの裁判官は、「任意性」を認めるという方向で「事情を総合」してしまうのである。

---

11 憲法的刑事手続研究会・前掲註3書455頁参照。

12 浜田・前掲註10書266頁参照。

13 浜田・前掲註10書274頁。

14 石井一正『刑事実務証拠法』(判例タイムズ社、1988年)153頁以下など。実務的な教科書は、すべてかかる視点で論述されている。

15 最判昭38・9・13刑集17巻8号1703頁。ただし、同判決は「両手錠」と述べているわけではない。

16 最判昭52・8・9刑集31巻5号821頁。

法の趣旨の実務への架橋

　さて、法の趣旨と実務との乖離を嘆いてばかりいてもはじまるまい。私たちは、「任意性を争う」スタンスとして、右にみたような現行実務の土俵から出発すべきではない。私たちは、法の趣旨そのものを現行実務に対置させて、実務の枠組み自体を変えていかねばならない。そういう発想が不可欠だと思う。とはいえ、空中戦を展開すべきだというのではない。法の趣旨と実務を架橋する方法論が必ずあるはずである。

　以下、試論の域を出ないが、その審理・立証に関して、いくつかの基本的視点を示しておきたい。

1　立証責任の所在を糸口として

　まず、任意性の立証責任が検察官にあるという自明の前提をもう一度確認すべきである。すなわち、捜査機関・訴追機関は、被疑者の供述の「任意性」を確保する責務を全面的に負っているのであって、その責務を果たしたことを明らかにすることこそが「任意性」の立証のはずである。そのためには、本来は、取調べの全過程の可視化（端的にいえば、「取調べ全過程のテープ録音」）という方法によってしか、その立証責任は果たされえない[註17]。今ただちにそれを望みえないとしても、少なくとも、能うかぎり取調過程を明確化することが、右立証には不可欠なはずであり、これを明らかにしないことの不利益は検察官が負わねばならない。

　法の趣旨からみると、本来は、身体拘束下という「状況」を何処まで解除する措置が講じられているかが、なによりも問題となるはずなのである。また、本来は、捜査段階ですでに「密室」を解除する措置を講じて、「任意性」の立証に備えておくべきなのである。少なくとも公判の段階では、その「密室」をはっきりと可視的にすることによって、検察官は、右のごとき措置を講じたに等しいレベルで「任意である」という積極的事実を立証しなければならない（「任意性に疑いがある」ことの「不存在」という消極的事実の立証と解すべきではない）。

　このことからすると、未開示の被告人供述調書、被疑者留置規則の定める留置人出入簿等の簿冊類（取調過程を示しうる客観的資料）はもとより、捜査報告書や犯罪捜査規範で言う備忘録（捜査メモ）の類も、任意性の審理の当初の段階で開示され

17　小坂井久「『取調べ可視化』論の現在（3）」刑弁情報 13 号（大阪弁護士会刑事弁護委員会、1996 年）28 頁参照（本書第 I 部所収）。

るべきはあまりに当然のことである^(★5)。

2　立証責任と審理に対する弁護人の姿勢

　以上のとおりであるから、弁護人は、「任意性に疑いがある」とのみ主張すれば、それで足るはずである。もっとも、裁判所からは「任意性を争う」理由を尋ねられる（釈明される）ことが多いであろう（全国裁判官懇話会報告も、まず弁護人に概括的主張をさせる審理方法を説いている）^(註18)。本来、何も主張すべき義務はないが、もし、そのような姿勢を貫けない局面に直面したとしても、たとえば、「身体拘束下において執拗に強度の誘導・誤導等による強制的な取調べ等があった」というレベルの主張で差し支えないはずである。

　もとより、いわゆる諸類型に該当する暴行脅迫や利益供与約束や偽計などがあれば、その旨述べていけないわけではない。が、あらかじめ争点を狭くすることは、前述した検察官の立証責任を軽減する効果を導き、法の趣旨を後退させるおそれが強い。有り体にいえば、この主張のポイントは「等」という部分にある。具体的特定的には述べないということである。多くの被疑者は、身体拘束下で、さまざまな総体的な圧力のなかで、虚偽自白、あるいは不正確な自白に至るのであって、これを限定することはできない。

　要するに、検察官に、その立証責任を全面的に果たしてもらうべきなのである。このことから、まず、取調官の証人尋問によって立証してもらうという理も導かれる。これを原則化すべきであり、先に被告人質問を行うといったことは、場合によっては、「この段階では黙秘権を行使する」ということさえ考慮して、対応する姿勢が必要である^(★6)。

3　基準についてのいくつかの視点

　弁護人が任意性の実質的審理において留意すべき点については、すでに優れた実務書があるのでそれを参照されたい^(註19)。

18　全国裁判官懇話会報告「現代裁判の課題解決をめざして」判例時報1310号（1989年）11頁参照。

19　たとえば、北山六郎監修『実務刑事弁護』〔原田紀敏〕（三省堂、1991年）253頁以下、竹澤哲夫ほか編『刑事弁護の技術（上）』〔丸山輝久〕（第一法規出版、1994年）577頁以下参照。

ここでの問題は、判断の基準である。すでに述べたところからすれば、その視点は、「不任意」を基礎づける事実とその立証ということではない。「任意」を基礎づける事実（＝保護措置）とその立証ということのはずである。しかし、保護措置が何も採られていない現状では、すでに言及したとおり、検察官は、いきおい「任意」であることそれ自体の立証を、はっきりと「視える」かたちで果たさなければならない筋合である。そうとすれば、攻防の視点は、「任意性」そのものの基準というより、むしろ「任意性立証」の基準にあると発想すべきではないかと思う。

　もっとも、そのような判断基準について、現行実務との接点を結んでいくとすれば、現況では、一定、「事情の総合」的視点を弁護人も採らざるをえないとは思われる。が、重要な基準・視点は、先に述べた点であるから、たとえば、「拘禁」状態を強める措置を捜査機関が採っておれば、それはまったく逆の措置なのであって、これは「任意性」の立証を果たしえなくする要素と捉えられるべきだと思う。通知事件扱いをされて、弁護人の接見が現実に制限されたものは、その典型である。保護措置としてきわめて重要な弁護人との接見を制限することは、明らかに「任意性」の立証を決定的に困難にすると考えるべきで、とりわけ、弁護人接見の要求の際に、これを拒んでなされた取調べの下の自白の証拠排除は当然の理となろう[註20]。一般接見禁止も、拘束の程度をより強めていることが明らかであるから、少なくとも、「任意性」の立証に疑いを差し挟む一要素となるはずである。

　また、代用監獄で、人格支配を強めていること自体も、保護措置とは逆の措置にほかならない。もとより、黙秘権告知や弁護人選任権告知を欠くことは、右措置についての露骨な懈怠であって、同様の重要なファクターとなる。

　そして、弁護人は捜査段階から、右のごとき措置の設定を視野においた捜査弁護活動を展開すべきである。捜査弁護活動が広範化・活性化しつつある今こそ、それが必要といわねばならない。たとえば、熱心な捜査弁護活動の存在をもって、公判においては、これを任意性を基礎づける事実として主張するという手法は、検察官においてままみられるところである。そういう論法は明らかに失当であるとはいえ、この論法を受容する裁判例も存在することに鑑みると、これに対抗するためにも、「密室」性を解除する措置という観点から、以下の如き方法で、弁護人が「取調べ」に直に「関与」していくことが必要となろう。

　すなわち、弁護人・被疑者の側から、弁護人立会要求や、取調べ「全過程」のテープ録音要求、あるいは、調書作成過程についての可視化の要求（具体的には、①取調べの都度に調書を作成すること――作成されなかったときはその理由を記載した書面を作

20　渡辺修『被疑者取調べの法的規制』（三省堂、1992年）332頁参照。

成すること、②調書には「第何回」供述調書というように通し番号を付すとともに各頁に頁数を記すこと、③取調べの始期と終期を明示し、休憩等の中断時間、中断事由を調書に記載すること、④取調べに立ち会った者の氏名・官職名を明記すること、⑤発問と応答は基本的に一問一答式に基づき能うかぎり具体的に記載すること、⑥調書作成ごとに、被疑者の署名押印の前の段階で、その調書の写をただちに被疑者・弁護人に交付し、そのうえで完成させること、⑦供述調書の契印、訂正印は、供述者と供述録取者が共同して行うこと、⑧完成後の調書の写を被疑者・弁護人に交付すること等の要求）をすべきである（かかる要求は基本的には憲法13条に基づく「自己情報支配権」の行使と解されよう）(註21)。かかる要求がなされている場合、はっきりと「密室」性を一定解除する要請がなされているのであって、これを無視してなんらの措置をも講じず調書作成に至ったときは、「任意性」の立証を不能に帰せしめるものというべきである。

　以上は大雑把な視点の呈示にすぎない。が、要は、弁護人は、「任意性」を確保するために（「拘禁」状態と「密室」を解除する方向で）捜査機関・訴追機関が何をしたのかを問い、「任意性」の立証を全面的に果たしてもらうという基本姿勢を貫くべきである。「任意にされたものでない疑」（ましてや、「不任意」であること）をこちらから明確にするというアプローチが必要だというのは、思い込みにすぎない。

21　小坂井・前掲註17論文31頁以下参照。

取調べ可視化申入書例 [★7]

　　　　　　　　　　　　　申入書

　　被疑罪名　　○○○・○○○○
　　被疑者　　　○○○○

　　右被疑者の取調べ（および被疑者立会の実況見分を含む）について、次のとおり要求します。

　　1　弁護人の立会
　　2　全過程のテープ録音
　　3　調書作成に関しての以下の事項の履践

① 取調べの都度に調書を作成すること（作成されなかったときはその理由を記載した書面を作成すること）。
② 調書には「第何回」供述調書というように通し番号を付すとともに各頁に頁数を記すこと。
③ 取調べの始期と終期を明示し、休憩等の中断時間、中断事由を調書に記載すること。
④ 取調べに立会った者の氏名・官職名を明記すること。
⑤ 発問と応答は基本的に一問一答式にもとづき能う限り具体的に記載すること。
⑥ 仮に1が適わないときは、調書作成毎に、被疑者の署名押印の前の段階で、その調書の写しを直ちに被疑者・弁護人に交付し、そのうえで完成させること。
⑦ 供述調書の契印、訂正印は、供述者と供述録取者が共同して行うこと。
⑧ 完成後の調書の写を被疑者・弁護人に交付すること。

かかる要求は、
(1) 憲法34条・憲法37条3項の弁護人依頼権から当然導かれる権利として、
(2) 憲法38条1項の自己負罪拒否特権を手続的に担保するための必要最小限の措置として、
(3) 憲法31条、刑訴法1条の適正手続と実体的真実主義の趣旨において、
(4) 憲法38条2項、刑訴法319条1項、322条1項から導かれるというべき「任意性」をあらかじめ担保・設定することが出来る被疑者の権利の最小限度の担保措置として、
(5) 憲法13条にもとづく自己情報支配権によって、自らの情報開示過程を適正に保持する権利として、
以上の各条文上の根拠にもとづき要求するものです。犯罪捜査規範180条2項も、この趣旨において、取調べに弁護人が立会えることを明記しているものと考えます。

（以下、個別事情）

（場合によっては以下の記載）
（以上の通りですので、前記各要求（あるいはそのいずれか）を無視されたままで、取調べを強行される場合は、調書の署名・押印には応じないことがありますので（刑訴法198条5項）、この旨も申し添えます）
　以上、被疑者との連署をもって、申し入れる次第です。

〇〇〇〇年〇月〇日

　　　　　　　　　　　　　　　　　　　　　　　　　弁護人　　〇〇〇〇

被疑者　　〇〇〇〇

司法警察職員　殿
検察官　殿

★1　本稿は、90年代の実務の状況を前提にして季刊刑事弁護14号（1998年）に書いた弁護実践の理論である。ただし、今日（2009年）でも基本部分は通底していると考えている。これとともに季刊刑事弁護14号には、後藤貞人弁護士の「任意性を争う」が掲載されている。私は、この後藤論攷は、任意性に関する弁護実践論において、今日なお、最も優れた基本論文であると考えている。ちなみに同論攷では、刑訴法321条1項2号後段と322条1項の実務における採用の状況を「猖獗を極めている」ものと表現されている。

★2　ただし、もとより「任意になされた虚偽自白」という概念が存在しないというわけではないし、事実、そういうべき虚偽自白は、ありうる。多くの虚偽自白は、「誘導―迎合」のなかでなされる。私は、これも、基本的には任意性の問題と捉えるべきだと考えるけれども、同時に、それですべてがカバーされるわけではない。このことも自覚しておかなければならない（たとえば、ギスリー・グッドジョンソン〔庭山英雄ほか訳〕『取調・自白・証言の心理学』〔酒井書店、1994年〕307頁以下、スティーヴン・A・ドリズインほか〔伊藤和子訳〕『なぜ無実の人が自白するのか』〔日本評論社、2008年〕166頁以下など参照）。

★3　宇和島事件、氷見事件、志布志事件などは、この視点の重要さを物語っているというべきだと思う。

★4　なお、身体拘束と弁護権の関係については、小坂井久「身体拘束と弁護権」村井敏邦ほか編『刑事司法改革と刑事訴訟法』（日本評論社、2007年）489頁以下参照。

★5　この点、取調べメモ類の開示につき、公判前整理手続における証拠開示制度によって、解決をみつつあることについては、最決平19・12・25判タ59巻8号102頁、最決平20・6・25判タ59巻23号89頁、最決平20・9・30判時2036号143頁など参照。

★6　公判前整理手続を踏まえての現在の実務の状況にあっては、ここで述べていることについて、相応の修正が必要となろう。「任意にされたものでない疑」との主張（意見）について、実務上は証拠意見というより予定主張明示の問題としての扱いが定着しつつある。ただし、公判前整理手続上の予定主張明示と黙秘権との関係については、小坂井久「主張明示義務と黙秘権」季刊刑事弁護41号（2004年）77頁、大阪弁護士会裁判員制度実施本部編『コンメンタール公判前整理手続』（現代人文社、2005年）130頁以下参照。

★7　これは90年代の「申入れ例」ということになろう。2009年段階の「申入れ例」については、『取調べ可視化申入れマニュアル（裁判員裁判対応）』（日本弁護士連合会、2009年）参照。

平成刑訴と可視化に関わる
弁護実践

平成刑訴の始動と弁護実践

　2005年11月から公判前整理手続に関する改正刑訴法の規定が施行され、と同時に改正刑訴規則も施行された[註1]。これらによって、新刑訴と呼ばれた昭和刑訴の55年ぶりの大変革が、実務のなかで、いよいよ始まったのである。あえて言うなら、これを平成刑訴の始動と呼ぶことができよう[★1]。もちろん、平成刑訴が、どのような定着をみるか、現段階では、まだ誰も明確なことはいえない。

　しかし、平成刑訴の中身は、2009年5月までの裁判員裁判の施行を基軸に据えつつ[★2]、同裁判に収斂することを志向しながら、まさに、これからの実務の過程で形成されていくことになる。刑事裁判の充実・迅速化を図るためとされる公判前整理手続についていえば、同手続自体が裁判員裁判にとって不可欠の前提であることはいうまでもないが、その理念・性格は必ずしも明瞭ではない。実際、その条文をみていくかぎり、職権主義的で糾問的な手続にも、当事者主義を基調とする弾劾的な手続のいずれにも、振れるところがあるように思われる。しかし、この手続に終始一貫弁護人が必要とされているところからも示されているとおり、同手続にあっては、弁護実践によってほんとうの実質的な当事者対抗主義が具現されることをこそ法は期しているとみるべきである[註2]。そして同時に、21世紀における刑事

　1　改正刑訴規則については、髙橋康明「刑事訴訟規則の一部を改正する規則の概要」判例タイムズ56巻18号（2005年）9頁、伊藤雅人ほか「刑事訴訟規則の一部を改正する規則の解説」法曹時報57巻9号（2005年）41頁、吉田智宏「改正刑事訴訟規則の概要——裁判員制度の施行を見据えて」ジュリスト1300号（2005年）69頁など参照。
　2　公判前整理手続についてのそのような弁護実践を志向するものとして大阪弁護士会裁判員制度実施大阪本部編『コンメンタール公判前整理手続』（現代人文社、2005年）参照。

司法は、法原理としての可視化を具現化していく手続にほかならない[註3]。可視化こそが刑事司法改革の要に位置づけられる[註4]。その実現如何が刑事司法改革の帰趨を決するといっても過言ではないだろう。

そのような平成刑訴を形成していくのは、まさに弁護実践によってである。弁護実践の強化によってこそ、上述したような意味における、ほんとうの刑事司法改革の突破口を拓きうる。

新規則 198 条の 4 の趣旨と弁護実践

そのような試みに繋がるものとして、我々は、施行された改正刑訴規則のなかの次の条文に着目すべきであろう。この条文は、実質的当事者対抗主義を具現化させつつ可視化を実現させ運用させる鍵になりうるとさえ思われるからである。

すなわち、改正刑訴規則 198 条の 4 は「検察官は、被告人又は被告人以外の者の供述に関し、その取調べの状況を立証しようとするときは、できる限り、取調べの状況を記録した書面その他の取調べ状況に関する資料を用いるなどして、迅速かつ的確な立証に努めなければならない」と定めた[註5]。もとより、この条文自体は、公判前整理手続に直に連動するものとして新設されたわけではないし、裁判員裁判のみを念頭に措いたものでもない。すべての刑事手続を対象とするものである。

だが、その制定趣旨は、取調べ状況の立証に関し水掛け論になりがちであり、それが審理長期化の原因の１つであるとの問題点が認識され、それゆえ、裁判員制度の実施をも踏まえて、新たなプラクティスを検察官に求めるというものである[註6]。

---

3 「可視化」原理については、さしあたり、渡辺修「被疑者取調べの録画——『可視化』原理と『包括的防御権』」季刊刑事弁護 39 号（2004 年）105 頁参照。

4 この点、さしあたり、小坂井久「刑事司法改革と可視化」法律時報 76 巻 10 号（2004 年）52 頁参照（本書第(2)部所収）。

5 その制定経緯は、岡慎一「『取調べ状況に関する立証』についての刑事訴訟規則制定の経緯」自由と正義 56 巻 10 号（2005 年）114 頁に詳しい。かような条文の設定について弁護士会内で批判のあったことも紹介されており、その批判には一定の理を認めることもできる。が、私はむしろ、この条文は本文で述べるように見定められるべきものと考える。

6 髙橋・前掲註１論文 11 頁、伊藤ほか・前掲註１論文 50 頁、吉田・前掲註１論文 74 頁を各参照。

そうだとすると、公判前整理手続と連動する連日的開廷との関係で、この条文を捉え、あわせて、裁判員裁判の施行をこそ視野におきつつ、この条文に関わる弁護実践をイメージすることはあながち的外れというわけではない。検察官を名宛人として義務を課しているという条文の特殊な性格を踏まえてなお（あるいは、そのことを踏まえればなおさら）、この条文は、平成刑訴を真の刑事司法改革の名に相応しいものとするための弁護実践上の1つの糸口であるようにも思える。控え目に表現しても、同条文が任意性・信用性の争いに新たな視点を提供していることは間違いがない。

確かに、上記条文それ自体は、検察官に「迅速かつ的確な立証に努めることを求める」趣旨であって、「特定の立証方法を用いるよう検察官を縛る」という「性質のものではない」(註7)。しかし、どのような資料を用いるか、あるいは用いないかをも含めて、その方法が検察官のまったくの自由だと解されるわけではない。なぜなら、努力義務自体、履践されなければならないうえ、「本条に例示された資料を用いなくても迅速かつ的確な立証ができれば、本条の要請に違反したことにはならないが、資料を提出したとしても、迅速かつ的確な立証になっていないのであれば、本条の要請を満たしたことにはならない」とされているのであって(註8)、あくまでも、その目標は「迅速かつ的確な立証」の達成それ自体にあるからである。その目標に到達しないような方法が選択されているのであれば、その努力義務の懈怠という場面の存在は当然想定されている。弁護人は、検察官が新たなプラクティスを実践しえているか否かを注視し、努力義務の懈怠があれば、これを明確に指摘していかなければならない。

資料の例示と実務の必然について

このように、同条文は、検察官の自由な裁量を定めたというわけのものではない。実際、「『取調べの状況を記録した書面』を特に抜き出して例示しているのは、取調べ状況に関する資料として最も一般的に存在すると考えられるからにすぎ」ない。「この書面の提出イコール迅速かつ的確な立証といえるわけではない」とされているわけである(註9)。このこと自体は当然の解釈といえよう。

この関係で強いて言えば、規則198条の4は、もともと使用されるべき資料の例

7　2005年5月11日に開催された最高裁判所刑事規則制定諮問委員会の議事録参照。

8　髙橋・前掲註1論文12頁、伊藤ほか・前掲註1論文50頁、吉田・前掲註1論文75頁参照。

示自体、必ずしも適切といえない文言になっていること自体は否定し難いであろう。というのは、「最も一般的に存在する『取調べの状況を記録した書面』」によって、「被告人又は被告人以外の者の供述」に関する「取調べの状況」について「迅速かつ的確な立証」が果たされたケースなどというものが、あるのかどうか自体に、そもそも疑問を呈さざるをえないからである。

2004年4月から書面による記録化制度が施行され[註10]、これはすでに公判段階でしばしば開示などされている書面である。けれども、これが任意性・信用性立証のうえで有意義な効果を発揮したなどという話を残念ながら、今のところ寡聞にして、私は知らない。それは「取調べの状況を記録した書面」それ自体がもつ性格に決定的に規定されているがゆえというべきではないだろうか。つまり、同書面は、取調べ時間・場所などの外形状況を示すだけのものである。それは、供述に関する取調べの状況そのもの、つまり、その中身を明らかにするという要素をまったくもってはいない。その意味では、取調べの状況の中身自体を探知するためには、見事なほどに何の役にも立たない資料である。それ以上のものではまったくなく、私自身の経験からもあえて言わせてもらうならば、規則198条の4が、その制定趣旨としたところの問題状況は同書面によってはまず、解消されないと断じることができるほどである[註11]。つまりは、このような書面を資料とされたとしても、判り易い審理が展開されるという展望はまったく乏しい。同資料の提出では「迅速かつ的確な立証」は達成され難いのであり、それは来るべき裁判員裁判のもとで、ほぼ必然のことと予見しなければならないのである。

しかし、規則198条の4の目標自体はすでにみたとおり、はっきりしている。これを実現させていこうとする限りは、結局、検察官は、別個の資料を用いることによって、その目標を果たさなければならないこととなろう。それが実務における必然というべきである。

さて、そのとき、それ以外の資料とは何なのか。実例として挙げられているものの数は、それほど多くはない。すなわち、「a 留置人出入簿、b 留置人動静簿、看

---

9 髙橋・前掲註1論文12頁、伊藤ほか・前掲註1論文51頁、吉田・前掲註1論文75頁参照。

10 犯罪捜査規範182条の2、法務省刑刑訓第117号法務大臣訓令「取調べ状況の記録等に関する訓令」参照。

11 もとより、外形的状況(たとえば、取調べ時間)のみが審理対象となるといったことがありえないわけではない。それゆえ、これは、原理的に同条文の文言自体を整合的に読みえないということを意味しない。

守勤務日誌、c 留置人診療簿、医師作成の診断書、診療録、d 留置人接見簿、留置人金品出納簿、検察官の接見指定書、e その他捜査官が作成したメモ、取調経過一覧表、f 取調べの状況を録音した記録媒体」である[註12]。結局、外形状況を示す資料がほとんどであることがわかるだろう。このうち、「供述」に関する「取調べの状況」そのものの中身に切り込める資料が、一体、何であるかは、自ずと明らかといわなければならない。

検察官のプラクティスに対峙する弁護実践

　このように、答えは自明というべきであるが、検察官は直ちに、この答えに到達しようとはしないであろう。なおしばらくは、規則の文言自体が孕むともいえる両義性に固執するとみるべきであろう。例示された資料以外のものの作成自体に消極的な姿勢が示されるとみざるをえまい。
　そうだとすると、それが規則198条の4の義務の懈怠にほかならないということを、場面を設定することを通して、明確に示していかなければならない。このとき、弁護実践上の視点はどのようなものになるであろうか。いうまでもなく2点ある。可視化申入れと被疑者ノートの作成である。

1　可視化申入れ

　前者の重要性は改めて説くまでもない。名宛人である検察官に、端的に、可視化実現への道筋を示すのである。すなわち、あらかじめ録画・録音による客観的資料の作成を求めたとき、そのような事案について、これを捜査機関が拒んで、果たして検察官は同条の立証を果たそうとしたといえるのかどうかという視点を提示するということになる。この規則の目標にいかに到達するのかが、今まさに問われているのであり、この期に捜査弁護活動において可視化申入れを行うという弁護実践を活性化し、これを広範化すべき時期が到来しているといわなければならない。
　大阪弁護士会では2000年12月からすでに会員に「可視化」申入れの一定の申入書を配布し、捜査機関に対し、そのような申入れをするよう呼びかけるという運動を展開していたが[註13]、日本弁護士連合会においても、2005年11月、「取調べの可視化申入書（モデル案）」を各単位会に配布し（文末モデル案参照）、各会員にその活用の検討を呼びかけることとなった。このような申入れ活動は、個別の弁護

12　吉田・前掲註1論文75頁。同旨、伊藤ほか前掲註1論文51頁。

実践として意味をもつだけではなく、これが一定の広がりをもつことによって、可視化実現の必要性が一層示されることになると思われる。

2　被疑者ノート

　また、後者の実践もきわめて重要である。被疑者ノートの実践は、まさに現在広範化しつつある[註14]。先に挙げた各資料に比して、被疑者ノートが「取調べの状況を録音した記録媒体」に次いで最も取調べ状況の中身に切り込める資料であることは、まず疑いがない。資料を提出しての検察官立証に対して、その反証たる資料として被疑者ノートが被告人側から提出されることのインパクトは、決して小さなものではない。それは、たとえば検察官が行おうとする任意性が存在するという「迅速かつ的確な立証」の根幹を撃つだろう。検察官は被疑者ノートで示されたところを凌駕する資料を提出するような立証を果たさなければ、少なくとも、刑訴規則198条の4の義務をまっとうしたことにはならないはずである。

　なお、被疑者ノートは、取調べの状況に関し、日々リアルタイムで作成される「被告人の供述書」である。取調べ状況を立証するものとして、刑訴法322条1項の「特に信用すべき情況の下にされた」供述にあたり、証拠能力があるものと解さなければならない[註15]。

3　検察官のプラクティスと弁護実践

　さて、この2つを前にして、検察官は、どのように規則198条の4の義務をまっとうしうることになるのであろうか。「供述」に関する「その取調べの状況」につい

　13　小坂井久「捜査の可視化」季刊刑事弁護25号（2001年）93頁参照（本書第(2)部所収）。なお、旧来からの可視化申入れの書式例としては、例えば、同「弁護士からみた任意性の基準・その立証について」季刊刑事弁護14号（1998年）66頁参照（本書第3部所収）。

　14　長部研太郎「被疑者ノートを活用した事例について」刑弁情報33号（大阪弁護士会刑事弁護委員会、2005年）4頁、黒田一弘「証拠採用され大幅軽減された事例（被疑者ノート実践報告：大阪）」季刊刑事弁護45号（2006年）130頁など参照。

　15　このほか、自由な証明で足るとの考えや関連性・必要性が当然認められる証拠物として証拠採用されるという考えがありうる。

て「迅速かつ的確な立証」を行うという争点が浮上する以上、実際のところ、公判前整理手続を通じて、これに関わるあらゆる資料は開示される展開になっていくとみてよいであろう。

　そのとき、「取調べの状況を録画・録音した記録媒体」だけを欠くという状況をイメージしてみよう。それは、一体、どのような審理なのだろうか。弁護実践によって、検察官に求められている新たなプラクティスの途は、いわば焦点が絞られ、より明確化されて来る。水掛け論の責任は、規則上の努力義務を懈怠した検察官が負担せざるをえないはずである。上記2点の弁護実践が強く説かれるゆえんである(註16)。

可視化申入れに関する裁判例と展望について

　さて今一度、現状を確認しておく。現在の裁判例では可視化申入れは、どのように扱われているであろうか。次のとおりである。

> ……所論のうち、弁護人の取調べの可視化の申し入れを無視したとの主張については、被告人○○の弁護人に選任されていた弁護人小坂井久らにおいて、大阪地方検察庁に対し、被告人○○取調べに際して、その取調べの全過程の録音、調書作成に関しては取調べの都度調書を作成することなどを記載した「申し入れ書」と題する書面を提出した（申し入れ書写し〔原審弁○○○〕）こと、これに対して××検察官においては、その申し入れに沿った措置はとらなかったことが認められる……（中略）……。しかし、被疑者の捜査段階における供述の任意性等が問題となったときに備えてこれを検証できるような措置をとっておくことが望ましい場合があるとはいえても、捜査官においてそのような措置をとらずに取調べを行ったことが直ちに被疑者の権利を侵害することにはならないし、供述の任意性等に疑問を生じさせるものでないことは明らかである(註17)（下線引用者）。

　任意性の判断に関するオーソドックスな事情の総合説を基本に据えれば、可視化申入れという一点だけでは、現状実務においては、このような判断枠組みになる

16　小橋るり「改正刑事訴訟規則198条の4の『的確な立証』に関する試案」自由と正義56巻11号（2005年）50頁参照。
17　大阪高判平17・4・28（平成15年う第842号——公刊物未登載）。

ことを否定できないであろう[註18]。

　しかし、平成刑訴のもとでは、そうではないとみるべきだ。上述したところで示してきたように、規則198条の4は、このような判断枠組みを変える要素を持つと予見されるのである。

　この点、すでに裁判官による共同研究の発表として次のとおり述べられているとおりである。すなわち、「任意性が争われた場合については、刑訴規則198条の4の趣旨にのっとって迅速かつ的確に立証してもらう必要があり、そのような立証がされない場合には、これまでのように水掛け論的な証拠調べにいたずらに時間を費やすべきではない」とされ、さらに、「少なくない数の研究員から、これまでの実務の在りようについて、任意性を比較的緩やかに認めた上で、信用性の観点からの吟味に力を置いてきた面がないとはいえないという認識を前提に、裁判員制度の下でこのような運用を続けた場合には、裁判員がその自白調書で心証をとってしまうおそれもあるから、<u>今後は、任意性のレベルできちんと勝負をつけていく必要がある</u>との指摘や、今後は、明らかに被告人の主張が排斥できる場合を除き、<u>客観的な証拠が提示されない場合には、任意性に疑いがあるとして却下する場面が増えていくのではないかという意見が述べられた</u>」という研究発表である[註19]（下線引用者）。裁判官のプラクティスもまた変わりつつあるとみられる。上記したとおりの展開はすでに予見されつつあるといってよく、上述した弁護実践の一押しによって、事態はドラスティックに変わるところまで来ているといわなければならない。

まとめに代えて

　前記規則の制定・施行という問題を除けば、この1年半ほどの間、可視化実現に向けて具体的な動きが何かあったとはいえないのが実情だろう。法曹三者協議会においても、可視化問題は話題になっていないわけではないが、議論の進展がみられるわけではない。可視化問題を放置したまま、このまま裁判員裁判の施行

18　もっとも、同判決は、特捜検事による暴言等の強引な取調べの事実を認定して（その一端については、小坂井・前掲註4論文において言及したことがある）、捜査段階の自白につき、任意性に疑いがあることを認め、その証拠能力自体は、これを否定している（ただし、被告人側の控訴は、これを棄却した）。

19　今崎幸彦「共同研究『裁判員制度導入と刑事裁判』の概要——裁判員制度にふさわしい裁判プラクティスの確立を目指して」判例タイムズ56巻26号（2005年）10頁。

を迎え、同裁判を乗り切ろうとの立場が間違いなく存在していよう[20]。

　しかし、そんなことが、ほんとうに可能であろうか。それで裁判員裁判が、ほんとうに機能するであろうか。供述調書上の記載をめぐって、その記載についてのきっちりとした基盤がないまま議論を重ねることを市民に強いるべきなのだろうか。ほんとうは明確にできるはずのものなのに、それを曖昧にしたままの議論を強いられるとき、より正しい事実を認定しようとするモチベーションを人々に維持させ続けることは困難ではないだろうか。確かなものに辿り着く方途自体を欠いた議論は人々に不毛感を抱かせずにはすまないのではないか。可視化を実現させないまま裁判員裁判が施行されることとなれば、その審理・評議が惨憺たるものになる場合さえ想定せざるをえないのではないか。

　そうとすれば、裁判官のなすべきことは明瞭といわなければならない。すでに共同研究の発表があるとおり、裁判員に、そのような混乱を持ち込むような証拠は、これを採用すべきではない。逆に言えば、要するに、検察官が任意性・信用性を「的確かつ迅速に立証する」ベストエビデンスとしての資料を作成・用意すればよいのであり、それ以外にないのである。

　私たちは何も悲観する必要はない。現在、可視化が現実的な立法課題になっているという展望を変更する必要は何処にもない。制度構築に向けては、その試験運用が説かれ始めた[21]。そして、実務の現場では、規則198条の4の的確な解釈・運用が、その方向性を示すことになるであろう。ただ、弁護実践という媒介項を通して、その実現も果たされるのだと思われる。今、必要なことは、その実践である。

　20　情勢に関わる最近の論考として、秋田真志「取調べの可視化実現へ向けての現状と課題」自由と正義56巻12号（2005年）89頁参照。
　21　秋田・前掲註20論文92頁参照[★3]。

★1　「平成刑訴」との表現に抵抗感があるといわれた方がおられる。しかし、「治罪法」「明治刑訴」「大正刑訴」「昭和刑訴」という表現は歴史に則し、現に定着している。それに比肩するという謂において、「平成刑訴」という表現は妥当だと思う。
★2　この稿を執筆している段階では、2009年5月21日の施行日は未だ設定されていなかった。したがって、このような表現になっている。
★3　ここでの「試験運用」とは、「可視化特区」を設けてみてはどうかという2005年段階の日弁連からの提言を指している。その翌年（2006年）に一部録画試行が開始された。

取調べの可視化申入書（モデル案）

```
検察官　殿
司法警察職員　殿
```

　　　　　　　　　　申　入　書

　　被疑罪名　○○○・○○○
　　被疑者　　○○○○

　上記被疑者の取調べについて、全過程のビデオ録画ないしテープ録音を要求します。
　刑事訴訟規則第198条の4は、検察官に対し、取調べ状況の立証に関して、「できる限り……取調べ状況に関する資料を用いるなどして、迅速かつ的確な立証に努めなければならない」と定めています。このような立証のためには、本来、取調べと同時に客観的な資料が作成されなければなりません。それには取調べの全過程をリアルタイムに録画・録音する方法による取調べの可視化を措いてありません。
　もとより、この申入れは、憲法上、もしくは刑事訴訟法上の根拠にもとづくものでもあります。すなわち、憲法第13条（自己情報支配権）、憲法第38条第1項（自己負罪拒否特権）にもとづき、かつ、憲法第38条第2項・刑事訴訟法第319条第1項・同法第322条第1項で示された「任意性」を予め担保するために、また、憲法第31条・刑事訴訟法第1条の適正手続の保障および憲法第32条・第37条第1項の公平な裁判を受ける権利のためのフェアな手続要請の見地から、取調べが可視化されるべきことを求めているものです。取調べの可視化は、今や国際的に確立された被疑者取調べの規準というべきでしょう。
　本件について、可視化を履践しないままに作成された調書については、将来の公判で証拠請求されたき、弁護人は、任意にされたものでない疑いがあると主張することがあります。予めご承知おき下さい。

　　○○○○年○月○日

　　　　　　　　　　　　　　　　　　　　　　　　弁護人　○○○○

取調べ可視化問題の現状と課題(★)

導入

　取調べの可視化実現本部副本部長の小坂井です。

　本年(2006年)5月9日、法務大臣会見及び最高検察庁次長検事コメントにおいて、検察庁は取調べの一部録画・録音を試行することを表明しました。従来、検察庁は、取調べの録画・録音は取調べの機能を阻害するなどとして、これを極めて否定的にとらえていました。その検察庁が、裁判員裁判で充実した迅速な裁判を実現するためには、そのような試行が必要不可欠であると判断し、これに踏み切らざるをえなくなったのです。

　ここに至るには、日本弁護士連合会の活動が大きな影響を与えています。

日弁連の活動

　ご承知のとおり、2001年6月に発表された司法制度改革審議会意見書は、被疑者の取調べ状況について、「書面による記録を義務付ける制度」の導入のみを唱えました。「取調べ状況の録音、録画や弁護人の取調べへの立会い」については、「将来的な検討課題」とされたのです。

　これに対し、1990年代後半から取調べの可視化を刑事司法制度改革における最重要課題の一つとして位置付けてきた日弁連は、2003年10月、愛媛県松山市で開催された第46回人権擁護大会で、「被疑者取調べ全過程の録画・録音による取調べ可視化を求める決議」を採択しています。すなわち、「裁判員制度にとって、被疑者取調べ全過程の可視化は必要不可欠の条件である」とし、「国に対し、……遅くとも裁判員制度の導入時までに、被疑者取調べの全過程を録画・録音し、これを欠くときは、証拠能力を否定する……法律を整備すること」、そして、「……法制化がなされるまでの間、……少なくとも被疑者がこれを求めたときは、即時に被疑者取調べの全過程の録画・録音を実施する」ことを求める趣旨の決議を行ったのです。

日弁連は、2003年8月、取調べの可視化実現ワーキンググループを発足させました。同ワーキンググループは、翌年取調べの可視化実現委員会となり、さらに本年4月、同委員会は取調べの可視化実現本部に改組されました。この間、台湾、韓国、香港、オーストラリア、イタリア、モンゴル、アメリカ・イリノイ州などの海外視察を行い、数度にわたって取調べの可視化に関するシンポジウムを開催してきました。さらに、「被疑者ノート」の作成や「取調べの可視化申入書（モデル案）」の作成、「被疑者ノート活用マニュアル」「取調べの可視化申入書（モデル案）活用マニュアル」の作成、会員向け研修の企画・実施など、個々の弁護実践に向けての提言も行ってきました。「被疑者ノート」の証拠化により取調べの実態を明らかにできたという成果はすでに少なからず報告されています。

取調べ可視化の意義と一部録画・録音の問題点

　ところで、取調べ可視化の本来の意義は、日本の刑事司法実務における最大の問題点、すなわち、ブラックボックスとしてしか立ち現れない捜査過程を透明化し改革するところにあります。それは、違法・不当な取調べを著しく減少させて取調べの適正化をもたらし、また、取調べ状況を直接に客観化し、自白の任意性立証を容易にする（もしくは、任意性の争いを消滅させる）という効果を持つものです。

　しかし、言うまでもありませんが、今回の試行のように検察官の裁量を押し出そうとする一部録画・録音では、これらの効果は生じません。そのような一部録画・録音では、結局、録画・録音されていない場面でどのようなことが行われたのかということが争いとなるだけでしょう。

　また、捜査機関・訴追機関は、以前から取調べの一部録音、及びその証拠利用を行ってきました。昭和50年代から60年代頃には、犯行再現ビデオというものも多用されました。これら映像もしくは音声の一部を記録した記録媒体は、裁判上も、自白の任意性を立証する資料（あるいは、実質証拠そのもの）として肯定的に扱われたことが現に多くありました。かつて日弁連司法制度調査会において、犯行再現ビデオの証拠能力に重大な疑義を呈する見解がまとめられたことからも明らかなように、取調べの一部録画・録音は、適正な事実認定を歪める、極めて危険なものになりうるわけです。

　いわば原理的に、一部録画・録音は致命的欠陥を有しているのです。

弁護実践のポイント

　このように、検察庁の試行を迎え、いやおうなく、実務の現場での実践（捜査機関

に取調べ全過程の録画・録音を申し入れ、他方「被疑者ノート」を作成するなどの可視化弁護実践）が事態の帰趨を決めていくという現実が到来しています。この試行段階において、私たちは、取調べの可視化本来の意義を全うさせるべく、「全過程」可視化実現以外の決着はないとの確信のもと、個々の弁護実践を展開しなければなりません。

2005年11月に改正刑事訴訟規則が施行されました。その198条の4は、検察官に対し、取調べ状況の立証について「できる限り、取調べの状況を記録した書面その他の取調べ状況に関する資料を用いるなどして、迅速かつ的確な立証に努めなければならない」と定めています。この規定の制定も日弁連による取調べの可視化を求める活動と決して無縁のものではありません。

従来から、「取調べ状況について、被告人と取調官との間での水掛け論に持ち込まれた場合は、捜査官側の負けと割り切る必要がある」という考えが唱えられていましたが、規則198条の4は、これと同様の視点を提供していると言うべきです。現に、裁判官の共同研究において、同規定の趣旨に関して、「今後は、任意性のレベルできちんと勝負をつけ……、明らかに被告人の主張が排斥できる場合を除き、客観的な証拠が提示されない場合には、任意性に疑いがあるとして却下する場面が増えていくのではないか」という意見が述べられています。さらに、今年「判例時報」に掲載された元札幌高教長官吉丸眞氏の論文は、自白の任意性に関する現行の証拠調べの方法には「構造的な弱点」があるとし、その克服のために「取調べの全過程を録音又は録画して正確な記録を残し、……取調べの実態を検証する……ことが最も有力かつ相当である」として、従来の実務運用は「見直す必要がある」、「裁判所は……検察官に対し取調べの実態について具体的・明確な立証を求め、その立証が十分尽くされたときに初めて任意性を認める、という運用を強化、徹底していくべき」と断じています。

まとめに代えて

裁判官のプラクティスも、今、変わりつつあることは明らかです。私たちは実践において、これに呼応しなければなりません。任意性の基準そのものを言葉本来の意味での自由意思・自発性ととらえ直すとともに、検察官がそのことを立証しえているかどうか、刑訴規則198条の4における論争として、「捜査—公判前整理手続—公判」という過程を通じて、問うていく必要があります。取調べ全過程の可視化申入れと「被疑者ノート」の作成は、その実践の基軸となります。「なぜ、全過程を録画・録音していないのか」は、任意性の疑いを導くキーワードとなるでしょう。検察庁の試行段階にあって、これは日弁連の全会員が総力を挙げて取り組むに値

する個別弁護実践と言わなければなりません。

　そしてまた、この試行がフォーマルなものである以上、録画・録音というものにおいて、捜査機関・訴追機関にとっての御都合主義的な「いいところ取り」ができる、というものではないはずです。いったん入ったスイッチを途中で恣意的に切ることはできないからです。

　捜査官の全面的な裁量の場とされてきた「取調べ」の場は、この試行によって、捜査機関の裁量による「糾問の場」から、被疑者を防御の主体とする「弾劾の場」に変容する契機をもはらんでいるというべきです。その契機としうるかどうかも、また可視化弁護実践のありようにかかっています。

　個々の依頼者の権利と利益を守り、取調べ全過程可視化実現の途を拓く実践が今求められています。全過程の可視化実現に向けて、まさに正念場を迎えていることをお伝えし、私の報告とさせていただきます。

★　本稿は、2006年10月、釧路市で開催された日本弁護士連合会第49回人権擁護大会で行った特別報告を文章化したものである。

取調べの一部録画DVDに対峙する弁護活動[★1]

序論——「現在」の「対峙」点はどこか

　全国の地方検察庁及び裁判員裁判対象事件を取り扱う支部は、2008年4月から、裁判員裁判対象事件のうち「自白調書」を証拠請求する事件について、取調べの一部を録画している[註1]。また、警察庁でも、2008年中に東京の警視庁や、大阪、神奈川、埼玉、千葉などの大規模な警察本部管轄の警察で、裁判員裁判対象事件を対象に取調べの一部を録画することを公表している[註2]。

　捜査機関がこれら「一部録画」を志向している理由は、明確というべきである。すなわち、鹿児島志布志事件無罪判決や富山氷見事件再審無罪判決などが明らかにした「虚偽自白」を「生み出す」「密室取調べシステム」は、我が刑事司法の元凶というほかないものであり、根本的な変革が必至なのであるが、捜査機関は、このシステムを取調べ「全過程」の録画(「可視化」)によって抜本的に解決するのではなく、「見せかけ」の「印象づけ」のみによって糊塗し、「任意性の効果的・効率的な立証」という外観のみを「作出」しようとしている。要するに、「一部録画」により、これまでの取調べ手法に対する世論の批判をかわそうとしているにすぎない。そして、来るべき裁判員裁判の施行を、これで乗り切ろうと企図しているのである[★2]。

　現在検察庁で行われている「一部録画」は、後にも述べるように、被疑者が「自白」し、「自白調書」がおおむね作成された後に、読み聞かせを受けている場面か

　1　最高検察庁「取調べの録音・録画の試行の検証について」(2008年3月)添付別紙「取調べの録音・録画の本格的試行指針」。なお、「一部自白・一部否認」の場合や「不利益の事実の承認」にとどまる場合も含むとのことである。また、最高検察庁「検察における取調べ適正確保方策について」(2008年4月)も併せ参照されたい。

　2　警察庁「警察における取調べの一部録音・録画の試行について」(2008年4月)参照。

ら録画し出す形式、もしくは、既に被疑者が調書に署名・指印し終わった後に、「自白調書」の内容を確認する場面のみを録画する形式で行われているにすぎない。このような形式では、録画されていない場面において、捜査官と被疑者との間でどのようなやりとりがなされたかは、全く分からない。したがって、言葉の本来の意味での「客観的な検証」はできない。今後行われる警察での取調べの「一部録画」も、このような形式で行うことしか想定されていない(註3)。

いうまでもなく、このような捜査官の「全面裁量」による、しかも取調べの最終段階の一部だけを切り取った録画記録媒体を任意性肯定の事実認定の用に供することは、極めて危険である。録画されていない取調べにおいてどのようなやりとりがなされているかは全く不明のままで、それゆえ、録画されていない取調べにおいて、捜査官から徹底的な利益誘導がなされ、あるいは、暴行・脅迫などを用いた取調べがなされることがあり得る。この場合、被疑者が、もはや抵抗する気力をも失い、取調べの最終段階で録画された取調べにおいては、取調官の言うがままに、「自白調書」を追認してしまう確率は決して低くないであろう。その可能性は極めて高いと言っても過言ではない。

このことは、過去の幾多の任意性否定事例の集積を見ても、想像に難くない。このような「一部録画」では、密室での違法捜査はおよそ排除できず、冤罪の解消にもつながらない。このようなものを任意性肯定の事実認定上の有用な資料とする発想自体(註4)、極めて危険で誤っていると断じることができる。

取調べの録画は、あくまでも、取調べ「全過程」でなくてはならない。そのために、私たち弁護人ひとりひとりが、これまで以上に、捜査機関による「一部録画」に対峙する弁護活動を展開していかなければならない。

このように、現在、取調べの可視化をめぐる状況は、捜査機関が企図・画策する、上記のような「一部」録画か、私たちの求める取調べ「全過程」についての録

---

3 もっとも、2008年4月23日に開催された第3回「警察捜査における取調べの適正化に関する有識者懇談会」では「録音・録画」の時期などについて様々な議論がなされているようである。ただし、同日公表された同懇談会の「緊急提言」は、およそ評価に値しない。

4 東京地決平19・12・26（公刊物未登載）の判断が、これである。これに対し、東京地判平19・10・10判タ58巻3号134頁、大阪地判平19・12・27（同事件で検察官調書の証拠調べ請求を却下した、大阪地決平19・11・14〈http://www.courts.go.jp/hanrei/pdf/20080222112947.pdf〉参照。同事件の概要や決定内容については、岸上・後掲註23論文参照）の各判断は評価できる。

画(すなわち、「可視化」)か、という攻防のただ中に在る。今、私たち弁護人自身が現場でいかに実践するか、それこそが極めて重要な局面になっている。この攻防の帰趨が、可視化時代を直ちに到来させうるか否かを決する。言い換えれば、この国の刑事司法において、ほんとうに冤罪発生を防止しうるシステムを生み出せるか否かがかかっているのである。そこで、以下において、私たちがなすべき「一部録画」DVDに対峙する実践的な弁護活動を提起することとしたい[註5]。

捜査段階

　すべての事件にあって、弁護人が、捜査段階でなすべきことは明確だというべきである。違法・不当な取調べを許さないこと、それによる「虚偽自白」(「不利益事実の承認」を含む)の記載がある調書の作成を決して許さないことである。法律用語である「『供述録取』書」とは似て非なる「作文調書」が作られているという現実がある。これに断乎対峙して、そのような「作文調書」の作出を阻止しなければならない。
　そのためには、日々の接見を怠らず、被疑者から、事案の全体像をオープンな質問で受容的に聴き取ったうえで、事件の「筋」を見定め、被疑者に対し、調書作成について、シンプルかつ明確に、繰り返し、分かりやすくアドバイスしなければならない。供述内容・姿勢について、そのすべてを被疑者任せにするような無責任な態度は決して採るべきではない。完全に黙秘するのか、捜査官との問答には応じても調書の署名指印は拒否するのか、それとも調書作成に応じるのか、応じるとしていつどの限度まで供述するのか、いかなる段階でどのような記載なら署名押印してよいのか、常に弁護人の側から積極的かつ具体的で明確なアドバイスを行うよう心がけるべきである。これにより、被疑者は迷うことなく主体的に取調べに対峙することもできよう。
　しかし、どのような的確なアドバイスを試みたとしても、長期間の、しかも代用監獄などにおける留置下に置かれた被疑者にとって、「虚偽自白」を含む「調書」の作成を拒むことは決して容易なことではない。氷見事件、志布志事件を見るまでもなく、いわゆる「任意」の取調べにおいてさえ、多くの事件において、その取調べ過程で、「虚偽」の「自白」がなされ、あるいは、少なくとも「不利益事実が承認」

　5　本稿は、そのベースの部分を後藤貞人「取調べの一部録画時代における実践的弁護活動」取調べの可視化実現ニュース通算5号(日弁連新聞2008年6月号折り込み)に負っている。同論述をひとつの基盤として、論理展開していることをあらかじめお断りしておきたい。

されたとされるのである。本人の「主張」とは食い違う、「本人」の署名押印が存在する「調書」ができ上がってしまうという実例は、枚挙に暇がない。

そのような調書がつくられた場合に、公判では、その信用性を争うだけではなく、その証拠能力を徹底的に争わねばならない。弁護人は、捜査段階にあっては、「虚偽自白」の防止に最大限の努力を傾注することになるが、それとともに、万が一の場合に備えての準備を怠らないことが肝要である。「一部録画」の対象となる事件にあって、それは一層重要なこととなる。

1　助言など

まず、裁判員対象事件の被疑者に、「取調べの様子をビデオに撮られる可能性がある」旨を告げておかねばならない。現状の「一部録画」試行にあっては、録画場面は、次のようなものとされている。

すなわち、「その1は、既に作成し、証拠調べ請求を予定している自白調書を被疑者に示すなどして特定した上で、自白の動機・経過・取調べの状況、当該自白調書の作成過程、同調書に録取されている自白内容等について質問し、被疑者が応答する場面を録音・録画するもの（レビュー方式）である。その2は、被疑者の供述を録取した検察官調書について、被疑者が読み聞かせを受け、閲読する場面及びこれらにより内容を確認して署名する場面を録音・録画し、引き続き、同調書を中心として、自白の動機、経過、取調べの状況、自白内容について質問し、被疑者が応答する場面を録音・録画するもの（読み聞かせ・レビュー組合せ方式）である」というのである[註6]。そして、「いずれの方式でも、当初否認していたのであればその理由や、自白の動機・経過、自白した経過で任意性に疑いを生じさせるような取調べがなされなかったか否かに関する発問を行っている上、最後に、事件全体について、あるいは取調べ調書作成について、自由に発言する機会を与えるなど、任意性等をめぐる事情が被疑者の供述によって網羅的に明らかにされるように工夫している」とされている[註7]。

そこで、弁護人としては、裁判員裁判対象事件の被疑者に対しては、このような場面・状況が録画されることがあることを伝えなければならない。そのうえで、次のように教示することになるであろう。

すなわち、「それ以前の供述内容を問わず、録画されているまさにそのときに、自

6　最高検察庁・前掲註1「取調べの録音・録画の試行の検証について」5頁。
7　同上。

らの認識に忠実に、正確な事実関係を述べ、従前の供述記載で違うところについては、違うとはっきり言うべきである」と。併せて従前の供述記載が自らの認識と違う場合、「なぜ、そのような調書記載になったかを説明すべきである」と助言しなければならない。もっとも、既に「虚偽自白」を行ってしまった被疑者に対して、その主体性を回復させることは容易なことではないであろう。強力な援助の存在を被疑者が感得できて初めて、「一部録画」場面に対応できる。それゆえ、気弱な被疑者などにあって、その「説明」に困難さを見いだす場合は、徹底的に、その供述・表現方法をも含めてアドバイスすべきである。その際、たとえ捜査官から発言を封じられても、録画されている限り、自らのほんとうの言い分を言い続ける勇気を被疑者に与えるべく尽力しなければならない。捜査官の裁量による「糾問の場」を「弾劾の場」に変容させるのである[★3]。実際、「一部録画」の場面で、自らの認識に忠実な事実関係を表明していない場合、後の公判で、事実関係を争うことが極めて困難になるケースがあると思われるので、このアドバイスは重要である。

逆にもし、事実関係に関する従前の供述に全く問題がないというようなケースであれば、録画場面で、真摯な反省の念を示すことになる。端的にそう教示すべきである[★4]。同時に、従前の調書に記載されていない重要な情状事実などがあれば、それに言及するよう伝えておくべきであろう。

2　被疑者ノートの差し入れ

あらゆる事件で被疑者ノートの差し入れは不可欠である。争いがないと一見思えた事件が後に争いのある事件へと発展することは、私たちがよく経験することである。被疑者ノートの効用・有用性については既に繰り返し言及されている[註8]。

取調べ「全過程」の録画、すなわち、「可視化」を実現させる弁護実践という観点においては、被疑者ノートは、刑訴規則198条の4の攻防場面を、まさに弁護側の土俵として設定しうるツールとしての機能を持つ[註9]。取調官が「一部」しか録画しない段階にあっては、被疑者ノートの果たす役割はより一層重要といわなければならない。

8　たとえば、秋田真志ほか「実践の中で取調べの可視化を——被疑者ノートの試み」季刊刑事弁護39号（2004年）82頁、井上明彦「実情に即したノートの誕生とその広がり」季刊刑事弁護45号（2006年）121頁、今井力「被疑者ノートで自白強要と対抗し、無罪に」季刊刑事弁護45号（2006年）126頁、黒田一弘「証拠採用され大幅減軽された事例」季刊刑事弁護45号（2006年）130頁など。

すなわち、「一部録画」に対峙する弁護側主張・立証（反証）のコアを形成するのが被疑者ノートなのである。取調べの一部のみを恣意的に切り取った捜査機関の一部録画記録媒体と比較したとき、被疑者が毎日の取調べ状況を克明に記録した被疑者ノートは、証拠としての有用性・優位性を有しているというべきである。少なくとも、捜査官は被疑者ノートで示されたところを凌駕する資料を提出するような立証を果たさなければ、「自白調書」の任意性を立証し尽くしたとはいえない。一部録画記録媒体では、それは果たし得ないこともまた、自明というべきである（改めて刑訴規則198条の4を参照）。上記のとおりであるから、弁護人は、まず、被疑者ノートを実質証拠として裁判所に採用させるべく弁護活動を展開すべきである。たとえ、それがかなわない場合であっても、非供述証拠として、あるいは自由な証明によって、これを証拠採用させることは当然である(註10)。

3 取調べの全過程の録画(可視化)申し入れ

すべての事件で、警察と検察に対して、取調べの「全過程」を録画するよう申し入れるべきである。いわんや、否認事件においては、これを絶対に怠るべきではない。今や、そのハードルは少しも高くない(註11)。

とにかく、申し入れ書を捜査官に直接渡すか郵送ないしファックス送信すればよいのである(註12)。捜査官が「一部」しか録画しないからこそ、「全過程」を録画せよと要求することが不可欠なのだ。

---

9 この点について、小橋るり「改正刑事訴訟規則198条の4の『的確な立証』に関する試案」自由と正義56巻11号（2005年）50頁、小坂井久「平成刑訴と可視化に関わる弁護実践」季刊刑事弁護45号（2006年）116頁など（本書第Ⅲ部所収）。

10 森直也「被疑者ノートを利用した弁護実践——被疑者ノートを証拠として採用させるには」自由と正義58巻10号（2007年）61頁。なお、田口・後掲註18書参照。

11 かつては、依頼者（被疑者・被告人）が不利益な取り扱いをされないかなどの危惧を表明する向きもあった。しかし、今や、そうしたおそれは完全になくなっているというべきである。

12 今まで警察では返送される場合も多かった。しかし、本文で後述する「取調べ適正化指針」のもとで、同様の対応が可能とはおよそ思われない。今後の警察の対応に注目してよいであろう。

要するに、この申し入れによって、取調官は必然的に取調べ状況全体を立証しうる「客観的資料」を残さざるをえなくなる。こうして、捜査官は取調べという場を自らの「全面裁量」にするという基盤を失う。可視化申し入れを捜査機関に対して行うことによって、捜査機関が被疑者の言動の「一部」の録画記録媒体で自白の任意性・信用性を立証しうるとの姿勢は根底から拒否されることになる。「全過程」録画、すなわち、「可視化」なくして、上記立証はなし得ない。申し入れは、その立場を鮮明にする。

　また、この申し入れは、主張関連証拠開示においての備忘録開示請求においても絶大な効果を発揮するというべきである[註13]。備忘録開示問題は、いわば可視化代理戦争として存在しているともいえるであろう。けだし、弁護人が可視化申し入れを行い、全過程の録画が行われなければ、将来において調書の任意性を争う可能性のあることを捜査官に示しているにもかかわらず、捜査官が備忘録を破棄するなどしていること自体、捜査官において調書の任意性立証を放棄したに等しいというべきだからである[★5]。刑訴規則198条の4における検察官の努力義務の懈怠を明確化するのが、この申し入れにほかならない。被疑者ノートとセットになった立証（反証）によって、任意性の疑いが導かれるのである。

　とまれ、可視化申し入れは、今や、誠実義務を尽くす弁護活動といえる。不可欠の捜査弁護活動になったといえよう。これに加え、弁護人の取調べ立会を求める活動も、今後より重要性を増してくるであろう。

4　苦情の申し立て

　警察庁の「取調べ適正化指針」、最高検察庁の「取調べ適正確保方策」は、取調べに関する申し立てや苦情があれば調査するとしている。そこで、取調べに不適切な行為があれば、その旨検察官ないし取調べ警察署署長等に対して苦情申し立てを行うべきである。

　そのうえで、弁護人は調査結果の説明を求めなければならない。この申し立て等は、後日公判において証拠として請求する可能性もあることから、内容証明郵便で送付した方がよい。上記可視化申し入れ自体を、この指針・方策に基づく文書として、提出することも有効であろう。けだし、指針・方策のもとでは、申し入れに対する調査・措置が義務づけられているのだからである。

13　取調べメモ開示についての大阪地決平20・4・9（公刊物未登載）。なお、大阪地決平20・3・26判タ59巻12号343頁も併せ参照。

これらの指針・方策が、極めて中途半端なものであることは改めて説明するまでもない。しかし、捜査機関が建前として応じざるをえない事項について最大限の対応を求めていく姿勢は必要である。

公判前整理手続段階

公判前整理手続に付された事件で「自白」ないし「不利益事実の承認」を記載した調書が証拠請求されたとき、類型証拠開示請求をして、その任意性・信用性を検討することはいうまでもない。検討の結果、信用性に問題があると判断した場合は、基本的に任意性をも争うべきである。けだし、経験則上、任意になされた「虚偽自白」なるものの存在の確率は極めて低いのだからである[★6]。

そして、任意性を争う場合、その旨の証拠意見を述べ、予定主張を明示することになる[註14]。さらに、この点において、主張関連証拠開示請求をしたうえ、必要な証拠を請求するのである。

1　類型証拠開示請求と検討

まず、被告人の未開示の「供述録取書等」すべての開示を求めなければならない（刑訴法316条の15第1項7号）。そのなかには、「一部録画」DVDが当然含まれる（刑訴法316条の14第2号参照）。そして、「取調べ状況報告書」の類型証拠開示請求もまた不可欠である（刑訴法316条の15第1項8号）。

これらにもとづいて、取調べ経過一覧表を作成して、供述経過を十分掌握しておかなければならない。それが任意性の争いの出発点になると銘記すべきである。

開示されたDVDについては、必ず謄写しなければならない（刑訴法316条の14第1号、同316条の15第1項）。そして、それこそ「穴があくほど」何度も見るべきである。そこに映し出される取調べ状況を徹底的に検討するのである。

すなわち、まず取調官の質問内容・姿勢を確認する。それがオープンエンドな質問かどうか、それともクローズドな質問に終始しているか、あるいは、強引な誘導や誤導がなされていないかなど、注目すべき点は多い。

次いで、答えている被告人の様子や回答内容もつぶさに確認しなければならない。落ち着いているかどうか、おどおどして捜査官をおそれているような様子はな

14　この問題が証拠意見か予定主張明示かは、理論的争いのあるところであったが、実務運用は既に後者に落ち着いたというべきであろう。

いかどうか、もしくは、作成された調書を必死で思い出し調書どおりに答えようとしている様子はないかなどに着目すべきである。ただ単に「はい」としか答えておらず、何ら自分から積極的に供述していないかどうか、また逆に、被疑者が自己の言い分を言おうとしているときに捜査官がそれを押しとどめようとはしていないかなど、確認すべき点は多岐にわたる。

そこから、おのずと弁護側としてDVDを資料としていかに取り扱うかというスタンスも定まってくるというべきである。誤導・誘導のレベルであっても、そこから任意性の疑いを導き得ることを常に念頭に置くべきである^(註15)。

2 証拠意見

被告人の「自白調書」は「不可視」の取調室で「作文」されたものである。原則として「不同意」とするのが適切な方針である。弁護人としては、このような状況下で作成された「自白調書」に対して「不同意」意見を言うことを何ら躊躇してはならない^(註16)。

取調べにおいて、暴行・脅迫的言動や利益誘導（たとえば保釈や検察官の求刑を材料として「虚偽自白」を強要するなど）がある場合はもちろんであるが、そうでなくとも、取調官の「作文」の程度によっては、積極的に調書の任意性を争うべきである。上述したとおり、誤導・誘導も任意性の問題である。たとえ任意性が否定されなくとも、このような弁護活動によって、調書の信用性について、事実認定者に消極的心証

15　大阪地裁・前掲註4平19・11・14決定参照（同事件の概要や決定内容については、岸上・後掲註23論文参照）。また、近日中に刊行される近畿弁護士会連合会刑事弁護委員会編『任意性の過去・現在・未来――2007年11月30日シンポジウムの記録（仮）』^(★7)の後藤昭発言参照。

16　守屋克彦「取調べの録音・録画と裁判員裁判」法律時報80巻2号（2008年）3頁は、「自白調書」につき、裁判員裁判においては、「録音・録画の裏付けのない限り、証拠としての許容性がない……類型的に証明力の評価が難しく、事実認定者の判断を誤らせるおそれのある証拠として法的関連性が否定される」と説かれる。川崎英明「裁判員制度と任意性立証・特信性立証」季刊刑事弁護54号（2008年）48頁は、この見解を支持されている。本来、その理は、裁判官裁判でも同様というべき筋合いであろう。なお、「不同意」意見（あるいは、「取調べに異議がある」旨の意見）の意義について、岡慎一「検察官請求『書証』に弁護人はどのように対応すべきか」季刊刑事弁護54号（2008年）27頁以下参照。

を与える結果となることは、往々にしてあり得る。

　任意性を争ったところ、取調べ状況を立証するとして、検察官から「一部録画」DVDが証拠請求されたときは、これに対しても、「不同意」とするのが原則である。当該DVDは、あくまでも供述証拠であり、伝聞証拠とみるべきだからである[註17]。この点、訴訟法上の事実についての証明であるから自由な証明で足りるとか、あるいは、非供述証拠として取り扱いうるとの考えが裁判所から示される可能性がないとはいえない。しかし、任意性立証については、訴訟法上の事実であるとしても、一般に実務は厳格な証明によっているとされているし[註18]、現在の「一部録画」方式(とりわけ、いわゆるレビュー方式)であれば、これが供述証拠であり、伝聞証拠であることは疑う余地もない。それゆえ、どのように考えても、少なくとも刑訴法321条3項が適用され、その「真正立証」のためDVD作成者(取調官)の証人尋問は必要不可欠であると主張すべきである。これを受け容れない裁判体があるとすれば、その判断は明らかに誤りというべきである[註19]。

　さらに、「一部」だけでは、「取調べ状況」を証明する証拠であっても、「取調べに異議がある」、すなわち「(法律的)関連性がない」との意見も付加しておくべきである。けだし、「一部」しか記録が存在せず、弁護側において「全過程」のチェックができない状況にあっては、結局、任意性立証としても、適法な取調べがなされているらしいとの「印象」のみを特権化・肥大化させ、結果として適正な事実認定を歪める危険が類型的にみて極めて高いからである。このような証拠は、検察官の立証命題との関係で、法律的関連性がないとしなければならない[註20]。

　17　小坂井久「取調べ可視化論の現在・2008」季刊刑事弁護54号(2008年)10頁以下参照(本書第I部参照)。

　18　大谷剛彦「自白の任意性」平野龍一ほか編『新実例刑事訴訟法(3)』(青林書院、1998年)141頁(ただし、「裁判所の裁量において、伝聞証拠の制限を緩和することも考えて良い」とされている)。また、田口守一『刑事訴訟法』(弘文堂、第4版、2005年)340頁は、片面的な「厳格な証明」を説いている。

　19　司法研修所編『裁判員制度の下における大型否認事件の審理の在り方』(法曹会、2008年)79頁は、取調官の尋問を不要としている。しかし、本稿で述べたような議論がいまだ詰められていない段階の議論だと思われる。今後、取調官の尋問は不可欠とされるであろう。

　20　小坂井・前掲註17論文12頁。なお、小坂井久・中西祐一「取調べの可視化制度と検察庁による取調べの録画試行」自由と正義58巻10号(2007年)41頁を併せ参照。

また、立証趣旨と記録の内容いかんによっては、「（自然的）関連性がない」という意見をもためらうべきではなかろう。さらに、任意性立証の充分性を欠き[註21]、証拠としての適格性がないという意見も述べうるであろう。

3　予定主張明示と主張関連証拠開示請求

　開示された各証拠、被疑者ノート、可視化申し入れ書、接見メモ等を検討したうえで、任意性を争う主張を簡潔かつ具体的に明示すべきである。予定主張明示を経て、主張関連証拠として、取調べに関する捜査報告書、備忘録（取調べメモ）、苦情申立に関する調査経緯及び結果の報告書なども開示請求できるので、積極的な開示請求をすべきである。そのうえで、予定主張の明示をより詳しくすることもあり得よう。

　なおこの点につき、近時、理由中の判断ながら、検察官作成の取調べメモについても開示命令の対象となることを前提とした判断を示した決定が相次いで出されていることに着目しておかねばならない（東京地決平20・1・24、大阪地決平20・4・9。前掲註13参照）。特に大阪地裁の決定では、可視化申し入れがなされていることにも言及しつつ、「調書の任意性、信用性を判断する重要な資料で、公判終了まで保管するのが相当」と述べ、既にメモを廃棄したとする検察庁に対して、苦言を呈するに至っている（捜査官の備忘録・取調べメモの開示問題が、可視化の代理戦争であるとするゆえんである）。

　予定主張明示の「広狭」については、様々な議論がありうるが、本人の言い分が一貫している限り、被疑者ノートの記載に基本的に則って、詳細な主張を行うことも差し支えないというべきであろう。ただし、その際には、被疑者ノートの記載を十分に検討し、当該記載と主張との間に齟齬が生じないよう注意しなければならない。そして、予定主張において、調書の任意性についての争点を相当程度明示した以上、取調べ順序は、取調官からとの姿勢で臨むべきである。

4　証拠請求

　上記開示された各証拠の外、被疑者ノート、可視化申し入れ書、苦情申立書、調査結果、接見メモ等の中から役に立つものを請求することになる。証拠制限との

21　近畿弁護士会連合会刑事弁護委員会編・前掲註15書所収のシンポジウムにおける後藤昭発言参照。

関係をたえず考慮しなければならない（刑訴法316条の32参照）。

　また、前述のように、開示されたDVDをつぶさにチェックした結果、そこに映し出された「取調べ状況」なるものに、「任意性の疑い」を導きうる要素があると判断したときは、弁護側から「一部録画」DVDを証拠請求するのは何ら差し支えない。その際の立証趣旨は、「被告人調書の供述記載が任意にされたものでない疑いがあること」ということになる。その立証責任を直視すれば、「一部」であっても、「任意にされたのでない疑い」が導かれることがあることは明らかである[註22]。

公判段階

　自白調書の任意性を争う場合、被告人の目線で取調べ状況を具体的な事実に即して、リアルに語る冒頭陳述は必要不可欠である。また、任意性審理を終えた段階の意見陳述なり最終弁論なりで、客観的立場からの証拠評価を適正に行い、任意性に疑いがあるゆえんをプレゼンテーションすることもまた、極めて重要である。

　以上のことを自明の前提としたうえで、「一部録画」事件で自白調書の証拠能力を争う場合の留意点について言及しておきたい。以下のとおりとなろう。

1　取調官尋問

　上記のとおり、検察官が取調べ請求を行ってきた「一部録画」DVDに対し、「不同意」意見を述べれば、取調官尋問が不可欠になるというべきである。けだし、これを伝聞証拠としてとらえた場合には、少なくとも刑訴法321条3項の「真正」立証を要することとなり、また、関連性の問題としてとらえても、取調官＝DVD作成者に対する尋問は必要不可欠というべきだからである[★8]。

　そして、「一部録画」問題については、尋問の場において、弁護人から取調べの「全過程」録画の申し入れがあったこと、容易に「全過程」を録画できたこと、それにもかかわらず「一部」の記録にとどめたゆえんなどを問いただすことになろう。

　その他、捜査段階において弁護人から捜査手法に対する苦情の申し立てがあったこと、それにもかかわらず十分な調査をしていないこと等を問いただす場合もあるであろう。要するに、「自白調書」の任意性を争う以上、基本的には、取調官の証人尋問は不可欠というべきである[註23]。

22　小坂井・前掲註17論文11頁参照。

2　被告人質問

　被告人質問で大事なのは、いうまでもなく、短くオープンな質問を繰り返して、被告人本人に「物語」を具体的に「物語らせる」ことである[註24]。もとより、「心と心」も重要である[註25]。とにかく、リアルに語ってもらわなければならない。
　そのために、弁護人と被告人とが十分なコミュニケーションを経て、豊富な「情報」を共有したうえで、「一部録画」に至るまでの取調べの状況や、「一部録画」の直前のやりとりなどを語ってもらうこととなる。もちろん、その際、証拠として請求している被疑者ノートや接見メモが絶大な効力を発揮することがある。特に被疑者ノートについては、被告人が公判において供述する取調べの状況が、捜査段階で同人が記した被疑者ノートにも記載されていることで、供述の信用性がいやおうなく高まることになる。
　今日までにあって任意性の疑いが導かれたケースは、まず、被告人質問に成功しているといってよい。十分なコミュニケーションによる理解が、弁護活動を支えるのである。

結語に代えて

　本稿はここしばらくの間幅広く活用されるであろう取調べの「一部録画」DVDに対峙する弁護活動についての「試論」にとどまっている。いうまでもなく、このような弁護活動を展開する時期は、可能な限り短いほうがよい。
　私たちがほんとうに論じたいのは、ほんとうの「可視化」時代における弁護活動の在り様にほかならない。それを論じる機会がすみやかに来ることを念じたい。政治情勢いかんにかかわらず、私たちは、個々の弁護活動のなかで力を尽くすしかな

23　もっとも、岸上英二「取調べ過程の一部を録画したDVD再生と任意性立証」季刊刑事弁護54号（2008年）42頁（前掲註4参照）は、DVD以外に任意性立証を検察官がしなかったことをもって、任意性の疑いが明らかと判断されたケースである。

24　たとえば、髙野隆「主尋問」日本弁護士連合会編『法廷弁護技術』（日本評論社、2007年）117頁以下、同「証人尋問」判例タイムズ59巻7号（2008年）128頁以下参照。

25　小坂井久「主尋問は『心と心』である」季刊刑事弁護53号（2008年）71頁以下参照。

い。私たちが努力を怠らない限り、ほんとうの「可視化」時代の弁護活動について議論するときは、決して、遠くないはずである。

★1　本稿は、2008年の情況をもとに、森直也弁護士と共同執筆し、自由と正義59巻7号（2008年）に掲載した弁護実践論である。

★2　本稿でも言及されている2008年3月末の検証結果発表に続いて、2009年2月に、いわゆる本格試行を含めての検証結果を最高検察庁は公表した〈http//www.kensatsu.go.jp/saibanin/index.htm〉。これにより、最高検察庁は自らの姿勢を、より鮮明に広宣したのである。このことは、本書で繰り返し論及しているとおりである。そして、この検証結果が結論を先取したものにすぎず、根本的に間違っていることも本書で触れているとおりである。これについては、2009年3月日弁連意見書をも参照されたい。

★3　このような弁護方針をいわば逆手に取ったような見解も近時、発せられている。
　すなわち、辻裕教「裁判員制度と捜査」ジュリスト1370号（2009年）142頁以下などは、捜査機関の録画に至るまでの過程で適正でない取調べが行われれば、それが録画時における被疑者の供述内容や態度に反映されることとなるので、取調べの適正確保に繋がる旨述べている。しかし、こんな論理で一部録画が正当化されることなど考えられない。けだし、録画がなされていない取調べにおいて、自白した被疑者が、もはや抵抗する気力を失い、一部録画の際に、取調官の言われるままに、自白調書を追認してしまう可能性が極めて高いことは本稿でも触れているとおりだからである。このような論法がまかりとおるのなら、そもそも、公判の被告人の態度で、本来、捜査段階の不当な扱いは、すべからく明白になっているべき筋合いであろう。この理論は、氷見事件から何も学んでいない（さらに、足利事件をも挙げなければならない）。かような論法は、失当というほかはない。

★4　この点は、議論がありうるであろう。なお、録画拒否権をも教示すべきとの見解もある。しかし、理論的に、そう「教示しうる」ことと、弁護戦略として、そう「アドバイスする」ことは全く別である。私自身は、録画拒否のアドバイスは、余程、特段の事情を認めるケースでない限り、まず、すべきでないと考えている。

★5　備忘録は2008年5月13日付警察庁長官の訓令で、保管をすべきものとされ、最近は開示される扱いになってきているともいわれている（しかし、プリミティヴな資料か否かの検討を要することとなろう）。

★6　この点、本書第3部「弁護士からみる任意性の基準・その立証について」の★2を参照。

★7　近畿弁護士会連合会刑事弁護委員会『シンポジウム　任意性の過去・現在・未来——2007年11月30日記録』（2008年）。

★8　本書で繰り返し論じているとおりである。当分、これは、裁判員裁判における「現在」的な重要課題足りうる。

一部録画DVD作成者（＝取調官）に対する尋問：その試論

はじめに

　大阪弁護士会刑事弁護委員会ダイヤモンドルール研究会は、生の素材を使って、実際の尋問の有り様を評価・批判しつつ、尋問技術に関するルールの定立を求めてきた[註1]。また、尋問技術で大事なのは、「何を訊くか」ではなく、「どう訊くか」だということも、ダイヤモンドルールに限らず、今や反対尋問の基本たる心構えとして、繰り返し言及されていることである[註2]。しかし、今回の論攷は、上記のルール2つともに反する。このことをあらかじめお伝えしておかねばならない[★1]。
　というのも、ルールに背いてでも、このような論述をしておかねばならない緊急性・必要性があるからである。すなわち、取調べ一部録画が広く試行されることとなり[註3]、「自白調書」の任意性を争うとき、上記録画DVDの法廷顕出をめぐって、その作成に関する尋問（取調官尋問）を行うことが必然化するであろう。実際、後述するとおり、そうさせなければならない。それが私たちのミッションである。その過程を経て、当該DVD、あるいは、「自白調書」の証拠能力・証拠価値に関して、

1　大阪弁護士会刑事弁護委員会ダイヤモンドルール研究会ワーキンググループ「序論（連載・事例から学ぶ証人尋問のテクニック！〔1〕）」季刊刑事弁護36号（2003年）191頁。

2　たとえば、佐藤博史『刑事弁護の技術と倫理』（有斐閣、2007年）178頁以下参照。なお、大阪弁護士会刑事弁護委員会ダイヤモンドルール研究会ワーキンググループ「偽りの目撃者!?（連載・事例から学ぶ証人尋問のテクニック！〔4〕）」季刊刑事弁護39号（2004年）150頁以下、同「取調官の嘘を暴け！（連載・事例から学ぶ証人尋問のテクニック！〔5〕）」季刊刑事弁護40号（2004年）150頁以下など併せ参照。

3　最高検察庁「取調べの録音・録画の本格的試行指針」（2008年3月）、警察庁「警察における取調べの一部録音・録画の試行について」（2008年4月）。

裁判所がどのように判断するのか、それが、今後のわが刑事司法の行く末を決することになるといっても過言ではない。

したがって、ダイヤモンドルールの提示としては、いささか異例のことになるが、急遽、そのような尋問にテーマを特化させて論じてみることとする。すなわち、どう準備していき、最低限「何を訊くのか」を素描しておきたい。もとより、今後の実務のなかで、繰り返し更新されるべき「たたき台」の提供でしかないことは併せお断りしておかねばならない。

さて、そのような尋問の本題に入る前に、いくつかの導入事項がある。そこから論じ始めざるをえないと思う。

導入あるいは前提

1　被告人の「自白調書」は「不可視」の取調室で「作文」されている。弁護人は、本人の言い分と異なった供述記載が存在する以上、「不可視」の取調室で作成された「自白調書」に対して「不同意」意見を言うことを躊躇する理由がない[註4]。今日までの判例において類型的に任意性の疑いが導かれるとされたケース、すなわち、暴行・脅迫的言動や約束・利益誘導・偽計（切り違えなど）、あるいは両手錠などが存在する場合はもちろんのこと、そうでなくとも、誤導・誘導も任意性の問題にほかならず、任意性を争うべきである[註5]。

そして、任意性を争ったところ、「任意性の存在」を立証趣旨として、検察官から

4　守屋克彦「取調べの録画・録音と裁判員裁判」法律時報80巻2号（2008年）3頁、川崎英明「裁判員制度と任意性立証・特信性立証」季刊刑事弁護54号（2008年）48頁など参照。なお、本人の言い分が調書記載と異ならない場合をも含めて、「不同意」意見（あるいは、「取調べに異議がある」旨の意見）を述べることの意義については、岡慎一「検察官請求『書証』に弁護人はどのように対応すべきか」季刊刑事弁護54号（2008年）27頁以下参照。

5　この点、大阪地判平19・12・27（同年11月14日決定〈http://www.courts.go.jp/hanrei/pdf/20080222112947.pdf〉。岸上英二「取調べ過程の一部を録画したDVD再生と任意性立証」季刊刑事弁護54号〔2008年〕42頁参照）。なお、取調官の「作文」の程度によっては、「供述を録取した」ものでないとし、刑訴法322条1項の要件を欠くとして、証拠能力を争うべきであるが、これも、広義の意味で、「任意性の争い」であるともいえるので、ここではとくに区別して論じることはしない。

「一部録画」DVDが証拠請求されたとき、これに対しても、「不同意」としなければならない。当該DVDは、あくまでも供述証拠・伝聞証拠だからである[註6]。現在試行の「一部録画」方式(とりわけ、いわゆるレビュー方式)の場合、これが、捜査官(取調官)の「報告」として(本人の「供述」としても)、供述証拠・伝聞証拠であることは疑う余地がない[註7]。それゆえ、少なくとも、刑訴法321条3項の場面となり、その「真正立証」のため、DVD作成者(取調官)の証人尋問が必要不可欠となる。

さらに、このような「一部録画」DVDでは、任意性立証の充分性を欠き[註8]、あるいは、弁護側において「全過程」のチェックができない状況にあっては、適法な取調べがなされているらしいとの「印象」のみを特権化・肥大化させ、結局、任意性立証としての適正な事実認定を歪める危険が類型的にみて極めて高いので、法律的関連性もない[註9]。以上のとおり主張すべきであり、いずれにしても証拠としての適格性はなく、「取調べに異議がある」としなければならない。任意性立証の充分性を充たすため、あるいは、関連性を明確にするという意味でも、取調官の尋問は不可欠となろう[註10]。

---

6 小坂井久「取調べ可視化論の現在・2008」季刊刑事弁護54号(2008年)10頁以下参照(本書第Ⅰ部所収)。

7 最高検察庁「取調べの録画・録音の検証について」(2008年3月)5頁によると、「その1は、既に作成し、証拠調べ請求を予定している自白調書を被疑者に示すなどして特定した上で、自白の動機・経過・取調べの状況、当該自白調書の作成過程、同調書に録取されている自白内容等について質問し、被疑者が応答する場面を録音・録画するもの(レビュー方式)である。その2は、被疑者の供述を録取した検察官調書について、被疑者が読み聞かせを受け、閲読する場面及びこれらにより内容を確認して署名する場面を録音・録画し、引き続き、同調書を中心として、自白の動機、経過、取調べの状況、自白内容について質問し、被疑者が応答する場面を録音・録画するもの(読み聞かせ・レビュー組合せ方式)である」というのである。「読み聞かせ」の場面については議論がありうるとしても、それ以外の状況の「伝聞性」は明らかであろう。

8 近畿弁護士会連合会刑事弁護委員会『シンポジウム　任意性の過去・現在・未来——2007年11月30日記録』(2008年)の後藤昭発言参照。

9 小坂井・前掲註6論文12頁以下参照。なお、小坂井久・中西祐一「取調べの可視化制度と検察庁による取調べの録画試行」自由と正義58巻10号(2007年)41頁を併せ参照。

2 取調官の尋問に辿り着いても、これに対峙できるツールがあるのとないのとでは、やはり尋問の出来に大きく影響するといわねばならない。捜査段階から関与した場合、被疑者ノートを差し入れていたか、そして、全過程の録画の申入れ、すなわち、可視化申入れをしていたかどうかは、疑いなく大きなポイントとなる。

さらに、公判前整理手続を経て、類型証拠開示として7号・8号の請求に及ぶことはもとより、主張関連証拠開示請求では、取調べの内容に関わる捜査報告書、取調べメモ・備忘録の開示請求をしておくべきである[註11]。捜査報告書は開示されるものの、備忘録・メモについては、今日までの実務では、なぜか必ず廃棄されているのが常であるけれども、それは、取調官尋問の際の最重要事項になることが明らかである[註12]。

このように、弁護人は、開示された各証拠のほか、被疑者ノート、可視化申入書、苦情申立書とその調査結果（新たに設けられた制度である）[註13]、接見メモ等のなかから役に立つものを請求しなければならない（刑訴法316条の32参照）。もとより、開示されたDVDはつぶさにチェックし、それこそ「穴が開くほど」検討し尽くすべきである。

そして、予定主張明示において、任意性についての争点を相当程度示した以上、取調べ順序については、取調官からとの姿勢で強く臨むこととなろう。なお、「自白

10　この点、訴訟法上の事実についての証明であるから自由な証明で足りるとか、あるいは、非供述証拠として取り扱いうるとの考えが裁判所から示される可能性がないとはいえないが、任意性立証については、訴訟法上の事実であるとしても、一般に実務は厳格な証明によっているとされている（大谷剛彦「自白の任意性」平野龍一ほか編『新実例刑事訴訟法(3)』〔青林書院、1998年〕141頁。ただし、「裁判所の裁量において、伝聞証拠の制限を緩和することも考えて良い」とされている。また、田口守一『刑事訴訟法』〔弘文堂、第4版、2005年〕340頁は、片面的な「厳格な証明」を説いている）。なお、司法研修所編『裁判員制度の下における大型否認事件の審理の在り方』（法曹会、2008年）79頁は、取調官の尋問を不要としているが、本稿で述べたような議論が未だ詰められていない段階の議論だと思われる。今後、取調官の尋問は不可欠とされるはずである[★2]。

11　最決平19・12・25判タ59巻8号102頁、大阪地決平20・3・26判タ59巻12号343頁、大阪地決平20・4・9（公刊物未登載）参照。

12　大阪地裁・前掲註11決定平20・3・26の判旨を参照。

13　警察庁「警察捜査における取調べ適正化指針」（2008年1月）、最高検察庁「検察における取調べ適正確保方策について」（2008年4月）。

調書」の任意性を争う旨、被告人の目線で取調べ状況を具体的な事実に即してリアルに語る冒頭陳述を行うことになる。

　以上が取調官の尋問に至るまでの前提である[註14]。

取調官尋問（総論）

　取調官に「何を訊くか」の総論的なポイントは、次の試行理由そのもののなかに記されているといえるだろう。すなわち、最高検察庁は、2006（平成18）年5月9日、次長検事コメントを発して次のように述べている。

> 　裁判員裁判における被告人の自白の任意性立証の方策……の検討の一環として、裁判員裁判対象事件に関し、立証責任を有する検察官の判断と責任において、任意性の効果的・効率的な立証のため必要性が認められる事件について、取調べの機能を損なわない範囲内で、検察官による被疑者の取調べのうち相当と認められる部分の録音・録画について、試行することとしました。

　そして、同年8月から東京地方検察庁において試行を始め、これが拡大されていくことになったものの、「その実施の方法いかんによっては、取調べの持つ真相解明機能を害するおそれがあり、治安の悪化につながりかねない問題である」などとも主張されているところである[註15]。

　「一部録画」問題について、「何を訊くか」のいわば総論は、つまるところ、上記試行理由をめぐって訊き糺し、それで「任意性立証」を果たそうとする姿勢が根本的に間違いであることを示すことに尽きる。そのためには、上記したツールを活用し、取調べの「全過程」録画の申し入れがあったこと、容易に「全過程」を録画できたこと、それにもかかわらず「一部」の記録にとどめた所以[註16]、被疑者ノートに記載された事実の存在などを問い糺すことになる。その他、捜査段階において

14　以上につき、小坂井久ほか「取調べの一部録画DVDに対峙する弁護活動」自由と正義59巻7号（2008年）参照（本書第Ⅲ部所収）。

15　最高検察庁・前掲註7資料1頁。

16　「所以……を問い糺す」との意味は、決して「『なぜ』と訊け」という趣旨ではない。このことは、この連載（「事例から学ぶ証人尋問のテクニック！」季刊刑事弁護）をお読みの方々はすでに十分理解していただいているものと思う。

弁護人から捜査手法に対する苦情の申立てがあったこと、それにもかかわらず十分な調査をしていないことなどを問い糾す場合もあるであろう。要するに、その反対尋問を「任意性の疑い」の存在を示すプレゼンテーションの場とするのである。

一般的に、取調官に対する尋問というものの難度は必ずしも高くない。なぜなら、多くの場合、彼らは証人として出廷する際、防御ラインをかなり上げて登場するからである(註17)。つまり、平たく言えば、彼らは法廷で嘘を言う。取調べの可視化に反対する警察・検察は、自らの姿勢を被疑者・被告人に投影し同一化させるという防衛機制を採っているのではなかろうか。誤解を恐れずにあえて言えば、それほどに、彼らにとって、法廷は真相を語る場ではないらしい。あるいは逆に、比較的素直な供述をする取調官もおられる。この場合も、その難度は高くない場合がある。なぜなら、その場合、取調官自身が任意性の解釈適用基準を基本的に誤っていることがあるからである(註18)。むろん、堅実で手強い取調官もおられるだろう。ただ、初心者の方にあえて言えば、いずれにしても、取調官に対する尋問を特別なものと考える必要はまったくない。

さて、以下の架空事例は、被疑者が○月○日まで否認し、同日、自白に転じた被疑者への取調べについてのものである。○日の○時頃、利益誘導があったとしよう。その旨、被疑者は被疑者ノートに書いている。そして、○月×日の検察官の取調べで、DVD録画されたと仮定しよう。

取調官尋問（その例）

以下、「何を訊くか」という観点から、具体的な尋問例をシミュレートしてみる。

① ○月○日の段階まで被告人は否認していましたね？
② あなたは、その否認を嘘と認識したのですかね？
③ ○月○日の取調べで自白に転じたのですね？
④ ○月○日の○時ころということでしたか？
⑤ 自白に転じた理由は「～」ということでしたか？

---

17 たとえば、ワーキンググループ・前掲註2論文148頁、同153頁参照。
18 たとえば、検察官証言の例として、「怒鳴ったり机をたたいたりということで……それだけで任意性が飛ぶこともないし……」というものがある(小坂井久「刑事司法改革と可視化」法律時報76巻10号〔2004年〕53頁参照〔本書第(2部所収)〕)。

⑥　実際には、あなたが「……」と告げた。それで自白したというのが事実じゃないのですか？（あるいは「警察官が『×××』と言ったということを聞いていますね」など）^(註19)
⑦　被疑者ノートに「……」との記載が存在することは知っていますね？
⑧　「……」というのは特徴的な表現ですね？
⑨　供述調書では「△△△」としか表現されていませんね？（⑦〜⑨のような問いは事項ごとに繰り返す場合があろう）
⑩　すると、ノートの記載は嘘だというのですか？
⑪　○時頃の取調べでこそ、真相が語られたというのですね？
⑫　ところで、○月○日の取調べ自体は録音・録画していませんね？
⑬　○月△日もしていませんね？
⑭　自白に転じた後も○月×日まで×日間、録音・録画していませんね？
⑮　○月○日、「真相が語られたとき」、録音・録画することに物理的支障がありましたか？
⑯　△日に（あるいは×日までの間）物理的支障がずっとあったのですか？
⑰　録音・録画は任意性立証のためにするのですね？
⑱　取調べが適正であることを示すという目的はないのですか？
⑲　任意性の「効果的・効率的な立証」のためにするのですね？
⑳　否認から自白に転じた状況を録音・録画すれば、「効果的・効率的」ですね？
㉑　それをしないのなら、自白に転じた直後に録音・録画するのは、任意性立証のうえで、まだしも「効果的」ではないのですか？
㉒　直後の録音・録画は立証上、「効率的」ではないのですか？
㉓　本件で自白直後の録画・録音で取調べの機能が損なわれることがありましたか？
㉔　本件で自白直後に録音・録画して、何か「治安が悪化するおそれ」が生じましたか？^(註20)
㉕　ところで、○月○日までに、「取調べの全過程を録画してくれ」という申入れがありましたね？

19　このような尋問それ自体が、一般に「悪しき質問例」とされていることはいうまでもない。が、ここでは⑨⑩⑪の伏線の機能があると目論んでいる。
20　かような尋問が、たとえば裁判員に直ちに理解されるかどうかは疑問であろう。ただ、当該取調官がこのような法務省見解に固執しているとみられたとき、このように訊いてみることも一考に値するのではないか。

㉖　△日に、苦情申立てもありましたね？
㉗　立証責任を有する立場で、それらに対応されましたか？
㉘　あなたの「判断と責任において」対応しないと決めたのですね？

　以上は、尋問においては「徹底的に事実を訊くべきである」との基本ルールに反しているとの非難を免れえないだろう。また、あまりに総花的でストレートな尋問シミュレーションの素描にすぎないことも否定しえない。ただ、「何を訊くか」の材料の一端は提供しえているのではないか。これらの各尋問にあって、どの尋問がリスキーか、あるいは、どういう訊き方をすれば、そのリスクを減らせるのかなど、各自、工夫してシミュレートしてみていただければと思う。
　要するに、
　　　一部録画はアンフェアであることを示す！
のである。他方、
　　　「全過程」録画は公正であることを明らかにする！
そして、同時に
　　　「全過程」録画は可能・容易であったことを示す！
そのための具体的事実を積み重ねていくことが肝要であろう。現在の試行方法の場合、上記したところのほか、異論はありうるやもしれないが、次のごとき尋問も必要であるように思われる。

㉙　最初の場面で、あなたは、問題となる調書を被告人に読ませましたね？
㉚　これは刑訴規則199条の11第1項に反するのではないですか？[註21]
㉛　あるいは、規則199条の3第4項にも反しませんか？
㉜　それを「相当」とあなたは判断して録音・録画したわけですね？
㉝　これらの規則についての配慮をしていませんね？
㉞　調書の内容を誘導していることはわかりますね？
㉟　「……」の部分は誤導ですよね？

　これらも議論にわたる尋問であり、あまりに稚拙であるかもしれない。あるいは、

21　もとより、これは「読み聞け」の場面を問題にしているのではなく、調書完成後に読ませるという作業を対象としている。調書記載の内容をそのままインプットされることで、被疑者は、強く誘導されるだろう。この場面で、この法条の準用を肯定することは正当である[★3]。

不相当ないしは違法という見方もありえよう。しかし、捜査官相手には「正当な理由」がある尋問として許容されると思う（刑訴規則199条の3第2項参照）。この点も、各自が考えシミュレートする、ひとつの材料として、本番に臨んでいただければと思う。

被告人質問と意見陳述など

　取調官の尋問を終えた後、被告人質問において、その立証・反証の状況を最低限「イーブン」の状態にまでもっていかなければならない。しかし、逆に言えば、それでも足りるというべきである。今までは、「イーブン」では駄目であった。言い方は適切ではないかもしれないが、取調官証人を「撃沈」するか「大破」させる必要があったというべきであろう。しかし、現在、そして今後は、もはや「イーブン」でも足るというべきなのであり、つまりは、取調官証人を「中破」(!?)させればよいともいうべきである。

　とまれ、被告人質問にあっては、短くオープンな質問を繰り返し、被告人本人に「物語」を具体的に「物語らせ」(註22)、「心と心」に基づくコミュニケーションをとって(註23)、「虚偽自白」に至る経緯と一部録画のときの心境などをリアルに語ってもらわなければならない。その際、証拠として請求している被疑者ノートや接見メモが大きな効果を発揮する。今日までにあって任意性の疑いが導かれたケースは、まず、被告人質問に成功しているとみてよいであろう。

　これらの証拠調べの後、刑訴規則198条の4に則って意見陳述（ないし最終弁論）に及ぶことになる。このとき、「なぜ全過程を録画しないのか」は、任意性の疑いを導くキーワード足りうるであろう(註24)。

結語に代えて

　本稿は、取調べの「一部録画」DVDに対峙する弁護活動の一環についての「試論」でしかない。今後、私たちが努力を積み重ねることを通して、本当の「可視化」

22　たとえば、髙野隆「主尋問」日本弁護士連合会編『法廷弁護技術』（日本評論社、2007年）117頁以下、同「証人尋問」判例タイムズ59巻7号（2008年）128頁以下参照。

23　小坂井久「主尋問は『心と心』である」季刊刑事弁護53号（2008年）71頁以下参照。

時代の弁護活動について議論するときが来るはずである。

　しかし、それでもなお、「解釈」の抜け道を見出そうとする試みはやまないであろう[註25]。また、もとより、どんな時代にあってもインチキをしようとする人間は必ず存在するだろう。その意味で、このような可視化弁護実践は、ひとつの永久運動でエンドレスなものであるのかもしれない。ダイヤモンドルールもまた、この運動に奉仕するためにあるというべきである。

　最後にもう一度、繰り返しておこう。

- 可視化は公正であり、正義である
- 一部録画は不公正である
- 「全過程」録画は可能・容易である

　24　小橋るり「改正刑事訴訟規則198条の4の『的確な立証』に関する試案」自由と正義56巻11号（2005年）50頁、小坂井久「平成刑訴と可視化に関わる弁護実践」季刊刑事弁護45号（2006年）116頁（本書第Ⅲ部所収）、同「取調べ可視化問題の現状と課題」自由と正義57巻12号（2006年）147頁（本書第Ⅲ部所収）など。

　25　この点、指宿信「取調べ録画制度と自白の証拠能力」判例時報1997号（2008年）3頁以下は、オーストラリアにおける各州の立法と諸判例を紹介しており、示唆に富む。

★1　本稿は、季刊刑事弁護に大阪弁護士会刑事弁護委員会ダイヤモンドルール研究会ワーキンググループの手で長期連載されていた「事例から学ぶ証人尋問のテクニック!」の中に、2008年の段階で、急拠、はめ込むこととして執筆したものである。ここでは、その全文を収めてあるが、尋問技術の解説として妥当な内容になっているかどうかは、疑問だ。読み直してみて、実に下手な尋問だと思うからである。本稿のダイジェスト版が、ダイヤモンドルール研究会ワーキンググループ編著『実践!刑事証人尋問技術——事例から学ぶ尋問のダイヤモンドルール』(現代人文社、2009年) に収録されている。

★2　本書で繰り返しているとおりである。この議論はさらに詰めていかなければならないであろう。実務上の決着が2009年の「現在」、ついているとはいえないからである。

★3　この点も、実務上、決着がついているとはいえない。今後さらに、議論がより活性化されるべきところである。

取調べの適正化をめぐる課題[★1]

はじめに

　「取調べの適正化をめぐる課題」を克服し解決するということは、「取調べ可視化の実現」とまさに同義である。少なくとも、取調べの可視化（＝取調べ全過程の録画）が取調べの適正化を実現するための最重要・最優先のテーマであることは疑いを容れない。すなわち、取調べの可視化（＝取調べ全過程の録画）が直ちに実現されることにより、「取調べの適正化をめぐる課題」の核・本質部分は解決する。

　逆にいえば、取調べの可視化が実現しない限り、取調べの適正化をめぐる課題は未解決のままとなる。その周辺部分に、仮に、どのような「改善」なるものが試みられたのだとしても、それは、事柄の本質を少しも解決しない。事柄の本質とは、まさに、事後的にさえ客観的・直接的に検証しえない「密室」取調べの弊害の存在である。そして、それによって、「事案の真相」（の解明）が歪むという原理的な問題にほかならない。

　今般、警察庁が示した「警察捜査における取調べ適正化指針」も[註1]、「被疑者取調べ適正化のための監督に関する規則」及び「犯罪捜査規範の一部を改正する規則」も[註2]、そして、警察における取調べの一部を録音・録画するとの試行公表も、およそ本質的解決などにはならない。また、検察庁において、既に取調べの一部録音・録画を試行し[註3]、「検察における取調べ適正化確保方策について」とする文書も公表されているが[註4]、これらも、「取調べの適正化」という課題について本質的解決に辿り着くはずもない。

　これらは、昨年（2007年）問題となった鹿児島志布志事件、そして、富山氷見再

1　警察庁「警察捜査における取調べ適正化指針」（2008年1月）。
2　平成20年国家公安委員会規則第4号及び同第5号（2008年4月3日）。
3　最高検察庁は2006年5月9日、この旨公表し、2008年3月には「取調べの録音・録画の試行の検証について」を発表した（後掲註13参照）。
4　最高検察庁「検察における取調べ適正化確保方策について」（2008年4月。後掲註14参照）。

審事件に対する、捜査機関側からの対策であり、反応である。しかし、いずれも本質を原理的に解決するという徹底性を明らかに欠いている。

　すなわち、どのような取り繕いをしようとしても、実務の現状は、取調べの適正化を全うさせるような状態にはない。たとえば、2008年には大阪地裁所長襲撃事件の成人被告人も少年たちも、おおむね、「無罪」が確定するに至っているが、ここで問題となったのも「不適正な取調べ」そのものであり、あるいは、それにもとづく「虚偽自白」である。さらに、いわゆる布川事件において、東京高裁は原審の再審決定を維持する旨決定した(註5)。同事件もまた、取調べの適正化をめぐる課題に大きな波紋を投げかけ、市民を含めての関心を呼んでいる。

　確かに、この事件そのものは、1967年に起きたものである。しかし、上記東京高裁決定は、捜査段階の「自白」の任意性・信用性を否定したのみならず、取調べ状況を一部録音していた録音テープについて、「取調官の誘導をうかがわせる」として、その証拠価値を首肯しなかったと報道されている(註6)。「取調べの全過程にわたって行われたものではない上」「変遷の著しい請求人らの供述の全過程の中の一時点における供述に過ぎない」として、自白の信用性を補強するものではないとしたのである(註7)。同テープの訴追機関による利用の仕方は、もともとアンフェアなものであったという特殊事情があるとしても(註8)、布川事件は、取調べを一部録音する記録媒体といったものが、事実を認定するうえで如何に危険な資料であるかを如実に示した事例と断じうる。同決定は、まさに今日的な課題をはっきりと示したのである。

　現在、検察官を経験された方々が「可視化論」に賛同されるようになっているが(註9)、もちろん、これには十分な根拠・理由がある。取調べに関わる状況は、もはや来るところまで来ており、現在、表明されている適正化「指針」や「方策」などで解決される域を既に越えているのである。それだけの根深い問題が未だ解決されていないのである。もはや「可視化しか」ない。私たちの本稿の使命は、その

　5　東京高決平20・7・14（公刊物未登載）。同事件の概要については、柴田五郎「再審事件を学ぶ——布川事件」季刊刑事弁護34号（2003年）35頁、布川事件弁護団編『崩れた自白——無罪へ』（現代人文社、2007年）、「38年目の真実——布川事件」冤罪File2号（2008年）82頁以下など参照。

　6　2008年7月15日の中国新聞、北海道新聞、新潟日報、愛媛新聞などの各社説参照。

　7　2008年7月14日日本弁護士連合会会長声明参照。

　8　布川事件弁護団編・前掲註5書28頁以下参照。

ことを一層明らかにすることである。

警察適正化指針に対する批判

1 総論

　上述したとおり、鹿児島志布志事件と富山氷見事件に衝撃を受けた警察庁は、2008年1月に「警察捜査における取調べ適正化指針」(以下、単に「指針」という) を公表した。また、同年4月には、「被疑者取調べ適正化のための監督に関する規則」(以下、単に、これを「規則」ということとする) の制定と犯罪捜査規範の一部改正を行い[★2]、さらに取調べの一部録音・録画の試行をも公表され、この (2008年) 9月から、警視庁、大阪府警、神奈川、千葉及び埼玉の各県警で取調べの一部録音・録画の試行が開始されるといわれている[★3]。

　もとより、警察庁は日本弁護士連合会 (以下、「日弁連」という) の唱える「取調べの可視化」に強い拒絶反応を示している。このことは、最近の警察学論集において「被疑者取調べの新たな在り方について」という特集が組まれ、「可視化論」を繰り返し批判・非難しているところからも明らかである[註10]。他方、「今般の取調べをめぐる一連の諸対策の趣旨、意義等を捜査員一人一人に確実に周知させることは極めて大変な作業である」とし、その重要性が強調されたうえで、「しかし、これが徹底できないと、従前以上に『結局、警察には自浄能力がない』等という批判が厳しくなり、必然的に『可視化論』が再び勢いを持つことになる」と説かれている[註11]。しかし、実のところ、既に「可視化論」は必然の勢いをもつに至っていると断じなければならない。警察幹部の方々におかれては、このことに気づかれるべきであると思う。

　9　たとえば、中山博善「被疑者取調べの意義・根拠と可視化の是非」金沢法学48巻2号 (2006年) 1頁、中村和洋「私の視点——取調べ全過程の録画を」朝日新聞2008年6月11日朝刊参照。また、元東京地検特捜部長の宗像紀夫弁護士も従前の考えを変え、「……新たな捜査のあり方と併せて、可視化を検討すべきだ」と提案されたとされている (東京新聞2008年7月6日朝刊参照)。

　10　「特集・被疑者取調べの新たな在り方について」警察学論集61巻6号 (2008年)。北村滋警察庁刑事企画課長 (1頁)、重松弘教同理事官 (18頁)、阿久津正好同課長補佐 (63頁)、森下元雄同課長補任 (98頁)、大濱健志同課長補佐 (124頁) の論攷が並んでいるが、いずれも「全過程可視化論」を厳しく非難している。

なぜなら、「指針」や「規則」の内容自体が、むしろ、あまりに前近代的で驚くべき内容といわざるをえないからである。既に「自浄能力」が存在するとは思われない。すなわち、「指針」は、「次に掲げる取調べに係る不適正行為につながるおそれがある行為を監督の対象となる行為……として国家公安委員会規則に類型的に規定する」とし「監督対象行為」なるものを次のとおり定めているが、いずれも、既に、その定め自体が「不適正」というほかないのではないか。以下、項を改め、これを具体的にみてみることとする。

2　各論

(1)　「監督対象行為」をめぐって
　「指針」は、「監督対象行為」として、次のとおり挙示している。
　ア　被疑者の身体に接触すること（やむを得ない場合を除く）。
　イ　直接又は間接に有形力を行使すること。
　ウ　殊更不安を覚えさせ、又は困惑させるような言動をすること。
　エ　一定の動作又は姿勢をとるよう強く要求すること。
　オ　便宜を供与し、又は供与することを申し出、若しくは約束すること。
　カ　被疑者の尊厳を著しく害するような言動をすること。
　キ　一定の時間帯等に取調べを行おうとするときに、あらかじめ、警視総監若しくは道府県警察本部長（以下「警察本部長」という）又は、警察署長の承認を受けないこと。
　なお、上記キは、

　　　次に掲げる場合には警察本部長又は警察署長の事前の承認を受けなければならないこととするなど、取調べ時間の管理に関する所要の事項を国家公安委員会規則に規定する。
　　ア　午後10時から翌日の午前5時までの間に取調べを行おうとする場合
　　イ　休憩時間等を除き、1日当たり8時間を超えて取調べを行おうとする

11　重松・前掲註10論文「『警察捜査における取調べ適正化指針』について」48頁参照。なお、重松論文は「指針」を解説し、阿久津・前掲註10論文「『被疑者取調べ適正化のための監督に関する規則』及び『犯罪捜査規範の一部を改正する規則』の制定について」は「規則」を解説しているものであるが、いずれも、本文で述べている批判に耐えうる説明をしておられるとは思われない。

場合

を想定したものである。
　一体、何が書いてあるのであろうか。これらが「不適正行為」に「つながるおそれがある」とは、どういう意味なのであろうか。いずれも「不適正行為」そのものなのではないであろうか。逆にいえば、今日まで、かかる「指針」さえ存在しなかったこと自体が驚きというべきであるし、取調べに係る「不適正行為」がこれらのみに尽きるわけでもなかろう。具体的にいかなる行為が各類型に該当するかも必ずしも明確とはいえず、「指針」後も、「不適正行為」が見逃される蓋然性は極めて高いというべきである。けだし、いずれについても、次のように指摘できるからである。
　すなわち、アのように、「やむを得ない場合」は身体に接触することが出来るということ自体、どういうことであろうかと問うべきである。自傷・他傷などを防ぐ場合を指すというのなら、はじめから、そう限定すべきであろう（なお、急病の被疑者を救護する場合などは、もともと問題視されるはずもなかろう）。イも、直接であれ間接であれ、有形力を行使するのは、原則として「不適正行為」そのものと強く推定されるのは明らかではなかろうか[註12]。
　ウの「殊更」も面妖な文言というべきである。取調べで「不安を覚えさせ、又は困惑させるような言動」は全て禁じられると理解するのが自然ではないか。エの「強く」も理解不能といわざるをえないし（なお、「規則」3条には「不当に」との文言があるが、理解不能なことは同じである）、オも論外である。カの「著しく」も、一体、何をいいたいのであろうか。「著しく」害するのでなければ、個人の尊厳を害してよいかのような「指針」は、それ自体、趣旨不明でしかない（この点、「規則」も同じである）。
　キも逆に「承認」によって、長時間や深夜の取調べを許容しているとしか理解されえないのではないか。「やむを得ない理由」という限定を付してはいるが、かような取調べを認めることを基本的に前提としているのであり、その発想自体が根本的に間違っているのではないか。かかる取調べ自体、供述の任意性に影響を及ぼす違法・不当な取調べであることは明らかであり、警察本部長らの承認があったからとて認められる筋合いのものではなく、かような規定を置くこと自体むしろ非常識というべきである。

　12　たとえば、「任意捜査」の「有形力の行使」に関して、最三小決昭51・3・16刑集30巻2号187頁といった著名な判例はあるけれども、基本的には、これは救済判例と解されるべきものである。

(2) 「指針」そのものに実効性はない

「指針」では、監督対象行為を認めた場合、監督担当者による中止や業務上の指導・懲戒処分に活用するとされているが、中止が義務づけられているわけではない。また、業務上の指導・懲戒処分への活用といっても、厳格な運用がなされる保障もない。これらによって監督の実効性を図りうるとはおよそ思えない。

「指針」で定められている監督機関は、捜査部門以外の部門に設置されるとされる。そうであるとしても、あくまで警察内部に設置されるものにすぎない。これにより適正な監督をなしうるとの制度的担保は何も存在していないのである。内輪のみで適正な監督がなされるとはとても思えまい。

「指針」が罪種や任意・強制の別を問わず監督を行うとしている点についても、わが国では「任意」取調べの名の下に「強制」的な取調べが行われるなどしていることは周知の事実である。「強制」取調べのみ監督を行うなどというのでは、監督を行う意味はなく、その意味で、「指針」は当然のことを定めたにすぎない。

また、「指針」では、①捜査主任官による本部監督担当課に対する取調べ状況報告書等の記載内容の報告、②監督担当者による被疑者等からの苦情の受付・取調べ状況の随時の確認・所要の調査、③本部監督担当課による定時又は随時の巡察を行うことなどが定められているが、これらにより十分取調べ状況を把握しうるというとすれば、明らかに失当である。けだし、次のとおりだからである。すなわち、取調べ状況報告書の記載事項は日時・場所等表面的なもので、これのみで取調べの実態を明らかにすることなどはおよそできない。実際、極めて誠実で職務熱心な検察官（尊敬すべき人である）から、証拠開示請求の裁定問題で、「……取調べ状況報告書については、取調べ日時、供述録取書作成の有無等を明らかにする程度の意義しかなく、○○ら（共犯者らとされている者——引用者注）○名の供述の信用性を判断する上で 2 次的、3 次的な証拠に過ぎないことからしても、これらの証拠を開示する必要性も認められない」と主張されたことがある。その記載内容の報告を義務づけたとしても、取調べの実態についての状況把握など全くできないことは、検察官の良識においてももはや自明のことになっているのである。

また、被疑者等からの苦情の受付というが、被疑者等からすると、監督担当者は取調官と同じ警察関係者にすぎず、安心して苦情の申出をなしうるはずもない（弁護人に対してさえ、報復的な対応などを恐れて取調べ時の暴行・脅迫の存在を告知したがらない被疑者がいることを想起されたい）。

そして、監督担当者による確認・調査、本部監督担当課による巡察は、内部監督にすぎないうえ、取調べの全過程につきなされるものではない。これにより取調べの実態を把握しうるとはおよそ思えない。同様に、「指針」で取調べ状況報告書の作成範囲を拡大するとしたことも、取調べ状況報告書の記載事項が取調べの内

容に関しての実態把握におよそ資さないものであることは上述したとおりである。その作成範囲を拡大することは取調べの外形的状況を拡大して知らしめるという意味では、有意味ではあるとしても、それ以上のものではない。そのことで、取調べの適正化に資する要素などは極めて乏しいといわざるをえないのである。

「指針」で、透視鏡や入退室時間を電子的に管理するシステム等を取調べ室に設置することを定めているが、これらの施設整備は中途半端であり、「指針」に例示されている設備だけで、取調べの監督をなしうるはずもない。取調べの全過程の監督を可能にするためには、録画設備の設置こそが不可欠である。そして、入室と同時に、録画のスイッチオンを決する設備が直ちに設置されるべきである。

なお、「指針」では、捜査に携わる者の意識向上を図るため、警察学校におけるカリキュラムの見直し、技能伝承官の活用、法曹関係部外講師の積極的な招聘等を定めている。しかし、カリキュラムの見直しといっても、具体的にどのような見直しを行うのか判然としない。また、技能伝承官の活用などというが、これらの者は従来の「密室」取調べの中で「技能」を磨いてきた者である。そのような「技能」を「伝承」して、一体、どうしようというのであろうか。取調べの全過程録画の下で、十分に発揮しうる取調べ技能をこそ学ぶべきである。このことを忘れてはならない。警察は、今こそ可視化を受け入れるべきときである。

最高検察庁の一部録画試行に対する批判

1　総論

周知のとおり、最高検察庁（以下、「最高検」という）は、2006年8月から2007年12月まで、東京地検をはじめとする大規模庁において、裁判員裁判対象事件に関し、検察官による被疑者の取調べの一部録音・録画を試行した（以下、「一部録画試行」という）。そして、2008年3月、その170件の試行事例についての検証結果（以下、「検証結果」という）を発表した[註13]。

本文40頁に及ぶその「検証結果」は、試行について、詳細に検討を加えている。しかし、一読してまず違和感を覚えざるをえない。なぜなら、その詳細な検討にもかかわらず、そこには、取調べの適正化との関係についての言及が、わずか1項・

13　最高検察庁「取調べの録音・録画の試行の検証について」（2008年3月）は、検察庁ホームページ〈http://www.kensatsu.go.jp/〉の「お知らせ」から、PDF形式でダウンロード可能である。

8行しかなく、きわめて少ないからである(「検証結果」39頁)。他方、「取調べの録音・録画が、取調べの持つ真相解明機能への影響」や「全面的な取調べの録音・録画の是非」については、執拗なまでに、繰り返し言及されている。すなわち、「検証結果」は、取調べの録画と適正化との関係を矮小化する反面、真相解明機能への影響をことさらに強調し、取調べ全過程の録画(「検証結果」では、「全面録音・録画」と表記しているが、本稿では、日弁連での表記に従い、取調べ全過程の録画を「取調べの可視化」という)の否定、すなわち、録画を取調べの一部にとどめることをいかに正当化・合理化するかに汲々としているのである。それが「検証結果」の実態と評さざるをえない。

そのような「検証結果」を踏まえて、最高検は、全国の地検において、裁判員裁判対象事件の自白事件（一部自白を含む）について、検察官における被疑者取調べの録画を本格的に試行するとした。しかし、その録画範囲は、あくまで一部、すなわち、「既に作成された自白調書に関し、自白の動機・経過、取調べの状況、自白調書の作成過程、その内容等について検察官が質問し、被疑者が応答する場面」(「検証結果」は、これを「レビュー方式」と呼ぶ)、あるいは「被疑者が新たに作成される自白調書の内容を確認して署名する場面とその直後における上記の質問と応答の場面」(「読み聞かせ・レビュー組合せ方式」と呼ばれる)に限ろうとしている。

もとより、最高検は、一部録画試行を裁判員裁判における任意性の効果的・効率的な立証の方策とのみ位置づけようとしている。あたかも取調べの録画が、取調べの適正化方策の一つであることすら否定するかのような姿勢である[註14]。しかし、いうまでもなく任意性の立証は、取調べが適正であることと表裏の関係にある。最高検の位置づけがどうであろうと、取調べ全過程の録画と取調べの適正化は、切り離しようがない。そこで、以下、取調べの適正化の観点から、「検証結果」を批判するとともに、取調べの可視化の必要性について改めて論証してみることとする。

2 「検証結果」における可視化反対論とその批判

上記のとおり、「検証結果」は、取調べの可視化について、きわめて否定的な態

---

14 最高検は、2008年4月3日、「検察における取調べ適正確保方策」を検察官に周知徹底する旨を発表したが、その中でも取調べの録画等については一切言及していない。なお、最高検刑第125号(2008年5月1日)、法務省刑刑訓第34号(同日)、最高検企第200号(同日)を併せ参照。

度を取っている。その根拠は、多岐にわたるが概ね以下の2点に集約できるであろう[註15]。すなわち、取調べの可視化をすると、
　①　取調べの持つ真相解明機能が害され、ひいては、治安の悪化につながりかねない（真相解明機能阻害論）。
　②　裁判員裁判で取調べ全過程を再生することになりかねず、結局効果的で効率的な立証につながらない（効率的任意性立証阻害論）。
というのである。しかし、いずれも、天下の最高検が語るべき科白とも思われない。

(1)　真相解明機能阻害論についての批判
　ア　「検証結果」の議論の中心は、真相解明機能阻害論にある。この真相解明阻害論・治安悪化論は、法務省や警察庁が、国会議員に対して行った取調べ可視化反対のロビー活動の中でも繰り返された[註16]。「検証結果」は、一部録画試行の中で「全面録音・録画の方法を採った場合は、自白を得た上で、その自白に基づいて死体や凶器が発見されるなどしなければ、逮捕が困難な事件で、罪の重さの意識等から自ら進んで自白するような性格ではない被疑者が関与した事件等に関しては、被疑者から真実の供述を得ることが困難となり、処罰すべき犯人を検挙できず真相解明が困難となる蓋然性が相当程度存在することが確認できたと考える」などとしている（「検証結果」38頁）。そして、そのような「考え」の根拠となる事例として、170件のうち、「妻子に惨めな姿をさらしたくない」といって録音・録画自体を拒絶した例を1件あげるほか、「全面録音・録画の方法を採ったら、被疑者から真実の供述を得ることができず、事件の真相が未解明のまま終わった蓋然性が高い」凶悪重大事件7件があったなどとしている（「検証結果」37頁）。
　しかし、真相解明機能阻害論は、暗黙のうちに、「真相は密室でなければ語ら

　15　「検証結果」では、②の任意性立証手段としての効率性についての検証が先に言及されているが、本稿では、議論の都合上、①の真相解明機能阻害論を先に摘示した。
　16　警察庁及び法務省は、2007年12月に民主党が取調べ全過程の録画等を義務づける刑事訴訟法改正案を提出したことに危機感を募らせ、「取調べ『可視化』論の問題点等」などと題したペーパーを用意し、主に自民・公明の与党議員に対し、その成立阻止のためのロビー活動を行っていた。そのペーパーの内容に対する批判として、たとえば、小坂井久「取調べ可視化論の現在・2008」季刊刑事弁護54号（2008年）9頁以下参照（本書第Ⅰ部所収）。

れない」ことを所与の前提として立論されているにすぎない。「検証結果」が挙げる上記の7件において、取調べの可視化がなされていた場面で、真相が語られなかったかどうかは全く不明である。「検証結果」は、上記の7件について「いずれの被疑者も、当初は全面的に否認しており、捜査官が粘り強く取調べを重ねて自白に至ったこと」が共通しているとするが(「検証結果」37頁)、そのことが、可視化された取調べで真相が語られない理由になるともおよそ思われない。

　イ　この点、一部録画試行をした検察官のアンケート結果では、録画をしている場面では真相を語らせることができなくなる理由として、「被疑者自身が公にされることを望まない事実」「取調官自身が他人には知られたくない自らの体験談等」について取調べで触れられなくなるといったものや、被害者に対する配慮から、「被害者に対する悪口」「雑談や笑い」すらできなくなるというものがあったという。中には、「その全過程を録音・録画し、これが公開される可能性があるとなれば、取調官は被疑者の供述の矛盾点・不合理な点を厳しく問うことに意識的あるいは無意識に躊躇し、十分な追及ができなくなってしまう」などとの意見もあったという(「検証結果」19頁)。

　何とも情けない話である。そう感じるのは、私たちだけではなかろう。これではまるで、検証不能の密閉された空間での「内緒話」に頼らない限り、自分の力では被疑者をおよそ説得できないというのであり、また、不利益な事実を承認させる状況に持ち込むことさえ出来ないといっているのと同じである。可視化されたもとでこそ、矛盾点・不合理な点を問い質すべき筋合いではないか。「被害者の悪口」や「談笑」云々に至っては、多少公正さが疑われる手法であっても、自白獲得のためには許してくれといっているに等しいであろう。仮に「被害者の悪口」や「談笑」が不公正であれば、そのような取調べ姿勢はとるべきではないし、「被害者の悪口」に触れたり、「談笑」することが公正であれば、正々堂々とそうすればよいだけのことである。

　ウ　可視化された中での公正な取調べによって、真相を引き出す技術はいくらもありうる。ちなみに、1980年代に取調べの可視化を導入したイギリスでは、取調べの技術が格段に進歩したとされる[注17]。また、海外で可視化を導入した捜査官た

17　イギリスでは、心理学者などの協力の下に、PEACE Modelという取調べ技術を開発し、1992年から、訓練を開始した。National Crime Faculty "Practical Guide to Investigating Interviewing 2000"参照。PEACE Modelについては、R・ミルンほか(原聰編訳)『取調べの心理学』(北大路書房、2003年)191頁以下参照。

ちにおいて、可視化ゆえに真相解明ができなくなったなどという科白が吐かれた例を寡聞にして私たちは知らない。むしろ彼らは、たとえば、メモをとる必要性がなくなり、取調べに集中することができるようになったことなど、口をそろえて可視化が取調べに与えた好影響を述べているのである(註18)。

これに対し、わが国の取調官は、従前の取調べ技術の在り方そのものを何ら反省・検討することすらなく、ひたすら旧態依然の取調べ手法にしがみつき、「密室」を与えろといい続けている。取調官に求められるのは、このような後ろ向きの姿勢ではない。何よりも、取調官の使命は、事後的な検証にも耐えうる公正な取調べによって、正確な供述を獲得することであるはずである。そのための技術を開発し、磨くことこそを学ぶべきである。

エ　さらに、より深刻なのは、「検証結果」が、虚偽自白の危険性についての配慮を全く欠いていることである。「検証結果」は、以下のような文章で締めくくられている。

　　捜査の適正を確保しつつ、事案の真相を解明して処罰すべき者を逃さずに訴追し、しかも、裁判員にも分かりやすく、迅速でかつ的確な立証を実現し、処罰すべき者に対し適正な刑罰を科すことが検察に課せられた重大な責任である。1年後に迫った裁判員制度実施に向けてさらに本格的な試行を重ねていきたい（「検証結果」40頁）。

一見、立派な決意表明にも読める。しかし、そこには、必罰主義のみが強調されているといわざるをえない。自らが誤った訴追をする可能性があること、現にそのような事例が集積されていることに対する何らの反省も配慮もないのである。

たとえば、捜査機関は、「密室」が必要な理由として、信頼関係を強調したがるが、これは誤りである。なぜなら、「密室」における権力者である取調官と弱者である被疑者間には、圧力と迎合という不正常な人間関係ができやすく、それこそが虚

18　Thomas P. Sullivan, "POLICE EXPERIENCES WITH RECORDING CUSTODIAL INTERROGATIONS"（身体拘束下における取調べの電子的記録に関する警察の経験）, Northwestern University School of Law, Center on Wrongful Convictions（2004）は、アラスカ州の警察官の「取調べの電子的記録のおかげで、警察官は膨大なノートを取る必要がなくなり、被疑者の身体の動きを観察できるようになりました。取調べの録画・録音をしない警察がいるなんて、私には理解できません」との言葉を紹介している。

偽自白を生む元凶となりうるからである。検証不能の「密室」ゆえに虚偽が語られる危険性が高まるのである[註19]。さらに、そのような「密室」では、語られない「事実」を「作文」によって調書に記載することさえも容易である。可視化は、そのような虚偽混入の危険性を事後的に検証するための不可欠の手段である。換言すれば、その「供述」が「密室」で語られた「ひそひそ話」である限り、それが「真相」かどうかは、何処まで行っても不明なのである。すなわち、「密室」である以上、「真相を解明」したことにはなりえない。むしろ、「密室」取調べは、取調室における真実を覆い隠そうとするものと評価すべきである。皮肉ないい方をすれば、「可視化は真相解明を阻害する」という議論こそが、真の「真相解明を阻害している」といえる。

オ　もちろん、適正な処罰も大切であるし、治安が守られることも重要である。しかし同時に、無辜の不処罰もまたかけがえのない正義である。虚偽の自白に基づいて処罰されることになれば、それ自体が著しい不正義である。問題となるのは、誤った訴追を受けた者の不利益だけではない。誤った訴追は、真犯人を逃すことになる。さらにそれは、捜査機関に対する信頼を根本から損なわしめる。そのような事態は、かえって治安を悪化させかねない。可視化された中で、公正に取調べが行われてこそ、捜査機関の信頼も高まり、治安に貢献するということこそ意識されるべきである。

さらに、可視化がなされれば、取調べは効率化する。取調官は、自白獲得のために被疑者に圧力を掛けることに腐心するなどし、さらに膨大な労力を掛けて調書を「作文」するという大変な手間からも解放されるはずである。可視化は、治安の維持と何ら矛盾しないばかりか、かえってこれを促進することが明らかである。

⑵　効率的任意性立証について

「検証結果」が問題とする、任意性立証の効率性についても触れておこう。

「検証結果」は、取調べの全過程を録画した場合、「本格的に任意性が争われ

19　この点を明快に指摘するものとして、浜田寿美男「捜査官と被疑者との『信頼関係』から生まれるえん罪」日本弁護士連合会取調べの可視化実現委員会編『世界の潮流になった取調べ可視化』（現代人文社、2004年）8頁、ミルンほか・前掲註17書111頁以下、ギスリー・グッドジョンソン（庭山英雄ほか訳）『取調べ・自白・証言の心理学』（酒井書店、1994年）437頁以下、浜田寿美男『自白の研究——取調べる者と取調べられる者の心的構図』（三一書房、1992年）75頁以下など。

る事件では、DVDの証拠採否に関し、裁判所が結局当事者の請求するまま、再生には長時間を要するDVDを採用せざるを得ない」とし、「どのような争われ方であっても、比較的短時間のDVDを中心とした立証を行って任意性等の有無についての判断を求め」ることが「効率性の視点から優れていると思われる」という（「検証結果」34頁）。

　本末転倒とはまさにこのような議論をさす。つまり、全過程を録画すると、裁判員はすべて見たくなるはずなので、効率性のためには、ごく一部だけを見られるようにした方がよいといっているに等しい。見たくなるであろうから、見られないように隠しておこうというような捜査手法が、果たして、最高検によって、語られるべき事柄なのであろうか。

　確かに、任意性が争われるような問題が生じる取調べがなされた以上、その全過程を検証できなければならないのは必然である。しかし、要は、任意性を疑わしめるような取調べをしなければよいのである。取調べの全過程の録画がなされれば、必然的にそのような取調べはできなくなる。逆に、弁護側も任意性を争う余地はなくなるであろう。現に、取調べの可視化が実現した海外では、任意性についての争いそのものがほぼ絶滅しているとされる。

　仮に、全過程録画において任意性の争いが残ることがあるとしても、それはごくわずかの事例であろうし、その場合でも録画されていない場面について延々と取調官と被告人との水掛け論を繰り返すより、問題となった取調べ場面を特定し、焦点を絞った争いをすることになろう。そして、そのほうが、よほど効率的であり、よほど、「事案の真相」を明らかにするのである。この点、一部のみを録画して、なお多くの任意性の争いを残すことと、全過程録画（可視化）をして、任意性の争いそのものをなくすこととを比較し、いずれがより効率的かの結論は明らかである。

　そもそも裁判員裁判においては、裁判員から見て、公正であることこそが、そして、わかりやすく納得できる取調べであることこそが、求められているのである。そのためには、可視化された中で獲得された供述であることこそが、裁判員に分かりやすい。このことは自明である。取調べの可視化こそが、裁判員裁判の理念にも合致するのである。

3　レビュー方式等に内在する不当性

　以上のとおり、真相解明阻害論にせよ、効率的任意性立証阻害論にせよ、「検証結果」が指摘する取調べ可視化の弊害論には、何ら理由がない。

　さらに最高検の試行する一部録画の方法、いわゆる「レビュー方式」「読み聞かせ・レビュー組合せ方式」（以下、両者を併せて「レビュー方式等」という）には、より根

本的な問題があることを指摘しなければならない。すなわち、いずれの方式も、被疑者が自白した後で、かつ少なくとも調書の「作文」がなされた後の確認場面のみを録画するというにすぎないということである。これらの方式では、もっとも肝腎な自白の供述過程そのものが明らかにならない。それだけでなく、検察官による「作文」過程すらも明らかにされない。当然従前の自白強要・誘導の存否についての経過も不明であるし、その影響の程度も分からないままである。レビュー方式等の確認方法自体、検察官自身によって「作文」された調書またはその下書きを前提にするものであって、必然的に誘導的なものとならざるをえない。

　この点、「検証結果」も、「誘導的な質問を重ね、被疑者の自発的な供述を求めようとしていないように感じさせるものなどが一部に見られた」としつつ（なお大阪地裁・後掲註24決定平19・11・14参照）、「試行を重ねるにつれ、このような試行例は減少し、その大部分は、被疑者に過度の緊張感を抱かせることなく十分に供述を尽くさせることによって、取調べや供述の状況を一層正確に反映した、任意性の客観的な立証に資する内容のものとなっている」とする（「検証結果」27頁）。しかしながら、レビュー方式等はそれ自体が、誘導を前提とするものであって、この方式において、その本質的な欠陥が解決できるはずもない。このような誘導的な取調べは、多くの被疑者にとって、これを遮って異議を述べたりすることが全く容易でない反面、的確に異議を述べなければ、あたかも任意に述べたかのような印象のみを与えかねない危険性を内包するのである。そもそも、その誘導の前提が誤っていないか、すなわち誤導であるか否か自体、それ以前の取調べの過程、すなわち取調べ全過程が明らかにならなければ、検証できないのである。この点で、レビュー方式等は、それ自体として、きわめて不適切かつ不相当な取調べ手法と断じなければならない。

　実際、刑訴規則199条の3第3項は、主尋問における誘導を原則として禁止した上で、同4項において、特に書面の朗読などによる誘導を禁止している。さらに同199条の11第1項は、記憶喚起における供述調書の呈示そのものを禁止している。レビュー方式等は、このような刑訴規則の法意をも無視したものといわざるをえない[註20]。

　現在試行されている一部録画DVDの証拠能力・証拠価値をめぐっては、最低限、刑訴法321条3項の真正立証のため、あるいは、任意性立証の不十分性を補う

20　この点、大阪弁護士会刑事弁護委員会ダイヤモンドルール研究会ワーキンググループ「一部録画DVD作成者（＝取調官）に対する尋問：その試論」季刊刑事弁護55号（2008年）132頁以下参照（本書第Ⅲ部所収）。

ため、さらには、法律的関連性（場合によっては、自然的関連性）を明らかにするため、いずれにしても、取調官の尋問が不可欠になると解される[註21]。さらに、上述したところからすると、そもそも刑訴規則違反であり、場合によっては、違法に作成された証拠であって、本来的に証拠能力を欠くとの議論が十分成り立ちうるであろう[★4]。

可視化と一部録画DVDをめぐる判例の動向について

最近、取調べ状況の立証に関連して、可視化の必要性を指摘する裁判例が見られるようになっている[註22]。このような中、一部録画試行に関連して、法廷において、DVDが再生され、その証拠価値等について裁判所の判断が示される例も出てきている。「検証結果」も触れているとおり、現時点で、その判断は区々に分か

21　小坂井・前掲註16論文11頁以下、小坂井久・森直也「取調べの一部録画DVDに対峙する弁護活動」自由と正義59巻7号（2008年）112頁以下（本書第Ⅲ部所収）など。

22　たとえば、大阪地決平19・7・11（公刊物未登載）は、監禁・殺人事件等において、殺意をめぐる自白の任意性が争われた例において、「以上検討したところによれば、録画・録音媒体等の客観的な証拠が提出されていない本件において、取調べ状況に関する被告人Aの前記供述を排斥することはできない。……前記のとおり、被告人Aの取調べ状況に関する供述は、これを排斥することはできないから、同供述を前提として、以下任意性に疑いがあるといえるか否かを検討する」とした上で、任意性に疑いが残るとして、検察官の自白調書の証拠調べ請求を却下した。また、富山地判平20・3・18（公刊物未登載）は、自白の信用性を判断するうえで、「取調官による脅迫的言動の有無については、一般に取調べ状況の可視化が実現されておらず、音声・画像記録等の客観性の高い証拠が確保されていない現状においては、水掛け論に陥り易い。本件においても、この点に関する被告人の公判供述及びE警察官の証言は、どちらの信用性が高いとも断定することができない。そうすると、E警察官の取調べの際に被告人の供述するような脅迫的言動がなされた疑いは、完全には払拭することができない」としている。なお、刑訴規則198条の4の趣旨につき、「できるだけ客観的な資料により取調べの状況を立証していくべきものとしたものである」として、「このような資料としては、取調べ過程を録音・録画したものが最も客観的であって望ましいと考えられることはいうまでもない」と判示した東京高決平19・11・8（公刊物未登載。最三小決平19・12・25判タ59巻8号102頁の原決定）がある。

れており、定まっているとは言えない(註23)。

　しかし、特筆に値するのは、DVDにおいて検察官が誘導的な取調べをしていることが明らかになったことを理由として、自白の任意性や信用性を否定している裁判例が出てきていることである。たとえば、大阪地決平19・11・14(註24)は、殺意を認める自白調書の任意性が争われ、DVDが取り調べられた事例において、「本件DVDで撮影された取調べ状況を前提とする限り、上記検察官調書の作成段階においても、K検察官は、被告人が、調書の読み聞かせ及び閲読によってもその内容を正しく理解することが困難な状態にあり、被暗示性が高いか、又は迎合的になりがちであることを認識しながら、被告人に対し、自己の意に沿うような供述を誘導ないし誤導し、被告人に不利な内容の供述を押し付けるという取調べをしたのではないかという疑いは払拭できない。このように、相当の高齢で聴力及び理解力等が劣り、被暗示性が高いか、又は迎合的になりがちであって、調書の読み聞

23　全国で初めてDVD再生がなされた東京地判平19・10・10判タ59巻3号134頁は、自白から「約1カ月後である時期において、しかも、全体で10分余りの間、自白した理由、心境等を簡潔に述べているのを撮影したものにすぎず、……有用な証拠として過大視することはでき」ないとした上で、取調べの際の脅迫などを否定した警察官証言の「信用性を支える資料に止まる」と述べた（判例評釈として、正木祐史「取調べ状況を撮影したDVDの証拠価値」法学セミナー53巻6号〔2008年〕118頁参照）。しかし、報道では、その控訴審において東京高裁は、DVDにより高度の証拠価値を認めたとされ、また、同じ自白調書がその共犯者の刑訴法321条1項2号後段書面として取調べ請求された事例について、東京地決平19・12・26（公刊物未登載。大濱・前掲註10論文「取調べの録音・録画をめぐる議論の動向及び警察における取調べの一部録音・録画の試行について」140頁以下参照）は、DVDについて、「録画されている供述内容の信用性の判断についての心証形成に強く影響しかねない危険性を孕んでいる」としながら、「共犯者」の「供述態度」から「本件DVDにおける甲の供述は任意になされたものであることを容易に認定できる」とし、「映像等自体から供述の任意性を感得できるDVDの有用性が認められる」として、DVDに証拠価値を認め、その特信情況を認めた。後二者は、事実認定に対する謙虚さを明らかに欠いていると評すべきであり、犯行再現ビデオで示された裁判例（たとえば、東京地判昭58・5・19判時1098号388頁参照）などの歴史的教訓に何も学んでいないと断じなければならない。

24　判タ59巻16号85頁。

かせ及び閲読によってもその内容を正しく理解することが困難な状態にある被告人に対し、そういう状態にあることについて十分な配慮をせず、かえって、被告人の弁解を無視して、自己の意図する供述内容を誘導ないし誤導して押し付けるという取調べ方法は、供述の信用性の有無という程度を超えて、任意性に疑いを生じさせるものというべきである」とした。また、佐賀地判平20・7・8（公刊物未登載）は、強盗目的を認めた自白調書の信用性が争われ、DVDが再生された事例において、「この点について、検察官は、被告人の検察官に対する供述の信用性を裏付けるものとして、被告人の検察官調書（乙3）を作成した際の検察官による被告人の取調状況を撮影したDVD（甲24）を挙げるが、この取調べにおける被告人の供述が、被告人の真意に基づく自主的で積極的な供述であるのか、それとも、取調べを担当した検察官が暗に求めている供述を検察官に迎合して行ったものかは、それ自体からでは定かではない上、同DVDは、読み聞け・署名・押印部分及びその後の取調部分を合わせた合計約25分程度の取調状況を明らかにするのみで、それ以前にどのような取調べがされたかは、同DVDからは明らかにならないのであって、同DVDは被告人の検察官に対する供述の信用性の裏付けになると見るのは困難である」としている。

両裁判例とも、一部録画において、検察官が誘導的な取調べを行い、被疑者の虚偽自白の心理などに十分な配慮をしていないことを問題視している（その着眼点を含め極めて的確な事実認定の在り方というべきであろう）。このような誘導（逆にいえば、迎合）は、先に述べたとおり、レビュー方式等に内在する問題であり、一部録画そのものの孕む致命的欠陥なのである。録画が一部にとどまる以上、今後もこのような誘導型の自白をめぐる争いが増えていくことは避けられない。捜査機関が、それを避ける唯一確実な方法は、取調べ全過程の録画、すなわち取調べの可視化しかないのである。

結語に代えて

警察庁も、最高検も、この間、取調べの可視化に対するほとんど生理的な嫌悪感とでもいうべきものを表明してこられた。しかし、これは、「食わず嫌い」といわなければならない。可視化を導入した諸外国でも、その導入前、捜査機関に同様の反応は見られた。しかし、一旦可視化が導入されれば、それらの懸念は払拭され、むしろ捜査機関は、可視化を積極的に活用するようになったのである[註25]。

本来、可視化によって、メリットを受けるのは捜査機関であるべき筋合いであり、可視化から生じるリスクを希釈し、それをメリットへと転化させるための努力をより必要とされるのは、防御側であると断じてよいくらいである。しかし、「より適正」で

「より公正」、かつ、「より正確な」司法の実現を志向し、この国に「司法の尊厳」を打ち立てるために、これは避けては通れない途といわなければならない。

　捜査機関は、可視化を怖れるべきではない。可視化は、被疑者を自白強要から守る。とともに、捜査の公正さを担保し、効率化するのである。アメリカ・イリノイ州ライアン調査委員会で、全米38州238警察署における調査の結果として、取調べの可視化を唱道したトマス・サリバン元検事は、その成果を発表した論文につけた副題で可視化の意義を示した[註26]。捜査機関の方々は、この言葉に耳を傾けるべきである。

　Everybody wins. 誰もが勝者である。

25　たとえば、Sullivan・前掲註18論文には、以下のような警察官のコメントが紹介されている。「アラスカ州の最高裁が1985年に取調べの録画・録音をしなければならないという判決を出したときは、多くの刑事は録画・録音がうまくいくのか疑っていました。しかし、録画・録音の方法を教えられ、いい結果が出るようになってからは、録画・録音は日常業務の一部になりました。録画・録音は、私たちの仕事を支えてくれています。録画・録音は捜査の役に立つことが証明されましたし、録画・録音のおかげで、世間の人々は、私たちが警察署で身体を拘束されている人をどのように扱っているかについて、あまり気にしなくなりました」（アラスカ州アンカレッジ警察署警察官）、「ミネソタ州最高裁が、1994年に、身体拘束中の被疑者に対する取調べの録画を警察に義務付ける判決を出したときは、私たちは世界が崩壊したような気持ちになるほどのショックを受けました。しかし、録画・録音は、現在、非常にうまくいっています」（ミネソタ州ミネトンカ警察署警察官）。イギリスでの同様の指摘について渡辺修ほか監修『取調べ可視化——密室への挑戦——イギリスの取調べ録音・録画に学ぶ』（成文堂、2004年）55頁など。

26　Thomas P. Sullivan, "Electronic Recording of Custodial Interrogations: Everybody Wins", The Journal of Criminal Law and Criminololgy, Vol.95, 1127（2005）.

★1　本稿は刑事法ジャーナル13号（2008年）に、秋田真志弁護士と共同執筆したものである。本稿のなかで言及しているとおり、2008年に警察及び検察は、取調べ適正化のための指針などを打ち出した。これを徹底的に批判する試みが本稿である。

★2　本稿註10で示した論攷のほか、重松弘教ほか『逐条解説・被疑者取調べ適正化のための監督に関する規則』（東京法令出版、2009年）参照。警察庁がどれほど「取調べの可

視化」を意識しているか、はっきりと伝わってくる書物である。

★3　2009年4月から全国展開されるといわれている。

★4　この点が「現在的」課題であることは、本書で繰り返し述べているとおりである。なお、2009年2月の最高検検証結果に対する徹底批判として、日本弁護士連合会「『取調べの録音・録画の試行についての検証結果』に対する意見書」（2009年3月18日）〈http://www.nichibenren.or.jp/ja/opinion/report/090318_3.html〉参照。

今、可視化弁護実践とは何か

現時点の情勢と展望について

1　2009年春の情勢として、民主党と社民党が、検察官手持ち証拠の全リストを開示する法案とともに、いわゆる可視化法案（日弁連法案と内容的に同旨）を国会に提出し、参議院本会議で可決されています。可視化法案の2度目の参議院通過です。このような情況をどのように見ていますか？

　私は、政治音痴です。無責任な床屋談義しかできません。ただ、情勢的には、もし政権交代があるならば、可視化法案が成立するはずである、というところまで来ていることは事実ですね。

　他方、法務・検察官僚や警察官僚が被疑者取調べの「全過程」の録画、すなわち、日弁連の言う、被疑者取調べの「可視化」に必死で抵抗していることは間違いありません。したがって、政治情勢如何に関わらず、可視化を制度としてほんとうに「実現」させ「定着」させるには、相当の紆余曲折があるとみなければなりません。いずれにしても、弁護実践の「質量」が鍵になってきます。

2　検察や警察は、可視化に、そんなに強く抵抗しているのですか？

　はい。被疑者取調べの「全過程」録画には絶対反対の立場です。日本政府の公式見解自体がそうです。現在、捜査機関は、裁判員裁判対象事件について、任意性の効果的・効率的な立証のためと称して、自らの判断で、取調べのごく一部の録画を実施しているわけです。正確に言うと、「取調べの一部」というよりは、ほとんどが「取調べ終了後の場面」をわざわざ録画して屋上屋を架して継ぎ足しているだけのものです。これで、裁判員裁判を乗り切っていくつもりなのです。

　最高検が2009年2月に発表した一部録画検証結果には、そういう決意が、顕れていました。警察庁が同年3月に発表した検証結果もそうです。例によって、「全過程」録画は真相解明を妨げ、治安悪化を招くといった論法を繰り返しています。政権交代をも考慮し、次の政権党に恫喝を加えているのではないかと、私など、つい、勘繰ってしまいます。

3　当局側の反対理由は何なのでしょうか？

　取調べの「全過程」録画は真相解明に支障があるというドグマです。取調べを「隠す」ことで真相が「明らかに」なるというのですね。この論法が罷り通る限り、「虚偽自白」による冤罪は再生産され続けるでしょう。検証不能のもとでのみ「真実」が示されるというのですから、悪質なパラドクスです。
　しかし、これは、とても根深く、その来歴を辿れば、「お上による裁判」「お白洲裁判」の「伝統」というところに行き着くでしょう。その「伝統」は、結局、「密室取調べ」に収斂します。取調べは、外部からの検証を許さない領域なんだということです。検察・警察が「絶対」であるという神話と表裏なんですね。彼らの裁量に全て委ねておけば、「真実」が解明されて、治安も良好さを保つんだというわけです。この「伝統」は根強いので、これを打ち破るのは、並大抵のことではありません。

4　結局、可視化の実現への道筋はどのように考えられますか？

　政治情勢如何にかかわらず、重要なのは実務の現場です。裁判員裁判自体が「お上による裁判」を容認しない制度なのですから、これと表裏一体で、可視化は否応なく進行するとみてよいところがあります。もとより裁判員の方々の発想は様々でしょうが、基本的に、捜査過程の透明性が強く求められるとみてよいでしょう。実際、市民の方々によって111万以上の筆の可視化要請の署名が集まった事実は特筆すべきことです。可視化は市民的基盤を明らかにもっていると思います。
　問題は、それに対応するだけの弁護実践ができているかどうかですね。

5　現在の実務のなかで可視化実現についての動向をどうみるべきなのでしょうか？

　任意性の判断を厳しくしていこうという裁判所の判断傾向がみられるようになってきていますね。刑訴規則198条の4の意味が、だんだん認識されてきているように思えます。
　また、今、一部録画に対する裁判所の判断には、2つの方向性が示されています。ひとつは、一部録画自体で任意性の疑いを認めるもの、あるいは、一部録画では信用性の補強もできないとする裁判例です。今ひとつは、これと正反対のもので、一部録画でも任意性を肯定する判断のために有用だとか、信用性の補強になるという判断です。一部録画で裁判員裁判を乗り切る旨の検察・警察の意見表明は、

後者の判断を下す裁判官の心性には一定の影響を与えているかもしれません。裁判員裁判を迎えて、弁護人は、こういった裁判所の状況をきっちりと認識しつつ個別の弁護活動に臨むべきでしょう。一部録画のオカシサを明示し、可視化（全過程録画）を意識した弁護実践が被疑者・被告人の利益・権利を守るのです。

ただ、率直にいうと、私は、さきの警察の検証発表を見て、いささかショックを受けました。なぜなら、66件（被疑者数58人）の一部録画ケースのなかで、弁護人がDVDの証拠開示を受けているケースは、僅か6件だったからです。最新の事件が多いので、まだ公判前整理手続が進展していないものがあるなど、割り引いて見ないといけないところはあるでしょうが、少なすぎます。いわゆる自白事件では、類型証拠開示請求をしない弁護人が、まだ多いのではないでしょうか。これは、即刻、改めてもらわなければなりません。

現時点の弁護実践の中身について

1　今、どんな弁護実践が求められているのでしょうか？

私たちが「可視化弁護マニュアル3兄弟」と呼んでいるマニュアル冊子が、この春（2009年）同時に、日弁連から出ました（『取調べの可視化申入書〔モデル案〕活用マニュアル』『被疑者ノート活用マニュアル』『取調べ一部録画事案弁護活動マニュアル』）。そこに、ひととおり、解説してあります。内容に重複のあることはともかく、どれも、よく出来たマニュアルだと思います。

これらのマニュアルに則った弁護実践をすれば、効果的な防御活動を展開することができるはずです。これらのマニュアルに書かれている実践は、最先端のものでも何でもありません。誰にでもすぐに出来る中身です。近いうちに、これらに則った弁護実践こそがスタンダードなものになっていくと思います。そして、捜査段階、公判前整理段階、公判段階をトータルに見通して弁護戦略・弁護方針を立てていくことが必要ですね。

2　捜査段階では、まず、どうすべきなのでしょうか？

当初の段階は、虚偽自白をさせない捜査弁護活動をどこまでやりきれるかということです。そのために、必ず可視化申入れをします。可視化申入れは、公判で証拠に使いますが、捜査段階では捜査官に対する抑制機能を明らかにもっています。最近の京都舞鶴の女子高生殺害事件では、検察庁が、この可視化申入れを「流行（はやり）」と評したとの報道もありました。「流行」という語の是非はともかく、可

視化申入れ活動は、現在進行形です。広範化し、かつ、深化し、しかも、これは不可逆的な動向なのです。必ず申入れをして下さい。

そして、もちろん「被疑者ノート」を本人に差し入れます。本人は「被疑者ノート」に毎日の出来事をいろいろ書くことによって勇気づけられるところがあります。公判での有用性はもちろんのこと、捜査段階自体でも、被疑者ノートは、必須のアイテムですね。

そのなかで接見を繰り返します。被疑者ノートを接見室に持参してもらって、取調べ状況を確認し、弁護人は取調官側の心理を十分把握しながらアドバイスしていく必要がありますね。一つの事件なら、20日間余りの納期の緊迫した場面をこらえきれれば、自白なしで起訴されずに終わるケースは現にあるわけです。そういう弁護実践をまず第一に心がけることになります。

3　捜査段階の弁護活動として、一部録画については、どう対応すべきなのでしょうか？

裁判員裁判対象事件については、「自白」があった場合、あるいは、しそうな場合、被疑者からそのことを直ちに聴取し、または、それを察知し、間違いなく一部録画があるということを告知しておかなければなりません。そして、録画の場面ではどういう態様をとるべきかについてもきちんとアドバイスしなければなりません。要点は2つです。一つは、事実関係に違いがあれば、たとえばやっていないのであれば、とにかく「やっていない」という自らの主張の骨の部分をきっちり録画場面で言いなさいということです。もう一つ、なぜ「虚偽自白」の調書にサインしてしまったのか、その理由も要点だけでもいいから、その場で述べておきなさいということです。

日本の警察・検察で闇に埋もれた録音・録画は、それこそ昭和20年代から、いっぱいあるんじゃないでしょうか。現在の一部録画はとても危険ですが、従来のものと1点だけ違います。それはフォーマルなものとして設定されているということです。現在の一部録画では、いったん入れたスイッチを取調官は止めることができません。また、DVDに残されたら、それは必ず証拠開示しなければなりません。ですから、必ず一部録画についてアドバイスし、シミュレートしてください。「おれが取調官になって、ここに録画機があるという前提でこれからやってみるから、君の本音の部分をとにかく言ってみろ」と。もちろん「虚偽自白」をさせられている場合、被疑者のストレスはたいへんなものですから、その意思をこちら側に奪還するのは非常に難しいところがあるでしょう。けれども、きちんとシミュレートすれば、対応出来るようになり、その一部録画は自白調書の任意性を裏付けるようなものにはなっ

てこない可能性が高い。一部録画自体で、調書の任意性に疑いがあるという判断、あるいは、信用性を認めないという判断も、もっと出てくるでしょう。

4　公判前整理手続と公判における可視化弁護活動とは、どのようなものですか？

公判前整理段階ではまず、きちんと類型証拠開示請求をすることです。そのDVDを謄写して穴があくほど見るのです。どこに問題があるかをつぶさに見る作業が必要です。見ればみるほど、誘導や誤導などの発問、被疑者側の対応、また、それについての取調官側のレスポンスなど、いろいろ判ってくるものがあるはずです。

さらに、主張関連証拠開示請求で、取調べメモの類、報告書類、取調べ状況に関わるあらゆる資料は、これを必ず開示させてください。それらがすべて開示されることによって取調べ状況の全体像がわかって、かなり具体的な像を定立できます。DVDを含め、それらの証拠調べ請求も丹念に検討し、有利とみたら必ず請求して下さい。

調書の任意性の争いになると、検察官は一部録画DVDのみで、その任意性立証は足るというスタンスを採ることが考えられます。これに対しては、DVDをも不同意（もしくは、取調べに異議あり――関連性なし）として、DVDの法廷顕出のためにも取調官証人が必要不可欠なことを示して下さい。

他方、当方からは被疑者ノートなどの反証資料があるわけです。そういった資料を用いて公判に臨めば、取調官証人を粉砕する尋問も可能になります。公判を通じて、「なぜ全過程でないのか」は、任意性の疑いを導くキイワードになるはずです。

5　被疑者ノートは、ほんとうに有利かという疑問も出され、それは可視化弁護実践に対する疑問であるようにも思われますが、どうでしょうか？

最高裁裁判官が被疑者ノートに言及したことが一つの話題になっていますね。痴漢冤罪での反対意見ですが、その文脈自体は、被疑者ノートで、捜査段階の状況を明らかにし、被告人の人物像をも明らかにすることが重要だったとするもののようで、弁護人の立証（反証）事項という観点からみると、法廷での顕出に無理を強いるもののようにも思われる見解でした。ただ、被疑者ノートの重要性が意識されるようになっているということ自体は、悪くないです。

熱心な刑事弁護を逆手にとる論法は検察官の得意とするところです。昔からそういう見解はありました。つまり、弁護人が毎日接見しているから、自白に任意性が

あるという類の議論です。しかし、だからと言って、「より熱心に」弁護するという方向はありえても、その逆などはありえません。弁護実践に、何時もついて廻る問題なのです。しかし、答はひとつです。「より熱心に」です。

　どんな制度も、あるいは、どんな崇高な理念で付与された権利であっても、「不断の努力」なしには実効化されませんし、それ自体、維持されえません。研鑽を積んだ弁護実践を通してこそ、可視化が実現され、定着していくのだと思います。そして、被疑者・被告人の利益・権利が守られ、公正で適正な刑事司法が体現されるのだと思います。

結びに代えて
可視化と裁判員裁判

刑事司法過程への市民関与の意義

　2009年5月21日、「裁判員の参加する刑事裁判に関する法律」が施行され、裁判員裁判が始まる。この国の「近代」史において、大正刑訴法下の陪審制を唯一の例外として、市民は現実の司法過程に直接関与したことがない。換言すれば、わが国においては、「近代」国家の体裁を採って以降も、150年近く「お上による裁判」が続いてきたわけである。

　つまり、司法過程は「お上」の「裁き」の名のもとに、市民に閉ざされてきたままだった。司法権という権力作用について、これが、現憲法のもとにおいても60年余りの間、市民から隔てられてきたといわざるをえないということは十分認識しておいてよい。

　そこで長年の間に培われたのが、「調書裁判」という「秘儀」であったというべきだろうか。あるいは「警察司法」「検察司法」という偏った支配の構造だったというべきではないだろうか。いずれも、「近代的」あるいは「現代的」な刑事司法システムには、本来、馴染まないものであった。

　刑事司法過程に市民が直接に関わるということは、その過程が外部に「開かれる」ことを意味する。これにより、「調書裁判」は変容を余儀なくされる。裁判は、直接審理主義・口頭主義・公判中心主義へと「近代化」され「現代化」するのである。また、警察も検察も、市民という「外部」の登場によって、もはや「開かれていない」場で「司法」を操ることなどはできなくなる。裁判員裁判は、裁判所が市民を盾にして検察・警察と一線を画するという機能をも果たしうるだろう。中立公正な布置が成立しうる。「警察司法」「検察司法」は終焉せざるをえない筋合いといってよい。

　確かに、2001年6月に発せられた司法制度改革審議会意見書そのものは、妥協の産物であった。審議会意見書が打ち出した裁判員裁判制度も、様々な思惑のひとつの均衡点として、かろうじて生み出されたことを否定できまい。「公判審理体

の構成」という、いわば「上部構造」にだけ手が加えられ、「捜査過程」や「証拠法則」といった「下部構造」は手つかずだという批判それ自体は、的を射たものである。しかし、裁判員裁判が司法過程を透明化する方向のもとに位置づけられることは疑いがない。

裁判員裁判と捜査の可視化

　以上述べたところは、「可視化」の一端でありうる。言い換えれば、裁判員裁判に伴って、「可視化」が司法プロセスのなかで、自然過程の端緒を獲得すると考えてよい。「取調べの可視化」も、当然、上記したところの一環として組み込まれる。それが市民のニーズだからである。日本弁護士連合会が始めた被疑者取調べ「全過程」の録画（＝可視化）を求める署名運動は、ついに100万人を突破することとなった。可視化は、まさに市民の切実な要望になりつつある。

　従来、「取調べの可視化」は市民（裁判員）に対し分かり易い公判審理を実現するために必要不可欠だと言われてきた。その言い方自体はもとより間違いではない。ただ、ほんとうは、もう少し違った言い方も可能だ。

　すなわち、国家が市民に対し、司法過程への主体的で自立した関与を求める以上は、国家は市民に対し、そういう関与を求めるだけの環境を設定すべきだということである。要するに、国家は市民に判断してもらう事項を裁判員（市民）に「開くべきだ」ということである。

　国家は自らが関与して以降の司法過程・状況・経緯を一義的に明確にすることができる。つまりは、市民として判断者となる裁判員に対し、国家が関与して以降の経過・事実関係をクリアーにしておくべきなのだ。その代表が捜査過程であり、そのうちでも、取調べの過程は、真っ先に客観的に確実な資料を整えることができる領域といえる。

　その過程は一義的に確定することが可能であり、かつ、それは容易である。それゆえ、そうするのが国の側の責務といわなければならない。それさえしないでおいて、捜査過程をことさら両義的に曖昧にし、矛盾する事態のまま、その過程について、国家が市民に主体的・自立的な判断（すなわち、個々人の責任を伴った判断）を迫ることなど許されないというべきである。

「可視化」の展望

　このようにして、「可視化」時代が到来することは必然である。まずは、被疑者取調べ「全過程」の録画・録音である。これは、実務運用において実現されると同時

に、立法化され制度化されなければならない。

　その制度化は現段階では、供述録取書を作成する現状実務の取扱いを継承しつつ、その取調べ過程において、録画・録音を一部でも欠くときは、その供述録取書に証拠能力はない扱いとするというものとなろう（現在の日弁連の立法案である。民主党の立法案も同旨である）。

　このように、「可視化」記録媒体は、基本的には、実質証拠とされない取扱いのもとに、まずは、その制度をスタートさせることとなろう。しかし、それは、この国の刑事司法の要の部分の変革になりうるのだ。

　ともあれ、「可視化」は、この国の在り方の根本にも波及しうる問題のように思われる。市民に「開かれ」、透明性の高い国家を展望する試金石にもなるだろうからである。

まとめ

　裁判員裁判の実施が近づくにつれ、これを危険視する風潮も強まった。可視化もまた、実現が近づくにつれ、これを危険だとする言説が登場し始めている。しかしこういった言説は、上述した可視化の意義を全く理解していない。私たちは、「可視化」が万能薬だと言ったこともなければ、危険な要素がないなどと言ったこともない。たとえ取調べの「全過程」であっても、危険な要素を孕みうる。しかし、私たちは、これを引き受けるべきだ。「可視化」は我が国の刑事司法の要の部分を変革すると同時に、この国が避けて通れない「近代化」「現代化」の途であるからである。

　ほんとうの「可視化」実現に向けて、弁護実践こそがアルファでありオメガだともいえるであろう。どんな制度も弁護実践を欠いて生きることはない。その意味で、「可視化」は、永久運動でもあるというべきである。

あとがき

　本書は、矛盾するミッションを背負った書物というべきである。すなわち、本書は「可視化」実現を直ちに完璧に果たすための理論展開と運動の一環として出版され、存在することになる。当然、大いに読まれることを望んでいる。しかし他方、本書は、本書で書かれている「現在」性が直ちに「過去」と化すことをこそ望んでいる。つまり、書かれていることが古くさくなって、読むに耐えなくなることが本書のほんとうのミッションというべきなのである。このことは、本書の冒頭を占める論攷「『取調べ可視化』論の現在」の末尾でも言及しているとおりである。要するに、書かれている内容が陳腐化し、究極的には、全く売れない程に反古紙扱いされることこそを本書は望んでいるということになろう。

　このパラドクスを、本書は引き受けなければならない。このようなミッションを有する奇特な書物の出版に応じて下さった現代人文社の北井大輔さん、成澤壽信さんには、心から感謝したい。

　私は、この10数年の間、「可視化」について、いろいろと書いてきた。それをまとめたのが本書であり、冒頭で言及したとおり、各論攷については、誤記・誤植などを手直ししたほかは、基本的に、発表時のまま掲載している。現段階で言及すべきと考えたところは、「後註＝★」として示すことにした。各論攷は内容的にかなり重複しているところがある。しかし、これらを削除して整理するといった作業は施さなかった。それぞれ、その時々に自分なりに「考え」独立した固有の論攷として存在していると考えたからである。その点、読者の方々のお許しをいただかなければならない。本書では、これらを「原理論・必要性論」「情勢論・制度論」「実務論・弁護実践論」の3部構成に分けた。このことによって、各々の視点から読み取られるところを異にすることが出来ていればと思う。

　私を「可視化」の途へと引きずり込んだのは後藤貞人さんである。彼は、金子武嗣さんらと弁護団を組んだ高野山放火事件で取調べのテープ録音を原因として任意性の疑いを導き、和歌山地裁で無罪判決を獲得された。これを契機として、彼は、弁護士会の刑事司法改革課題は「取調べのテープ録音」であると言い始めた。大阪弁護士会刑事弁護委員会に、かつて制度研究部会という部会があり、1993年度は、彼が部会長であり（担当副委員長は浦功さん）、「取調べのテープ録音」を1994年度の検討テーマとする旨が決められた（その経緯の一端は本書冒頭の論攷の最初の部分に触れられている）。私は、偶々、後藤さんの後任として、その部会の部会長になった（担当副委員長は藤田正晴さん）。私は部会長として、94年の刑事弁護委員会夏期合宿で研究発表しなければならない羽目に陥った。本来、この作業を遂行す

べき後藤さんは、このとき既に、研修・修習部会の担当副委員長に鞍替えしていた。彼の興味は修習生ゼミでソクラティックメソッドを如何に生かすかといったところに移行していたのである（ちなみに、彼は、今も、一流の弁護人であると同時に、一流のレッスンプロであることを目指している）。

このように、夏期合宿で発表するテーマだけは決まっていた。しかし、文献を含め格別の資料などは何も存在していない状況だった。テーマだけが「引き継がれ」た。私は、およそ3カ月くらい文献・判例などにあたり、資料を漁って、合宿用レジュメを作るうちに、自分が、かなり、この作業に、のめり込んで行くのがわかった。ずいぶん大部のレジュメを作ったことを憶えている。

夏期合宿の発表は好評であったらしく、当時、大阪弁護士会刑事弁護委員会発行の「刑弁情報」の事実上の編集責任者であった髙見秀一さんから「レジュメを論文の形にして、刑弁情報に発表してはどうか」という打診があった。「字数制限なしで、長期連載でもかまわないか」と訊いて、了解してもらった記憶がある。当時、自称コマーシャルロイヤーであった私は、刑訴法の基本についての自らの理解について、およそ自信がなかった。そこで、論攷毎に髙見さんの意見を訊いた。髙見さんから「OK」と言われる度に安心して発表することが出来たことを憶えている。

ちなみに、本書のなかでも出てくるように、2003年夏大阪で、可視化をめぐって、日本弁護士連合会接見交通権確立実行委員会の呼びかけにより、同委員会と日弁連刑事弁護センター、そして大阪弁護士会刑事弁護委員会の合同夏期合宿が開かれた。このとき、日弁連の可視化立法案の原案を起案したのが髙見さんである。

ともあれ、私は論攷を書き進めるうちに理論的確信に達したので、自ら個別事件での弁護実践（可視化申入れ）を開始した。この点も、本書冒頭の論攷で言及しているとおりである。

このような経過を経て、1999年、前橋で開かれた日本弁護士連合会第45回人権大会のシンポジウム「21世紀の刑事司法」において、可視化は、人質司法の打破、国民の司法参加と並んで、刑事司法改革のテーマの一つとして掲げられることになった。可視化運動は、大阪弁護士会が会として運動を提起し、ついには日弁連の運動として展開されることになるのである。

2000年3月に大阪ではじめて取調べの可視化一本に絞ったシンポジウムを開催し、2002年、私たちはイギリス視察に踏み切った。これには、秋田真志さんの尽力が大きい。秋田さんがイギリス行きを言い出さなければ、本来出無精の私が、イギリスに足を運ぶこともなかっただろう。その後、日弁連の可視化委員会（そして可視化実現本部）は、海外視察を重ねては、シンポジウムを開くということを繰り返すことになる。私が事務局長の時期、「闇雲路線」と呼ぶ「戦略」(!?) を採ることとなる

のである。ちなみに、秋田さんは、現在、日弁連取調べの可視化実現本部事務局長である。

　以上、お名前を挙げた方々の外、共同執筆論攷の本書への掲載を御承諾いただいた方々をも含め、本書発刊に関して、感謝の気持ちをお伝えすべき方々は非常に多くおられる。紙幅もあり、一人一人のお名前をお挙げしないが、皆様に心から感謝しなければならない。

　今、私たちは確かに大きな岐路の上に立っている。私たちは、今までの我が国の刑事司法実務に、あるいは、もっともっと「絶望」すべきであったのかもしれない。ほんとうの可視化実現のためには、私たちはもっと「絶望」すべきであるとの考え方もあるだろう。

　しかし、時代は今、大きく動いている。可視化時代は、到来する。ほんとうの可視化実現にむけて、さらに可視化時代の誠実義務を尽くす弁護を履践する、正念場である。個々の弁護人に出来ることは、個々の弁護実践を全うすることだけだ。私が従来は誤解し、全く逆の意味に捉えていた言葉を最後に掲げることをお許しいただきたいと思う。

　絶望の虚妄なることは、まさに希望と相同じい。

2009年8月10日

小坂井　久

◎初出一覧

● 序

国際人権（自由権）規約委員会の最終見解と取調べの可視化をめぐって
月刊大阪弁護士会2008年12月号（大阪弁護士会）

● 第I部　原理論・必要性論

「取調べ可視化」論の現在 ――取調べ「全過程」の録音に向けて
刑弁情報11号（大阪弁護士会刑事弁護委員会、1995 年）、**12号**（1995 年）、**13号**（1996 年）、**14号**（1996 年）、**16号**（1998 年）、**17号**（1998 年）

取調べ「不可視化」論の現在 ――取調べ録音・録画制度導入反対論批判
季刊刑事弁護35号（現代人文社、2003 年）

取調べ可視化論の現在・2008 ――裁判員裁判まであと１年の攻防
季刊刑事弁護54号（現代人文社、2008 年）

● 第II部　情勢論・制度論

捜査の可視化
季刊刑事弁護25号（現代人文社、2001 年）

取調べ可視化実現に向けての動きと基本的考え方
季刊刑事弁護38号（現代人文社、2004 年）

現実的な立法課題となった「取調べの可視化」（抄）
季刊刑事弁護 39 号（現代人文社、2004 年）

刑事司法改革と可視化
法律時報76巻10号（日本評論社、2004 年）

裁判員制度に取調べの可視化は不可欠
部落解放591号（解放出版社、2008 年）

取調べ可視化論の新展開――吉丸論文が示した録音・録画記録制度論の概要について
日弁連新聞386号（日本弁護士連合会、2006 年）

取調べ可視化（録画・録音）制度導入の必要性と構想について
判例時報1966号（判例時報社、2007 年）【中西祐一と共同執筆】

最高検「取調べの録音・録画の試行についての検証結果」批判
季刊刑事弁護59号（現代人文社、2009 年）

● 第Ⅲ部　実務論・弁護実践論

弁護士からみた任意性の基準・その立証について
　　季刊刑事弁護14号（現代人文社、1998年）

平成刑訴と可視化に関わる弁護実践
　　季刊刑事弁護45号（現代人文社、2006年）

取調べ可視化問題の現状と課題
　　自由と正義57巻12号（日本弁護士連合会、2006年）

取調べの一部録画DVDに対峙する弁護活動
　　自由と正義59巻7号（日本弁護士連合会、2008年）【森直也と共同執筆】

一部録画DVD作成者（＝取調官）に対する尋問：その試論
　　季刊刑事弁護55号（現代人文社、2008年）

取調べの適正化をめぐる課題
　　刑事法ジャーナル13号（イウス出版、2008年）【秋田真志と共同執筆】

今、可視化弁護実践とは何か
　　二弁フロンティア2009年7月号（第二東京弁護士会）

● 結びに代えて

可視化と裁判員裁判
　　プランB 19号（ロゴス社、2009年）

◎ 註について

　　文中で「註」としてあるものは、初出時に付したものであり、脚註として示した。
　「★」としてあるものは、本書収録にあたり付したものであり、各文末に示した。

◎著者プロフィール

小坂井 久（こさかい・ひさし／弁護士）

1953年大阪府生まれ。
早稲田大学法学部卒業。司法研修所33期修了。
大阪弁護士会所属。甲南大学法科大学院教授。
主な著作に『コンメンタール公判前整理手続』（分担執筆、現代人文社、2005年）、
『新・接見交通権の現代的課題――最高裁判決を超えて』（分担執筆、日本評論社、2001年）、
「弁護人の誠実義務」季刊刑事弁護22号（2000年）、
『憲法的刑事手続』（分担執筆、日本評論社、1997年）などがある。

取調べ可視化論の現在

2009年9月15日 第1版第1刷

著 者	小坂井久
発行人	成澤壽信
編集人	北井大輔
発行所	株式会社現代人文社

〒160-0004 東京都新宿区四谷2－10 八ツ橋ビル7階
Tel: 03-5379-0307　Fax: 03-5379-5388
E-mail: henshu@genjin.jp（編集）
　　　　hanbai@genjin.jp（販売）
Web: www.genjin.jp

発売所	株式会社大学図書
印刷所	株式会社ミツワ
装 丁	Malpu Design（黒瀬章夫）

検印省略 Printed in Japan
ISBN978-4-87798-421-2 C3032
© 2009 KOSAKAI Hisashi

◎本書の一部あるいは全部を無断で複写・転載・転訳載などをすること、または磁気媒体等に入力することは、法律で認められた場合を除き、著作者および出版者の権利の侵害となりますので、これらの行為をする場合には、あらかじめ小社または著者に承諾を求めて下さい。
◎乱丁本・落丁本はお取り換えいたします。